# 古史考存

刘 节 著

图书在版编目（CIP）数据

古史考存 / 刘节著. — 北京：商务印书馆，2023
（刘节作品系列）
ISBN 978-7-100-12547-5

Ⅰ.①古… Ⅱ.①刘… Ⅲ.①中国历史－古代史－考证
Ⅳ.①K220.7

中国版本图书馆CIP数据核字（2023）第218386号

权利保留，侵权必究。

刘节作品系列
**古史考存**
刘 节 著

商 务 印 书 馆 出 版
（北京王府井大街36号 邮政编码 100710）
商 务 印 书 馆 发 行
三河市尚艺印装有限公司印刷
ISBN 978-7-100-12547-5

2023年7月第1版　　开本 880×1230　1/32
2023年7月第1次印刷　印张 13　1/8

定价：68.00元

叄氏钟

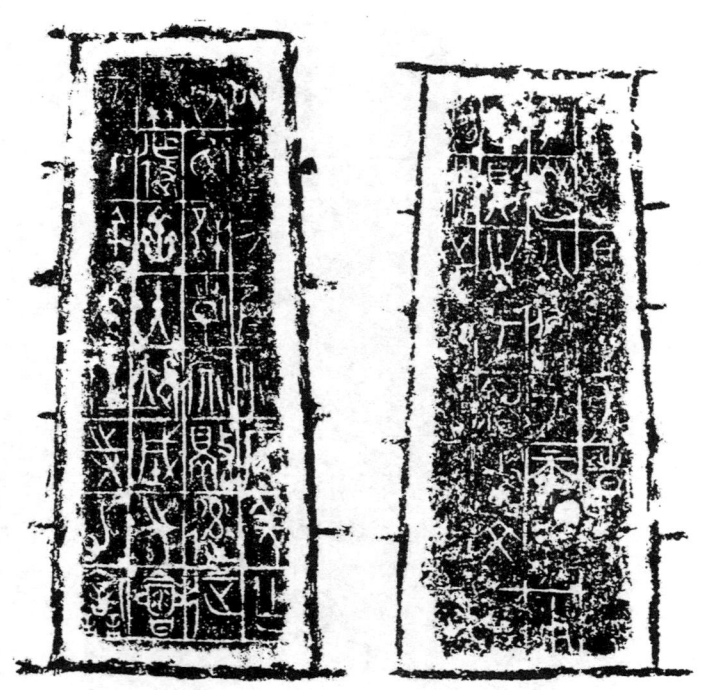

矗氏钟铭文

旬君剆子壺

旬君甹子壺銘文

**楚罍**

器高一尺四寸一分　通耳高九寸四分　器深一尺二寸　口径五寸五分　腹围三尺六寸二分　环径一寸四分　底高一寸五分　重三十二斤六两

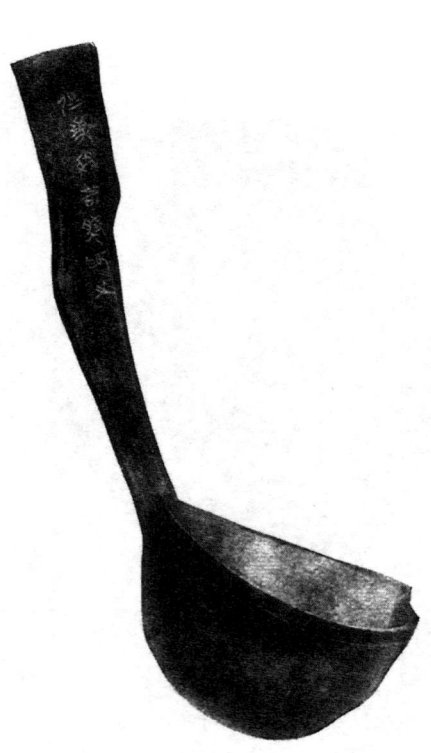

楚勺

器高八寸　深一寸九分　口径三寸八分
柄长五寸　重二斤二两

**楚豆**

器高九寸一分　足高六寸五分　深二寸五分
口径四寸四分　底径二寸九分　重四斤十两

楚豆

器高九寸二分　足高六寸六分　深二寸六分
口径四寸二分　底径二寸　重四斤十三两

### 楚王酓肯簠

器高三寸六分　口横九寸六分　厘 六寸六分
深二寸三分　足高一寸三分五厘　底横七寸
九分　纵四寸九分　沿高一寸三分　重十斤

**楚王畲肯簠**

器高三寸六分　口横九寸六分　厘六寸五分　深二寸二分　足高一寸四分　底横八寸厘四寸八分　沿高一寸三分　重十斤二两

**楚王酓肯簠**

器高三寸六分　口横九寸七分　厘六寸四分
深二寸二分　足高一寸四分　底横七寸七分
厘四寸九分　沿高一寸三分　重十一斤

**楚王酓忎盘**

器高二寸七分　深二寸五分　口径九寸八分　边宽九分　重六斤三两

**楚王盦章劍**

劍厘一尺五寸二分　橫一寸四分　重一斤十一兩

禺邗王壶铭文

麦鼎

麦鼎铭文

# 目 录

《洪范》疏证 ……………………………………1
好大王碑考释 ……………………………………18
汉熹平石经《周易》残字跋 ……………………69
骉氏编钟考 ………………………………………91
旬君甹子壶跋 ……………………………………100
《周南》《召南》考 ……………………………102
寿县所出楚器考释 ………………………………115
古邢国考 …………………………………………143
大诰解 ……………………………………………149
说攻吴与禺邗 ……………………………………158

北周强独乐为文王造佛道二像碑记跋 ……… 161

说彝 ……… 169

老子考 ……… 180

辨儒墨 ……… 223

《管子》中所见之宋钘一派学说 ……… 248

《诗经》中古史资料考释 ……… 270

《左传》《国语》《史记》之比较研究 ……… 318

释嬴 ……… 360

麦氏四器考 ……… 370

古代成语分析举例 ……… 376

# 《洪范》疏证

今文《尚书》二十八篇中，在秦汉时最盛行者，厥为《洪范》。伏生为作《五行传》，刘向为作《传记》，许商亦为作《五行传记》，具见《汉志》。此外《吕氏春秋》《春秋繁露》《白虎通》皆引据其说。《史记》录入《宋世家》，班固节录入《五行志》，其学可谓极一时之盛矣。然《洪范》虽在今文二十八篇，而所存者古文经说为多，如《孔疏》所引郑王逸注是也。《史记》所引者，《汉志》虽称古文说，其实皆今文说也。吴兴崔适《史记探源》论之备矣。《洪范》有错简，始发于宋苏轼《东坡书传》；其后金履祥《尚书表注》，王柏《书疑》，皆言之。《书疑》且别为写本，颇觉文从字顺。今缮而读之，并疏其异义如次：

惟十有三祀，王访于箕子。王乃言曰：……

案《史记·宋世家》所引《洪范》无此十四字。且十三祀之说，今古两家所解不同。孔氏《书疏》引《书大传》云："武王释箕子囚。箕子不忍周之释，走之朝鲜。武王闻之，因以朝鲜封之。

不得无臣礼，故于十三祀来朝。武王因其朝而问《洪范》。"此今文家说也。《汉书·五行志》云："刘歆以为禹治水，赐《洛书》，法而陈之，《洪范》是也。圣人行其道而宝其真；降及于殷，箕子在父师位而典之。周既克殷，武王亲虚己而问焉。"此古文家说也。今就《史记》所载者论之，有十二祀及十四祀两解，而从无十三祀之说也。案《宋微子世家》云："箕子者，纣亲戚也……纣为淫泆，箕子谏不听，乃被发佯狂而为奴。武王既克殷，访问箕子。"又《殷本纪》云："箕子佯狂为奴，纣又囚之。周武王伐纣，释箕子之囚。"又《周本纪》云："武王十一年十二月，师渡孟津；二月，至于商郊牧野。已而，命召公释箕子囚。乃罢兵西归。"据此三说观之，武王访问箕子正当克殷之年，其时正当十二祀之二月也。而《周本纪》又云："武王已克殷，后二年，问箕子殷所以亡？箕子不忍言殷恶，以存亡国宜告。武王亦丑，故问天道。"克殷既在十二祀二月，后二年，其为十四祀无疑矣。此二说同出于《史记》而互相牴牾，又与十三祀俱不合。且朝鲜离周京远在数千里，武王克殷在十二年，释囚封箕子，最早不过此时。去周京数千里外之箕子，能于一岁之中往而返，来朝于周，此说之必不可通者也。

朝鲜之名始见于《战国策·燕策》，苏秦说燕文侯曰："燕东有朝鲜、辽东。"《史记·朝鲜列传》云："朝鲜王满者，故燕人也。自始全燕时，尝略属真番、朝鲜，为置吏筑鄣塞。"又云："燕王卢绾反，入匈奴。满亡命，稍役属真番、朝鲜、蛮夷及故燕齐亡命者王之。"据上三说，朝鲜实东夷异族之名。其成为地名，当在战国时。汉置玄菟、乐浪二郡，而以高句骊、朝鲜为首县。乐浪者，即《逸周书·王会解》所谓良夷。乐浪、朝鲜，皆所以名岛夷之民。

《禹贡》乃战国时书，所言"岛夷皮服"，尚未有朝鲜之名。《山海经》虽多怪异之词，所引述之地名间有可考者，而以朝鲜属之《海内北经》，谓在"列阳东海，北山南"。辽、列一声之转，列阳即辽阳也。其地既在辽阳东海，为今朝鲜无疑矣。《朝鲜传》云："卫满东走出塞，渡浿水，居秦故空地上下鄣。"前人定浿水为今朝鲜之大同江；其实不然，今之鸭绿江也。仁和丁谦，日人重野安绎、津田左右吉，皆已辨正之。鸭绿江东南之地即古朝鲜；秦时尚为塞外空地。武帝时，始置玄菟、乐浪二郡，然后连属于中国。则箕子封于朝鲜之说颇难置信矣。

呜呼！箕子。惟天阴骘下民，相协厥居，我不知其彝伦攸叙。箕子乃言曰：我闻在昔，鲧陻洪水，汩陈其五行。帝乃震怒，不畀《洪范九畴》，彝伦攸斁。鲧则殛死，禹乃嗣兴。天乃锡禹《洪范九畴》，彝伦攸叙。

《洪范》托始于禹，而箕子陈之。此亦神话传说参半；资为信史，毋宁阙疑。陈澧《东塾读书记》曰："《洪范九畴》，天帝不锡鲧而锡禹，此事奇怪，而载在《尚书》。反复读之，乃解。所谓'我闻在昔'者，箕子上距鲧与禹千余年矣，天帝之锡不锡乃在传闻之语也。"又曰："《洪范》以庶征为五事之应，伏生《五行传》以五事分配五行，又以皇极与五事为六，又以五福六极分配之。澧谓此汉儒术数之学，其源出于《洪范》。"节案：阴阳五行之说起于战国，盛于两汉。《洪范》与《五行传》本出一派之手，陈氏之言已发其疑。

初一曰五行；次二曰敬用五事；次三曰农用八政；次四曰协用五纪；次五曰建用皇极；次六曰乂用三德；次七曰明用稽疑；次八曰念用庶征；次九曰向用五福；威用六极。

"初一"以下六十五字，汉代学者若刘歆、班固、马融辈皆以为《洛书》本文。《洛书》非《洪范》，阎若璩《尚书古文疏证》已辨之。虽然，《九畴洛书》之说亦起于秦汉以后，崔述《上古考信录》已详言之。《河图》《洛书》之名，前人谓出于先秦者，因见《易·系辞》有"河出《图》，洛出《书》"之语。而《庄子·天运篇》引巫咸袑曰："来！吾语汝：天有六极五常，帝王顺之则治，逆之则凶。九洛之事，治成德备，监照下土，天下戴之，此谓上皇。"节案：《易·系辞》及《庄子·天运》篇皆秦汉间之作，其言皆出《洪范》后。《天运》篇所谓"九洛"，即《九畴洛书》也。

一，五行：一曰水，二曰火，三曰木，四曰金，五曰土。水曰润下，火曰炎上，木曰曲直，金曰从革，土爰稼穑。润下作咸，炎上作苦，曲直作酸，从革作辛，稼穑作甘。

五行兼五味而言，与《吕览·十二纪》《礼记·月令》《淮南子·时则训》之说适合。春日草木苗发，故《月令·孟春令》曰：盛德在木，其味酸。夏日烈炎属火，故《孟夏令》曰：盛德在火，其味苦。秋日天气肃杀，故《孟秋令》曰：盛德在金，其味辛。冬日天气上腾，地气下降，故《孟冬令》曰：盛德在水，其味咸。《月令》又于夏秋之间添入"中央土，其味甘"一节，与《洪范》

"土爰稼穑,稼穑作甘"亦相当,适成五行之数,与《吕览·十二纪》及《淮南子·时则训》皆相合。《吕氏春秋》引《洪范》皆著篇名,惟《十二纪》所言不举《洪范》之名,足证五行之说在战国末叶已流行,不能著一家之言也。

新会梁先生谓阴阳五行起于战国以后,其言颇可信。余杭章先生旧著《子思孟轲五行说》,其言曰:"《荀子·非十二子》讥子思孟轲曰:'案往旧造说谓之五行。'杨倞曰:'五行,五常:仁,义,礼,智,信也。'五常之义旧矣,子思倡之,亦何损。荀卿何讥焉?寻子思作《中庸》,其发端曰:'天命之谓性',注曰:'木神则仁,金神则义,火神则礼,水神则智,土神则信。'《孝经》说略同此(原注:《王制》正义引)。是子思遗说也。"又曰:"古者鸿范九畴,举五行傅会人事,义未彰著。子思始善傅会,旁有燕齐怪迂之士侈搪其说,以为神奇。耀世诬人,自子思始,宜哉荀卿以为讥也。"节案:今所传子思、孟轲之书(如以《中庸》为子思作)未有言及阴阳五行者。且荀子曰:"案往旧造说谓之五行",则虽有旧说,尚未称为五行;至于子思、孟轲,始定其名,而又不得消息于其所著之书。若以《洪范》五行为往旧造说,则先秦以来认为孔氏所删定之书,何以谓之"甚僻违而无类"。此非荀子以前无《洪范》,即荀氏此语失所依据。《中庸》注之说及《王制》正义所引,安知不出燕齐怪迂之士?何以知必出于子思、孟轲哉?战国之时,齐鲁之学以孟氏为宗,而阴阳五行之说盛倡于邹衍辈,亦在齐鲁之间,或与孟氏之学有关,故荀子讥之也。

二,五事:一曰貌,二曰言,三曰视,四曰听,五曰思。

貌曰恭，言曰从，视曰明，听曰聪，思曰睿（从钱大昕说）。恭作肃，从作乂，明作晢，聪作谋，睿作圣。

此与八庶征之休征相应。休征："曰肃，时雨若；曰乂，时旸若；曰晢，时燠若；曰谋，时寒若；曰圣，时风若。"《五行志》休征，咎征，皆系于此下。可见《洪范》五事与庶征本前后连属为义，乃一有组织之作。且肃、乂、晢、谋、圣，五义亦有所本，盖出于《诗·小雅·小旻》。其诗曰："国虽靡止，或圣或否；民虽靡膴，或哲或谋，或肃或艾；如彼泉流，无沦胥以败！"此所言，并无时雨休征之义。且《诗》义有六，此节其五，其为袭《诗》，显然有据。王应麟谓《小旻》为《洪范》之学，不言袭诗，乃信经之蔽，倒果为因之说也。

三，八政：一曰食，二曰货，三曰祀，四曰司空，五曰司徒，六曰司寇，七曰宾，八曰师。

八政之目盖隐括《王制》之义。其说，孙星衍《尚书今古文注疏》及江声《尚书集注音疏》均已言之。今本《王制》次序零乱，决非本来面目，而所言实限于食、货、祀、司空、司徒、司寇、宾、师八端。约略分之：自"制农田百亩"以下，论食；自"冢宰制国用"以下，论货；自"天子七庙"以下，论祀；自"司空执度度地"以下，论司空；自"司徒修六礼以节民性"以下，论司徒；自"司寇正刑明辟以听狱讼"以下，论司寇；自"凡养老，有虞氏以燕礼"以下，论宾；自"五国以为属，属有长"以下，论师。《王制》曰:"六礼:冠、昏、丧、祭、乡、相见。七教:父子、兄弟、夫妇、君臣、长幼、朋友、宾客。八政:饮食、衣服、事为、异别、度、量、制、数。"足见《王制》自有"八政"之目。作《洪范》者隐括《王制》之意,自为"食、货、祀、司空、司徒、司寇、宾、师"八政,故列司空、司徒、司寇于食、货、祀、宾、师五者之中。其伦类不通,显然可见。是以八政之下更无诠释之辞也。

四,五纪:一曰岁,二曰月,三曰日,四曰星辰,五曰历数。曰:王省唯岁;卿士唯月;师尹唯日。岁、月、日、时无易,百谷用成,乂用明,俊民用章,家用平康。日、月、岁、时既易,百谷用不成,乂用昏不明,俊民用征,家用不宁。庶民唯星,星有好风,星有好雨。日月之行,则有冬有夏;月之从星,则以风雨。

《东坡书传》曰:"自此(指'王省惟岁')以下,皆五纪之文,简编脱误,是以在此。其文当在'五曰历数'之后。"金履祥《尚书表注》曰:"东坡苏氏,无垢张氏,石林叶氏,容斋洪氏皆曰:此章当为五纪之传。"今本在"恒风若"下、"九五福"上。兹从诸家说移置于此。

二十八篇自《尧典》至《汤誓》诸篇多韵句;唯《禹贡》与《洪范》最著,几全篇有韵。此章"成、明、章、康、宁"为韵,上章"明、恭、从、聪、容"为韵,下章"疆、同、逢"韵。皆与《诗经》不合。战国时,东、阳、耕、真诸韵多相协。例在《荀子》

最多，《老子》亦然。《诗经》则分别甚严。《荀子·乐论》篇曰："故乐行，而志清；礼修，而行成。耳目聪明，血气和平，移风易俗，天下皆宁，莫善于乐。"又《老子》曰："不自见，故明；不自是，故彰；不自伐，故有功；不自矜，故长；夫惟不争，故天下莫能与之争。"此两证皆"成"与"明"协，乃战国时协韵之通例，亦可为《洪范》作于战国时之一证。

师尹，三公之官也。《诗·小雅·节南山》云："赫赫师尹，民具尔瞻。"又曰："尹氏大师，维周之氐；秉国之均，四方是维。"《诗毛传》曰："周有尹氏为大师者。大师，为三公之官也。"海宁王先生《释史》篇曰："师尹，非谓一人而师其官，尹其氏也。尹氏在邦君殷侯之次，乃侯国之正卿，——殷周之间已有此语。《书·大诰》：'肆予告我友邦君，越尹氏，庶士，御事。'《多方》：'猷诰尔四国多方，惟尔殷侯尹民（原注：民当为氏字之误也）。'又《诗·大雅·常武》：'王谓尹氏，命程伯休父。'又颂鼎、寰盘：'尹氏受王命书。'克鼎：'王乎尹氏、册命克。'师嫠簋：'王命尹氏，册命师嫠。'此作册尹氏皆《周礼》内史之职，而尹氏为其长，职在书王命与制禄命官，与大师同秉国政。"据此可知，周初卿士与尹氏、大师，同为三公之官。而《洪范》置之卿士之下。《周礼》大师为下大夫之职。亦可证二书皆非殷周间之作。

五，皇极。皇建其有极（《五行传》作"王极"，郑注云：别本皆作"皇"）。无偏无颇，遵王之义；无有作好，遵王之道；无有作恶，遵王之路。无偏无党，王道荡荡；无党无偏，王道平平；无反无侧，王道正直；会其有极，归其有极。曰：

皇极之敷言，是彝是训，于帝其训。凡厥庶民，极之敷言，是训是行，以近天子之光。曰：天子作民父母，以为天下王。

金履祥《尚书表注》曰："傅氏子骏（原注：名崧卿）以为此章乃古书韵语，与箕子前后书文不同。子王子（原注：鲁斋）是之，即以继'皇建其有极'下，以为皇极经文。"《书疑》曰："右皇极经文六十四字，即舜禹执中之义，而诗之祖也。"节案：二说皆无稽之谈。惟其系于皇极之下，颇觉文从字顺，故从其说。

"无偏无颇"一节，见于先秦诸子者凡四，见于《左传》者一，均录之，以证其异义。《墨子·兼爱下》篇曰："且不惟《誓命》（孙诒让曰：'《誓命》，依上文，当作《禹命》。'）与《汤说》为然，《周诗》即亦犹是也。《周诗》曰：'王道荡荡，不偏不党；王道平平，不党不偏；其直若矢，其易若底；君子之所履，小人之所视。'"《荀子·修身》篇引《书》曰："无有作好，遵王之道；无有作恶，遵王之路。"《韩非子·有度》篇引"先王之法曰：臣毋或作威，毋或作利，从王之指；无或作恶，从王之路"。《吕览·贵公》篇云："故《鸿范》曰：无偏无党，王道荡荡；无偏无颇，遵王之义；无或作好，遵王之道；无或作恶，遵王之路。"《左传·襄公三年》引《商书》曰："无偏无党，王道荡荡。"据上引五条，辞句各不相同。《荀子》《左传》乃节引二句，而《荀子》曰《书》，《左传》曰《商书》。称《书》，称《商书》者，不必即为《洪范》之句也。《韩非子》所引上有"毋或作威"三句，而称之曰"先王之法"，未必即为引《书》。故《困学纪闻》曰："盖述《洪范》之言而失之也。"惟《墨子》所引曰《周诗》，独异，而与《诗·大东》

篇同。《吕览》所引虽称《洪范》，亦与今本不同。若以《吕览》近古较真，则今本《洪范》必经后人窜乱。《左传》是否先秦旧籍尚成问题，则《左传》引《书》未可据为典要。《荀子》《韩非子》皆离战国末年不久，引《书》或在《洪范》已出之后，或为《书》之逸句，未能据为佐证。惟《墨子·兼爱》篇称引"王道荡荡"等四句曰《周诗》，显见此数语为春秋战国间颇流行之诗。墨子于《书》最熟，且所引皆历举篇名，如言《泰誓》《禹誓》《汤说》之类。假使此数语确在《洪范》，墨子绝不名之为诗。且其词与《小雅·大东》篇略同，所谓"若矢""若底""所履""所视"皆指王道而言，上下连属为文，其为古诗，当无疑义也。

六，三德：一曰正直；二曰刚克；三曰柔克。平康正直，强弗友刚克，燮友柔克。沉潜刚克，高明柔克。惟辟作福，惟辟作威，惟辟玉食。臣无有作福，作威，玉食。臣之有作福，作威，玉食；其害于而家，凶于而国；人用侧颇僻，民用僭忒。

自"惟辟作福"以下，《尚书表注》谓当在"六曰弱"下。《书疑》则系于此。自"刚克"至"僭忒"，皆协韵，不可分析也。

七，稽疑。择建立卜筮人，乃命卜筮。曰雨，曰霁，曰圉，曰雾，曰克，曰贞，曰悔，凡七卜。五占用，二衍忒。立时人作卜筮，三人占则从二人之言。女则有大疑，谋及乃心，谋及卿士，谋及庶人，谋及卜筮。女则从，龟从，筮从，卿士从，庶民从，是之谓大同，身其康强，子孙其逢，吉。女则从，龟从，筮从，卿士逆，庶民逆，吉。卿士从，龟从，筮从，女则逆，庶民逆，吉。庶民从，龟从，筮从，女则逆，卿士逆，吉。女则从，龟从，筮逆，卿士逆，庶民逆，作内吉，作外凶。龟筮共违于人，用静吉，用作凶。

顾炎武《日知录》云："占卜之事，古代皆先人后龟。《诗·大雅·绵》：'爰始，爰谋，爰契我龟。'《易·系辞》曰：'人谋鬼谋，百姓与能。'皆先人后龟，与此'谋及乃心，谋及卿士，谋及庶人，谋及卜筮'之说合。"节案：此亦不能证《洪范》必出于周初。《大禹谟》，伪古文也，亦曰："官占惟先蔽志，昆命于元龟，朕志先定，询谋佥同"，可见后人亦能作伪。

稽疑，凡七卜：五占用，二衍忒。其五占曰雨、曰霁、曰圛、曰雾、曰克。郑注云："雨者，兆之体气如雨然也。霁者，如雨止之云气在上也。圛者，色泽而光明也。雾者，气不释郁冥冥也。克者，如侵气色相犯也。"《经义述闻》云："五者皆所以命龟之事也。圛与雾其义虽不可考，而曰雨、曰霁、曰克，则经传具有明征。而说以龟之气色，去本义远矣。况所说之形状，皆以意为之而无实据乎？"王氏此说，以《史记·龟策传》为本。《龟策传》系妄人褚少孙所续，故谓卜用生龟。卜非用生龟，上虞罗氏已得实物为证。其所著《殷虚书契考释》曰："龟卜之事，先取龟之下甲，于其腹之里面先凿为穴而令穿，此之谓'契'。灼火于穴中，色乃焦黑，此之谓'灼'与'致墨'。灼于里，则纵横之'坼'自现于表，此之谓'兆'。"今《洪范》所述卜之五法与此不同，殆即战国时阴阳五行家附会致墨与兆坼间之五步现象而设其名欤？

八，庶征：曰雨，曰旸，曰燠，曰寒，曰风，曰时。五者来备，各以其叙，庶草蕃庑。一极备凶；一极无凶。曰休征；曰肃，时雨若；曰乂，时旸若；曰晢，时燠若；曰谋，时寒若；曰圣，时风若。曰咎征，曰狂，恒雨若；曰僭，恒旸若；曰舒，恒燠若；曰急，恒寒若；曰雾，恒风若。

休征以下，《五行志》引《洪范五行传》在五事下。

九，五福：一曰寿，二曰富，三曰康宁，四曰攸好德，五曰考终命。敛时五福，用敷锡厥庶民。惟时厥庶民于女极，锡汝保极。凡厥庶民，无有淫朋，人无有比德，惟皇作极。凡厥庶民，有猷，有为，有守，女则念之。不协于极，不罹于咎，皇则受之。而康而色，曰"予攸好德"，女则锡之福。时人斯其惟皇之极。无虐茕独而畏高明。人之有能，有为，使羞其行而邦其昌。凡厥正人，既富方谷，女弗能使有好于而家，时人斯其辜。于其无好（今本"好"下有"德"字，据王引之说删），女虽锡之福，其作女用咎。

皇之古训甚多，有训为大，为美，为光，为宏，为盛者，皆一意之引申。又有训为匡，为况；又假借为煌，为遑，皆以形容词为多。又有训为君，为王者，乃作名词用，其义非古。仁和汪荣宝作《释皇篇》，驳许君始王大君之义，谓非造字之本恉，不可以从自王会意。其说甚是。又据《王制》郑注，以皇训冕，亦犹可说。而云三皇之名先于训冕之义，出自上古，则不可信。海宁王先生云："三皇五帝之称颇晚，乃战国时后起之义。皇祖，皇考之称，亦大义。铜器中皇字有作𝌀，作𝌀，作𝌀者，其上出为光芒，与王之从火同为大义。汪荣宝著《释皇篇》，以皇字上形为冕形。按古冕字多作冃，冕亦平顶，说不确。"(《说文讲义》)据此以证《洪范》皇之训君，义亦非古。金文中皇字有作𝌀（毛公鼎），有作𝌀（叔皮父敦），有作𝌀（录伯敦），有作𝌀（郘王义楚耑），有作𝌀（叔角父敦），足证上既非日，下亦非王。其意当象日在地上（⊙象日光，见吴大澂《字说》），表美大之形。且金文中王与皇绝无同训。皇祖，皇考，皇父，皇母，触目皆是，为颂扬之称，与言文祖，烈祖，烈伯，惠叔，龚叔，文叔，龚妣，圣叔之称同，且多用于颂扬已过之人。又如皇天，皇休，亦与皇祖、皇考等所用之皇字同义。叔皮父敦曰："宝皇万年永用"，亦作盛大之义，乃叠用形容词。宗周钟曰："隹皇上帝"，此皇字亦作大字解。"隹皇上帝"者，即《诗》"於皇上帝"之义也。惟陈肪敦盖曰："孝于叔皇"，郑伯匜曰："叔皇作般匜"，此二皇字似作一名词用。然"叔皇"实不辞，当为"皇叔"之倒文，与皇父、皇考同意。再考之《诗三百篇》中，凡"皇"字，《毛传》《郑笺》训为君，为天，为王者有五处；今按皆不确。《小雅·楚茨》："皇尸载起"，传训大，笺训君。传言差合，其实皇当训煌。《礼记·曲礼下》："诸侯皇皇"，疏曰："皇皇，色华美也。"《诗·大雅·假乐》："穆穆皇皇"，《后汉书·班固传》引作"穆穆煌煌"，是皇字可作煌。又《小雅·十月》："有皇上帝"，传训："皇，君也"，亦误。此"有皇上帝"，与《大雅·瞻卬》"上帝是皇"之意同。"上帝是皇"之皇字，传训"美也"，当作："皇，大也。"又《大雅·文王之什》："思皇多士"，传言："皇，天也。"《周颂·载见》："思皇多祜"，笺训："皇，君也；思，语辞。"思既为语辞，皇决非训君。"思皇"与《大雅·思齐》之"思齐大任，思媚周姜"同意。皇，亦多也，盛也。又《周颂·桓》："皇以间之"，传训："皇，君也"，君以间之，不可解。此皇字当为遑之假借字。遑，暇也。"皇以间之"者，暇以间之也。《诗》云："於昭于天，皇以间之"，盖言不暇以间之也，与《谷风》"遑恤我后"同义。又《小雅·渐渐之石》："不皇朝矣"，传训："皇，王也"，亦不可解。下章云："不皇他矣，不皇出矣"，皆叠言之。如训为王，则谓不王朝矣，不王出矣，不王他矣，其说必不可通。由是知此皇字亦遑之假借字。不遑朝者，不暇朝之意也。下二章为不暇出矣，不暇他矣，皆可通。皇之为遑，其例甚多。《谷风》"遑恤我后"，《礼记·表记》《左传·襄公二十五年传》，皆引作"皇恤我后"。《书·无逸》："则皇自敬德"，郑注作"遑"。此外非关于皇字训君，训王之义者，不复赘述。在春秋战国以前，皇决无训王，训君之说。今《洪范》曰："惟皇作极""皇则受之"，皆作王字解，其非古义可知矣。战国时皇作王字用者，如：《庄子·天运》篇："是谓上皇"，《离骚》："诏西皇使涉予"，《九歌·东皇太一》："穆将愉兮上皇。"亦可证《洪范》非春秋以前之作矣。

> 六极：一曰凶短折；二曰疾；三曰忧；四曰贫；五曰恶；六曰弱。

《洪范》所称"建用皇极""惟皇作极""锡汝保极"，所谓极者有至善之义。案《释诂》云："极，至也"，太过亦称至极。《五行传》曰:"六沴用咎于下",郑注曰:"六沴之用咎于下者,用极。"观其意,六沴似说六极。传又曰:"貌之不恭,是谓不肃,厥咎狂,厥罚常雨,厥极恶。言之不从,是谓不乂,厥咎僭,厥罚常阳,厥极忧。视之不明,是谓不悊,厥咎荼,厥罚常奥,厥极疾。听之不聪,是谓不谋,厥咎急,厥罚常寒,厥极贫。心之不容,是谓不圣,厥咎霿,厥罚常风,厥极凶短折。王之不极,是谓不建,厥咎眊,厥罚常阴,厥极弱。"观此六极之称,确有大过至极之义。由是知"皇极"即休征:时雨、时旸、时燠、时寒、时风之义。"六极"则咎征:恒雨、恒旸、恒燠、恒寒、恒风之义。时则处常,恒则至极,故五福即五常,为休;六极即六沴,为咎。六极五常说,与《庄子·天运》篇相同。司马彪注曰:"六极,谓上下四方;五常,谓五行。"《乐记》曰:"合生气之和,道五常之行,使之阳而不散,阴而不密。"是五常有作五行解者。《荀子·儒效》篇:"宇中六指,谓之极。"《庄子·应帝王》篇:"以出六极之外。"则司马彪之说可信矣。然六极中又含有王之不极一义。庶征条下亦云:"一极备凶;一极无凶。"可见《洪范》用极,本有休、咎二义。时中为休,此五常所以为五福;而皇极第五畴居中。时中之义乃儒者之说,可见《洪范》必出于儒者之手矣。

　　《洪范》一篇,据前诸证,实非周初箕子所传。其著作时代当在秦统一中国以前、战国之末。《史记》既载《洪范》全文,《吕氏春秋》亦数引《洪范》之语,此亦必出于先秦无疑矣。惟《左传》亦三引《商书》,皆《洪范》之文。《襄公三年传》曰:"无偏无党,王道荡荡。"《文公五年传》曰:"沈潜刚克;高明柔克。"《成公六年传》曰:"三人占则从二人"(今本《洪范》作二人之言)。《左传》著作时代既无定说，而引书之句亦未必旧在《洪范》。再考之《国语》，惟成公六年一条未见，其余文公襄公二条，文句相同，而不称引《书》。则《左传》之证不足为我说害。惟《王制》一篇，或谓即汉文帝博士之作。其说不然。王鸣盛《十七史商榷》曰："《索隐》引刘向《七录》云：'文帝所造书有《本制》，《兵制》，《服制》篇'，案即《封禅书》所谓《王制》也。非今《礼记》所谓《王制》。卢植妄以当之。彼疏引郑《目录》云：'名《王制》者，以其托先王班爵，受禄，祭祀，养老之法度，此于《别录》属制度。'又《答临硕书》云：'孟子当赧王之际，《王制》之作复在其后。'郑意不以《王制》为文帝作明矣。"据此，《王制》当非汉人之作。然篇中有"古者以周尺""今以周尺"之语，则郑云赧王以后之作殆可信。《王制》有言："假于鬼神，时日，卜筮以疑众者，杀"，则阴阳五行之说为作《王制》者所不取，足证隐括八政之义必非《王制》袭《洪范》。故《洪范》之著作时代，当在《王制》既出，《吕氏春秋》未成之际。《吕览》一书，司马迁谓吕不韦使其客著所闻以备天地万物之事，然则此书不名一家之学，或者与《洪范》同出于一派人之手亦未可知。今据历举数证，拟定《洪范》为秦统一中国以前，战国以后阴阳五行家托古之说，俟夫世之博雅君子论定焉。

一九二七年九月改定于清华研究院

（载《古史辨》第五册）

古书中真伪及年代问题，以《尚书》为最纠纷难理。东晋晚出伪古文公案，历宋明至清中叶始完全解决。汉代今古文之争，迄清末尚未衷一是。而西汉以来公认为最可信之二十八篇，其编制年代亦次第发生疑问。最初为《金縢》，次则《尧典》《禹贡》，皆在学者分别讨论中。《洪范》问题之提出，则自刘君此文始。刘君推定《洪范》为战国末年作品。其最强之证据：如"皇"字之用例；如"圣，肃，谋，哲，乂"五名之袭用《诗·小旻》；如"无偏无党"数语，《墨子》引作《周诗》；如东，阳，耕，真之叶韵，与三百篇不相应。凡此皆经科学方法研究之结果，令反驳者极难容喙。其余诸条，亦多妙解，可谓空前一大发明。亟宜公表之，供全世界学者之论难也。

十六年十二月十日，梁启超记

# 好大王碑考释

今所考好大王碑,实高句丽第十七世祖广开土境平安好大王墓上纪功碑也。"彼都考古之士云:初掩土中,三百年前渐掘渐露。"① 则是碑于明清之交出土,"同治末,始传入京师,吴县潘祖荫先得之。海东工人不善拓墨,但就石勾勒,才可辨字而已。光绪己丑,清宗室盛昱,始集资令厂肆碑估李云从裹粮往拓,于是流传稍广"②。或云:出于甲午中日之役③,不可信也。公元一九〇七年(光绪三十三年,丁未)四月,法国沙畹教授(Edouard Charaunes,一八六五—一九一八年)亲至满洲访古,得是碑拓本,影载《通报》(*T'oung Pao* Serie II Vol.IX)。以是知前者所云碑在朝鲜高山城满浦城之间④,及出于奉天凤凰厅境内之说⑤,皆属推测之词。此碑实在今奉天辑安县(旧属兴京)通沟镇。通沟在鸭绿江北岸约百米突(合中国百数十步之遥),当格林威治(Greenwich)东经

---

① 郑文焯:《高勾丽永乐好大王碑释文纂考》。
② 刘承幹:《海东金石苑补遗》,好大王碑跋尾。
③ 杨守敬:《双钩本好大王碑跋》。
④ 郑氏纂考。
⑤ 杨氏双钩本跋。

百二十六度二十分,北纬四十一度五分之地也。昔杨守敬闻之曹廷杰云:"是碑初出土时,人争拓之。土人以其踏践禾苗,以牛粪涂其上,用火烧之,故剥蚀乃尔。"马叔平教授衡亦闻之朝鲜大学今西龙教授云:"是碑剥蚀不可读,拓者仅就剥蚀处加泥其上,借辨字迹,往往以意为之。"故是碑各本颇有异同,亦难考定矣。

  此碑各拓本字数既有多寡,即所记高宽度及行数亦不相同。盖皆以拓片之大小计之,故差错乃尔。今以沙畹氏实测所得者为主,有与诸家不同者,间附及之,以备参考。沙畹氏云:旅客自抵通化后,越通沟(今属辑安县,原注)之颈,有小谷,半围通沟于鸭绿江之右岸平原中,得见一黑点,即此大块之墓碑也。经半小时之行,能达。位于通沟东冈村之高地,由暗绿色大石筑成四角柱形,高约六米突二十生的米突[1]。碑角不齐,故其四面之宽度至难测。其南面,宽一米突四十六生的米突[2],刻字十一行;西面宽一米突四十五生的米突[3],刻字十行(刘本十一行,末一行只存一字),北面宽一米突九十四生的米突(合营造尺六尺零六分有奇),刻字十四行[4],首一行全失;东面宽一米突四十一生的米突(合营造尺四尺四寸有奇),刻字九行;四面合计,四十有四行,每行四十一字。刻度甚深,每字平均长十生的米突(约三寸余),宽九生的米突,碑文距顶一米突起,直至其底。则是碑之高宽度及行数大体确

---

[1] 今以三尺一寸二分五厘为一米突计,适合中国营造尺一丈九尺三寸七分有奇。刘氏云高二丈五尺六寸二分,郑氏云高十八尺,皆非实数。
[2] 合营造尺四尺五寸六分有奇,郑氏云南北二面宽五尺六寸有奇,刘氏云宽八尺二寸五分,皆不合。
[3] 合营造尺四尺五寸三分有奇,郑氏云东西两面四尺四寸有奇,不合。
[4] 郑氏、刘氏本皆十三行。盖此本北面第一行即刘本西面末一行。惟刘本此行多一字。

定。又据沙畹氏文中附及者，于通沟之西有古堡，居山上，土名山城子，相传高句丽国之要隘，距碑北约二启罗米突（约二里之遥），有形似金字塔之石筑，土人所谓将军坟也。又距碑稍西有形似将军坟之构造而范围更大者，今已圮废，往往得砖，文云："愿大王之墓安如山！固如丘！"盖即好大王之墓也。更西尚有数墓，形制一如王墓，则不及考矣。沙畹氏结论云：以予之研究结果，得碑文与墓地相证，则碑文所谓沸流水，即鸭绿江，忽本指通沟，城山上者，谓山城子，而东冈即今发现墓碑之东冈村也。沙畹氏之说颇能予吾人以可信之根据，其记载所及，尤与本文有关，先迻录其大意于此，俟于释文中详其得失焉。

此碑拓本近来流传颇广，今所据以考释者有六：其一，《神州国光集》（九卷第三册）影印唐风楼藏本；其二，沙畹影印原拓本；其三，杨守敬双钩本；其四，有正书局石印本（常州吴氏藏本）；其五，刘氏《海东金石苑补遗》本；其六，郑氏《大鹤山房全书》本。以诸本比较所得，刘氏本所存字最多，而沙畹本最得其真。碑文共四十四行，行四十一字，应得字数总共千八百零四。今沙畹本缺二百九十九字，残字七，不明者二；刘氏本缺二百四十字，残字八；吴氏本缺二百六十字，残字十六；《神州国光集》本影印不精，不能保存原本真相，无以计其确数。郑氏云：此碑共得字总数一千七百有九，缺字一百九十七，即依郑本少一行计之，应得字一千七百六十一。今细数之，郑本实仅存字一千三百八十二，缺一百七十七字，残字十二，合计尚不及一千七百之数，则郑本为诸本中存字最少者也。所有异同，详校碑文之下。

此碑出土以来，东西学者考校训释约有十余家，涉猎所及，以郑文焯《高丽国永乐好大王碑释文纂考》最详赡。杨守敬双钩本跋亦有独到处。上虞罗振玉《永丰乡人稿》有《好大王碑跋》，其所考见之立碑年月，以长历推定当晋安帝义熙十年九月二十九日。与杨氏之说同，即与《三国史记》《东国通鉴》所载之好大王弃国年代亦相当，洵为确论。吴兴刘承幹重校《海东金石苑》，复辑《补遗》《附录》共八卷，在好大王碑后有《校字记》一篇，于郑本多所是正，盖所据者上虞罗氏释文也。陆心源《高句丽广开土大王谈德纪勋碑跋》，见《仪顾堂题跋》（《十万卷楼丛书》本）。其所考立碑年代，亦以《东国通鉴》为据，杨、罗二氏之说未能过之。郑氏谓陆诚斋考是碑立于凉太元十六年，不知何所本而云然。郑氏闻之王懿荣云：其族人少卢曾为笺释而未详。光绪己丑，盛昱再得拓本，亦加考释。岁癸巳，日照丁艮善少山考之，不得卒业而殁[①]。在日本者，有那珂通世氏之《高丽古碑考》，以搜寻不得，未悉内容。满铁会社所出之《朝鲜历史地理》（第一卷），内有津田左右吉博士之《好大王征服地域考》一文，以《三国史记》本纪所载好大王前后战役史各条，推定好大王前后高句丽在朝鲜半岛所占之地域，颇可采择，惜所考地名确当今地者十之一而已。吾国学者所考得者更少。法人沙畹氏之文，以记载墓地碑制为主，并未详考碑文，故是碑地名八九十，而能确知为今某地者寥寥。今所考以此点为主。然海东古史缺佚颇久，虽网罗旧闻而所得亦鲜；补苴罅漏俟夫来日，尚望师友诸君子谅之。

---

① 海丰吴重憙《郑氏考释跋尾》。

**惟昔始祖鄒牟王之创基也**①。

高句丽始祖创基之神话，诸史所传不一，与此碑大略相似。自《后汉书》误入高句骊事于《夫余传》②，因是《通典·边防典》分载此神话于《高句丽》《夫余》二传，《通志》《通考》俱沿其误。《北史》《周书》《隋书》又入《百济传》。东国诸史记之较详赡，其实皆夫余族传说之演化也。此神话之主人翁，即碑中所称之邹牟。《三国史记》云：一作象解。《三国遗事》曰：一作解邹牟。盖古记谓夫余族以解为氏也③。而邹牟《魏书·高句丽传》作朱蒙，《三国志·夫余传》注引《魏略》作东明（《后汉书》同），邹牟为朱蒙双声之变，又古不分舌头舌上，朱读若兜④，东侯对转，故朱蒙亦可变为东明。《魏书》谓朱蒙为善射之称。今按东国诸史，皆言邹牟善骑射，为夫余王子带素所忌，则以朱蒙为名，不无意义。按《东古文存》⑤载，王莽始建国元年，夫余王带素致高句丽琉璃明王书云："我先王与先君东明王相好，而诱我臣民逃至此，完聚以成国家，夫国有小大，人有长幼，以小事大者礼也，以幼事长者顺也。今王若以礼顺事我，天必祐之，国祚永终。不然，欲保其社稷难矣。"⑥诸史言邹牟出亡时与马夷、陕父、摩离等同行，则诱我臣民之言可信。据上诸证推之，邹牟实夫余族之强者，脱离旧部落，自

---

① 跸即邹字，东魏李仲璇修孔子庙碑，唐赠泰师孔宣公碑，邹均作郰。隋龙藏寺碑作郰。刘本作郰。
② 说详仁和丁氏《蓬莱轩地理学丛书》卷七，《后汉书东夷传考证》。
③ 《三国遗事》引。
④ 余杭章先生《文始》卷六东侯类。
⑤ 朝鲜金正喜辑，《天壤阁丛书》本。
⑥ 书原见《三国史记》琉璃明王本纪二十八年。

成新部落，观夫带素致琉璃王之书可知矣。

出自北夫余天帝之子，母河伯女郎，刳卵降出，生子有圣ヲ□□□□①。

《后汉书·东夷传》：夫余国在元菟北千里，南与高句骊，东与挹娄，西与鲜卑接，北有弱水。挹娄古肃慎国也，在夫余东千余里，东滨大海，南与北沃沮接，不知其北所及。《三国志·高句丽传》：高句丽在辽东之东千里，南与朝鲜濊貊，东与沃沮，北与夫余接。《东沃沮传》：东沃沮在高句骊盖马大山之东，滨大海而居；其地形东北狭，西南长，北与夫余挹娄接，南与濊貊接。据以上所记各国四至参校而得，则北沃沮为北夫余，东沃沮为东夫余，不仅字音之转变相合②，且其所居之地望亦相当。诸史所称夫余即北夫余，《高句丽传》所谓东与沃沮接者，盖指东沃沮，亦即东国诸史及碑中所称之东夫余也。汉武帝元封三年灭朝鲜，分其地为四郡，以沃沮城为元菟郡首县，后为夷貊所侵，徙郡高句骊，故《汉书·地理志》以高句骊为元菟首县，别于乐浪郡，分岭东七县为东部都尉。《续汉书·郡国志》即不入版籍。七县中有夫租者，即沃沮，既地处岭东，当为东沃沮故地。夫余沃沮之名在吾国史籍中转变混淆者如是。《三国遗事》引《古记》云：北扶余于前汉宣帝神爵三年壬戌四月八日立都称王，国号北扶余，自称名解慕漱，生子名夫娄，以解为氏焉；后因上帝之命，移都于东扶余，东明帝继北

---

① 閈即郎字。ヲ郑本作子，误。疑是德字残缺。沙畹本、石印本均缺。
② 本文所用音变原理，依据余杭章先生及瑞典人高本汉之说。以下不复细举原则。

扶余而兴，立都于卒本州，为卒本扶余，为高句丽之始祖。考东国诸史言邹牟王为东扶余王金蛙养子，而金蛙为解夫娄养子，则东扶余为高句丽近祖，而北扶余为其远祖所自出。此虽神话，不能据为信史，然所依托之各国地望，尚与事实相合。按《三国志·东沃沮传》云："北沃沮一名置沟娄，去南沃沮八百余里。"北沃沮即北夫余，则南沃沮自即指高句丽。今以沙畹氏之说与诸史证之，则滨鸭绿江之辑安县一带为古高句丽发祥地无疑。由此上溯八百里，则北夫余之今地必不出此范围以内。按《新唐书·渤海传》，谓渤海国以扶余故地为扶余府。《辽史·地理志》：黄龙府本渤海扶余府，在金为隆安州利涉军，在混同江涞流河间。《渤海国志》言扶余府与郑颉府、安宁郡皆相毗连，而郑颉、安宁两郡皆云古藳离国地。藳离之名在吾国史籍有用指北夫余者；《三国志·夫余传》注引《魏略》云：旧志又言北方有藳离之国者①，其王侍婢有身……，即朱蒙事，此藳离即北夫余之证。《柳边纪略》以黄龙府在今石头河、双阳河之间，处吉林之西混同江之南。《满洲源流考》以为在今开原及开原边境之地。《吉林通志》以为在今长春、农安二县境。《盛京通志》以郑颉府在开原县境。《满洲源流考》谓安宁郡当为郑颉支部。《渤海国志》云：今昌图城北三十里有藳离城。以通沟墓地有山城子东冈村之事实推之，北夫余或当今昌图之地。诸家之说虽不能切合，而古夫余之疆域亦必不甚狭小。今开原、昌图在奉天之北，长春、农安当吉林西边，其间为夫余故地，与南距高句丽八百里之说适合。北夫余、高句丽之今地既得约略考定，以此推之，则

--------

① 《后汉书·夫余传》引作"索离"，《梁书》作"囊离"，皆为"藳"字形近之误，藳离即高丽之对音，亦即沟娄之对音。

诸史所谓东沃沮必在吉林之东南部。挹娄必当今吉林之中部及东北部之地，亦大体可定。此亦读是碑者不可不知之地理上知识也①。

　　夫余族为古代朝鲜半岛之北部民族，汉晋以后并吞半岛之南部民族（韩秽族，其说详下），而伸张其势力于岛之南端，此碑即其经略之事迹也。百济、新罗皆其族属（别于百残新罗条下详之）。今以前所述诸史记载观之，沃沮、高句丽，为夫余族已不成问题。即挹娄亦夫余族也。《后汉书·挹娄传》云："挹娄人形似夫余，而言语各异。"疑夫余各族原始皆自挹娄来，此不仅于史地上得有根据，即于语音上亦得确凿之证。挹娄之变为解夫娄，又变为解慕漱，此乃极明显之事。置沟溇《北史》作帻沟溇，解之变为帻，犹今音解字读入照母；沟溇乃娄之叠韵所演（今朝鲜语沟溇为城之称，此亦从沟溇之专名所变，如挹娄之与邑勒，忽本之与喙评，其理详下）。此解夫娄所以能变为帻沟溇，置沟溇，而又变为高句丽之理也。挹沃双声，虞鱼同部，此名词之变化，二字连称，故挹娄可转为沃沮，复变为夫租，夫余，皆一理也。玄菟之名亦自挹娄变来，特通行于中国耳（六朝之后亦通行于海东，《三国史记》本纪有东玄菟之称）。夫娄之名则又为解夫娄落其发声字所变，并非夫余族以解为氏也。其后又由沃沮变为勿吉、靺鞨。《宁古塔纪略》云：吉林有大小乌稽。大乌稽名黑松林，树木参天，槎枒突兀，皆数千年之物，绵绵延延，亘千里不知纪极。夏有哈汤之险，数百里俱是泥淖，其深不可测。《吉林外纪》有东海窝集部。凡沿海林木丛杂处皆称窝集，明时有十余部，清初有渥集部，即指此也。乌

---

① 仁和丁氏《蓬莱轩地理学丛考》所指东夷今地，未尽确当。盖不知北沃沮即北夫余，故自乱其说，然亦可供参考也。

稽、窝集、渥集，皆沃沮一声之转。仁和丁氏云：乌稽之地必有哈汤，盖落叶积层，雨水酿成，遂成极深之泥淖，人行辄陷，万无生理，故曰弱水。《后汉书·东夷传》谓夫余之北有弱水，盖即此也。《三国史记·大武神王五年纪》：春二月，王进军于夫余国南，其地多泥涂。以此推之，挹娄、沃沮、夫余之名或即森林民族之称欤？

  命驾巡车南下，路由夫余奄利大水。

  《后汉书·东夷传》掩㴲水，《三国志·夫余传》引《魏略》作施掩水（盖掩、施误倒）；《梁书·高句丽传》《隋书·百济传》《北史·百济传》作淹滞水（局刻本《隋书》作掩水）；《朝鲜史略》《三国史记》作掩淲水（盖"掩㴲"之误），《三国遗事》曰淹水，皆奄利水一声之变也。惟《北史·高句丽传》曰普述水，其后《通典》及《太平寰宇记》诸书即本之，通称普述水。普述水者，浿水也。普述乃浿之切语（胡三省《通鉴音注》作普盖、普大、滂沛翻。杜佑曰滂拜反。皆读泰怪韵。贝术古音同部，故浿读普述切），浿水今之鸭绿江也①。《魏略》谓夫余产东珠，大如酸枣（《太平御览》引），故是水以贝得名，盖始用于中国。掩㴲水，即《汉书·地理志》之盐难水。盐难水今之佟家江，而马訾水今鸭绿江也②。《汉书·朝鲜传》既以浿水当鸭绿江，而《地理志》又以马訾

---

① 说详蓬莱轩《地理学丛书》，日人重野安绎《支那地理沿革图说》《满鲜历史地理》卷一，《浿水考》。
② 《大清一统志》，齐召南《水道提纲》，钱坫《新斠注地理志集释》，杨守敬《历代地理沿革图》。

水当鸭绿江，浿水当大同江，说者岂非自相矛盾？故日人《浿水考》直以《汉书·地理志》之浿水亦为今之鸭绿江，其实不然。《汉书·朝鲜传》全据《史记》，《地理志》则班史创作。考《水经》已以浿水当大同江之地，则马訾水之为鸭绿江总在西汉后。因汉人在东夷之势力渐由北及南，当时昧于边疆地理，故浿水之称又因有盐难、马訾之名而南移于大同江矣。《北史》以后诸史又以普述水称鸭绿江者，因浿水之名六朝以后已通行海东。此神话复自海东传来，得其切音，故吾国史家又不知普述水即为浿水矣。鸭绿水之得名，诸家皆有水似鸭头绿之说①，亦非确论。鸭绿与奄利、盐难，皆双声之变。碑中有盐水（与《隋书》《三国遗事》作淹水同理），又有阿利水，皆一音之转变。盐水或为奄利水之支流，而阿利水决非奄利水之异译。何以三水皆同一语根，故疑高句丽族必名大水为奄利，或者即其部族名，如挹娄、鸭卢、奄利，亦同一语根，然鸭绿为奄利之异译而文其辞，则无疑也。鸭绿水之名诸史中颇有异说，《汉书·地理志》作马訾水，《三国志·毌丘俭传》曰沸流水。《三国史记》：大武神王四年，出师伐夫余，进军沸流水上。今碑出鸭绿江北岸，故碑之沸流谷，沙畹氏谓因沸流水而得名。则沸流水当即鸭绿江。《三国遗事》又名卒本川，以地当卒本州得名。《三国史记·东明王本纪》掩㴲水注云：一名盖斯水，今鸭绿东北。《太平御览·四夷部》七百八十一引掩㴲水，注曰：㴲音斯。《册府元龟·外臣部》九百五十六引掩㴲水，注曰：疑即今高句丽之善期水。按善期当为盖斯形近之误，㴲音斯，亦如掩㴲之变为掩施。马

---

① 始见于《通典·高句丽传》。

訾水，杨守敬双钩本跋曰盖訾水。按《汉书·地理志》西盖马马訾水连称，或传写者误盖为马（如为马訾水，揆之音变之理亦不合）。《三国史记·大武神王三年纪》：王田骨句川得神马。《五年纪》：扶余王带素弟至曷思水滨立国称王。按其地望，皆在鸭绿江东北一带。今鸭绿江东北水道甚多，佟家江其最大者而已。碑言路由夫余奄利大水，造渡于沸流谷。夫余族本由东北而南，奄利大水当佟家江，尚合事实①。《新唐书·东夷传》云：马訾水出靺鞨之白山，历国内城西与盐难水合，又西南至安市入海。总据以上诸说推之：马訾（当作盖訾）、盖斯、曷思、骨句与奄利、掩㴲、淹㴲、淹滞、盐难，不仅互为鸭绿江或佟家江之旧称，且均为奄利一语之所演。其始用于中国，以义得称者，浿水而外，尚有沸流水之名也。

　　王临津言曰：我是皇天之子，母河伯女郎，鄒牟王，为我连葭浮龜。应声即为连葭浮龜②。然后造渡于沸流谷，忽本西城山上而建都焉。

　　沙畹云：沸流谷即今通沟小谷，碑所在之地因沸流水得名，沸

---

① 陈澧《汉书地理志水道图说》云：马訾水西北入盐难水，西南至西安平入海。当作马訾水西南入盐难水，盐难水西南至西安平入海。则盐难水为鸭绿江，马訾水又在其东北。记之以备一说。
② 我，郑本作木，乃我之残脱。郎为之郎当是即字。因碑文剥落致与郎字相近。即本从卩，此从目，则又为别体。《三国史记》附录异体字类即正作既，薇郑本作葳，释为藏字，犹并木以渡也。陆氏释作㹱字，形相近，而于义难通。海东碑志之别字往往不能以中国之例推之。郑氏释作葳是也。中土诸史皆云东明奔走南渡掩㴲水以弓击水，鱼鼈皆聚浮水上，《三国史记》亦云：鱼鼈浮出成桥梁。足证葳为鼈之别字。碑中以洛为村落，盪为截荡，各省其偏旁，皆别字也。龜、龜皆龟字别体。六朝碑志龟字别体最多，此亦可补邢氏书之不足。

流水即今鸭绿江。节案：《三国史记》一名鸭渌谷，亦名卒本州。《三国遗事》一名卒本扶余，或曰鸭渌扶余。

沙畹云：西城山即今土名山城子之地。节案：沙畹氏所指之地则合，而西城山未必成一名词。此当读忽本西城山上而建都焉句。忽本西城与忽本东冈对称。

忽本：《三国史记》《三国遗事》《东国通鉴》《朝鲜史略》，均作卒本。高句丽国发祥之地也。《三国遗事》一名卒本扶余，或作鸭绿扶余，皆别于诸扶余族之称。《北史》《魏书》则作纥升骨城①。其为一地则诸家之说所同，亦事实不能否认者。《渤海国志》有率宾府，为率宾国故地。《金史·地理志》曰：恤品路。《盛京通志》云：恤品路在兴京东南边外。今碑出通沟，本在兴京东南边界，足证沙畹氏通沟为忽本之地可信。卒本、率宾、恤品，皆忽本一声之变，已无疑义。即纥升骨与忽本亦为复辅音声母之变（纥骨与忽皆喉音没韵字）。余杭章氏所谓一字重音也。《通典·新罗传》云：内邑曰喙评②。喙评者，亦忽本一声之转。今考《三国史记》及《高丽史·地理志》之古地名，凡遇忽皆译以城，如是者有五十余处之多。例如：白城郡本㮈忽郡，阴城县本仍忽县，阳城本沙伏忽，水城郡本买忽郡，水谷城一名买旦忽，车城县本车忽县，邵城县本买召忽，童城县本童子忽县，戍城县本首尔忽县，坚城郡本冬比忽，高城郡本达忽，取城本冬忽，杆城本加罗忽，此外尚有数十例不必备举。《鸡林类事》（《集成》本）丽言部，名水为没。故此译买忽

---

① 《三国遗事》纥作讫，《北史》骨作滑，《北周书》又误升为斗。
② 原注：喙，呼秽切。考《通典》此语出自《梁书》，今《梁书》作啄评，而《通典》有切音，当为今本《梁书》之误。

为水城；称谷曰丁盖，丁盖即旦之切音，故以水谷城译买旦忽；丽言名车与中国同，故译车忽为车城；取曰都啰，故译冬忽为取城；高曰那奔，故译达忽为高城；以此例彼，其余亦当以音取义，则忽之为城，已无疑义。《三国史记》东明圣王二年纪：松让以国来降，以其地为多勿都。丽语谓复旧土为多勿，故以名焉。忽勿即忽本之变失其收音也①。《三国史记·祭祀志》言，高句丽新君立国必幸卒本，祀始祖庙。则卒本为高句丽发祥故地无疑。《通典》谓之曰内邑，其数有十六，则又为旧都之义所演。至《三国史记》则变为凡城之称，足见其演化之迹愈后愈多，其始惟有忽本一名也。

　　永乐凹位，因遣黄龙来下逮王②，王于忽本东罡③，黄龙页④升天；顾命世子儒留王叺道舆治，上朱留王绍承基业。罒⑤至十七世孙，国罡⑥上广甬⑦土境平安好太王，二九登祚，号为永乐太王。

　　《三国史记》：琉璃明王讳类利。或云：孺留，朱蒙王元子，初朱蒙在夫余娶礼氏女有娠，朱蒙归后乃生，是为类利；及朱蒙王之十九年，王子类利与其母逃归，王喜之，立为太子。秋九月，王升

---

① 高本汉《中国方音字典》谓没韵字收音如 L，然忽为撮口字，收音在唇，颇为自然，疑没韵字收音不必尽为舌。
② 郑云，凹疑为即之泐文，迚即连，罗本作迚，杨本作迚，节案：郑说是也，迓即迚之泐文，迚即迎之别体，汉魏六朝碑志迎多作迚，唐白鹤观碑，迚建木以疏封。
③ 罗氏本作罡。
④ 郑氏释作负，诸本皆作页。节案：负字是。
⑤ 业字沙畹本作業，罒疑是罘之泐文，郑本全缺，杨本作廻。
⑥ 罗氏本作罡。
⑦ 郑云碑书开作用，与日本二天造象书开作甹同例。

遢，类利即位。类利，《魏书·高句丽传》《隋书·高句丽传》，皆曰闾达。《北史》：朱蒙王卒，子如栗立。《朝鲜史略》作如柔。《三国遗事》年表作累利。碑又称大朱留王，皆儒留一声之转也。称琉璃明王者，则又后人因琉璃之名而加一明字，非本名也。

高句丽自朱蒙至谈德，据东国诸史传国十九君，共历十四世①。据中土史例，传国之数与世系之数本不能混为一谈②。据碑所称十七世孙，当指世系而言。与《三国史记》《东国通鉴》《朝鲜史略》，所载者举不相合。今考之《三国遗事》年表③，若合符节，以是知《三国史记》等所载者皆非事实。年表虽晚出④，当别有所据也。年表载第一东明王甲申立（汉元帝建昭二年），理十九年，姓高名朱蒙，一作邹蒙，为高句丽始祖；第二瑠璃王，一作累利，东明子，壬寅立，理三十六年为二世；第三太虎神王⑤名无恤，一作味留，琉璃王第三子。戊寅立，理二十六年，三世孙；第四闵中王，名邑朱，大虎之子（《三国史记》作大武神王之弟），甲辰立，理四年，四世孙；第五慕本王，闵中之兄，名爱，一作忧（《三国史记》作太武神王元子），戊申立，理五年，四世孙；第六国祖王，名宫，亦云太祖王（《三国史记》作琉璃王子再思之子），癸丑立，理九十三年，五世孙；第七次大王名遂（东国诸史皆作遂成），国祖王母弟，丙戌立，理十九年；乙巳，国祖王年百十九岁，弟兄二

---

① 据《三国史记》闵中王为太武神王之弟，太祖王为琉璃王之孙，次大王新大王皆太祖王之弟，美川王为烽上王之弟，山上王为故国川王之弟，故朱蒙至谈德适当十四世。
② 吴兴陆氏、上虞罗氏二跋皆据《东国通鉴》说，朱蒙至谈德共历十七世，于世系及传国之数两不得其当。
③ 续藏经本汉和帝以前缺，今据大正新修藏经本。
④ 高丽忠烈王时僧一然所撰，当元至元、大德之间。
⑤ 即太武神王，避高丽王建朝惠宗讳作虎，《三国史记》缺一笔。

王俱见弑于新王①。遂成与宫为弟兄，为东明王五世孙；第八新大王，名伯固，一作伯句，乙巳立，理十四年②，为六世孙；第九故国川王，名男虎（本作武，避高丽王建朝惠宗讳），或云伊夷模，己未立，理二十年（一本作二十年，《三国史记》作十八年，一本是），为七世孙；第十山上王，理二十一年（五字据《三国史记》补），为八世孙；第十一东川王，理二十二年（五字据《三国史记》补），为九世孙；第十二中川王，理二十三年③，为十世孙；第十三西川王，名药卢，又名若友，庚寅立，理二十二年，为十一世孙；第十四烽上王，一云雉葛王，名相夫，壬子立，治八年，为十二世孙；第十五美川王，一云妙穰，名乙弗，又名沈弗，庚申立，理三十一年，为十三世孙；第十六国原王，名钊，又名斯由，或云冈上王，辛卯立，理四十年，为十四世孙；第十七小兽林王，名丘夫，辛未立，理十三年，为十五世孙；第十八年国壤王，名伊连，又名于只支，甲申立，治八年，为十六世孙；第十九广开土王，名谈德，壬辰立④，治二十一年⑤，为第十七世孙。自始祖朱蒙之立，

---

① 《三国志·东夷传》云，宫战死，子伯固立。《三国史记》《朝鲜史略》皆云：临明答夫弑其君遂成，立其弟伯固。
② 东国诸史皆以伯固为太祖王弟，年表独异。《三国史记》载新大王即位下令云：寡人生忝王亲，本非君德；向属友于之政，颇乖贻厥之谟；畏害难安，离群远遁；洎闻凶耗，但极摧哀；岂谓百姓乐推，群公劝进，谬以眇末，据于崇高；不敢违宁，如涉渊海；宜推恩而及远，遂与众而自新，可大赦国内。文用友于之典，盖指解忧遂成皆弟兄相及而言，并不能证明伯固乃太祖王之弟。弑遂成之事本出临明答夫，惟年表言太祖王弟俱见弑于新王，则临明答夫之难或出于伯固所主使乎？
③ 五字据《三国史记》补，以上三君立国年代年表失载，恐传写脱落，故据以补之，山上王名延优，东川王名优位居，一名位宫，中川王名然沸，此诸史所同也，并附著于此。
④ 碑云：永乐五年，岁在乙未，则广开土王当辛卯年立，诸史与年表同，当据正。
⑤ 碑云：二九登祚，世有九宴驾弃国，在位二十一年，适合。

当前汉元帝建昭二年甲申；至广开土王谈德之卒，当东晋安帝义熙八年壬子，共历四百四十九年。

据碑文各条考之，永乐确为广开土王之年号，但不见于东国史乘，且高句丽诸王并无年号，足补诸史之失。

恩泽①洽②亏皇天，威武㭨被四海③；扫除□□，庶宁④其萊⑤；国富民殷，五縠丰熟⑥；昊天不吊，卅有九，晏驾棄国⑦。以甲寅年九月廿九日乙酉，遷⑧就山陵。于是立碑铭，纪勋绩，以永后世焉。其言⑨曰：

甲寅年九月二十九日乙酉，据《通鉴目录》，刘羲叟《长历》，及新会陈氏《二十史朔闰表》，适当东晋安帝义熙十年九月二十九日。广开土王卒于义熙八年壬子，时年三十有九，后二年，迁葬山陵。

---

① 沙畹本作泽。
② 郑本、沙畹本缺。
③ 㭨，郑释作横字。《后汉书·冯异传》正作横被四表。陈乔枞《今文尚书经说考》云：横被为欧阳尚书。皮锡瑞《汉碑引经考》云：樊毅复华下民田口算碑，沉子琚绵竹江堰碑，均作广被四表，俱用《尧典》光被四表之义。光、广、横，声近义通，已详《经义述闻》。《干禄字书》《广韵》，矿又通作铏。《周礼》卝人，卝即矿字。疑横字碑原作枊，㭨又枊之讹文不清致误。郑说是也。
④ 罗氏本作宣，各本作宁，汉鄐阁颂就安宁之石道，北魏张猛龙碑，宁异今德，唐龙朔三年常才金刚经，宁并作宁。
⑤ 齐《宋买造像》，业并作棠。
⑥ 縠当是谷之别体，《干禄字书》谷通作榖，又程荣造像，五縠不熟，豊当是丰之别体，汉魏六朝以迄于唐，凡碑志中之丰字多作豊，汉鲁相史晨祠孔庙奏铭，以祈豊年，西岳华山庙碑，禋祀豊备，东魏萧正表铭，左眄豊貂，北齐西阳王徐之才墓志，豊貂加首，隋巩宾墓志，永豊里，唐周公祠灵泉记，必时泰岁豊，《三国史记》别体字类，丰并作豊。
⑦ 棄当是弃之别体，曹全碑遭同产弟忧棄官，唐东方朔画赞作棄。
⑧ 迁之别体，汉楚相孙叔敖碑，遷长掖太守。
⑨ 当是词字之讹文，沙畹本缺。

永乐五年，岁在乙未，王叭碑丽不息，□又躬率住讨<sup>①</sup>巨富山<sup>②</sup>，负山至盐<sup>③</sup>水上破其丘<sup>④</sup>。部洛<sup>⑤</sup>六七百，当牛<sup>⑥</sup>马群羊不可称数。于是旋驾，因过弩<sup>⑦</sup>平道，东来□□<sup>⑧</sup>力城，北豊<sup>⑨</sup>，五备<sup>⑩</sup>狛<sup>⑪</sup>游观土境，田猎<sup>⑫</sup>而逮<sup>⑬</sup>。

《东国通鉴》广开土王以壬辰年即位，癸丑十月薨逝，凡当国二十二年。碑云二九即位，卅有九宴驾弃国，其间亦历二十二年。惟碑称乙未为永乐五年，则好大王当于辛卯年即位，壬子年弃国，越二年甲寅九月，迁就山陵。《三国遗事》年表作在位二十一年者，因好大王之二十二年，即长寿王之元年，合计传国年数，当作二十一年算。诸史称壬辰立癸丑卒者，因好大王甲寅年迁葬，推算时不合二十二年之数而致误也。今据碑正之。

---

① 郑释作往字，汉魏六朝碑志字体尝于彳旁字省作亻，却于亻旁字加作彳。碑中侵字作侵。案北魏孝文帝吊比干墓文：住者子弗及兮，住即往。
② 郑本叵作巨，误。
③ 盐之别体。汉东海庙碑：瀕海鹽口；唐伊阙佛龛记：鹽梅王国，并作鹽。郑本负山作负碑，误。
④ 沙畹本作乒。
⑤ 郑云：案洛即落。
⑥ 郑本作用，杨本作甲。
⑦ 刘本作驾，今从沙畹本。各本同，字不见于中国字书。
⑧ 郑本作目城，与各本均异。
⑨ 此豊字当不作丰字用，考之汉唐碑志，从豊之字亦有从丰者，亦有从本字者，如汉乙瑛碑春秋飨礼，汉桐柏庙碑处正好礼，唐三坟记立信以示礼，皆从丰，又汉韩勑碑礼所宜异，鲁峻碑体纯和之德，尹宙碑君体温良，镜铭渴饮澧泉，皆从豊，《三国史记》异体字类，豊与丰常相混，《宋书·蛮夷传》有北豊城，此北豊当为地名无疑。
⑩ 此字可疑，诸家皆释作备字。
⑪ 郑本作猖，杨本及沙畹本作狛，郑云犰之别体字。
⑫ 郑云：猎之别体。
⑬ 郑本、刘本均作遝，今从沙畹本，隋龙藏寺碑遝同免角，字各相近。

"碑丽不息，王躬率往讨。"则碑丽为种族之名无疑。碑丽、华丽[①]、不耐，皆一声之转。不耐，扶余族之别部。《后汉书·东夷传》：高句骊为扶余别种，言语多同……凡五族：曰消奴部、绝奴部、顺奴部、灌奴部、桂娄部。本消奴部为王，后稍微弱，桂娄部代之。碑中有闰奴城，当即顺奴部所居之地（闰、顺虽非双声，而同在震韵）。贯奴城当即灌奴部所居之地。又有巴奴城、豆奴城，其名虽不见《东夷传》，亦为夫余之部属则可断言。《三国史记》：高句丽太祖王二十年二月，以贯那部伐藻那部。此贯奴亦作贯那之证。故《三国史记》所载桓那、朱那[②]、刀那城[③]、沸流那、椽那[④]，凡《三国史记》所称某那者，那皆奴之异译。据此，夫余族之部属实不止五部。《三国志·东夷传》：马韩有卑离国、占卑离国（原作占离卑，以下例推之，当为卑离误倒）、监奚卑离国、内卑离国、辟卑离国、牟卢卑离国、奴来卑离国、楚山涂卑离国。马韩本濊族，为朝鲜半岛古代南部土著，其地为后来百济立国之所，而马韩五十余国中，以卑离名者有八。卑离即碑丽，亦即不耐。不耐部既处满鲜古代各地，涉猎所及，有三处地域可得而言者。华丽、不耐虽为二地，实一部族所居，故同名异译。《汉·地志》不耐作不而，华丽、不耐皆属乐浪郡。《后汉书·郡国志》省。又《东夷传》：元封三年灭朝鲜，分置乐浪、临屯、元菟、真番四郡。昭帝始元五年，罢临屯、真番，以并乐浪、元菟。元菟复徙居句骊。自单大岭

---

① 华与苾通，疑古音华读重唇音，今读牙音，即唇音之变。余姚章氏所谓唇音道敛为喉牙也。今湖南长醴一带读轻唇音，即由古之重唇音变来。
② 太祖王二十二年纪。
③ 炤知麻立干十年纪。
④ 太祖王本纪。

以东（《三国志·东沃沮传》作单单大岭），沃沮、濊、貊悉属乐浪。后以土境广远，复分岭东七县，置乐浪东部都尉。七县者：东暆、不耐、蚕台、吞列、邪头昧、前莫、夫租。《三国志·东沃沮传》：东部都尉治不耐城，别主岭东七县。《传》又云：不耐、华丽、沃沮，皆为侯国。国小迫于大国之间，遂臣属句骊。《隋书·东夷传》：新罗兼有沃沮、不耐、韩濊之地。《朝鲜史略》：东暆为临屯郡治，今江陵。则不耐等七县必在今吉林之南，朝鲜东北境之地。单单大岭，据《盛京通志》所考，为长白山脉迤南至朝鲜半岛之山脉。则今咸镜道南北，古亦为不耐族所居之地矣。《三国史记》高句丽太祖王六十六年纪：袭元菟，攻华丽城①。华丽与碑丽声既相通，其地望亦相合。碑云：王躬率兵往讨叵富山，负山至盐水上破其上云云。叵富山即富山（叵富双声之变）。《三国志·高句丽传》：嘉平中，伯固乞属玄菟。公孙度之雄海东也，伯固遣兵助度，击富山贼破之。富山既在玄菟之境，盐水自当为盐难水，或其支流，当在今奉天东北部之地。又《汉·地志》乐浪郡二十五县，《后汉·郡国志》存十七县，省吞列、东暆、不耐、蚕台、邪头昧、前莫、夫租、华丽等八县②。据《后汉书·高丽传》，汉并临屯、真番于玄菟、乐浪；又分岭东七县为东部都尉，尚有一县，必入玄菟。既云太祖王袭玄菟而攻华丽城，华丽为八县之一，其即为入元菟之一县乎？《三国史记·新罗南解次王雄纪》：华丽、不耐，连谋貊国结好。足见华丽、不耐必相近③。碑云：因过刋平道

---

① 事同《后汉书·高句丽传》。
② 《郡国志》多一乐都县，不见于《汉志》，一说即吞列，不可信。
③ 《汉·地志》玄菟领县高句骊，即《三国史记》之国内城，亦名不耐城。以下所论之不耐，非指东部都尉治之不耐城也。

东来□□力城北豊五㴍①。今北豊既在碑丽之东，据此可以推得华丽即碑丽，北豊即不耐，不仅声音相通，其地望亦相合也。今考诸史，得下列不同之记载。《三国志·毌丘俭传》：刊丸都之山，铭不耐之城。《晋书·载记·慕容皝记》：咸康七年，皝迁都龙城，率劲卒四万，入自南陕，以伐宇文高句丽；又使翰及子垂为前锋，遣长史王寓等勒众万五千从北置而进。高句丽王钊谓皝军之从北路也，乃遣其弟武统率精锐五万距北置，躬率弱卒以防南陕。《宋书·蛮夷传》：元嘉十五年（燕大兴七年），燕复为索房所攻，败走奔高丽北丰城。《通典·四裔典·高句丽传》：贞观二十一年，李勣复大破高句丽于南苏，班师至颇利城。《新唐书·高宗本纪》：乾封二年，薛仁贵破高丽，拔其南苏、木底、苍岩三城。南陕、木底连称，数见于《十六国春秋·前燕录》。足证南苏与南陕，颇利与北豊，皆同声字，一地之异称。北豊、南苏，皆高句丽西北重镇，足见《晋书》载记之北置，实为北豊形近之误。《十六国春秋》：后燕长乐五年丙申，慕容盛率众三万人伐高句骊，以骠骑大将军慕容熙为先锋，袭其新城、南苏二城，皆克之。《三国史记·东川王二十年纪》引《括地志》云：国内城即不耐城，累石为之，此即丸都山，与国内城相接。又《地理志》云：国内城即尉邦岩城②。国内城之为不耐城，为诸家所同然。所以名国内城者，因玄菟本为州司所处，土著强盛，侵占州司，此琉璃王由卒本移尉邿岩城之故。刊丸都之山，铭不耐之城，则丸都即玄菟，而不耐、玄菟相毗连又有史实为

---

① 弩平道不可考。《晋书·地理志》辽东郡有力城，但此文上缺二字，不能断定即是力城。
② 邦即那之误。琉璃王二十二年：由卒本移都尉那岩城。

证矣。南苏与北豊相近，已有《晋书》载记及《通典》所录为证。北豊既为不耐，不耐即国内城，而《十六国春秋》又以新城、南苏连称，故疑新城亦不耐之别名。考《三国史记·高句丽·西川王七年纪》：夏四月，王如新城。注云：新城国东北大镇。案《朝鲜史略》及《三国史记》，高句丽建都自始祖东明王立国卒本，至琉璃王二十二年移都国内城。山上王十三年移丸都城。东川王二十一年以丸都经毌丘俭之乱，不可复都，筑平壤城移民及庙社。至故国原王五年正月，筑国北新城。九年，燕王皝来侵，及新城，置盟而还。十二年八月，移丸都。十二月，又被皝击破。十三年秋七月，初居平壤东黄城。得此可以证明不耐经毌丘俭之役改筑新城，故又名新城。史家沿用之，日久，而不知新城即不耐城也。《三国史记·地理志》引贾耽《道里记》（《新唐书》及《渤海国志》所引略同）：自鸭绿江口舟行百余里，以小舫溯流东北行三十里至泊汋镇，得渤海之国境，又溯流五百里至丸都城，故高句丽王都，又东北溯流二百里至神州。《新唐书·高丽传》云：鸭绿水历国内城西与盐难水合，又西南至安市入海①。据《新唐书·地理志》，由营州南至鸭绿江北泊汋城七百里，古安平县也。由两书所记证之，则国内城必为滨鸭绿江北岸之地。《辽史·地理志》云：西京鸭绿府有正州、神州、桓州、丰州四属。正州在鸭绿府西北三百八十余里，领东郡县，本汉东耐县②，在州西七十里，故沸流王故地。桓州在府西南二百里，领三县，桓都、神乡、淇水（《渤海国志》引作浿

---

① 《汉·地志》辽东郡有安平、安市二县。安平即西安平，今安东，为鸭绿江入海处。此安市当即安平之误。

② 考《汉志》，乐浪郡有不耐县，无东耐县，此东字当为不字之误。

水)。《满洲源流考》云：大概上京在宁古塔，中京在辽阳，东京在朝鲜开州，南京在海城县，西京在鸭绿江。据此，淇水当为浿水之误。浿水即鸭绿江，则浿水县必为滨江之地。桓都与丸都声同，桓州正州占府西南西北二部，则东耐与桓都尽有相毗连之可能。与诸史所言丸都、不耐之地望亦相合。又据《汉书·地理志》颜师古注，高句骊县有南苏水，西北经塞外。则南苏城以临南苏水得名，且必在玄菟境内。胡三省《通鉴音注》：南苏在辽东①。《盛京通志》引贾耽《郡国记》：新城在辽东东北。《资治通鉴》：晋成帝咸康八年，虓伐高句丽。高句丽有二道，其北道平阔，南道险狭，众欲从北道。翰曰：虏以常情料之，必谓大军从北道，当重北而轻南。王宜率锐兵从南道击之，出其不意，丸都不足取也②。胡注：北道从北置（当系北豊之误）而进，南道从南陕而入。据上举诸证，国内城不仅为滨鸭绿江之区，而又须在南苏城之北。诚如是，则贾记及《新唐书·高丽传》所言国内城滨鸭绿江者，必为今鸭绿江上游之佟家江，在兴京之南，适当今之怀仁。怀仁旧名桓仁，其即桓都城之古址欤？（仁与都为同类双声）《辽史·地理志》：集州，古陴离国，汉险渎县，高丽霜岩县。霜岩即苍岩，与木底、南苏皆相近。《渤海国志》：集州，古陴离国，有浑河，领奉集县。《盛京通志》：奉集遗址在抚顺城南八十里。陴离即碑丽，抚顺在怀仁西北，与碑所云平碑丽后东来北豊之事实相合。然则今奉天东北鸭绿江以北之地，古为不耐部所居也。新罗真兴王碑称碑利城军主喙口登㕧沙尺

---

① 各本皆作在南陕之东。惟《盛京通志》引作在辽东之东。南陕即南苏，当是《盛京通志》所据本合。注见晋穆帝永和元年。
② 此文与《晋书》载记大略相同，而不见于《十六国春秋》。汤球辑本未收入，不知所出。

干，甘文军主喙口麦夫㚟及沙尺干。《三国史记·新罗本纪》：真兴王十七年七月，置比列忽州，以沙飡成宗为军主；十八年，置甘文州，以沙飡起宗为军主。由是知甘文军主即甘文州军主，则碑利城即比列忽之军主也。《三国史记·地理志》：朔州，朔庭郡，即比列忽郡。又善德王六年为牛首州置主，景德王改为朔州，今春州在句丽东南，濊之西，古貊地。又《职官志》："文武王十三年，罢比列忽停置牛首停。"又文武王八年纪：伊飡仁泰为卑列道行军总管；近飡军官，大阿飡都儒，为汉州城行军总管；迊飡崇信，大阿飡文颖，阿飡福世，为卑列城行军总管；波珍飡宣光，阿飡长顺纯长，为河西州总管①。案比列忽为比列城已无可疑。而真兴王碑中之碑利城，亦即卑列城也。《三国史记·真兴王》二十九年纪：废比列忽州置达忽州②。此比列忽当即卑列城，今春川之地，在古为貊国，

---

① 《朝鲜历史地理》第一卷津田左右吉氏之《真兴王征服地域考》，即据此推定比列忽即卑列城。
② 津田氏疑此记载不可信。即炤知麻立干三年纪王幸比列城之记载亦指安边。因新罗武烈王五年纪以何瑟罗地连靺鞨，人不能安，罢京置州，置都督以镇之，又以悉直为北镇。炤知麻立干比真兴王早三代，太宗武烈王比真兴王迟四代，足证炤知真兴之世，新罗尚未有何瑟罗州以北之地也。其实津田氏之说未尽可信据。《三国史记·地理志》：高城在溟州，旧名达忽；朔庭郡在朔州，旧名比列忽，或曰登州。《高丽史·地理志》：春州即牛首州，古朔州之地；北青州府又有朔州，东界古高句丽地有登州，即古比列忽郡；其属县曰霜阴，即古朔庭郡高城县，旧名达忽，在溟州境；霜阴本朔庭属县，在《三国史记》属朔州；溟州即何瑟罗州之别名，古濊国地，在今江原道东北之境。据《东藩纪要》：春川在今江原道，距京二百五十里，别名牛首、朔州、春州；高城县亦属江原道，距京五百十里，别名浅城、朔庭、登州；据此，达忽既在溟州，安边必更在其北；而高句丽东界并非滨海之区，尚在溟州之西。《高丽史》之登州朔庭郡自即《三国史记》之朔州朔庭郡无疑，则安边之别名为朔州为登州，必因《高丽史》谓朔庭在高句丽东界，而安边即古北青州府之朔州，或别一朔庭而致误欤？否则《东藩纪要》既以春川为朔州，而朔庭郡反远在咸镜道耶？春川、高城，既同属江原道，其地相距不远可知。废比列忽州置达忽州之比列忽，即指春川之地，并非悖乎事实。丽语名忽为城，而《三国史记》《高丽史》中曰某火、某伐、某夫里者，皆为忽之同音语。此为津田氏《长寿王征服地域考》中一大

与不耐杂处。又古马韩之地以卑离名者有八国，卑列、比列、碑利与碑丽、不耐声同，其所居之地亦相当。则今朝鲜半岛中部及西南部之地，古亦为不耐族所居之地也。今据上举诸佐证说之，得其概括之结论如下：碑丽即不耐部，其异译有华丽、颇利、碑利、北丰、比列、卑列、卑离、陴离等异称，大都为此部所到之地。久后即以部名称其所居之地。此部与顺奴、消奴、绝奴、灌奴、桂娄等部，同为扶余之族属，散处古满洲鸭绿江北部及古代朝鲜半岛南北各地，以其名称变化之多，及地域散处之广考之，必为扶余族极强盛之部。至好大王时，其活动之迹，必早经长时间之历史。五年讨碑丽之事，不见于《三国史记》及《东国通鉴》。惟《三国史记·广开土王》元年九月伐契丹，虏男女五百口，又招谕本国陷殁之民一万口而归。据《唐会要》，契丹居黄龙之北、潢水之南。黄龙即辽之上京。《满洲源流考》谓在今宁古塔，潢水当今西辽河之

（接前页）发明。则达忽即达伐已无疑问。《三国史记》新罗助贲尼师今十五年纪，筑达伐城，足证达忽城在真兴王十二代以前已见之。津田氏执于高城尚在何瑟罗之北，故不信置达忽州为事实，殊不知何瑟罗即河西良，古溟州之通称。《三国史记·地理志》：溟州十郡二十五县，歙谷亦其属县，尚在高城之北，则废比列忽置达忽之达忽，究在何瑟罗州何地尚不能定。且该文又云：以悉直为北镇。据《东藩纪要》悉直今三陟。若依津田氏之说，何瑟罗限于江陵之地，而江陵尚在三陟之北，何以该文又言以悉直为北镇耶？新罗讷祇麻立干三十四年，高句丽将猎悉直之原，何瑟罗城主三直出兵掩杀之，乃兴师伐吾西边。若何瑟罗确为今江陵，悉直确为今三陟，处新罗东北滨海之区。高句丽猎于悉直，必先经新罗西北，或由濊地而入。可见何瑟罗之为江陵，悉直之为三陟，均未有颠扑不破之证据。则武烈王纪罢京置州事，不能据以说明真兴王烚知时达忽未归新罗。且达忽亦不能确定为今高城，或别一达忽，皆为事实所许。但津田氏执于何瑟罗为江陵之故，因春川尚在其西北，而疑及春川非比列忽之故地，并谓真兴王十二年以前尚为靺鞨之地。比列忽约当今加平西南杨根以北之地（此意虽未见本文，以其所作地图推之，诚如是也）。案春川之为朔州，朔州之为比列忽，为《三国史记》《高丽史》《东藩纪要》所同。文武王八年纪之河西州即溟州，汉城州即汉州，而卑列城州适当其间，朔州之地亦为津田氏所确信者，而独疑及春川非比列忽之故地，岂非囿于达忽远在江陵之北乎？吾未见其可信也。

地，在今奉天西北之地。较碑丽部所居虽同一方向而更远，或此举即为五年伐碑丽之事乎？不息者，不安之谓也。或即受契丹人之扰，王率兵讨平之乎？元年十月又有伐百济事，已与碑文相证，知其在六年纪（详下）。故此项记载，尽有即在五年之可能。且同一年之纪载中，九月北伐契丹，十月南征百济，亦为事实所不许。又碑为纪功而立，如此大功决不至失纪。碑文纪功自五年始，盖可知五年以前无大功可纪也。故立此一说，以待事实之证明。

    百残，新罗，旧是属①民，由来朝贡。而倭以亲②卯③年来渡海破百残，□□□罗，以为臣民。以六年丙申，王躬率水军讨利残国；军□□……

《三国史记》：新罗始祖赫居世，前汉五凤元年甲子开国，国号徐耶伐。或云斯卢，或云斯罗，或云新罗。《北史》：新罗者，其本辰韩种也。地在高丽东南。《三国志·弁辰传》有斯卢国，或云即新罗。立国在百济之后，与《三国史记》所言不合。而以上之记载皆不可信，新罗实夫余之族属也。《唐会要》：新罗者，本弁韩之地，其风俗衣服与高丽、百济略同，其先出高丽。魏将毌丘俭之破高丽也，其众遁保沃沮；后归故国，其留者号新罗。《册府元龟·列臣部》：新罗或称斯罗，其王本百济人；自海逃入新罗，遂

---

① 汉帝尧碑"御九州，统属理"，与此同。
② 北魏孝文帝吊比干墓文"视窍殷亲"，隋杜乾绪等造象铭"十日亲已"，案亲即辛，郑云傅氏释作来，误。
③ 郑本作辛卯，杨本作来卯，误。

王其国。诸史皆云新罗始祖赫居世之后，即以解为氏。如南解、脱解，与朱蒙之别名象解同。其为夫余族之部属无疑。《三国遗事》云：初王生于鸡井（当是林字之误），故或云鸡林国，以其鸡龙现瑞也。《三国史记》云：脱解王九年始林有鸡怪，更名鸡林。二说皆不可信。鸡林实斯卢、新罗之同音语所演化也。新罗立国之地，据日人津田氏所考，在今江原、庆尚二道之间，北连濊貊（即《三国史记》所称之靺鞨），南接任那，东界海，西北接高丽，西与百济毗连，盖据真兴王以前之地域而言也。

百残即百济，百济亦作伯济，诸史皆谓初以百家济海，因号百济。今碑称百残，足证上说附会，残、济实同声字也。《三国志·马韩传》有百济国，或云即后来百济立国之基。《北史》云：百济东极新罗，西南限大海，北际汉江。《旧唐书·百济传》云：百济，夫余之别种。东北新罗，西渡海至越州，南渡海至倭，北高丽。百济为扶余族，实诸史所公认。《三国史记》百济温祚王纪云：朱蒙嗣位，生二子，长曰沸流，次曰温祚；及朱蒙在北扶余所生子儒留来为太子，沸流、温祚恐为太子所不容，遂与乌干、马黎等十臣南行；百姓从之者多，遂至汉山；登负儿岳，望可居之地，沸流欲居于海滨。十臣谏曰：惟此河南之地，北带汉水，东据高岳，南望沃泽，西阻大海，其天险地利，难得之势，作都于斯，不亦宜乎？沸流不听，分其民归弥邹忽以居之。温祚都河南慰礼城，以十臣为辅翼。此虽神话，然可借以说明百济与夫余族之关系。"百残"碑中又称利残。利残者，罗残也。利、罗双声，观下文所记各地，有在今新罗境者。碑文云：倭以辛卯年来渡海破百残，□□□罗以为臣民，所缺者罗字上必为新字。更可推定辛卯之役，百残、新罗同附于倭，故好大王此役实兼讨罗、残二国也。碑文同声字常通用，倭以辛卯年渡海破百残之事不见于《三国史记》及《东国通鉴》。惟癸巳广开土王三年①夏五月，倭人来围新罗金城；秋八月，高句丽为百济所伐，丽人婴城固守。丙申讨利残事亦不见《三国史记》及《通鉴》，今已判明即广开土王元年纪十月征百济事，说详下条。

    首攻取②壹八城，曰③模卢城、各模卢城、幹弖④利□、□□城、阁弥城⑤、牟卢城⑥、弥沙城⑦、□舍蔦城⑧、阿旦城⑨、古利城、□利城、雜弥城⑩、奥利城⑪、勾牟城、古模耶罗城⑫、

---

① 诸史作二年，盖以壬辰为广开土王元年也，当据碑正。
② 郑本缺取字。
③ 郑本作血。
④ 与篆文上同。
⑤ 百济有关弥城。陆氏跋云：阁系关之误。杨氏、郑氏皆从其说。关、阁本双声可通假，非误也。
⑥ 罗、郑二本缺城字。
⑦ 沙畹本剥一半。
⑧ 沙畹本缺舍字，蔦作鸟。
⑨ 旦，郑氏释作且。隋龙藏寺碑旦皆作旦。然六朝别体旦与且常相混淆。与豐之有时作豊，有时作豊，同为令人眩惑之事。钱大昕《潜研堂金石文字跋尾》云：唐开成石经《左传》成公二年，且辟左右，且作旦。梦必在夜，则旦义为长。《三国史记》十二卷六页：念其有功旦老，故宠褒之。此旦当是且字。四十二卷六页：但结好讲和。此必是但字。又二十四卷四页：修阿旦城。四十五卷十页有阿旦城。此外在本书及《朝鲜史略》有作阿旦者，有作阿且者。然则为阿旦城抑阿且城耶？节案当为阿旦城。汉娄寿碑：荣且溺之耦耕。且即沮，阿且者沃沮也。沃沮为夫余族之别名。
⑩ 雜即杂字。西魏僧演造像记：雜经三百。雜即雜字。碑下文作雜。唐濮阳令于孝显碑：五方雜沓。碑文下莫新罗之新字从辛。
⑪ 郑本、沙畹本均作奥。
⑫ 郑本作古须那罗城。杨本耶作那。

貢①□□□城②、分而躯罗□③、芎④城，禾⑤□城、□□□、豆⑥奴城、沸八罱利城⑦、弥鄒城、也利城、大山韩城、扫加城⑧，毂拔城⑨，□□□□娄卖城、酘□城⑩、□娄城⑪、细城、牟娄城、亏娄城、苏灰城、燕娄城、析支利城⑫、岩门至城、林城、□□□□□□□利城⑬、就鄒城、□拔城、古年娄城、闰奴城、贯奴城⑭、彡穰城⑮、□□□□□罗城⑯、仇天城，□□□□□其国城。

此五十余城，均为罗、济二国属地，可分三类言。第一类识其音训，未能指其所在处；第二类能指其所在处，不能确定其今地；第三类则能确指今地者也。第一类如：臼模卢城、各模卢城、牟娄城、牟卢城、古牟卢城等，实皆解夫娄一音之所演，其初为夫余族所居之地。《通典·新罗传》曰：其俗呼城为健牟罗，健牟罗者，

---

① 沙畹本、郑本均作頁。
② 城字各本均缺，郑本存。
③ 分字各本缺，郑本、沙畹本仅存。
④ 郑本作易。沙畹本自此至豆字均缺，碑下文有场城。
⑤ 郑本全缺，自此至豆字，杨本缺。
⑥ 刘本缺，惟郑本存。
⑦ 八、鄡二字各本均缺，惟郑本存。
⑧ 扫字郑本作埽。
⑨ 城字郑本存，各本缺。
⑩ 酘，郑本作散。
⑪ 娄字各本缺，杨氏本、沙畹本存。
⑫ 支字，沙畹本剥一半。
⑬ 利字各本缺，郑本利上连缺七字。
⑭ 贯，郑本作昌。
⑮ 彡，《说文》部首。许云：毛饰画文也。象形。所衔切，此用其音。
⑯ 罗字，郑本作卢。

若模卢之异译。可知所称若模卢、曰模卢,其初实为以其族名代表其所居之城,其后渐成为城之公名词。时日愈久异译之音歧异,又因汉字之城通用于海东,所谓健牟罗者又由公名而返为专名矣。于《三国史记》及《高丽史·地理志》中,实未能确实寻得与健牟罗同音之城名,惟《三国史记》内有屑夫娄城者,即肖利巴利城,虽未有实在之今地,其与健牟罗、若模娄同音则可断言。其省成牟娄或牟卢者,皆音变后而失其发音之故也。碑中又有古利城、奥利城、亏娄城、燕娄城、也利城,及下文之于利城,以上诸城皆同声,其语根为挹娄,亦夫余族旧所居之处,而以族名其地也。《通典·新罗传》云:其俗呼城曰健牟罗,在内曰喙评,在外曰邑勒。喙评之说已详前,邑勒实即也利、燕娄、挹娄等之异译。其成为专名词之理与健牟罗同。喙评之与邑勒,亦如京省与郡县之分。故《新罗传》又言:其国有十六喙评,五十二邑勒。邑勒比喙评低一等可知。今考《三国史记》及《高丽史·地理志》中,与邑勒同音字之名地,尚有遗迹可考。《三国史记》,正州(正本武字,避高丽李氏朝惠宗讳省)潘南县,即《高丽史》罗州牧潘南郡安老县,旧名阿老谷县,又名野老县。《三国史记》,正州压海郡碣岛县,旧名阿老县。《高丽史》罗州牧灵光郡陆昌县,旧阿老县。阿老者,实为邑勒、挹娄、燕娄、也利等双声之变,又百济国都名慰礼城,据《三国遗事》,今稷山实今广州之地也。慰礼与阿老、也利,既属同声,实可推定亦为挹娄一语根演化而来,不能因邑勒限于外邑而疑之。因丽人当时实未明邑勒之语根所从出,何况其异译之字乎?《后汉书·东夷传》,高句丽有五部。顺奴、灌奴,为其中之二部。闰奴城当即顺奴部所居之地,而贯奴城亦即灌奴部所居之地也。考之东国史籍，未能得其今地，此与上列所考诸城同为一类，当陆续搜讨之。第二类如：大山韩城，《三国史记·地理志》：熊州嘉林郡翰山县旧名大山县；幹上利城，《三国史记》康州居昌郡，旧名居列郡，又名居陁（《集韵》：丈尔、演尔二切），《高丽史·地理志》，安东旧名古陁耶郡，又名居昌郡。幹上利与古陁耶同声①，就邹城碑下文又作就咨城；《北史·百济传》云：其都曰居拔城，亦曰固麻城。其外更有五方，中方曰古沙城，东方曰得安城，南方曰久知城，西方曰刀先城，北方曰熊津城。久知城即就邹城也。第三类凡十城，皆已考得今地。其中二城日人津田氏曾有成说。节案津田氏所考阁弥城则合，谓阿旦城即阿达城则未必可信。《三国史记》辰斯王八年纪：十月，高句丽攻拔关弥城；其城四面峭绝，海水环绕。又三年纪：与靺鞨战于关弥岭，不捷。故津田氏云：其地必为临津江、汉江交会之点，苍波渺茫有似乎海，又为关弥岭所在，且为百济北鄙襟要；今临津江之东南岸皆山地险要，则关弥城当江口之南方亦想像可知。节案津田氏之说甚是，又百济盖卤王二十一年纪：王出逃，为高句丽将桀娄所虏，缚送于阿且城下戕之（《东国通鉴》引作阿旦）。新罗文武王十五年，靺鞨入阿达城劫掠，城主素那战死。唐兵与契丹、靺鞨来围七重城，七重城即今积城。津田氏云：如果阿达城即阿旦城，则阿旦城必在临津江之北，七重城对岸之地。节案津田氏之说未是，阿旦城实阿且城，非与阿达同音，阿且即沃沮

---

① 古幹、陁上，皆同类双声，利、耶虽非双声，而伽倻国即驾洛国，知利、耶同类相通假。

之异音，其初为沃沮部所居之地也。《三国史记·地理志》：溟州奈城郡子春县，即乙阿旦，亦名永春。《高丽史·地理志》：原州永春县旧名乙阿旦。《东藩纪要》：永春距京三百六十五里，别名子春，亦名乙阿朝。可见《高丽史》作阿旦者，乃阿旦之误复由阿旦声误为阿朝。然则阿旦何以又变为乙阿旦耶？阿乙双声所演，如亘富山即富山，高句骊即高丽。《三国史记》尚州闻韶郡安贤县，旧名阿乙兮；安贤，即阿乙兮之变音也。《三国史记》：新罗奈能尼师今十九年，王命伊伐飡利音率兵六千伐百济，破沙岘城；炤知麻立干十一年，高句丽袭北边至才岘；百济辰斯王七年，靺鞨攻陷北鄙赤岘城。阿莘王二年纪：真武复石岘等诸城。久尔辛王七年纪：筑双岘城。毗有王十五年纪：遣兵袭高句丽南鄙茸双岘城。又《地理志》：汉州杨麓郡三领县，旧三岘县。上所举沙岘、才岘、赤岘、石岘、双岘诸城，与三岘城不仅字音相同，且地望亦相合。据《东藩纪要》，杨麓即今杨口（一作杨日），属江原道。节案杨麓本属汉州，当在新罗、百济、靺鞨、高句丽交界冲要之地。广开土王元年，即辰斯王八年秋八月，高句丽王谈德帅兵四万来攻北鄙，陷石岘等十余城。王闻谈德能用兵，不得出拒，汉水北诸部落多没焉。冬十月，高句丽攻拔关弥城。关弥城既为碑中之阁弥城。三岘与彡穰同声①，则所谓石岘城者惟有彡穰城足以当之。关弥、彡穰，皆为百济大城。广开土王元年即位，八月

---

① 湖南曾运乾先生近为《喻母古读考》，证明古音匣母、定母，归入喻母。《广韵》：岘，胡典切；穰，汝阳切；今江南一带读壤穰入喻母，与岘同声。古音喻母字有从娘母字得声者，如育㝅从肉，裔从㐭之例。此余姚章氏所谓以舌音递敛为喉牙也。

伐百济，九月讨契丹，十月又南征百济，拔关弥等十余城。数月之内，南北奔驰，立此殊勋，而不见于纪功碑，此事理必无者也。今碑中六年之役既得其主城关弥、石岘二城；似可推定《三国史记》误将六年之事记载于元年，以碑证史，若合符节。弥邹城今仁川，津田氏已有成说。今补考之，以足其证。《三国史记·百济纪》：温祚王三十七年，渡浿、带二水至弥邹忽；新罗炤知麻立干三年，高句丽取狐鸣等七城，又进兵弥秩夫。《地理志》：汉州栗津郡邵城县，旧名买召忽县，一作弥邹。《高丽史·地理志》：安南都护府仁州，旧名邵城，又名买召忽。《东藩纪要》：仁川距京七十七里，别名邵城、庆源、仁州。今考《三国史记》及《高丽史》，弥邹又转为弥知，以弥知得名之地凡七处。《三国史记》：尚州闻韶郡单密县，旧名武（武字因避讳省一笔）冬弥知，又名曷冬弥知。《高丽史》：尚州牧化宁郡单密县，旧名武冬弥知、曷冬弥知。《三国史记》：尚州化昌县，旧名知乃弥知。又：良州高城郡西畿停，别名豆良弥知停。又武州宝城郡马邑县，旧名古马弥知，亦名遂宁县。《高丽史》：长兴府遂宁县，旧名古马弥知。《三国史记》：武州武灵郡茂松县，旧名松弥知县。《高丽史》：灵光郡茂松县，旧名松弥知县。凡以上所称弥邹、买召、弥秩、弥知者，实夫租一声之变。夫租即沃沮，说详前。故弥邹之语根实从沃沮而来，则凡名弥邹、买召、弥秩、弥知者，古必为沃沮部所居之地也。雜弥城即杂弥城。《三国史记》：汉州交河郡峰城县，旧名述弥忽县。述、杂同类双声，杂弥城即述弥忽；《高丽史》在杨广道交河郡，交河别名宣坡；据《东藩纪要》：距京八十里，当汉江与临津江会合之冲。仇天城即仇知城，知、天古音同在端纽。《三国史记》：熊州大麓郡金池县，旧名仇知县，亦名全义。《高丽史》：清州牧全义县，古仇知县，全义在今忠清南道之东部。豆奴城即刀那城。《三国史记》：汉州海皋郡雉泽县，旧名刀腊，亦名白州。刀腊、豆奴、刀那，皆双声；《东藩纪要》：白川属黄海道，距京二百十里，别名刀腊、雉岳城、雉泽、白州。娄卖城碑又作农卖城。《三国史记》：汉州黄武（武）县，旧名南川县，亦名利川县。《高丽史》：广州牧利川郡，旧名南川，即南买。《东藩纪要》：京畿道利川，距京一百四十里，别名南川、黄武、南买、永昌。按农卖、娄卖、南买，皆双声，又同隶汉州，为百济国地。此外古模耶罗、分而耶罗，必为驾洛国之地。《朝鲜史略》：大驾洛又称伽倻，有五部：曰阿罗伽倻、曰古宁伽倻、曰大伽倻、曰星山伽倻、曰小伽倻。《驾洛国记》（《三国遗事》卷二）云：大伽倻即六伽倻之一也，余五人各归为五伽倻主，东以黄江山，西南以沧海，西北以地理山，东北以伽倻山，南而为国尾，其地必在新罗之南，百济之东南。《三国史记》：尚州古宁郡，旧咸宁郡，即古宁伽倻国。《高丽史》：尚州牧咸昌郡，即古宁伽倻国，咸昌今属庆尚道，距京四百四十里。又《三国史记》：康州咸安，古阿尸良国，又名阿那加耶，《高丽史》属金州驾洛国；据《东藩纪要》：咸安距京八百里，属庆尚道；别名河罗、伽倻、咸州、金罗、沙罗、巴山。据上列记载，虽不能断定古模耶罗、分而耶罗之今地；而可推定二城必在古驾洛国，今朝鲜半岛南端之地。则好大王此役，实已历罗、济二国而至于驾洛国境矣！其余诸城未能详悉，待考。

贼不服①气，敢②出百③戰④。王威赫怒⑤！渡阿利⑥水，遣刺迫城⑦横□□□便国城。百残王困逼，献⑧出⑨生口⑩一千人，细布千匹⑪归王，自誓：从今以后永为奴客。太王恩赦□迷之衍⑫录其后顺之诚。于是□五十八城，村七百，将残王弟⑬并⑭大臣十人旋师邐都⑮。

《三国史记》百济盖卤王二十一年纪：尽国人丞土筑城，即于其内作宫室楼阁台榭，无不壮丽。取大石于郁里河，作椁以葬父骨。津田氏曰⑯：郁里河即阿利水，今汉江。汉水、汉山之名，与中国交通后之称也。南平壤即北汉山，今京都汉城。慰礼城亦曰汉城，今广州。节案便国城即迫国城，便、迫双声借用。广州在汉水之南，与碑文渡阿利水迫国城之说适合。时伯济都慰礼城，津田氏之说可信也。

---

① 沙畹本字作肮，郑氏释为服字。
② 郑云：敢字。汉华岳庙碑：䣒用玄牡。唐碧落碑：䣒忘刊记。皆敢字别体。
③ 郑本作交，杨本作督。
④ 汉李翕天井道碑：戰戰以为大憾。《隶释》云：戰即战字。
⑤ 郑本作奴。
⑥ 郑本作被。
⑦ 《尔雅·释诂》：刺，杀也。《说文·刀部》：刺，直伤也。此作名词用，疑为士卒之称。
⑧ 杨、郑二本皆作献。
⑨ 郑本缺。
⑩ 郑云：生白，生口也。各本均作白。
⑪ 郑云：细布缣属，亚即匹字。《三国史记》异体字类：匹作疋。唐贺兰氏墓志：梧桐枝兮凤凰止。皆匹之别体字。
⑫ 郑本作衔，云御字。节按：是术字泐。
⑬ 各本均作弟。
⑭ 郑本作我，误。
⑮ 旋是旋之别体。
⑯ 慰礼城考。

八年戊戌，教遣偏师观鸟（郑云：疑肃字泐文）慎土谷，因便抄得莫新（郑本缺）罗城，加太罗谷，男女三百余人。自此（案此字）叺来，朝贡论事。

肃慎之名见于我国史籍甚早。《国语·鲁语》："肃慎氏之矢也。"此外《山海经》《书序》《史记·周本纪》，均有肃慎。或音转作息慎。《后汉书·东夷传》，谓挹娄古肃慎地。《三国志·毌丘俭传》：刊丸都之山，铭不耐之城，至肃慎南界。节案挹娄海东之通言，肃慎中国之译语。后来挹娄、肃慎，皆互用。故碑中沿用肃慎之名。土谷者，即古代夫余民族聚居之所。如碑中有改谷、梁谷、加太罗谷、沸流谷。《三国史记》有上谷、牛谷、悉直谷、梁貊谷、槐谷等。碑中称土谷，如土城古堡之类。津田氏《好大王征服地域考》谓肃慎土为一名，当在南韩方面，不可信。《三国史记》：西川王十一年冬十月，肃慎来侵。屠害边民，王于是遣达贾往伐之。达贾出奇掩击，拔檀卢城。疑檀卢城即加太罗谷及莫新罗城所在之处，谷与城常连称。如碑中梁谷又有梁城。《三国史记》牛谷一称牛谷城，悉直谷又有悉直国，或称悉直城。且加太罗与檀卢声音亦相近。西川王十一年之役，杀酋长，迁六百余家于夫余南乌川，吾人益信加太罗谷必在今奉天东北古挹娄族所居之地，而非在南韩方面也。

九年己亥[①]，百残违誓，与倭和通[②]。王巡下平穰[③]。而新罗

---

① 亥之别体，郑本作亥。
② 与字，郑本作与。
③ 今作壤。

遣使白王云：倭人满其国境，溃破城池，以奴客为民，归王请命。太王恩①后称②其忠□，寺③脱违④使遣告以□□⑤。

九年百济与倭和通事，不见于《三国史记》。惟《东国通鉴》晋安帝义熙元年丁酉，百济阿莘王六年，广开土王六年夏五月，伯济与倭结好，遣太子腆支为质。碑称广开土王即位于晋太元十六年辛卯，则丁酉为广开土王七年，百济和倭在六年之役以后。王以九年下巡平穰，百残违誓事或在此岁之前也。平穰之所在地，在东国地理上实为一难解决之问题。自来国内外学者均未有详确之答案。《史记正义》引《括地志》云：高骊都平壤城，本汉乐浪郡王险城。《汉书·地理志》臣瓒⑥注云：王险城在乐浪郡浿水之东。浿水在《史记·朝鲜传》为鸭绿江，已有定论，则王险城必非今之平壤矣。一九二五年秋间，朝鲜总督府发掘大同江南岸中和县属汉代古墓。得永光三年造孝文庙铜钟一，及半两、五铢、大泉五十、小泉直一等钱；乐浪礼官、大晋元康等残瓦当；又有乐浪大守章、朝鲜右尉、诩邯长印、王扶印信等封泥⑦。由是可以证明，汉乐浪郡古址必在今大同江南岸。今平壤当大同江之北岸也。今虽确知汉乐浪郡在大同江南岸中和县属之地，但亦不能断定平壤即王险，而王险

---

① 郑本缺。
② 刘本作称，郑本作称，杨本作稨。
③ 此是特字残，郑本作为，误。
④ 郑本作遣，是。
⑤ 郑本作许，各本均缺。
⑥ 刘孝标《类苑》以为于瓒，郦道元《水经注》以为薛瓒，颜师古以为傅瓒，未有定论，仍缺其姓氏。
⑦ 见朝鲜总督府所出乐浪郡时代遗迹。

即古乐浪郡地。《史记·朝鲜传》云："汉兴，为其远难守，复修辽东故塞，至浿水为界。"又云："东走出塞渡浿水，居秦故空地上下鄣，都王险。"又："元封二年，汉使涉何诱谕右渠，终不肯奉诏。何去至界上，临浿水；使御刺杀送何者朝鲜裨王长，即驰渡入塞。"据此所谓塞者，即指今山海关外古长城遗址，西起榆关，沿奉天西北界至开原，折为二支，一支东北极伊通门至吉林界，一支至兴京永清门转西南至凤凰厅高丽门南底于海。今奉天之宽甸、安东俱在塞外，所谓秦故空地上下鄣者，必当其地。与修故塞至浿水为界之说亦合。设若王险远在大同江南岸，三渡江（大同江、大宁江、鸭绿江），然后抵塞；则所谓至界上临浿水驰渡入塞之说举不合事实，此一疑也。据《三国史记》，故国原王十三年之后建都平壤，至长寿王十五年又云徙都平壤，或曰长安城。又《地理志》引古记云：自平壤移长安。《通典·高句丽传》云：自东晋以后，其王所居平壤城，亦曰长安城；随山屈曲，南临浿水。由上二条记载推之，则东川王以来所都之平壤必非今之平壤。因国内城本在马訾水之北，而好大王讨碑丽渡盐水始至其地。今碑云王巡下平壤，可知好大王既非都国内城，又非都今平壤，此又一可疑也。有此二点，故深信鸭绿江南自义州以迄高山城、满浦城一带，必有高句丽故都在。东国史籍中有同一地名而以南北为别者，如南汉山与北汉山，南带方与北带方。平壤亦有南北之分，南平壤即北汉山，今京都汉城，北平壤即今大同江北岸之地。平壤之名既可南移，安知非今平壤之北古又有一平壤乎？深望海东考古之士取吾说以求之而解其惑[①]。

---

[①] 今东国史籍皆以成州为沸流王松让故都。《朝鲜史略》谓国内城即义州，虽均不可信，然两地或曾为故都。

十年庚①子，教遣步骑五万住救新罗。从男居城至新罗城，倭满其中。官兵方至，倭贼退。□□□□□□□来背。息②追至任郍加罗，从拔城，城卽归服③。安罗戍④兵，拔新罗城。㠸⑤城倭满。倭溃，城⑥六□□□□□□□□□□□□□七⑦九⑧尽。卩⑨陏⑩来⑪，安罗人戍兵满⑫□□□□□□□□□□□□□□□□□□□□□□□□□□□□□□□□□□□□□□□倭溃城大土⑬□安⑭罗人戍兵，昔新罗安⑮锦未有身来朝贡⑯，□□□□用⑰土境好大王⑱□□□□率⑲□□□仆勾⑳□□□□朝贡。

十年救新罗之役不见于《三国史记》《东国通鉴》。晋孝武帝

---

① 沙畹本作用。
② 郑本作息字，误。此恩字也。南唐本业寺记：唯酬帝祚之恩。按息即恩。
③ 郑云服字。
④ 郑本作戒。
⑤ 未详，刘本缺。
⑥ 郑本上四字缺。杨本溃作溃。郑本六作大，误。
⑦ 杨本存此残字，各本缺。
⑧ 郑、杨二本存，各本残缺。
⑨ 郑本作臣，刘本缺。
⑩ 杨本作陏，各本残缺。
⑪ 郑本作尖，罗本缺。
⑫ 罗、郑、杨三本均缺。
⑬ 上十五字沙畹本全缺，刘本存一溃字。倭上各本缺五十二字，郑本缺十字，杨本缺十九字。郑云：土系走字残缺。
⑭ 安字，杨本作㚢，误。
⑮ 郑本仅存，各本均缺。
⑯ 郑本存，各本缺。
⑰ 沙畹本及刘本均缺。
⑱ 郑本仅存，各本缺。
⑲ 刘本仅存，各本均缺。率上郑本有至字。
⑳ 仆字，郑本作溃，疑郑本此处与下文有差错。

太元十七年，新罗奈勿王三十七年，高句丽广开土境王二年（应作三年）春正月，高句丽遣使聘新罗。新罗王以高句丽强盛，送伊飡大西知子实圣为质。奈勿王四十六年秋七月，质子实圣还。适当广开土王十年庚子（《东国通鉴》作九年据碑正）之岁也。男居城疑即南加罗。《日本书纪》：推古天皇八年，新罗与任那相攻。天皇欲救任那。命境部臣为大将军，以积穗臣为副将军（原注：姓名阙），将万余众为任那击新罗，攻五城而拔。新罗王惶之，举白旗到于将军之麾下。立割多多罗、素奈罗、弗知鬼、委陀、南加罗、阿罗等六城以请服①。又《三国史记·金庾信传》："南加耶始祖首露。"南加耶即南加罗。碑下文又作南居韩。津田氏《任那考》：南居韩即南加罗，今龟浦，在釜山之北，东莱县西境，当洛东江之口，为倭人入新罗海口之一。故碑云从男居城至新罗城，倭满其中。新罗城即新罗国都。《三国史记·地理志》：新罗都城曰金城，或称月城。又讫解尼师今三十七年纪：倭兵猝至风岛，抄掠边民，又进围金城。慈悲麻立干二年纪：夏四月，倭人以兵船百余艘袭东边，进围月城。奈勿王三十八年夏五月，倭人来围金城，五日不解。将士皆请出战。王曰：今贼弃舟深入，在于死地，其锋不可当。乃闭城。贼无功而退。据上述数说，足证新罗国城必为东边濒海之地，即今庆尚道之庆州。《东藩纪要》：庆州距京七百六十里，别名辰韩、斯卢、鸡林、月城。倭人进兵新罗有二道：一道从东边直达金城，一道即从任那加罗而入。《三国史记·强首传》："强首，中原京沙梁人也。及太宗召见，问其姓名。对曰：臣本任那加良人。"任那加

---

① 据饭田武乡氏《书纪通释》。

良即任那加罗。《日本书纪》：继体天皇六年壬辰，百济遣使调贡。别表请任那国上哆唎、下哆唎、沙陀、牟娄四县。哆唎国守穗积臣押山奏曰：此四县近连百济，远隔日本，且暮易通，鸡犬难别。今赐百济，合为同国。又：钦明天皇二十三年春正月，新罗打灭任那官家。注云：一本作"二十一年，任那灭焉"。总言任那，别言加罗国、安罗国、斯二歧国、多罗国、卒麻国、古嵯国、子他国、散半下国、气凔国、稔礼国，合十国。据饭田武乡《通释》：广开土王当在仁德天皇之世，钦明上距仁德凡十三世，百二十余年。《东国通鉴》真兴王二十三年秋八月，新罗灭大加耶。足证广开土王时任那尚属日本，加耶即驾洛国。《三国史记·地理志》：良州金海小京，古金官国，亦名伽落国。《东藩纪要》：金海，属庆尚南道，距京八百八十里，别名驾洛、伽倻、临海、金州等称。加罗为任那之首邑，故通名任那加罗。安罗为任那之一邑，即今之咸安。《东藩纪要》：咸安距京八百里，别名河罗、伽倻、咸州。河罗即安罗，则咸安当为古安罗国之地。任那加罗之名见于吾国古史者皆分别言。《南齐书·东南夷传》云：倭、新罗、任那、加罗、秦、韩，六国诸军事。《通典·新罗传》：高丽人不堪戎役，相率归之，随致强盛，因袭加罗任那灭之[①]。

十四年甲辰，而倭不轨，侵[②]入带方界[③]。□□□□石城

---

① 《三国史记·地理志》：法兴王以大兵灭阿尸良国。注一云：阿那加耶任那府，又有浗卢、狗邪、安邪诸小国。安耶即安罗，俱详津田氏《任那疆域考》，及《三韩疆域考》。
② 案侵之别体。东魏义桥石像碑：归依者尘雾莫侵。
③ 带字郑本作帶。

□连舢□□□□□率① □□□平穰②，□□□相遇。王憞，要截盪剌③。倭綏④溃败，斩煞⑤无数。

带方在汉时属乐浪郡。《汉书·地理志》：乐浪含资县有带水，西至带方入海。《三国志·东夷传》：建安中，公孙康分屯有以南荒地为带方郡。《晋书·地理志》以带方、列口、长岑、提奚、含资、海冥、南新七县属带方郡，则带方为乐浪郡南部之地无疑。汉江古带水⑥，源出含资，而西至带方入海。则带方在带水之口，亦为必然之事实。今已发现乐浪郡古址在大同江南岸，则带方处汉江以南之地，颇合事实。再考之东国史籍，又有南带方与北带方之称。《三国遗事》云：北带方本竹军城（军，一本作覃）。注曰：今南原府。南带方曹魏时始置，故云带方之南，海水千里，曰瀚海。自注曰：后汉建安中以马韩南荒地为带方，倭韩遂属。考《三国史记·地理志》：带方本竹军城。有六县，至留县，本知留；军邢县，本屈奈；徒山县，本抽（中缺）；半邢县，本半奈夫里；竹军县，本豆肹；布贤县，本巴老弥。该志武州有二豆肹县：一在兮岭郡姜原县，一在锦山郡会津县。又潘南郡即半奈夫里，务安郡咸丰县本

---

① 刘、郑本存，罗本亦缺。
② 郑本作仆句，恐与上文有差错。
③ 上三字沙畹本残脱。截字刘、郑本作截，憞为㤉之别体。汉北海相景君铭：惊憞伤裹。《隶释》云：以憞为㤉。汉北军中候郭中奇碑，悲憞剥裂。汉执金吾丞武荣碑，慼哀悲憞。皆以憞为㤉。要即腰字，《九经字样》隶变作腰。《广韵》云今作腰。盪即荡字，汉蔡湛颂，盪盪有功。北魏张黑女志，盪寇将军。皆以盪为荡。截，戮之义。
④ 北魏张黑女志、唐西平郡王碑寇皆作寇。
⑤ 刘本作敚。宋爨龙颜碑，胜残去煞。唐《干禄字书》，杀俗作煞。隋申穆墓志，煞清重其高尚。唐皇甫诞碑，素秋肃敚，字作敚。齐高叡修寺碑，字作敚。皆六朝别体。
⑥ 津田氏《浿水考》。

屈乃县，兮岭今乐安，锦山今罗州，与务安同隶全罗南道。带方州六县之今地虽得其三，然豆肹有二，同隶全罗，未能断定孰为竹军城。而所谓带方州者，已知必在今全罗道南端濒海之地无疑。考《三国史记·地理志》：南原小京即南原府，属全州。《东藩纪要》：南原属全罗北道，距京六百三十里，别名带方。今《三国遗事》反以竹军城为北带方，而以南原府为南带方，此必《遗事》称引之误。然吾国古史以汉江流域为带方，则北带方之名应属之。其后带方之地渐次南移，今碑云倭人侵入带方界，可见在好大王时带方之地已辟至半岛之西南端无疑也。

十七年丁未，教遣步骑五万□□□□□□□□师①□□合战，斩煞荡②尽。䍩稚铠钾一万余③领，军资器械④不可称数。遝破沙沟⑤城，娄城。遝⑥□□□□□□□□师⑦□城。廿年庚戌，东夫余旧是䶣牟王属民，中板⑧不贡，王躬率住讨⑨。军到余城，而余城⑩国骈□□□□□□郛臼⑪□王恩普

---

① 郑本作平穰，恐有差错。此据杨、刘本。沙畹本残。
② 郑本作汤，案即盪字。
③ 䍩，郑本作所，汉郑固碑：大君夫人所共哀也。所字作厑。稚，郑云获字之省。钾同甲。
④ 械字泐文，各本作械。
⑤ 沙畹本作溝。
⑥ 各本缺，郑本存。
⑦ 各本缺，郑本存。
⑧ 三级浮图颂：神怒民板。叛，正作板，与此同。
⑨ 讨，郑本作诸。
⑩ 郑本作承，误。
⑪ 各本缺，郑本存。

处，于是旋邈。又其慕化睬官①来者：味仇娄鸭卢②，卑斯麻鸭卢，埥③立娄鸭卢，肃斯舍□□，□□□□卢。仇④乎攻破城六十四，村一千四百。

陆心源《高丽国广开土王谈德纪勋碑跋》云：鸭卢即鸭绿。杨守敬双钩本跋及郑文焯氏考释均袭其说。节案陆氏之言未是。鸭卢，挹娄之异译也。王讨东夫余，东夫余即东沃沮，说已详前。东沃沮南邻靺鞨，北接挹娄。挹娄之语又变为邑勒，成公名词，其说已于也利城、燕娄城诸条下言之。鸭卢既为挹娄，而挹娄远处北边，与邑勒即外邑之说亦相合。《三国史记》文咨王十三年本纪云：黄金出自珂则涉罗所产。今吉林、黑龙江一带产金甚富，涉罗与鸭卢亦同音，疑珂则涉罗亦鸭卢之别部，皆挹娄族也。十七年丁未，及二十年庚戌，好大王征东沃沮之役，皆不见于东国史籍。沙沟城、娄城，今地未详。

　　守墓人烟户：卖句余⑤民国烟二⑥，看烟三；东海贾国烟三，看烟五；敦城□四家尽为看烟；亐城⑦一家为看烟；碑利城二家为国烟⑧；平穰城民国烟一，看烟十；訾⑨连二家为看烟；住

---

① 郑本作陏宫。睬即随字，宫系官字之误。
② 郑本三字误，作卢娄鸭。
③ 此据沙畹本。刘本残存土旁，郑氏本作城字。
④ 郑本作仇，误。九之别体也。
⑤ 郑本作馀。
⑥ 杨本作一。
⑦ 亐即于字，郑本作于。
⑧ 郑本作看烟。
⑨ 《说文》訾从口此声，将此切。

娄人国烟一，看烟卌二①；梁②谷二家为看烟；梁③城二家为看烟；安夫④连廿二家为看烟；改谷三家为看烟；新城三家为看烟；南苏城一家为国烟；新来韩秽沙水城国烟一，看烟一；牟娄⑤城二家为看烟；豆⑥比鸭岑⑦韩五家为看烟；勾牟客头二家为看烟；永底韩一家为看烟；舍蔦城韩秽国烟三，看烟廿一；古家⑧㺟罗城一家为看烟；炅古城⑨国烟一，看烟三；客贤韩一家为看烟；阿旦城、雜珍⑩城，合十家为看烟；巴奴城韩九家为看烟；臼模卢城四家为看烟；若模卢城⑪二家为看烟；牟水城三家为看烟；干氐利城国烟二，看烟△⑫；弥邹城⑬，国烟六⑭，看烟七⑮；□□□□⑯利城⑰三家为看烟；豆奴城国烟一，看烟二；奥利城国烟二，看烟八；须䥽城国烟二，看烟五；百残南居韩国烟一，看烟五；大山韩城六家为看烟；农卖城国烟一，看烟一；闰奴城国烟二，都烟廿二；古牟娄城国烟二，看烟

---

① 郑本作三。
② 郑本作梁。
③ 郑本作梁。
④ 刘本作夫。
⑤ 郑本作卢。
⑥ 郑本残作目。
⑦ 郑氏本作本。
⑧ 郑本缺，各本皆作家，疑是宁之泐文。伽倻国有古宁伽倻。那罗，即伽倻。
⑨ 炅，《广韵》古惠切。
⑩ 郑本作弥。
⑪ 郑本误作卢模。
⑫ 郑本完缺。
⑬ 郑云此是弥邹城。
⑭ 郑本作七。
⑮ 三字杨本均缺，各本缺七字。
⑯ 此上各本缺五口，郑本七字下缺一，杨本连下共缺十字。
⑰ 利字刘本残，沙畹本、杨本均缺，郑本仅存。

八；汤城国烟一，看烟八；味城六家为看烟；就咨城五家为看烟；彡穰城廿四家为看烟；散那城一家为国烟；那旦城一家为看烟；句牟城一家为看烟；于利城八家为看烟；比利城三家为看烟；细城三家为看烟。

总计已上凡五十城。综前所见各城，汰其重复，约得百余。因碑文剥落，未能确定实数。而上文云破五十八城，村七百。又云仇所攻破城六十四，村一千四百。足见好大王经略之地，碑中仅记其主要之城。今所考五十城中如碑利、平穰、新城、南苏、阿旦、杂弥、巴奴、若模卢、弥邹、豆奴、奥利、南居韩、大山韩、农卖、闰奴、就咨、彡穰、于利、比利、邦旦等二十城，已于上文分别说明。此外可考得今地者：卖句余城，《三国史记》：太武神王十三年秋七月，买沟谷人尚须与其弟尉须来投，买沟谷疑即卖句余。《三国史记·地理志》：朔州奈灵郡善谷县，即买谷县。《高丽史·地理志》：安东府礼安郡即买谷县，亦曰善谷。《东藩纪要》：礼安属庆尚道，距京五百三十里，别名买谷、善谷、宣城。《三国史记·地理志》：新城州本仇次忽，或云敦城。《高丽史·地理志》：谷州一名德顿忽，有新恩县，别名新城；侠溪县，别名檀溪。檀溪县在《三国史记·地理志》属永丰郡，隶汉州。《东藩纪要》：黄海道新溪，距京三百四十里，别名新恩、新城、丹溪、檀溪、覃州。揆之音理，德，顿与敦；檀，覃与敦；俱属双声。如覃州即敦城，则碑中敦城或即今之新恩。亏城即于县。《高丽史·地理志》：安东府顺安县，一名于县，亦名柰已郡，仇火县，高丘县。考《三国史记》朔州柰灵郡即柰已郡，亦曰刚州。《东藩纪要》：庆尚道荣川，距京四百六十里，别名柰灵、刚州、顺安、龟城。㕦连未详。然各本㕦字皆不明晰，疑系各字之泐。《三国史记》朔州连城郡，本各连城郡。《高丽史》属交州道。《东藩纪要》：江原道淮阳，距京三百八十里，别名各连城、连城、伊勿城、淮州。梁谷、梁城，本为连属之地，其例已详前。据《三国史记》及《高丽史》，良州亦名梁州，广州牧亦有梁州。《三国史记》：新罗敬顺王三十三年，进兵西伐梁貊，取高句丽县。又东川王二十年，与毌丘俭战于梁貊之谷。梁貊族亦非岛南土著。《后汉书·东夷传》云：句骊一名貊耳，有别种依小水而居曰小水貊。出好弓，所谓貊弓是也。《三国史记》朔州为貊地，足见梁貊部古时所处之地甚广泛。《三国史记·地理志》：汉州坚城郡洞阴县即梁骨县，于《高丽史·地理志》属东州。《东藩纪要》：京畿道永平，距京一百四十里，别名洞阴、梁骨、永兴。梁骨疑即梁谷，则梁城必在今永平一带。津田左右吉氏《任那疆域考》云：河西良即安失良之音转。《三国史记》：溟州即河西良，一名何瑟罗，后属新罗，地连靺鞨，盖秽之古国。《东藩纪要》：江原道江陵，距京五百三十里，别名濊国、临屯、溟州、东原等。考何瑟罗为溟州之别名，溟州之地域尽广；江陵今江原道东海滨之地，是否即古之溟州领县，尚成问题。然安失连即溟州，则可谓无甚可疑之处也。古宁那罗即古宁伽倻。《三国史记·地理志》：尚州古宁郡即咸宁郡，本古宁伽倻国。《东藩纪要》：庆尚道咸昌，距京四百四十里，别名古宁、咸宁、古陵。味城或即《三国史记》熊州燕山郡昧谷，即未谷县，一名怀仁，于《高丽史》属清州牧。《东藩纪要》：忠清道怀仁，距京三百五十里，别名未谷、昧谷。以上凡八城，虽得今地尚未能直接证明确实无误，亦足以供探讨是碑者发微抉疑之一助尔。《三国史记·高丽太祖》，王五十六年，东海谷守献朱豹，王猎于质山。东海谷疑即东海贾。住娄即挹娄。住、挹古为同类双声，则住娄人即挹娄人。以上所述，共三十三地，略可考核。此外十七城均羌无故实可考，容再搜讨之。烟户即人烟户口之谓。郑文焯氏云：所谓国烟，盖皆取远近旧民充之，本其国人也。曰看烟者，则皆其所略来韩秽人，令其看旧民之法而调教之。碑所云虑其不知法，则复取旧民一百十家，故看烟之数倍蓰于国烟也。节案碑下文云：合新旧守墓户国烟三十，看烟三百，都合三百三十家。今据数合计，国烟三十六，都烟二十二，看烟二百六十八，知碑言国烟三十者，据成数而言；看烟三百者，合都烟而言，总计三百二十有六。因此考知幹上利城看烟△字，必为四之泐文，合计适成三百三十之数也。据碑三百三十户内有旧民一百十家，可知旧民不尽为国烟，而看烟亦不限于韩秽。今虽不能确指三百三十家内若何等城烟户为一百十家之旧民，然都烟为非韩秽可知。卖句余民，平穰城民，住娄人，非韩秽亦可知。何以知之？因碑云：残王自誓从今以后永为奴客；又云倭人溃破城池，以奴客为民。今知奴客与民不能并立，韩秽为新略来之奴客，则称民人者非韩秽可知矣。今合国烟、都烟及卖勾余、平穰、住娄，诸处看烟计之，共一百十三家，由此可知一百十家亦据成数而言也。

    国罡①上广开土境好太王存时教言：祖王②、先王，但教取

---

① 郑、杨本作䍡，以罡为冈，六朝隋唐之别体。唐张孚墓志：长复刘断。石壁寺铁弥勒颂：物之坚刘。又段志玄碑：刚皆作刘。则冈可作罡矣。
② 郑本缺。

远近旧民守墓洒扫。吾虑旧民转当嬴劣，若吾万年之后，安守墓者，但取吾躬率所略来韩秽，令备洒扫①。教言如此②。是以如教令，取韩秽二百廿家。虑其不知法则，复取旧民一百十家。合新旧守墓户国烟卅，看烟三百，都合三百卅家。自上祖先王以来，墓上不安石碑，致使守墓人烟户羌错。惟国罡上广开土境好太王尽为祖先王墓上立碑铭，其烟户不令羌错。又制守墓人③，自今以后，不得更相转卖。雖④有富足之者，亦不得擅买。其有违令卖者，刑之，买人制令守墓之。

碑云守墓者但取吾躬率所略来韩秽，令备洒扫。此韩秽连称；或省称韩，如大山韩、永底韩、豆比鸭岑韩。《后汉书》《三国志》皆分韩秽为二传，其实韩秽一族也。《逸周书·王会解》：成王大会诸侯于成周，秽人入贡。注云：秽，寒秽，东夷别种。故知寒秽即韩秽。以碑证史确为一族。《逸周书》之著作时代虽成问题，然《汉书·武帝本纪》：元朔元年秋，东夷薉君南闾等率二十八万降为苍海郡。则薉之名至迟必起于汉初。晋灼注曰：薉古秽字。颜师古注曰：南闾者，秽君之氏。《后汉书》《三国志》秽皆作濊，同声字。南闾即安罗之变音。古音由喉牙舒为舌音者甚多：如尧声有娆，九声有丒，董声有难，目声有能。今音山东一带有读安如南者，故知安罗、加罗、加耶，皆韩秽氏族之通称。前谓韩秽为岛南

---

① 秽，郑本作濊，著录时沿用《后汉书》之字。郑云：《匈奴传集注》濊或作薉，《晋书音义》濊与秽同。
② 刘本作"此"，此据沙畹本。
③ 郑本"人"上有"之"字，乃误移下文"制令守墓之"之"之"字于此，见刘氏校记。
④ 郑释虽字是，杨小口造浮图雖作雅。

土著，于此亦得一证。韩秽族所居之地，据《后汉书·东夷传》，濊北与高勾骊沃沮，南与辰韩接，东穷大海，西至乐浪。《三国志·东夷传》：韩在带方之南，东西海为限，南与倭接，方可四千里；有三种，一马韩，二辰韩，三弁韩。及公孙模、张敞等兴兵伐韩濊，旧民稍出，是后倭韩遂属带方。据吾国史籍之记载，居半岛南端（古任那区域）者曰韩，居半岛之东北部（今咸镜道境）者曰濊，而韩濊本为土著。因夫余族南侵，退处两地，而后韩与濊分。再考之东国史籍，亦有相同记载，而以濊为靺鞨。《三国史记》太祖王五十年纪：濊貊本朝鲜之地，南与辰韩，北与高句丽沃沮接，东穷大海，西至乐浪。《三国遗事》云：靺鞨地接阿瑟罗州。又引《东明记》云：卒本城地连靺鞨。又温祚王十三年纪：五月，王与群下曰：国家东有乐浪，北有靺鞨，侵轶疆境，少有宁日。书中所谓靺鞨，盖指濊地，且颇强盛。而碑中所言之韩濊，甚微弱，何来如此强抗之靺鞨。靺鞨自新罗建国初年至真兴王之世始衰落，其间不下五六百年之历史，而不见于吾国史籍。夷考靺鞨之兴，先称勿吉，始北魏时。至唐睿宗以后，更号渤海，渐至强盛，与《三国史记》之记载适相反。深疑《三国史记》所据之史料必出唐以后，时靺鞨强盛，其所居地域又相同，故凡遇濊国之事，皆以靺鞨称之①。今先于靺鞨兴起之史实略为考究，必可证明吾说之不谬。《北魏书·勿吉传》云：勿吉国在高句丽北，旧肃慎国也，去洛阳五千里。《北史·勿吉传》云：国在高句丽北，一曰靺鞨，邑落各自为主，不相总一；其人劲悍，于东夷最强，言语独异，常轻豆莫娄等

---

① 津田博士有《勿吉考》《渤海考》《〈三国史记·高句丽本纪〉研究》三文。以索购不得，未见为憾！

国,诸国亦患之;其部类凡有七种:一号栗末部,与高句丽接,胜兵数千,多骁武,每寇高句丽;其二曰伯咄部,在栗末北,胜兵七千;其三曰安车骨部,在伯咄东北;其四曰拂捏部,在伯咄东;其五曰号室部,在拂捏东;其六曰黑水部,在安车骨西北;其七曰白山部,在栗末东南,胜兵不过三千,而黑水部尤为劲健。自拂捏以东,矢皆石镞,即古肃慎氏也。《通典·边防典》:勿吉,后魏通焉;隋文帝初,靺鞨国有使来献,谓即勿吉也;西北与契丹接,每相劫掠,与中华悬隔,唯栗末白山为近。炀帝初,其渠帅突地稽率其部来降,居之柳城。辽东之役,突地稽率其徒以从,每有战功,从帝幸江都,寻放归柳城。大唐圣化远被,靺鞨国频使贡献。详考传记,挹娄、勿吉、靺鞨皆肃慎之后裔。《新唐书·黑水靺鞨传》:东滨海,西属突厥,南高丽,北室韦,离为数十部,酋各自治;其著者曰栗末部,居最南。又《渤海本传》:栗末、靺鞨,附高丽者,姓大氏。高丽灭,率众保挹娄之东牟山,地直营州东二千里,南比新罗,以泥河为境①,东穷大海,西契丹,筑城郭以居,高丽逋残稍归之。据以上诸条,靺鞨部落甚多,以黑水为最强盛。后栗末部浸盛,其所居之地即前韩秽及东沃沮所国之境。南与新罗,以泥河为界,此中土与东国史籍所同。而靺鞨实夫余族,不仅其所处地域与东沃沮相同,其部族名称亦自沃沮来②。然好大王时东沃沮实甚微弱,臣属高丽,其兴盛当在唐中宗以后。《渤海本传》云:万岁通天中,武后封靺鞨酋乞四比羽为许国公,乞乞仲象为震国公。比

---

① 《三国史记》炤知王三年,高句丽与靺鞨入北边,取抓鸣等七城。又进军弥秩夫,我军与百济加耶援兵分逆御之,贼败退,追击破之泥河西。
② 由沃沮为夫租、为勿吉、为靺鞨,皆与音变之理相合,例详前。

羽不受命，后诏玉钤卫大将军李楷固等讨乞四比羽，斩之。进追乞乞仲象子祚荣，祚荣以高丽靺鞨兵拒楷固，楷固败绩。祚荣遂自立为震国王。睿宗先天中，遣使拜祚荣为左骁卫大将军渤海郡王，以所统为忽汗州，领忽汗州都督。自是始去靺鞨号，专称渤海，遂为海东盛国。地有五京，十五府，六十二州，迄于五代，并入契丹，具见《渤海国志》。据今所考明者，靺鞨始于北魏，盛于初唐，而《三国史记》反以靺鞨入梁而衰（真兴王当梁简文帝时），且濊国在新罗之北，东沃沮之南，海东史籍，同此记载。国虽微弱，时依附高句丽侵扰邻邦①，不能于两汉时消灭。其亡国当在东沃沮南侵之后。今碑中既未及靺鞨，考之史实，靺鞨又未盛于汉魏之季。故以碑证史，至少可断言：今咸镜道地，当好大王以前必无靺鞨其国存在也。

一九二八年八月作于清华研究院<br>（载《国学论丛》第二卷第一号）

---

① 事见太祖王五十年纪、六十九年纪，百济圣王二十六年纪。

# 汉熹平石经《周易》残字跋

近十余年来汉石经出土者凡百数十石，皆文字残蚀，在百字以上一石者已不多见。萍乡文氏素松，于民国十八年间得洛阳朱疙瘩村所出之汉石经一方，计存字四百九十又六。碑阳二十行，自下经《家人》至《归妹》凡十八卦；碑阴十八行，兼《文言》《说卦》二传，自来出土汉石经字数无多于此者。上虞罗叔言刊《汉熹平石经集录》，曾著之于篇；鄞县马叔平先生亦有所考定，文氏素松曾为《碑录》及《校读表》各一卷。然古今经本不同，字数或异，故诸家校记皆不相合。原此石出土分上下两截，其上方归之文氏。其下一石则三原于右任所藏：碑阳凡二十八行，自《家人》迄《小过》；碑阴二十五行，《系辞》三行，《文言》十五行，《说卦》六行，共计存字二百六十又八；两石相合，成三角形。自此二石出土之后，于是西充白氏所藏《文言》一石十五字，及闽县陈氏所藏《丰卦》至《中孚》一石二十五字，皆有所附丽。（按之蒲圻张国淦《汉熹平石经碑图》在第十二碑。）白氏《文言》一石在碑阴之右下方，陈氏一石在碑阳左上方。计是碑出土之四石，现分藏四家，共存八百余字。兹就今本经文及《经典释文》、李氏《集解》《汉上易传》《录古周易》《玩辞》诸书中考核所得，跋之如左：

## 碑　　图

海宁王先生考汉石经，谓诸经大率每行七十三四字，横得三十余字。今以一碑三十五行，行七十五字计，则每碑得二千七百二十五字。又汉魏石经皆表里刻字，则每碑得五千四百五十字，证之以后出土之汉石经，及诸家考订所得，知先生之说实不可易。是石上方曾有诸家校记，相出入者甚多。兹更就于氏所藏之石，合其余三家之石，并作碑图，说明其行款于下：

碑阳二十八行

第一行：七十三字，存三十六；自第三十至五十六，文氏石；五十六至六十五，于氏石。

第二行：七十三字，存三十五；自第三十一至五十六，文氏石；五十六至六十五，于氏石。

第三行：七十二字，存三十三；自第三十三至五十六，文氏石；五十六至六十五，于氏石。

第四行：七十三字，存三十一；自第三十五至五十六，文氏石；五十六至六十五，于氏石。

第五行：七十三字，存三十；自第三十六至五十六，文氏石；五十六至六十五，于氏石。

第六行：七十四字，存二十九；自第三十七至五十六，文氏石；五十六至六十五，于氏石。

第七行：七十三字，存二十八；自第三十八至五十六，文氏石；五十六至六十五，于氏石。

第八行：七十三字，存二十六；自第四十至五十六，文氏石；五十六至六十五，于氏石。

第九行：七十四字，存二十五；自第四十一至五十六，文氏石；五十六至六十五，于氏石。

第十行：七十二字，存二十四；自第四十三至五十五，文氏石；五十五至六十六，于氏石。

第十一行：七十三字，存二十二；自第四十四至五十五，文氏石；五十五至六十五，于氏石。

第十二行：七十三字，存二十二；自第四十五至五十五，文氏石；五十五至六十六，于氏石。

第十三行：七十三字，存二十；自第四十七至五十五，文氏石；五十五至六十六，于氏石。

第十四行：七十五字，存十九；自第四十八至五十五，文氏石；五十五至六十六，于氏石。

第十五行：七十三字，存十八；自第四十九至五十五，文氏石；五十五至六十六，于氏石。

第十六行：七十三字，存十七；自第五十至五十五，文氏石；五十五至六十六，于氏石。

第十七行：七十三字，存十七；自第五十一至五十五，文氏石；五十五至六十七，于氏石。

第十八行：七十三字，存十六；自第五十二至五十五，文氏石；五十五至六十七，于氏石。

第十九行：七十三字，存十四；自第五十四至五十五，文氏石；五十五至六十七，于氏石。

第二十行：七十三字，存十四；第五十五，文氏石；自第五十五至六十八，于氏石。

第二十一行：七十三字，存十二；自第五十七至六十八，于氏石。

第二十二行：七十三字，存十五；自第四十四至四十七，陈氏石；五十八至六十八，于氏石。

第二十三行：七十三字，存十字；自第四十五至四十七，陈氏石；六十至六十六，于氏石。

第二十四行：七十三字，存九字；自第四十五至四十八，陈氏石；六十三至六十七，于氏石。

第二十五行：七十二字，存九字；自第四十五至四十八，陈氏石；六十四至六十八，于氏石。

第二十六行：七十三字，存九字；自第四十四至四十八，陈氏石；六十五至六十八，于氏石。

第二十七行：七十三字，存六字；自第四十五至四十八，陈氏石；六十六至六十七，于氏石。

第二十八行：七十三字，存二字；第四十五，陈氏石；第六十六，于氏石。

碑阴二十五行

第一行：七十四字，存三字；自第六十四至六十六，于氏石。

第二行：七十三字，存五字；自第六十二至六十六，于氏石。

第三行：十九字，缺。

第四行：二字，缺。

第五行：七十二字，存九字；自第五十八至六十六，于氏石。

第六行：七十三字，存十一字；自第五十六至六十六，于氏石。

第七行：七十四字，存十二字；自第五十六至六十六，于氏石。

第八行：七十一字，存十四字；第五十三，文氏石；自第五十五至六十七，于氏石。

第九行：七十一字，存十六字；自第五十二至五十三，文氏石；五十四至六十六，于氏石；第七十，白氏石。

第十行：七十二字，存十八；自第五十一至五十三，文氏石；五十四至六十五，于氏石；六十九至七十一，白氏石。

第十一行：七十三字，存二十一；自第四十九至五十三，文氏石；五十四至六十五，于氏石；六十八至七十一，白氏石。

第十二行：七十四字，存二十三；自第四十八至五十三，文氏石；五十四至六十五，于氏石；六十七至七十一，白氏石。

第十三行：七十三字，存二十；自第四十七至五十四，文氏石；五十五至六十五，于氏石；六十八，白氏石。

第十四行：七十三字，存二十；自第四十六至五十四，文氏石；五十五至六十五，于氏石。

第十五行：七十二字，存二十二；自第四十四至五十四，文氏石；五十五至六十五，于氏石。

第十六行：七十二字，存二十三；自第四十二至五十四，文氏石；五十五至六十四，于氏石。

第十七行：七十三字，存二十四；自第四十一至五十四，文氏石；五十五至六十四，于氏石。

第十八行：七十一字，存二十五；自第四十至五十四，文氏石；五十五至六十四，于氏石。

第十九行：三十七字，缺。

第二十行：二字，缺。

第二十一行：七十四字，存二十九；自第三十六至五十四，文氏石；五十五至六十四，于氏石。

第二十二行：七十四字，存三十一；自第三十四至五十四，文氏石；五十五至六十四，于氏石。

第二十三行：七十三字，存三十三；自第三十二至五十四，文氏石；五十五至六十四，于氏石。

第二十四行：八十字，存三十三；自第三十一至五十四，文氏石；五十五至六十三，于氏石。

第二十五行：七十三字，存三十一；自第三十一至五十四，文氏石；五十五至六十一，于氏石。

上列碑图说明二则：碑阳二十八行中，大率以七十三字上下为度；碑阴二十五行中，以今本经文校之，参差殊甚。其中第二十四行，多至八十字；第十一行，以今本核之，实仅七十字，因得白氏《文言》一石，知亢字为第十行最末一字，则十一行中缺三字，以是知此行古本必多三字。《说卦》章节亦与今本不同，今本"穷理尽性以至于命"为一章，石经连下；今本"盖取诸此也"连下，石经止此为一章；因是可推知《文言》二传之文句章节，必有与今本不同者矣。

<h2 style="text-align:center">校　　记</h2>

马叔平先生《汉熹平石经周易残字跋》谓，石经所据者乃京氏《易》，证之于氏一石，其说可信。然今古文学经本之异同，后世难

以校理。海宁王先生考汉时古文本诸经，知当时古文本诸经传写之本各不同。况今文经为汉代最流行之典籍，其传写本之多，恐在古文本诸经之上。传写既多，文字不能无异同，浸假今古文经本之特点淆乱而不分矣。其间文字异同之故，同声假借一理足以尽之；则所传今古文经本文字之异同，不足以当两家经本之真面目可知矣。今以于氏之石合三家所藏者考之，大抵以今文经为本，然亦有与今文经不同，而与古文经相同者，胪举之如次：

**嘻嘻**　《家人》九三："妇子嘻嘻。"朱震《汉上易传》引《京氏易》正作嘻嘻，石经同。《释文》曰："陆绩本作喜喜。"

**吝**　《家人》九三："终吝"，《解》六三："贞吝"，石经皆作吝。《五经文字》曰："作吝非。"《广韵》二十一震："吝俗作吝。"唐纪国陆妃碑："由是动悔无吝"，字皆从汉隶吝字出。变文为𠫓，变口为厶，此六朝以后别体，至唐初始厘定。《释文》于《说卦》为吝下曰："京作遴"；《说文》辵部遴下引《易》曰："以往遴"，而口部吝下引《易》作"以往吝"；《汗简》吝本作遴，《易经》古文；《汉书·王莽传》："性实遴啬"，颜师古曰："遴读与吝同"；《广雅》："遴，䛐也"；知当时遴、吝实相通。

**蹇**　《蹇》卦之蹇，石经皆作蹇。桓范《政要论·谏争篇》引《易》曰："王臣謇謇。"（《群书治要》引）汉梁相费汎碑"蹇鄂质直"，熊君碑："临朝蹇鄂"，义皆作謇；衡方碑："謇謇王臣"，张表碑："謇謇匪躬"，北军中候郭仲奇碑："謇謇衍衍"，太尉杨震碑："謇謇其直"，皆用《易》义，足证汉碑謇、蹇、謇三字通用。《尔雅·释乐》："徒鼓磬谓之謇"，《释文》曰：謇"本或作謇，字同；或作蹇，字非"。证之汉石，其说未确。

**拇**　《解》九四："解而拇，朋至斯孚。"荀虞本作母，石经与今本同。

**用**　《益卦》："利有攸往"，石经作"利用攸往"。《易》有"利有"与"利用"二辞。如："利用享祀""利用御寇""利用宾于王""利用为大作"，与"利有攸往"，或"有攸往"之义不同。盖用与有相通者，双声之故也。

**次且**　《夬》九四，《姤》九三："臀无肤，其行次且。"《新序·杂事篇》引《易》作"臀无肤，其行趑趄"；《集解》引虞氏作"次且"。晁说之《录古周易》曰："次且"，古文；《释文》曰："马融本作次且"；次本亦作趑，或作跙；郑及《说文》引作赽；马、郑同为古文，不相谋，而与石经同，亦足证今古文经本并无绝对分别。

**牵**　《夬》九四："牵羊悔无。"石经与今本同；《释文》曰："《子夏传》作掔"；晁氏曰："掔，古文。"节案：《子夏传》，《汉志》不著录；刘向谓："易传子夏，韩婴氏也"；荀勖《中经簿》曰："或云丁宽所作。"则是书西汉有传本，于今文家为近。《干禄字书》曰："牵，俗牵字"；成阳令唐扶颂作牵，魏温泉颂作牵，足见石经字体为六朝别字之源。

**包**　《姤》九二："包有鱼。"项安世《玩辞》引《子夏易传》作苞有鱼，引丁宽《易传》作苞有鱼，《释文》曰："本亦作庖，同白交反，郑百交反，虞云：白茅苞之，荀作胞。"然则石经作包，与郑义合，与丁氏不合矣。

**厉无大咎**　《姤》九三："厉无大咎。"石经与今本同，常熟瞿氏所藏北宋本作"厉无咎"。

**芙**　《萃卦》初六："一握为笑。"石经作芙，《说文》无此字。然口部咥下曰:"大笑也",啞下曰:"笑也",噱下曰:"大笑也",欠部欣下曰:"喜笑也",欼下曰:"含笑也";又引《诗》曰:"咥其笑矣",引《易》曰:"笑言啞啞",其于注中可谓屡见,段注定从竹从犬。《玉篇》竹部亦作笑;《五经文字》力尊《说文》者也,亦作笑,喜也;《九经字样》始先笑后笑,引杨承庆《字统异说》云:"从竹从夭,竹为乐器,君子乐然后笑";大徐本《说文》曰:"臣铉等案孙愐《唐韵》《说文》云:'笑喜也,从竹从夭',而不述其义,今俗皆从犬。又按李阳冰刊定《说文》,从竹从夭,义云:'竹得风体,夭屈如人之笑',未知其审。"节按杨承庆、李阳冰、徐铉三说虽不可通,而笑字实从竹从夭。汉隶艸、竹两部甚混,故字亦从艸从夭。《说文》艸部有芺字。"芺,艸也,味苦,食之以下气。"高田忠周《古籀篇》曰:"小篆关或作关,隶变因与犬混;故汉王政碑时言芺乐,作关;《汉书》省作关,俗又加口作咲。"《干禄字书》曰:"咲通笑",其说甚谛。考古书笑字又有借媝字为之。《说文》女部:"媝,巧也;一曰女子笑貌。"《诗》"桃之媝媝"从女关声。《大戴记》:"子女专曰媝。"木部杴下亦引"桃之杴杴",而《毛诗》作夭。是媝与夭、杴实通。然则笑之从夭,声义概从媝出,故从夭之字皆有柔顺美巧壮佼之义。《广雅·释训》:"妖,巧也";《三苍》:"妖,妍也";又沃字有饶衍之义。《书·说命》曰:"启乃心,沃朕心";《诗·氓》"其叶沃若",传曰:"犹沃沃然";《隰桑》"其叶有沃",传云:"柔也";《隰有苌楚》:"夭之沃沃",传:"壮佼也";则笑之本字,其初当作夭,然后有芺、媝、笑诸体。至于汉魏以后,又有作唉者。东魏李仲璇修孔庙碑"微唉而口言",北周宝泰寺碑"唉敬叔之言",隋陈叔毅修孔庙碑"俯唉陶潜",唐孔子庙堂碑"呪尔微哂"，《诗》"噱浪笑傲"，《释文》曰："本又作哂，俗字也"；《广韵》《集韵》俱以哂为笑之俗体。因隶书笑字从犬从艸之误，而杨、李诸家又不得从夭之义，故阐明其底蕴如此。

**引** 《萃卦》六二："引吉，无咎；孚乃利用禴"；引吉，石经作弘吉。按汉隶引字，刘修碑作引，丁鲂碑作弘，陈球碑作弘。《广韵》《隶释》并云"弘同引"；然引吉实不辞，应作弘吉。殷虚文字有"大吉""弘吉"之文；《书契前编》卷五有合书者，作㚔（第十五叶），㚔（第六叶），㚔（第十五叶）；偶有分书者，作㇀卤（卷二第二十二叶）；上官登（豆）亦有㚔之文，罗叔言释为弘吉，则弘吉之误为引吉，显然在隶变之间。弘吉亦大吉之意。《尔雅·释诂》："弘，大也"；《书·顾命》："弘璧"；《诗·南山》："丧乱弘多"；皆广大之意。字从弓，𠃊声；𠃊，古文肱字。弘、肱、𠃊皆同字。」即𠃊之反文。字在古金文有二体：毛公鼎作㚔，貴弘觥作㚔，小篆作弘，故隶变与引混，传写《易经》者因而致误。其一体则从〇，如穆公鼎作㚔，父乙鼎作㚔，盈弘卣作㚔，隶变后如孔龢、史晨、曹全诸碑并作引，孔彪碑及华山庙碑则作弘。于是说者谓隶体弘、引二字截然有别矣，其实不然。

**允** 《升卦》初六："允升，大吉。"朱震《汉上易传》引施孟章句作㲋，而《说文》及《汗简》引古《周易》亦作㲋，今石经作允，与今本同，与施孟不合矣。

**禴** 《升》九二："乃利用禴，无咎。"石经作"乃利禴"，少用字；禴作禴。《易·萃卦释文》："禴，刘本作爚"；蜀才作礿；《易·既济》九五："不如西邻之禴祭"，《汉书·五行志》作"西邻之禴祭"。注曰："禴祭，谓禴煮新菜以祭。"《诗·天保》："禴祀蒸甞";《礼记·王制》郑注引作"汋祀丞甞";《尔雅·释天》:"夏祭曰礿";《释文》:"本或作禴。"字亦作鬻,《说文》曰:"鬻,内肉及菜汤中薄出之,从鬻,翟声。"石经作瀹,于古文为近。

亨　《困》九二:"利用享祀。"享,石经作亨。唐石经作享。《释文》:"荀氏许两反。"《大有》九三:"公用亨于天子。"《释文》:"亨,献也";京本作"亨"。《随》上六:"王用亨于西山。"《释文》:"亨,祭也。"京、虞、陆绩并同。《升》九四:"王用享于岐山。"《释文》:"马、郑、王肃作亨";"荀氏许两反。"据此今古文本《周易》享祀亦有作亨祀者;故京、虞、马、郑、王肃并同;则享祀之字两汉经本作亨者多。然汉张公神碑:"元享利贞",《汉隶字源》云:"义当作亨。"又刘熊碑"子孙亨之",义当作享。此风至唐犹然。唐奉先寺像龛记"粤以咸亨三年",张阿难碑"咸亨二年",皆以享字作。则大体言之,似汉以来,凡元亨字皆作享,子孙享之之类,而又作亨。考之殷周古器物,实惟亯字。在甲骨文字作含。古铜器中"用亯""孝亯"诸字,如亯敦作含,父乙残敦作含。由是演变者:如白者君盘作含,丰兮敦作含,郑公华钟作含,鲁侯敦作含,虢季氏敦作含,至小篆变而为含,或作含,因而隶变有享、亨二体。其字在《说文》曰:"从高省;曰,象进熟物形。"从高省之说,必不可通。其字最初作含,说者谓宗庙形,亦以后起之制解初文。其字实与皀同。《说文》又读若香,实即亯字,其为饮食祭献之事,则毫无疑义。考此字本义为献物之意,而后引申为烹调之义,更引申为亨,作嘉会之义。故其字有许两、许庚、普更三音,以许两切为最古。在古金文中未有作嘉会之义者。《诗·天保》:"是用孝享",《楚茨》:"以享以祀",《烈祖》:"以假以享",《殷武》:"莫敢不来享",《书·洛诰》:"汝其敬识百辟享";其他如"以征不享""克享天心""百辟来享",皆享祭一义之引申。《仪礼》用之皆作飨。作烹字义者,如《诗·楚茨》:"或剥或亨",《瓠叶》:"采之亨之",《匪风》:"谁能亨鱼",《仪礼·郊特牲》:"亨于门东方。"至于嘉会之义,卦辞以外,始见于《国语》,及《春秋左氏传》。战国以后,此义日彰,至于汉代,享与亨二体常相混淆,故《易》"享祀"之字,又有作亨者矣。

**臲卼** 《困》上六:"困于葛藟,于臲卼。"石经作劓刖。马叔平先生所考甚确。《释文》《困》九五劓刖下云:"王肃本作臲卼,云不安貌,陆同;郑云:劓刖当为倪仉,京作劓刖。"于上六臲卼下云:"臲,五结反;王肃妍结反;《说文》作劓,牛列反,薛同;卼,五骨反,又音月,《说文》作䠆;云䠆,不安也,薛又作杌,字同。"按《说文》劓之重文为劓。又刀部:"劓,断也;刖,绝也",其义亦同。劓、刖,古音同属泰部;故劓刖即臲卼。则今本与古文同,而石经与京本合也。

**洌** 《井》九五:"洌寒泉食。"石经与今本同,《说文》引作冽。

**辩** 《革》九五:"大人虎变",上六:"君子豹变。"石经变皆作辩。晁说之《录古周易》云:"变京作辩,下同。"《释文》易坤由辩下云:"荀作变。"《潜夫论》所引同。足证石经从京本,然古书辩与变常通。《礼运》:"大夫死宗庙,谓之变",注云:"变当为辩";《孟子》:"则不辨礼义而受之",《音义》引丁云:"辨本作变";《庄子·逍遥游》:"而御六气之辩。"《释文》:"本又作变";《楚辞·九辩》王注云:"辩者,变也";《广雅·释诂》:"辩,变也";是其义相通矣。

**𫗴** 《鼎》九四："覆公𫗴。"《释文》："马本𫗴作餗。"金文有宋公䜌𫗴鼎，𫗴鼎即餗鼎。

**刑劇** 《鼎》九四："其形渥。"石经作刑劇，《汉纪》十二《武帝纪》论引作"刑劇"。晁氏曰："形渥"，九家京、虞并作刑劇；郑渥作劇，石经从京本。

**眚** 《震》六三："震行无眚。"石经作省，与今本异。经传中省、眚常相通。《书·盘庚》："惟干戈省厥躬"，《释文》："本作眚"，《周礼·大宗伯》："省牲镬"；《释文》："省，本作眚。"《书·洪范》："王省惟岁"，《史记·宋世家》引作"王眚惟岁"；《书·康诰》："人有小罪非眚"，《释文》本作省。

**止** 《艮》初六："艮其趾。"石经作止，《释文》云："荀作止"，止与趾，盖古今字。

**腓** 《艮》六二："艮其腓。"石经作腓，与今本同；《释文》并云："又作肥"，与《咸卦》同。

**抍** 《艮》九三："不拯。"《子夏》《丁氏易传》并作抍。《汉上易传》曰："马融本作不抍其随"，《释文》作："承，举也。"顾炎武《金石文字记》："博陵太守孔彪碑，其文云：抍马者，《易·明夷》《涣》，皆云用拯马壮吉。拯字，《子夏传》《说文》《字林》，并作抍，音升，一音承，上举也。汉时所传如此，而今作拯者，唐开成以后所定也。"

**般** 《渐》六二："鸿渐于磐。"石经作般，与今本异。晁氏曰："磐，《汉书·郊祀志》作般；孟康曰：般，水涯堆也；说之案，般古文。"《经义述闻》曰："许氏《说文》称《易》孟氏，古文也；而其书有般无磐，则古文《周易》作般不作磐可知。"节案

《屯》初六："磐桓，利居贞。"汉仲秋下旬碑作般，《释文》云："本亦作盘"，《尚书·盘庚》，石经作般；然则般之通磐，不限今古文。

**衍衍** 《渐》六二："饮食衍衍。"石经作衍衍，《广雅·释诂》："衍，广也"；《释文》引马注："饮食饶衍也"；衎与衍，义自相通。

**归昧** 归妹，石经作归昧。《释名·释亲属》："妹，昧也；犹日始入，历时少，尚昧也。"《易略例》："明微，故见昧"；《释文》："昧本作妹，又作沫。"足证经传昧、妹本亦相通。

**豊** 《丰卦》，石经作豊。按《易·丰卦释文》云："依字作丰，若曲下作豆，礼字耳，非也，世人乱之久矣。"节案汉碑丰字多作豊。淮源庙碑：年谷丰殖，作丰；汉鲁相史晨祠孔庙奏铭：以祈豊穰；《隶释》曰：豊，即丰；他如西岳华山庙碑：禋祀豊备；酸枣令刘熊碑：□□□丰；夏承碑：名豊其酈；自六朝以迄隋唐，此体始得辨正。《说文》引《易》作豐。

**跻九陵** 《震》九二："跻于九陵"，石经少于字。

**齐斧** 《旅》九四："得其资斧。"石经作齐斧，与今本异。《释文》："得其资斧"，《子夏传》及诸家并作齐斧；汉太尉桥公碑，蔡邕《黄钺铭》："齐斧罔设"，并与石经同。

**憙** 《兑》九四："介疾有喜。"石经作憙，古喜字亦作憙；《说文》："憙，说也"；汉镜铭："有憙宜酒食"；刘宽碑阴："河东郡闻憙"；韩仁铭："前在闻憙"；班氏《地理志》，司马氏《郡国志》并作闻喜，汉元初三公山碑："神憙其位"；汉孔宙碑："逢祈字伯憙"；《史记·周本纪》："无不欣憙"；《汉书·郊祀志》："天子心独憙"，颜师古读憙为喜；石经与汉碑同。

碑阴二十五行中与今本不同者凡十数处。兹列其与今本不同者如次：

**耶** 《文言》："上下无常，非为邪也。"石经作耶。《乾卦》上九王注："则佞邪之道也。"《释文》云："邪字又作耶，似嗟反。"汉碑皆如此，史晨孔庙后碑，凡邪皆作耶；绥民校尉熊君碑："厉志疾駏"；戚伯著碑："著横遇駏"；《隶释》皆以为邪字。

**亢** 白氏所藏《文言》一石亢龙与今本同。《说文》《汗简》引孟喜并作忼。

**起** 《文言》："圣人作而万物睹。"《释文》曰："马融本作圣人起"，石经与今本同。

**愚人** 《释文》云："《文言》知得而不知丧其为圣人乎，王肃本作愚人。"节案：作愚人是。石经与今本同。

**试** 《文言》："臣弑其君，子弑其父。"石经作试。《隶释》所著录之公羊残碑："何以不书葬？隐之也；何隐尔？弑也。"字亦作试。《释文》曰："本又作杀"；《公羊·隐公四年传》注曰："弑者，杀也"；《左氏·隐公四年经》释文："弑本又作杀"；《汉书·五行志》注云："杀亦读曰弑，古字通"；《白虎通·诛伐》篇曰："弑者，试也；欲言臣子之杀其君父，不敢卒；候间司事，可稍稍弑之"；《荀子·议兵》篇："威厉而不试"，《盐铁论》作"威厉而不杀"；足证弑、试、杀古籍并通。

**美在中** 《文言》："美在其中"，石经少其字。

**而** 《文言》："含之以从王事"，石经以作而。王念孙曰："而犹以也"；杨倞注《荀子·强国》篇曰："而往，犹已上也"；已与以同，凡书传中言"而上""而下""而前""而后"者，皆放此；故《系辞传》："上古结绳而治"，《论衡·齐世》篇引而作以；《左传·襄公十一年》："和诸戎狄以正诸华"，《晋语》以作而；《魏策》："无河山以阑之，无周韩以间之"，《史记·魏世家》以作而。

**肴** 《说卦》："发挥于刚柔而生爻"，石经作肴。汉博陵太守孔彪碑："揆肴系辞"，义正作爻。

**画** 《说卦》："故《易》六位而成章"，石经位作画，章下多也字，自成一节，与今本异。《释文》曰："本又作六画"，与今本异。

**巛** 坤石经皆作巛，汉碑类此。樊毅修华岳庙碑："巛灵既定"，与石经同。他如孔龢碑："则象乾巛"；尧庙碑："乾巛见征"；史晨奏铭："乾巛所挺"；衡方碑："威肃剥巛"；郙阁颂："巛兑之间"；魏孔庙碑："崇祀乾巛"；造桥碑："乾巛垂极"；西岳华山碑："乾巛定位"；司隶校尉碑、石门颂："惟巛灵定位"；足证汉碑中未有作坤者。王引之曰："坤之作巛者，乃借用川字。"《经典释文》云："坤本又作巛；巛，今字也。"钱玄同先生以为汉时今文《易》必作巛；而《汉志》所谓古文《易》，必作坤，其说可信。《说文》所引多古文，其在土部坤下云："坤，地也，《易》之卦也；从土，从申，土位在申。"是乾坤字正当作坤也。

**乡** 《说卦》："向明而治"，石经向作乡。汉曹全碑两用此文，均作乡；古书向、乡、嚮并通用。《易·随卦》："嚮晦"，《释文》嚮本作向；僖公二十一年左氏传："其面上嚮"，《释文》嚮本作向；《诗·摽梅》笺："此夏乡晚"，《释文》乡本作向；《论语·季氏》集解："颜色所趣乡"，《释文》乡本作向；《诗·斯干》传："西乡"，《释文》乡本作嚮；《礼记·坊记》注："汝嚮卜筮"，《释文》鄉本作乡；《仪礼·士冠礼》注："俱升立相乡"，《释文》：乡本作鄉；易《随》卦："鄉晦"，《释文》曰："王肃本作乡"，是古文作乡也。

**欿** 《坎卦》，石经作欿。《释文》曰："坎京本作欿"，刘表《章句》同。《诗》坎坎伐轮兮，石经《鲁诗》作欿。欿又与埳、坎同。《尔雅·释言》《释文》并云坎本作埳；《易·说卦传》曰："坎，陷也"；《广雅·释诂》："埳，陷也"；则坎、埳、欿三字并通用矣。

## 经　　本

校读石经于异文异义之外，不能不考求其经本之流变。钱玄同先生所跋，于《周易》之篇次，已详为考论，而于经本原流，未能深究，特附及之。汉石经所据经本，乃西汉以来立于学官今文博士所授之本，此前人所公认之定论也。自宋洪适《隶释》以来所出土之汉石经，可考知其七经皆有校记。《诗》用鲁氏之本，而兼存齐、韩二家；《公羊》用严氏之本，而兼存颜氏；《论语》校记有包、周，及盍、毛、包；《周语》，是亦用某氏本为主，而兼存盍、毛、包、周之异同也。按后汉博士十四人。《易》有：施、孟、梁丘、京氏四家；《书》有欧阳、大、小夏侯三家；《诗》有齐、鲁、韩三家；《礼》有大、小戴二家；《春秋公羊》有严、颜二家。则《易》于四家之中必主其一。马叔平先生因石经"坎"作"欿"，"劓刖"作"劓劊"，与京氏同，断定石经《周易》乃用京氏之本。今以于氏此石考之，《家人》九三："嘻嘻"，与京氏同；《萃》九五："大人虎辩，君子豹辩"，及《鼎》九四："其刑劊"，皆与京本同；则马先生之说可为定谳。且西汉传《易》之家，施、孟、梁丘为最早；京氏出于孟氏，自成一家；此外见于《汉志》者，有：中古文本，及费、高二氏本；其间变迁之迹有关学术源流者，并论之如次：

**施、孟、梁丘本** 《易》今文经也。三家同出丁宽，宽从田何受《易》，具见《儒林传》。其见于《汉志》者：《易传》周氏二篇、服氏二篇、杨氏二篇、蔡公二篇、王氏二篇、丁氏八篇，皆从今文出；又韩氏二篇，亦今文经。《汉书·儒林传》曰："韩婴推《易》意，而为之传，《韩诗》不如韩氏《易》深。"《盖宽饶传》曰："盖宽饶封事引韩氏《易传》：言五帝官天下，三王家天下。"《经典释文·叙录》引刘歆《七略》云："汉兴，韩婴传《易》。"婴字子夏，后人不察，以为卜子夏。故《经典释文》《隋书·经籍志》皆有《子夏传》。《唐会要》引王俭《七志》曰："《易传》子夏，韩氏婴也"；《册府元龟》引荀勖《中经簿》曰："子夏《易传》四卷，或云丁宽作"；《唐会要》引阮孝绪《七录》曰："子夏《易》六卷，或云韩婴作，或云丁宽作"；其书在《汉志》凡二篇，而隋唐间有二卷、三卷、四卷，以至有六卷之说；作者有子夏、韩婴、丁宽三家之异；自当以汉人之说为最可信。韩氏《诗》属今文。况荀、阮，皆得见丁、韩二氏书，其传《易》近三家可知，则韩传二卷，乃据今文经本也。

**京氏本** 《汉书·京房传》："房本姓李，吹律自定为京氏。"《汉志》列《孟氏京房》十一篇、《灾异孟氏京房》六十六篇、《五鹿充宗说》三篇、《京氏段嘉》十二篇；《隋志》《京氏章句》十卷（王鸣盛《蛾术编》疑此为伪作），又有《占候》十种，凡七十三卷；至《唐书·艺文志》仅存《京氏章句》十卷，及《占候》五种而已。《释文》引阮孝绪《七录》,《京房章句》而外,又有《杂录》一卷,可知京房一家于《易》学最为钜观。京房之学出于孟喜。刘向校书考《易》说,以为诸家皆祖田何、杨叔、丁将军,大谊略同,唯京氏为异党;焦延寿独得隐士之说,托之孟氏,不相与同。《东观汉记》言沛国献王辅善京氏《易》,好言灾异。严可均《铁桥漫稿·京氏易叙》:"孟喜受《易》阴阳家,立十二月辟卦,其说本于气,以准天时,明人事,授之焦赣;焦赣又得隐士说,五行消复,授之京房;京房兼而用之,长于灾变,布六十四卦,于一岁之中,卦直六日七分,迭更用事,以风雨寒温为候,各有占验,独成一家。"孟京之不同如此,显见孟氏出阴阳五行家,为今文之学;至于后汉古文家,善论灾异谶纬,则京房之学实与接近。严氏谓:"《汉志》《易经》十二篇施、孟、梁丘三家,不言京者,承孟小异大同,故举孟可包京也。"其实不然,《汉志》于《易经》十二篇施、孟、梁丘而外,复有《章句》;施、孟、梁丘各二篇,及《孟氏京房》十一篇。孟氏经本与京氏自有不同,《孟氏京房》十一篇,应作十二篇,此京氏所传孟氏《易》,为孝元以来立于学官,后汉古文家所公用之本也。故许慎《说文解字》叙曰:"其称《易》,孟氏;《书》,孔氏;《诗》,毛氏;《礼》,周官;《春秋》,左氏;《论语》《孝经》皆古文也。"孟氏之非古文,学者所共知;其所谓古文,实京房所传之孟氏《易》也。此段玉裁以迄海宁王先生所未决之问题,并于是论之。

**中古文本** 中古文之说,自龚自珍以迄崔适,皆谓刘歆所伪作,故独与绝无师承之费直相同,而不与施、孟、梁丘同。刘师培谓:"《易》之有中古文,与费氏同,或系鲁壁及河间所得,献之秘府，为《汉书》所缺记，非刘歆所伪作也。"至海宁王先生，始折衷其说曰："考《汉书·艺文志》，刘向以中古文《易经》校施、孟、梁丘经，或脱去'无咎悔亡'，惟费氏经与古文同。案《七略》但云：'《易经》十二篇：施、孟、梁丘三家'，而古文经与费、高经均未著录；然刘子政用以校四家经，则汉中秘有古文《易》审矣。《易》为卜筮之书，秦时未焚，其有古文本，亦固其所矣'。"节案：先生之说犹有可商者。费、高二家经本不见《汉志》，因其行于民间也，然刘向既以中秘古文校四家，中秘必有此古文本审矣；《汉志》不应失记。否则，龚氏之说，仍未可破。节以为中古文《易》既无其书，更非刘歆所能伪造；《汉志》所言，盖古文家有意为费氏《易》张目者也。

**费氏本** 《汉志》曰："惟费氏经与古文同。"《后汉书·儒林传》曰："东莱费直，传《易》，授琅邪王横，为费氏学，本以古字号古文《易》。"《隋书·经籍志》曰："陈元、郑众，皆传费氏之学；马融又为其传，以授郑玄；玄作《易注》，荀爽又作《易传》；魏代王肃、王弼，并为之注；自是费氏大兴，高氏遂衰。"《汉书·儒林传》曰："高相沛人，治《易》与费公同时；有学亦无章句；专说阴阳灾异，自言出于丁将军；传至相，相授子康，及兰陵毋将永；繇是《易》有高氏学，高、费皆未尝立于学官。"《隋志》谓高氏《易》亡于西晋，《旧唐志》著录费直《章句》四卷，则费氏之传行之最久矣。

准此以论：吾人今日通行所用之《易经》，乃出于费氏，为最后出之古文经本。石经所据乃京氏本，而京氏上承孟氏，与三家及费、高不同。自元帝以迄后汉中叶，行之最盛。其与孟氏《易》比较,若《穀梁》之与《公羊》;与费氏《易》比较,若《鲁诗》之与《毛传》。此今古文经本蜕变中之必经阶段也。

## 余 论

吾人今以校记诸条与经本一节所论互相考镜,所得之意见有三:其一,石经所刊虽称今文经本,然其中如《诗》鲁氏,《易》京氏,皆于古文为近。如《夬》之九三,"其行次且",与马融同;《升》之九二,"禴"作"瀹";《渐》之六二,"磐"作"般";《艮》之九三,"拯"作"抍",皆古文经也。而京氏《易》与之相同,足证京氏上承孟氏,下启费氏,其间文字之异同,初不以学理,盖因传写或异所致也。其二,石经与各本文字之异同,究其原委,太半为同声假借之故,非关文义之不同。如:《蹇卦》之作寋、謇;《姤》九三:包字有胞、苞、庖之异文;《升卦》九二:禴字有瀹、爚、汋、礿、鬻之异文;《震卦》六三:"眚"之作"省";"归妹"之作"归昧";又如《文言》"邪"之作"耶","弑"之作"试";《说卦》"嚮"之作"乡","坎"之作"欿",皆一理也。其三,吾国文字自殷周以来,即偏旁互用,异体杂陈,此在甲骨及古铜器中每见之。秦并天下,同一文字。丞相李斯作《仓颉》篇,中车府令赵高作《爰历》篇,太史令胡母敬作《博学》篇,皆取史籀,或颇省改。自是以后,司马相如、史游、扬雄诸人皆于小学有所述作,迨许慎《说文解字》篆法始一归于正,而后吾国文字之第一期蜕变告终焉。汉兴,改篆行隶,又失本真,乃开始第二期之蜕变。其间作者,往往昧于偏旁,诡更正文,向壁虚造。如石经"笑"之作"芺","爻"之作"肴","吝"之作"吝",享与亨互用，引与弘或异，皆可证当时隶体未定。蔡邕虽称刊定五经，而沿袭旧本，并无是正文字之功。以至六朝别体，楷法淆乱已极。李唐统一天下，始有雠校楷书，刊定群经之意。若《颜氏字样》《干禄字书》《五经文字》《九经字样》诸书，皆所以正楷法、辨伪体，学者于是取资焉。故唐开成石经其刊定文字之功，实非蔡氏所能及，诚亦吾国文字蜕变中之必经阶段也。

一九三一年十二月于文津阁<br>
（载《燕京学报》第十一期）

# 骉氏编钟考

骉氏编钟凡十二（马叔平先生曰尚有二器现在美国），藏庐江刘氏善斋，辛未季秋得见拓本于番禺商氏许。骉氏之器前人未见著录，最近始于《贞松堂集古遗文》中得见二器，曰"骉嬰鼎"与"骉嬰彝"，各六字，文曰："骉嬰作宝尊彝。"盖骉氏之女所作器也。彝出洛阳某村，则鼎亦必出于同地。《水经·沁水注》："南历䢴氏关，又南与骉骉水合。水出东北巨骏山。"或即骉氏所邑之国欤！东周以后，戎羌杂处河洛间，此钟虽不知出土地，以其文字考之，当亦在晋豫之间也。今钟之小者八，曰骉氏之钟，背面各四字；大者四：为文凡六十又一。铭文为韵语，瑰雅可诵。释之如次。

唯廿又商祀。

商祀即二祀，晚周之器多称年，骉氏仍用殷历，故二从商省而称祀。

䧹羌氐戎氏辟冀宗敢。

戎作𢧐，从十从戈。十之直画偏右，与䣄侯鼎在字之中画偏右作七者同例。驫即驫之繁文。《说文》："驫，众马也。"羌属西戎，善骑射，而以驫为国邑之号，故曰驫羌。《后汉书·西羌传》有白马羌、牦牛羌、参狼羌，皆西戎别族。《商颂·殷武》："自彼氐羌，莫敢不来享。"笺曰：羌，夷狄国在西方者也。《王制》曰：西方曰戎。《说文》云：羌，西戎牧羊人也。《风俗通》：羌本西戎卑贱者。然则驫羌乃戎氏之一族也。故曰戎氏辟蒿宗。古者以国为氏，因生赐姓，戎氏初本称姜，是以有娀氏之女曰姜嫄，后复姓姒，故文王娶于姜曰大姒。《左传·襄公十四年》："范宣子曰：来，姜戎氏。"《郑语》曰："姜，伯夷之后也。"今钟称驫羌，而鼎彝二器称驫嬰，嬰即姒，益可证驫羌以戎氏为大宗矣。《后汉书·西羌传》："羌本姜姓，三苗之后。"《攟古录》有郑羌伯鬲曰："郑羌伯为季姜作尊鬲，其永宝用。"此乃媵器。羌伯当为郑之附庸，季姜其女，或其弟。是羌姜为一族矣。今钟之小者三，曰驫氏，而大者又有戎氏之名，更足证驫氏为小宗，姒姓；而戎氏乃其大宗，姜姓。故《左传·桓公二年》晋师服曰："大夫有贰宗。"盖言大小宗也（说详海宁吴其昌《金文氏族疏证》）。

《尔雅·释诂》："辟，君也。"《诗·文王有声》："皇王维辟。"《荡》："下民之辟"，《棫朴》："济济辟王"，皆可证。

蒿宗即阳宗。甲骨文字阳字从阝。宓白鼎作阝，貉子卣作阝，泉币亦作阝。王孙钟、沇儿钟，及宋人所著录之许子钟，皆有中韽虡歔语。韽字所从之蒿即旸字，与此同，借为阳。《秦策一》："阴燕阳魏。"高诱注："阳，大也。"则阳宗实即大宗。《荀子·礼论》："大夫士有常宗"，杨注："常宗，百世不迁之大宗。"可证常宗、阳宗、大宗，皆一义也。猷钟有"用昭大宗"及"用享大宗"之文。古者国君皆于明堂大庙施政，故《周官·大宰》："宗以族得民。"《左传·昭公二十八年》："梗阳人有狱，魏戊不能断，以狱上其大宗。"《诗·采蘋》传："宗室，大宗之庙也。"然则阳宗者，即国君之庙，亦即施政之所，故又曰："赏于阳宗。"

敵，即《说文》敲字。古文从攴、从支、从又，皆可通。敲者编钟之原始语义也。字当读如鬲（今作鱼绮切者乃一声之转），古者钟鼓皆从量出，古量大者储酒储米，小者可作食具。故鍾、鐘，经典皆相通。而鼓从豆从支，与敲之从鬲从支，盖同一语变方法也。《晏子春秋》："齐旧量四：豆、区、釜、钟。"《管子·轻重丁》："今齐西之粟，釜百泉，则钜二十；齐东之粟，釜十泉，则钜二泉。"然则区亦可作钘，而与从瓦之瓯同。节案：《说文》："敲三足鍑也。"《方言》："吴扬之间，谓之鬲。"《说文》曰："江淮之间谓釜曰敲。"又曰："鬲曰䰙。"《诗·采蘋》："维锜及釜"，《释文》曰："锜，三足釜也。"《说文》又有鬵字，曰："三足釜也，有柄喙。"《广雅》："鬵，䰙也。"然则，区、钘、瓯、敲、鬲、鬵、锜七字，实一器之异名，其声皆在一类。由是又可推知䰙、鍑、釜、备，亦一器之异称。故《方言》："釜自关而西或谓之鍑。"《广雅》："䰙，鍑也。"《三苍》："鍑，小釜也。"区与釜之说既毕，然后论鍾。《左传·昭公三年》："釜十则鍾"，杜注曰："六斛四斗为鍾。"《考工记·㮚氏》："量之以为䰙"，郑注："六斗四升。"《说文》有䥻字，曰："䰙也。"臧庸《汪莱别传》谓，孝婴得汉陵阳子明釜䥻二：大者文曰："蜀郡杨旦（夏燮跋曰实昌字）造，传字孙。"小者曰："陵阳子明受王孙釜作䥻用沸。"是可证䥻、鍾、鐘，亦一器之异称。则《晏子春秋》所谓区、釜、鍾者,即甀、䩇、䵻,亦可曰锜、鍑、鐘。则钟之原始,乃由陶器出,其初为食具可知。故现存各鐘无商代器,而甲骨文中有𩰱字,上虞罗氏谓即徹之古文。案从又从鬲,乃卒食之意,与从攴从鬲乃击缶之意义亦相通。盖古代民族燕享毕,必有歌舞,即席鼓豆击鬲为乐器;此鼓与钟之来源也。《商颂·烈祖》:"䵻假无言,时靡有争。"《中庸》引作"奏假",《左传·昭公二十年》引作"䵻嘏",实即钟鼓也。《陈风·东门之枌》,"越以䵻迈",亦即鐘迈。鐘之作䵻者,皆古义也,钟鼓古书亦作庸鼓。《诗·商颂·那》:"庸鼓有斁",《释文》:"庸本作镛";《诗·灵台》:"贲鼓维镛";《逸周书·世俘解》:"王奏庸";《尚书·皋陶谟》:"笙镛以间",传注皆训为大钟。《说文》亦曰:"大钟谓之镛。"镛之训钟,兼取形声,庸即古文镛(说详朱骏声《说文通训定声》),字作𤰈,象大钟形。《说文》钟之古文作銿,而《玉篇》《广韵》镛、銿、甬皆同。驭方鼎:"王南征伐角𩰱",吴大澂训为廊字,其偏旁亦与甬同。然则镛、銿、钟古为一字,复何疑义。而说又有不同者:《说文》有鎛字,亦作鏄。曰:"大钟,淳于之属,所以应钟磬也。"《玉篇》曰:"鏄似钟而大。"《周礼·鎛师》注:"鎛似鐘而大",《尔雅》郭注曰:"镛亦名鏄,通作鎛。然则,镛与鎛,一器之异称欤?"更考之《周语》,说又不同,曰:"细钧有鐘无鎛,昭其大也。大钧有鎛无钟,甚大无鎛(节按:四字乃韦注误入正文),鸣其细也。大昭小鸣,和之道也。"韦注:"钟大鐘,鎛小鐘。"其说与郑、郭又不同。节案:鎛特县之钟,独在一簴,故《大射仪》曰:"其南鎛。"所以和声,故《说文》曰:"应钟磬。"小者曰编鐘,偏县十六枚在一簴,镛乃最大之钟,故曰

"甚大无镈"。《宣和博古图》谓:"大者曰特钟,小者为编钟,有镈焉,则大于编鐘而减于特鐘者也。而总名曰钟。"其说甚是。证之实物,若上虞罗氏所藏之夜雨楚公鐘(器真字伪)者,镛也。若齐侯镈者,鏄也。若邾鐘者,编鐘也。由是可得一定论:郑玄谓镈大于钟者,据编钟与镈言;韦昭谓钟大于镈者,据镛与镈言;郭氏不察,以镈为镛,实大误也。镛镈编钟之分别既明,然后《尔雅·释乐》之说可得正解。《释乐》曰:"大钟谓之镛;其中谓之剽;小者谓之栈。"孙炎曰:"镛深长之声。"《释文》云:"剽者,声轻疾。"镛与剽既状其声,则栈之亦状其声,复何疑。节案:剽者镈也,栈者钲也。(唐兰《兒氏为鐘解》谓,"两乐谓之铣","鼓上之铣"皆以声取义。)《说文》徹字古文从攴,声亦相近。足证释乐之说盖以声之大小为别。朱骏声曰:"大钟曰庸,次曰镈,小者曰编鐘。"由此更可推知庸出于甐,镈出于鏄,编钟即攴之遗制也。是鐘取攴之名,盖用古义,故不烦辞费而申述之。

逴征秦遻齐,

遻即《说文》迮字。簠鼎亦有"用征以迮"之文。仲姞敦乍字从攴,仲铄簠亦然。《文选·叹逝赋》注引《声类》曰:"迮,迫也。"《玉篇》:"迫,迮也。""率征秦遻齐"者,率征秦之师以迫齐也。

入峩埅,

番禺商承祚曰:"峩埅即长城",甚确。长从立,繁文;《艺縢》所著录之玉刀柲,长字从立,郐醽尹勾鑃城字正与此同。长城即齐之方城。《管子·轻重丁》曰:"长城之阳,鲁也;长城之阴,齐也。"《泰山记》曰:"泰山西北有长城,缘河经泰山千余里至琅琊。"《水经·东汶水》注曰:"泰山即东小泰山也。上有长城,西接岱山,东连琅琊巨海,千有余里。"

**先会于平阴。**

平阴之字与古泉币所书同。王锡棨《泉货汇考》谓,平阴在今之河南孟津县城东。此乃据江永《春秋地名考实》之说,实非钟之平阴也。《左氏传》有二平阴。昭公二十三年,晋师在平阴,即今河南孟津县之地。又传襄公十八年:"晋伐齐,齐侯御诸平阴,堑防门而守之,广里。"此役适当周灵王之十七年,晋平公之三年,是否即钟中所记之事,吾人虽不敢定,其所谓平阴,即钟之平阴,则无疑也。此平阴实今之山东泰安府平阴县,唐属河南道浑州,汉属河南郡,春秋时齐地。《后汉书·郡国志》:"济北国卢下有平阴城,有防门,有长城,东至海。"《水经·济水注》曰:"济水自临邑县东,又北迳平阴城西。京相璠曰:平阴齐地,在济北卢县故城西南十里,南有长城,东至海,西至济;河道所由,名防门,去平阴三里。"《括地志》云:"齐长城西起浑州平阴县,沿河历泰山北冈,至密州琅琊台入海。"《史记·赵世家》正义云:"齐长城西头在齐州平阴县。"然则平阴之在今泰安无疑矣。

**武任寺力,**

寺乃恃之借字。侄钟作徍，从人从至；《说文》所无。侄即驺吾。《诗》所谓驺虞也。《海内北经》："林氏之国有珍兽，大若虎，五采毕具，尾长于身，名曰驺吾。"郭璞曰："大传谓之侄兽。"（《太平御览》八百九十引作怪兽，乃浅人不解字义妄改。）侄驺实双声字也。《说文》："虞即驺虞。"晋有虞、虢二邑，其后又有鲜虞。鲜虞，即羌虞。《诗·皇矣》："度其鲜原"，亦即羌原。《书·大传》："西方者，鲜方也。"足证虞实戎羌之民。《左传·襄公四年》："魏绛曰：戎，禽兽也。获戎失华，无乃不可乎！"晋人谓之驺虞者，实与骊戎同，皆以禽兽之名称异族也。戎氏善养马，故御马者谓之驺从，其官曰驺虞。《左传·成公十八年》："晋悼公即位，程郑为乘马御。六驺属焉。使训群驺知礼。"驺，即侄。群驺，即武侄。孔武有力，故曰："武侄恃力。"晋人与戎羌交涉最多，《左传·襄公十四年》，戎人答范宣子曰："自是以来，晋之百役，与我诸戎相继于时。"诸戎，即骊、驺之属。

**𠱑𢧢楚京。**

𠱑即嚣之繁文。《说文》："嚣，疾言也；从三言，读若沓。"𢧢，即夺字，《说文》曰："强取也。"

溧阳缪钺曰："楚京，即楚邱。《尔雅·释地》：邱之高大者曰京。邱、京，亦双声字。"《春秋·隐公七年》曰："王使凡伯来聘。还，戎伐之于楚邱以归"，《后汉·郡国志》武成下引此为证，武成在今山东曹县，其地距平阴甚近。节案：晋戎是役，征秦迫齐，武侄犹欲恃力夺楚，而未果。楚邱之说，聊存异义耳。

> 赏于畀宗，穷于晋公，

此凯旋之后，颂爵赏于宗庙也。穷即宾字，第九枚作令，字同命。戱钟"宾"不从贝，甲骨文字宾亦不从贝，作㝏，或作㝎。《周礼·秋官·司仪》："诸侯，诸伯，诸子，诸男之相为宾。"又："天子九宾：宗伯为上宾，啬夫为下宾。"戎从晋师，故曰："宾于晋公。"

> 邵于天子，用明则之于铭。

昭字，钟作邵，与宗周钟同。其第十二枚从日作㫅。昭于天子者，昭告于天子也。铭字《说文》所无。

> 武文曰剌，

秀水唐兰曰："晋牒武、献、惠、怀、文、襄，器称武文曰剌，当作于文公以后，悼公称霸最久，或作于是时欤？"节案：器作于文公以后甚是。剌即烈字，从米，从艸，从刀，会意，即古裂字，借为烈。晋邦盦"烈考"字亦作㶯。秦公毁："烈烈桓桓！"字亦作㶯。

嚊！剌上拓本有匕字，已剥蚀，不可识。

> 永葉毋忘。

吴大澂曰："枼古叶字。"齐矦镈："枼万世至于辟孙勿或俞改。"陈矦午錞："永枼□忘"，字作枼，《诗·长发》："昔在中叶。"古枼、叶、牒、皆相通，即传世之称。永枼毋忘者，永世毋忘也。

（载《北平图书馆馆刊》第五卷第六号）

# 旬君嗣子壶跋

旬君嗣子壶与骉羌钟同出于洛阳旧土城东北之五台墓。壶有二，一藏怀主教处；其他一器，不知流落何方。承怀主教以照片及墨本寄示，因略书所见，以答雅意。其文曰："隹十年三（四）月吉日，命旬（郇）君嗣（嗣）子作铸尊壶。柬=，罯=，康乐我家，辟=，康盄（叔），承受屯德，旂（祈）无彊，至于（二字相连）万畜（億）年。子之子，孙之孙，其永用之。"旬即筍。金文从竹，从旬；而旬字从勹，从目。《说文》作郇，从旬，从邑；从旬者，实小篆之误；字当从旬，从邑。此省邑为之，金文之常例也。郇即筍。郇地属晋。《曹风·下泉》之诗曰："四国有王，郇伯劳之。"传曰："郇伯，郇侯也。"《左传》："邘、雍、曹、滕、毕、原、酆、郇，文之昭也。"《说文》谓周武王子所封国，在晋地。今本《竹书纪年》谓昭王六年王锡郇伯命，盖据诗传而言。足证郇为周初小侯国，后入于晋。杜元凯《春秋释地》云："今解县西北有郇城。"《括地志》云："郇城在猗氏县西南四里。"三家分晋，地入于韩，故得其重器焉。文曰："辟=康盄（叔），承受屯悫。"盖言其先德之盛,非指卫康叔。哥即嗣字,《汗简》引古文《尚书》正作哥。䇂即億字,愙斋有䇂段,释䇂为億,后人皆不信从。《西清古鉴》有釐鼎,万億年,字正作䇂。《汗简》引古文《尚书》,噫字作䇂。从厂,从䇂,从心,足证意之古文有作䇂者,今又得此壶为证,知䇂、䇂实一字。益知吴说之不谬矣。

(载《北平图书馆馆刊》第七卷第二号)

# 《周南》《召南》考

## 一 "南"为乐诗

二"南"之为乐诗,其说盛倡于宋人王质《诗总闻》,程大昌《诗论》并言之。程氏复创为南和雅正之说,二"南"但取其风之和,非以其地之限,以斥《小序》"王化自北而南"之解;其于二"南"疆域,尚未得要领也。清儒治经,菲薄宋学,魏源《诗古微》引申程说,谓以地别二"南",不以化区二"南",又惑于周、召分陕与疆理南国为一事,则二"南"疆域必南及荆、梁,北底岐、雍,东西横亘豫、陕之境,此说之必不可通者也。朱右曾《诗地理征》有同病焉。夫二"南"疆域乃高密以来未决之论,晚世崔述、马瑞辰辈始稍稍董理之,而持论钩辀与魏氏等,不可不辨也。欲明二"南"疆域,必先论"南"为乐诗。程大昌之言曰:

盖"南""雅""颂",乐名也,若今乐曲之在某宫者也。"南"有周、召,"颂"有周、鲁、商,本其所从得还以系其国土也。

凡诗杂取无择,至考其入乐,则自邶至豳,无一诗在数也。享之用《鹿鸣》,乡饮酒之笙《繇庚》《鹊巢》,射之奏《驺虞》《采蘋》,诸如此类,未有出于"南""雅"之外者,然后知"南""雅""颂"之为乐诗而诸国之为徒诗也。《钟鼓》之诗曰:"以雅以南,以籥不僭。"季札观乐,有舞象、箾、南籥者。详而推之:南籥,二"南"之籥也;箾,"雅"也;象舞,"颂"之《维清》也。其在当时,亲见古乐者,凡举"雅""颂",率参以"南",其后文王世子又有所谓"胥鼓南"者,则"南"之为乐古矣。

以"南"为乐之传说,始于《吕氏春秋·音初》篇,谓"禹行功见涂山氏之女,禹未之遇而巡省南土,涂山氏之女乃令其妾候禹于涂山之阳,女乃作歌。歌曰:'候人兮猗',实始作为南音,周公及召公取风焉,以为《周南》《召南》"。其说以南土之音为南音。自是以后,《毛诗钟鼓传》《韩诗章句》《文王世子注》《白虎通·礼乐篇》皆谓:"南夷之乐曰'南'。"近人郭沫若氏考之殷墟文字,以"南"为乐器,其说可信。然则南土之名反以乐器之产地见称,故《文王世子》言"胥鼓南",而《周礼·大司乐》"歌南吕",楚卭中钟称钟曰"南和钟",则"南"之为乐器审矣。二"南"既为乐章,必自有次第,魏源谓《周南》自《关雎》以迄《麟趾》,《召南》自《鹊巢》以迄《驺虞》各十一章,乃正风房中之乐;《召南》《甘棠》《何彼秾矣》《野有死麇》三章乃变风之诗,东周以后所增入者。其说未免附会太甚。然考之《仪礼·乡饮酒》:合乐,《周南》《关雎》《葛覃》《卷耳》;《召南》《鹊巢》《采蘋》《采蘩》,是二"南"篇章入乐之次乃成周以来沿习不废之事,其为乐诗又复奚疑？惟诗采自南国，前人言地理者每于其诗中测定南国之疆域，然南国疆域之广袤因时代而不同，于二"南"之诗中求之尚不足以尽其义，故复取吉金史传之文以证之。

## 二　金文中所见之南国、东国

近人之说古史者，每以"南夷、东夷"与"南国、东国"等视，证以吉金史传之文，亦不尽合。夷方之名所见甚古，甲骨文字中屡有"征夷方"之文。彝器中若殷甗，若小臣艅尊，亦记征夷方事。殷人与夷方本属同族，追周人东侵，殷民南徙，故周金中所见之东夷、南夷及东国、南国，偶亦泛举殷民与淮夷、徐戎、荆、舒诸族而言。然按之时代，其名称地域亦大有分别。当成康之世，三监初平，东夷未定，故是期所作之器，皆曰"征东夷""伐反夷"，或曰"伐东国"，若周公东征鼎、白懋父簋、毛父班彝、明公尊、宣鼎、周公簋是也。武庚之乱，三卫皆畔，周公平乱，以其地封康叔。《逸周书·作雒解》曰："俾康叔宇于殷，俾中旄父宇于东。"殷即卫，东即鄘。卫既为殷之故地，则东即殷人所称之夷方，亦即周金中所见之东夷。庸伯封簋言"王伐迷鱼，……锡庸伯封贝十朋"。白懋父簋言"以殷八师征东夷，唯十又一月，……遂东陕伐海眉"。所谓"迷鱼""海眉"，皆东夷之地。王国维先生曾考鄘国即后来之鲁地：迷鱼、海眉不外齐、鲁之疆，而《鲁颂》曰："乃命鲁公，俾侯于东"；又曰："奄有龟蒙，遂荒'大东'，至于海邦，淮夷来同。"《论语》孔子之言曰："夫颛臾，昔者先王以为东蒙主，且在方域之中矣。是社稷之臣也，何以伐为？"此皆可证鲁即庸，初为东夷之地。明公尊曰："唯王命明公遣三族伐东国。"东国实指殷、卫故地，三族即毛班彝之吕伯、毛公、吴伯。明公即鲁侯，然则三族者皆明公之族属矣；而迷鱼、海眉、东蒙之属，又东国以东之夷人也。仲旄父，孙诒让先生考之即康伯髦，则金文中伐东夷之伯懋父即就封东国之康伯髦，或即《逸周书》所称中旄父之兄也。以此与经传相证，鲁之就国必在伯懋父平定东夷之后。夷人之族属甚多，鲁与徐、奄相接，故《费誓》曰："徂兹淮夷徐戎并兴"，乃合东夷与南夷言之也。

虎方之名亦始见于殷虚文字，曰："虎方其涉河"（《前编》卷六，页六十三），又曰："命堇乘众舆夲虎方"（《佚存》第九四五），则其地当在河洛之南。甲骨文字中亦见"天邑商"之文。商即后来宋都，今之商邱也，其地与淮北相接，虎方必更在其南。

中鼎曰："隹王命南宫伐反虎方之年。王命仲先省南国庸行。"伐虎方而先省"南国"，其地必更在南国之南，是"南国"非虎方可知矣。金文中伐楚荆伐虎方之役在昭穆之世；伐南淮夷之役在厉宣之世。此二役史有明文，可与吉金文字相印证。古本《竹书纪年》曰："昭王十六年伐楚荆，涉汉，遇大兕"，又"十九年，丧六师于汉"。此外若《左传》《吕氏春秋》《天问》皆言之。其在金文中若矢令簋曰："隹王于伐楚伯，在炎。"禽簋曰："王伐楚侯。"过白彝曰："迺从王伐反荆。"遹簋曰："遹从王伐荆。"軗彝曰："軗騣从王南征，伐楚荆。"又小臣夌鼎曰："王口于楚录。"大保鼎曰："隹公大保来伐反夷。"大保簋曰："王伐录子臤。"此皆昭穆时所作之器。其所指楚荆，必在江汉之区。至于厉王以后，所征者为南淮夷。《后汉书·东夷传》曰："厉王无道，淮夷入寇。王命虢仲征之，不克。"虢仲盨曰："虢仲与王南征，伐南淮夷。"敔簋曰：

"隹王十月，王在成周，南淮夷迁及内伐。"无㠱簋曰："隹王十又三年，正月初吉，壬寅，王征南淮夷。"此厉王时事，其主要将帅为虢仲，为敌。迨后宣王之世，则有召穆公虎、南仲、师寰、成诸人。他如录威卣、競卣、仲称父鼎、唯叔鼎，亦作于厉宣之世。然则昭穆时所伐之楚荆，与厉宣时所伐之南淮夷，不可等量齐观矣。前言东国与东夷非指一地；以今考之，南国与南夷亦自不同。其在金文中连举之者，亦唯成鼎与宗周钟而已。

成鼎曰："亦唯噩侯駿方，率南夷、东夷；广伐南国、东国。"噩侯即鄂侯，乃楚之族属，故率其族人内伐二国。是南夷与南国决非同地。更以前举之南宫中鼎伐虎方先省南国之说互证，益可知南国之非南夷矣。宗周钟，诸家皆以为昭王时器。孙诒让先生以为与召伯虎簋同时，则亦作于厉宣之世。（钟铭言"遣间来逆邵王"者，与《孟子》引《逸书》"绍我周王见休"同义。绍即邵，训为见）铭曰："南国服孳敢陷虐我土。"服孳者，南国之附庸也。是役王师大捷，南夷、东夷具见二十又六邦。证以经传《江汉》《常武》两诗足以当之。《江汉》之诗曰："江汉浮浮，武夫滔滔；匪安匪游，淮夷来求。"《常武》之诗曰："戒我师旅，率彼淮浦，省此徐土。"是役并征淮夷、徐戎，故有"南夷、东夷具见廿又六邦"之盛事也。南夷既平，东南底定。东国为三监故地，南国则为召穆公虎所辟，而前人以为昭王时事。今更于经传中推证疆理南国之时代。

### 三　由《大武》乐章中推证疆理南国之时世

周代舞乐，其大舞曰《大武》，小舞曰《勺》，曰《象》。《勺》

为《大武》之一章，即《周颂》之《酌》。《象舞》《维清》之诗，见于《诗序》。而《武》与《象》之别，则《吕氏春秋》始发之。《古乐》篇曰："武王即位，以六师伐殷。六师未至，以锐兵克之于牧野。归，乃荐俘馘于京太室。乃命周公为作《大武》。成王立，殷民反。王命周公践伐之。商人服象，为虐于东夷。周公遂以师逐之，至于江南，乃为《三象》以嘉其德。"《春秋左氏传·宣公十二年》，楚庄王曰："武王克商作武。"匡卣曰："懿王在射庐，作《象舞》，匡甫象爨二。"然则《武》《象》二乐起源甚古，虽不能确信为武王时所作，而成周以来必已有之。《大武》乐章之次第，具详《乐记》。六成之说，以解疆理南国与周召分陕为二事，最为确切。《乐记》曰：

> 夫乐者，象成者也。总干而山立，武王之事也；发扬而蹈厉，太公之志也；武乱皆坐，周召之治也。且夫《武》：始，而北出；再成，而灭商；三成，而南；四成，而南国是疆；五成，而分周公左，召公右；六成，复缀以崇天子。夹振之，而驷伐，盛威于中国也；分夹进而，事早济也；久立于缀，以待诸侯之至也。

分陕之说，乃"分夹"之演义。《乐记》曰："夹振之"，又曰："分夹而进。"夹为舞具，未尝明言分陕也。分陕之说，实始《公羊传》。《史记·乐书》引《乐记》亦作"分陕"。《正义》引申其说曰："舞者至第五奏，而东西中分之，为左右二部，象周太平后周公召公分职为左右二伯之时。"此分陕之说所由来也。周自太王以来迁于周原。《绵》之诗曰："周原膴膴，堇荼如饴。"《皇矣》之诗曰："度其鲜原，在岐之阳，在渭之将。"《閟宫》之诗曰："后稷之孙，实惟太王；居岐之阳，实始翦商。"据此而言，宗周之发祥地当在今陕西关中道境内，其国邑不大。故《孟子》曰："文王以百里。"郑玄《尚书·西伯戡黎》注曰："盖文王为雍州之伯，南兼荆梁。"其说出于《逸周书·大匡解》，曰："三州之侯咸率。"又《程典》曰："文王合六州之侯奉勤于商。"夫《大匡》《程典》，未可笃信。文王之武功远不如其子，而西北迫于戎狄。《绵》之诗曰："行道兑矣！混夷駾矣！维其喙矣！"《皇矣》之诗曰："侵在其京，侵其阮疆；陟我高冈，无矢我陵，我陵我阿；无饮我泉，我泉我池。"其畏惧戎狄之情见乎辞。故《孟子》曰："太王事獯鬻，文王事昆夷。"《诗序》曰："文王之时，西有昆夷之患，北有玁狁之难。"迨武王立，北平戎狄，东观兵于孟津，即《乐记》所谓"始而北出，再成而灭商"也。

　　三监既叛，周公东征。践奄之后，东夷底定。其后诸王曾数事南征，直至宣王之世，然后荡平。与于斯役者，召伯、南仲、申伯诸人是也。《崧高》之诗曰："亹亹申伯，王缵之事；于邑、于谢，南国是式。王命召伯，定申伯之宅。登是南邦，世执其功。"又《江汉》之诗曰："江汉之浒，王命召虎，式辟四方，彻我疆土；匪疚匪棘，王国来极；于疆于理，至于南海。"又《常武》之诗曰："赫赫明明！王命卿士；南仲大祖，大帅皇父，整我六师，以修我戎；既敬既戒，惠此南国。"此疆理南国之史实见于经传者也。故《乐记》曰："三成而南，四成而南国是疆。"皆盛述周人兼并之功，其后先次第如是。疆理南国，并不在武王周公之世也。当武王之没，周公摄政七年，成王践祚于丰。周公欲宅洛邑，使召公先相宅；召公既相宅，周公往营洛邑。成周既成，迁殷顽民，然后周召夹辅而治，具见《尚书》。至厉王之末，国人叛周，王出奔于彘。召公、周公二相行政，号曰"共和"，具见《史记》。故《乐记》曰："五成而分周公左，召公右"，盖指此而言，非谓成王之世也，是以《乐记》叙为第五成。而郑氏《诗谱》谓："文王受命作邑于丰，乃分岐邦周召之地为周公旦、召公奭之采邑，施先公之教于己所职之国"，其说与事实乖远最甚。当文王之时，武王冢子，尚未秉国政。且岐、雍之地不大，文王未为天子，周召分陕之制何从而起。即以《乐书》之文解之，分陕亦当在周召共和后。故《公羊传》以为分陕东西而治。其实分陕之说又有别解，不当与疆理南国混为一谈。则二"南"疆域北底岐、雍之旧说不攻而自破矣。

## 四　周召分陕解

疆理南国虽非成康时事，而周召分陕之说则出于二公述职南国之史实。《乐记》无"分陕"之文，而云"五成而分周公左，召公右"者，盖指周召共和之治也。经传中言周召分陕者，始于《公羊传·隐公五年》初献六羽条，曰："自陕而东，周公主之；自陕而西，召公主之。"《史记·乐书》引《乐记》曰："五成而分陕，周公左，召公右。"《燕世家》亦曰："其在成王时，召公为三公，自陕以西召公主之，自陕以东周公主之。"《水经·河水注》曰："河南即陕城，昔周召分伯，以此城为东西之别。"《汉书·王吉传》："昔召公述职，当民事时，舍于甘棠下而听断焉，是时人皆得其所。"《说苑·贵德》篇引《诗传》曰："自陕以东则周公主之，自陕以西则召公主之。召公述职，当桑蚕之时，不欲变民事，故不入邑中，舍于甘棠之下而听断焉。陕间之人皆得其所。"是韩鲁二家同主周召分陕之说，其为西汉以来诸儒共同承认之传说，乃二公述职南国之事，假《乐记》分夹之说演绎而成之故事也。

夷考先儒所记周召采邑与"二南"疆域实属两地，说《诗》者不察，往往紊而为一，于是周召分陕与疆理南国混淆不分矣。郑氏《诗谱》曰："周召，《禹贡》岐山之阳，地名，今属右扶风美阳县。"孔颖达《毛诗正义》曰："丰在岐山东南三里余，文王既迁于丰，而岐邦地空，乃分赐二公，以为采邑。"按分赐采邑非在文王之世，前已辨之，郑孔之说亦出自班固。《汉书·地理志》曰："右扶风美阳县：《禹贡》岐山在西北，周文王所居也。"二公采邑既相传在岐邦空地，其名可考者有二，曰周城，曰召亭。《水经·渭水注》："雍水东经召亭，故召公之采邑。"陆德明《经典释文》亦曰："召，地名，在岐山之阳，扶风雍县南有召亭。"金文中有召卣，其字体与孟鼎、大簋相似，乃昭穆以前所作器，铭曰："王自穀事，赏毕土方五十里。召勿敢忘王休异，作𱎼宫旅彝。"《左传·僖公二十四年》传曰："郜、雍、曹、滕、毕、原、丰、郇，文之昭也。"郜与毕皆关中地，则召亭为召公采邑之说或可信。《水经·渭水注》又曰："岐水经周城，南历周原。其北则中水乡成周聚。又东经姜氏城，南为姜水。又东注雍水，又南经美阳县之中亭。"此所称周城即周公城，皇甫谧《帝王世纪》所谓"美阳县西北有岐城旧址"，即其地也。《括地志》亦曰："周公城在岐山县北九里。"杜预《左传释例》曰："周，扶风雍县东北周城也。"美阳县乃后魏所徙置，故魏收《地形志》曰："雍县有故城。"《太平寰宇记》："周城一名美阳城。"据此以论，前人所指二公采邑，周城、召亭者皆在今关中凤翔府境内，于南国疆域相去甚远。盖成王以后，二公世及。周公之裔，世谓周公；召公之裔，世谓召公；下迄厉王之后，以至于东周。二公巡狩述职，采风南国。周公所采，谓之周南；召公所采，谓之召南。彼南国之音与雅乐不同，为二公所共赏。《吕氏春秋》谓"涂山氏作为南音，周公及召公采风焉，以为《周南》《召南》"。此周召二公乃厉宣以后人，故二南中东迁以后之诗皆有之。《汝坟》之诗曰："鲂鱼赪尾，王室如燬"，崔述以为指骊山乱亡事。《甘棠》之诗曰："勿翦勿伐，召伯所茇"，此所言召伯，余友陆侃如定为宣王时征南淮夷之召穆公虎。《何彼秾矣》之诗曰："平王之孙，齐侯之子"，显为桓王以后之诗。魏源就二南之诗以推测二公述职之境。其在《周南》者有《汝坟》，有《江汉》，是其境东南至汝水，西南至江汉。挚虞谓周南在今之洛阳。张晏曰："自陕以东皆周南地。"则周公述职之境显在东道。《召南》之诗曰："南山之阳"，曰"江有沱"。南山即终南太一。《禹贡》："岷山导江，东别为沱"，《地理志》谓沱江在蜀郡郫县。是其境北至汉中，南辖荆梁二州之一部，则召公述职之境显在西道。然则分陕之说虽由分夹演绎所出，而二公述职之境确分东西两道，固为不可掩之事实也。

## 五　南国疆域

"二南"地域，就《诗》观察之，北底河，南至江，奄有今陕南、豫西、川东、鄂北四省之境。《关雎》之诗曰："关关雎鸠，在河之洲。"古诗所谓河皆指黄河而言。足证挚虞谓周南即今之洛阳，亦非无据。《草虫》之诗曰："陟彼南山。"《殷其雷》曰："在南山之阳。"南山即《汉志》"武功县太一山，古文以为终南"。钱坫曰："终南，《左传》作中南；《淮南子》作终隆，亦曰太白山。在今眉县东南四十里。故山在今眉县南者曰终南；在今西安府南者，古止称南山。"今案终南山当今陕南全境，所谓秦岭是也。其阳即汉水流域，当今汉中之地，与南阳、南郡毗连。至于周召采邑，皆处关中，适在南山之北也。故《采蘋》所谓南涧，亦在南山；《樛木》《汉广》之"南有"即指南国。《汝坟》之诗曰："遵彼汝坟，伐其条肄。"汝水在今河南汝阳道之北。又《汉广》之诗曰："汉之广矣，不可泳思！江之永矣，不可方思！"江、汉，即今之江、汉。《江有氾》之诗曰："江有沱，之子归。"《汉志》言江沱者三：蜀郡之汶江，郫县之沱江，南郡之枝江。班固、郭璞皆以郫县之沱当《禹贡》江东别之沱，是其地在今蜀北。则二南诗中所见之地名，与前所举"二南"疆域相切合。

南国之名不仅见于《诗经》及吉金文字，自春秋以迄汉末经传中亦屡见之。《逸周书·史记解》曰："昔南氏有二臣贵宠，力钧势敌，竞进争权，下争朋党，君弗能禁，南氏以分。"《史记·夏本纪》："夏之后有男氏"，《世本》作"南氏"，《潜夫论·志氏姓》有南国南氏。《论语》"南人有言曰"，孔注："南人，南国之人也。"《诗·泮水》"大赂南金"传："南，谓荆扬也。"扬子《方言》："众信曰谅，周南、召南、卫之语也。"又曰："陈、楚，周南曰宛。"《太史公自序》："留滞周南。"足证南为地名，自成周以来学者共知在河洛之南也。"二南"之地虽为周召二公述职之境，然成周时之南国必无如是之辽阔。春秋之后，南国疆土已为诸侯所并兼，故《左传》《国语》中已不得南国之踪迹。周人之兼并南夷，自昭穆以讫厉宣不稍懈。其最后荡平南土者为召穆公虎，而就封南国之人则为申伯。故《大雅·崧高》之诗曰："申伯之功，召伯是营。"又曰："王命召伯，彻申伯土田。"是可证周人于南土筚路蓝缕之功，皆召伯一人之力也。《国语·周语》："齐、许、申、吕，由太姜。"是申国姜姓于姬姓为舅甥之亲。故诗曰："往近王舅，南土是保。"《汉志》曰："申在宛北。"王符《潜夫论·志氏姓》曰："申在宛北序山下。"故《诗》曰："崧高维岳，峻极于天；维岳降神，生甫及申。"其国邑本处嵩阳之下，于南土为近，是以就封之地为谢城。《诗》曰："于邑于谢，南国是式。"又曰："王命申伯，式是南邦；因是谢人，以作尔庸。"《毛传》曰："谢，周之南国也。"是申伯作邑于谢，其地初亦为召伯所营。故《黍苗》之诗曰："肃肃谢功，召伯营之。"申伯就国之时，道出南山，而王饯之于眉。故《诗》曰："申伯信迈，王饯于眉；申伯还南，谢于诚归。"谢之名又见于《国语·郑语》："桓公曰：谢西之九州如何？史伯曰：唯谢郏之间是易取也。"韦昭注曰："谢，宣王之舅，申伯之国，今在南阳。"刘昭注《续汉书·郡国志》引《荆州记》曰："棘阳东北百里有谢城。"《水经·沘水注》："谢水出谢城北，城周回侧水，申伯之都也。"其地正当嵩阳汉北之境，与《韩诗·周南序》其地在南阳南郡之间者正相切合。《水经·江水注》曰："江安县，南郡治。吴以华容之南乡为南郡。晋太康改曰南平。"《楚地记》曰："汉江之北，为南阳；汉江之南，为南郡。"今案古之南阳即今南阳府汝州之境，则南国之中区不离乎此。而其边邑，东则达于淮北，西则至于岷山，南至于江，北底于河，即前所举"二南"之疆域。若再南溯，即南夷之地，则淮南湖北之境皆在焉。由是而知南夷之名与南国不同，而南国之本部又非二南中所见之地域。此治古地理者所当先决之问题也。南国虽建于厉宣之世，而春秋以后已为诸国所并兼。金文中有南姬鬲，又有南姬彝，又有南旁簋，南公有司鼎及南季鼎。鬲之时代稍晚，亦东周时器。此南国文献之仅存者也。楚自若敖蚡冒筚路蓝缕以启山林，至于春秋，国势日强，故经传所言南人皆指楚国。《左传·成公九年》："晋侯观于军府，见钟仪，问之曰：'南冠而执者谁也？'有司对曰：'郑人所献楚囚也。'使税之。召而吊之。再拜稽首。问其族，对曰：'泠人也。'公曰：'能乐乎？'对曰：'先父之职官也，敢有二事。'使与之琴，操南音。"足证春秋之世，南国已灭。故《左传》僖公二十八年栾贞子曰："汉阳诸姬，楚实尽之。"是所得者，南国之地。楚人既灭南国，又复兼并诸夷。其见于《春秋》经传者：若《僖公十二年》楚人灭黄。《文公四年》楚人灭江。《五年》：楚人灭六，并蓼。《十二年》：群舒叛楚。夏，子孔执舒子平及宗子，遂围巢。《十六年》：庸人率群蛮以叛楚。麇人率百濮聚于选。秦人、巴人从楚师，遂灭庸。楚自灭庸之后，遂统率诸夷以抗北师。春秋之世，晋楚屡战，无异于周人与楚人之争，而宗周以来征服南疆之政策一蹶不振。此又治二南地理者不可不知之史实也。

一九三四年六月改定<br>（载《禹贡》第一卷第十一期）

# 寿县所出楚器考释

## 一 绪言

近二十年来殷周古器出土者，其数目十百倍于往昔。虽发掘之时未能采用考古学者之方法循序渐进，作合理之报告，然较之畴昔盗掘者，亦不可同日而语。就其役之卓卓大者而言，凡有五次。一九二三年秋河南新郑县所出古器一也[①]，同年山西归化李峪村所出古器二也[②]，一九二九年洛阳韩君故墓所出古器三

---

[①] 一九二三年八月二十五日，河南新郑县城内东南隅李氏园中，因凿井灌溉，掘地至三丈许。偶触古器，初得大鼎一，中鼎二，以八百金售于许昌张氏，后为官方所知，谋之李氏，始将其继续所得者移置省府；其后官方会同士绅陆续开掘，总计所得凡百余件，今皆藏于河南省立博物院，先后记事者有马衡教授之《新郑出土古物调查记》（见《东方杂志》二十一卷纪念号），靳云鹗氏之《新郑出土古器图志》，关伯益氏之《新郑古器图录》。惟皆残缺不全之报告，于出土情形未得真相，以为憾事！

[②] 一九二三年，法国美术商人王涅克（L.Wannieck）旅行吾国北方诸省，从事搜集古代工艺美术品，于山西省归化城北约百里之李峪村，发见其年出土之古铜器甚多。后王涅克派人考察其地，确在一窟状遗迹中更得小量之漆器断片，土器片，子安贝，玉器及铜器之残片等，即将该项器物捆载而归巴黎，分售各国。其在伦敦者，H.J.Oppenheim 及 Charles Lambert Rutherton 各得一部分；其在巴黎者，博物馆（Musee Cernuschi）及 Jean Sauphar 分藏之；此外则藏于德国之东方美术馆（Museum für Ostasiatische Kunst der Stadt Koln）。

也①，同年秦中宝鸡县城斗鸡台所出古器四也②，及一九三三年夏间安徽寿县所出楚器五也③，是五役之中，秦甸所得者时代较早，器物亦散落不可董理，且其物与楚器之关系稍远，本文不复连类及之。归化所得诸器大部流往外国，其在国内者，亦秘不示人④；吾人唯于日人梅原末治、法人狄柴克、英人西仑所著书中见其涯略焉⑤。安徽寿县所出铜器十年之内已有二次，其第一次所得者，现

---

① 洛阳出土之铜器，岁有所闻，因韩墓发掘之时间较久，是以世人特别留意其事。该墓发掘之时间约在一九二九年下季至一九三〇年冬，其出土地在洛阳东旧土城之东北隅，共八冢，皆附马坑，陆续为人盗发者已有六冢。去岁三月间作者旅行洛阳时，见其余二冢亦已为人盗发，坑中已空无所有。出土之器物凡五百余件，具见怀履光（Bishop W.White）所著之《洛阳故城故墓考》（Tombs of Old Loyang），凡出土情形及墓之构造成亦载焉。所有器物除𪚥羌钟十二枚藏庐江刘氏外，其余皆藏加拿大博物院（Royal Ontario Museum Toronto）。
② 秦中宝鸡县所出诸器于一九二九年上季出土。发掘者土匪党毓琨，后为官方所获，器物则散入私家，亦有流往外国者；其中有柉禁一套，与端方旧藏者相似，唯较多二件，其他器物目录，国立北平图书馆藏有照相本一册。
③ 寿县发现楚器前后二次，其第二次在一九三三年七月五日，据报章所载发掘时，当地人鸠工六十余人，掘深五六丈，长可二丈，得见古铜器甚多，四周皆架以大木，木料坚致，排列数层，约七八房间之大。其中有大鼎盛重七百余斤，鼎盖皆雕镂有字，花纹极古。又有大小铜锅，若镬、若锜、若釜，以及盤匜尊簋之属；玉器则有珪、璧、环、玦、球琳、琅玕；武器则有刀、剑、戈、矛、兜、盔、矢、镞各件；石器则有蟠龙形，蟠螭形，并有石牛八座，刻镂极精；此外尚有杂器多件，名称难定，总计所出大小诸器在八百件以上云。（据郭沫若氏《古代铭刻汇考续编》所引）。
④ 归化在战国时其地属赵，汉属定襄云中二郡，其出土古铜当为赵国之物。前数年纷传山西浑源李家村亦有铜器出土，密储北平某处，或云尚在该地，不以示人，吾人皆以为与归化所出者截然两事。今观《北晨画刊》第一卷八期所载，谓诸器当民国十二年在山西浑源县出土，归化与浑源虽属两地，而李家村之名则又相同，恐为同地之物，而传闻异词也。《北晨画刊》所载九器，其形制与王涅克所得者如出一范，其为同时之物无可疑矣。
⑤ 梅原末治所著书曰《支那古铜精华》。狄柴克（H. D. Ardenne de Tizac）所著书曰《中国古典美术》（Lart Chinois Classique），其第八章专论秦器。西仑（Osvald Siren）所著书曰《中国古代美术史》（A History of Early Chinese Art），其第一册最后一章论及归化所出之物。

存瑞典京城之东亚蒐集部①，器物不多，形制与去夏获得者相似，当为同时代之物。寿县古名寿春，楚之都城，其地在淮水之南。去夏洪水泛滥，该县东乡朱家集李三孤坟地方发现古物，当地人因而开掘，所得甚多，据当时报章之言，有铜器及石器等计八百余件。事后为省政府侦获，器物今存于安徽省立图书馆者，大小共七百余件②。其因窃卖流落于外者，平津京沪皆有之。在沪而归庐江刘氏善斋者，有曾姬无卹壶二，楚勺二，具见《善斋吉金图录》。在京者，楚王酓肯（肯）鼎一，胡光炜氏曾为考释③，其器今不知在何许。又一部流落天津者，归李氏所藏，计鼎一，簠二，豆二，勺二，匜一，凡八件。其在北平者，计罍一，盘一，剑一，簠三，豆二，勺二，凡十件。其中一勺，曾归海城于省吾氏，著录于其所著《双剑誃吉金图录》中，今转归东莞容氏颂斋所藏；此外九件，中华教育文化基金董事会以二千零三十元购其七件于尊古斋黄百川氏之手，其余一勺一簠，黄氏以赠该会，今皆寄存于国立北平图书馆金石部，即本书所录九器是也。

---

① 安徽寿县淮河流域附近所出铜器十年之内已有二次，计在十年之前所出物，为时驻留于蚌埠之工程师瑞典人加尔白克（O. Karlbeck）所得，由其手分售欧美各地，遂宣传于世，唯时所出者多车马饰具，及带钩、铜镜之属，其较大者有镐鼎，及壶簠数事，现存瑞典京城之皇储蒐集部（Collectiori of the Crown Prince of Sweden）。一九二六年加氏曾有文发表，论其中之铜镜，载于其年所出之《中国科学美术杂志》（*China Journal of Science and Arts*）。

② 安徽省立图书馆馆长陈东原先生言：当铜器出土之初，散佚之部分其数已不详，后经当地人士封存于县教育会，当时曾略加点查，虽记载不详，但所存遗物尚有数字可稽，及安徽省立图书馆点收时，按字数查检，又少于五十余器。观其所言，散佚之数已不在少。

③ 胡光炜氏之文曰《寿春新出楚王鼎释文》，载《国风》四卷六号。

## 二　铭文考释

楚器有文字者为数不多，以吾人所知者计之，有三十余件。国立北平图书馆所藏九件皆有文字：剑之时代最早，楚王畲章时物；勺与盘为楚王畲悍时物；三簠皆楚王畲肯（胐）时物；豆之时代与罍同，唯有铸客之名，不著楚王之号。今就所出诸器观之，其在安徽省立图书馆者唯一鈚鼎，乃楚王畲肯（胐）时所作，此外有文字者，亦仅见铸客之名。善斋刘氏所藏二壶乃曾姬所作，二勺亦无楚王之号。天津李氏诸器，镐鼎畲悍时物；两簠、两豆、两勺，仅见铸客之名，其他散入私家而无拓本传世者概从略焉。上述诸器并时学者如胡光炜氏、郭沫若氏、徐中舒氏、唐兰氏，皆有释文[①]。作者前亦有所述[②]，今兹所考，于前说略有改正，今按时代之先后释之如次。剑之铭曰：

楚国畲章为趞□士□□，用□□征。

楚下之王字已泐。畲章即惠王熊章，熊畲声近，楚本姓嬴，史氏亦假熊为之。趞即从[③]，所谓从□士者，即楚王禁卫之军士也。士下两□，疑为铸剑二字，剑字尚约略可辨。征上疑用字。唐兰氏释征为"是"，以为"子孙是尚"之泐。剑非礼器，疑不用此吉

---

① 胡光炜氏之文见前注。郭沫若氏之文曰《寿县所出楚器之年代》，见其所著《古代铭刻汇考续编》。徐中舒氏文曰《寿州出土铜器补述》，见《大公报·图书副刊》第三十一期。唐兰氏文曰《寿县所出铜器考略》，见《国学季刊》四卷一号。
② 见《大公报·图书副刊》第二十九期，题曰《寿县出土铜器及甘肃出土莽衡》。
③ 释起之说，乃取友人商承祚氏及孙壮氏所释。

语也。宋人著录曾侯钟①，亦惠王时所铸，文曰："隹王五十又六祀，返自西阳，楚王酓章作曾侯乙宗彝，奠之于西阳，其永时用之。"返，宋人释徙；西阳，地名；其时在惠王之五十六年，去其弃国仅一年耳；曾侯楚之附庸；乙字宋人释之，误。唐兰氏谓乙为曾侯之名，亦未确。乙宗者，小宗之意也。楚与曾虽非同姓，但以附庸小国故，因自称乙宗。新得楚簠器底以干支为次，则乙宗为小宗之说可信矣。奠字从郭沫若释，宋人释寘，玺印文字奠作 ②，而钟铭作寘，就字形观之，应释奠为是。寘即奠字，奠亦置也，《诗·采蘋》："于以奠之。"传曰："奠，置也。"文义甚通。此钟可与剑铭互相比证，故附释其文于此。剑铭之外，时代较早者尚有曾姬无恤壶，文曰："隹王廿又六年，圣趄之夫人曾姬无恤，望守丝漾陲蒿间之无匹。甬作宗彝尊壶，后嗣甬之，䜌才王室。"

望字从郭沫若说，唐兰氏释虐，于义难通，字体亦不合。守字诸家作安，节按字作 ，释安未是，此守字也。父乙觚③ 守字作 ，玺印文字④ 守字作 ，二文又字皆反书，壶铭作 ，从宀从廾会意，从廾者，寸之反书也。閒，徐中舒氏释间，字从门从彡会意，閒即间之别体。无匹人名，匹即今匹字。甬，即用之别体。䜌即职字，才即在字。王室即楚王室，唐氏以为周室，恐非。圣趄夫人即声趄夫人。《左传·文公十七年》，"葬我小君声姜"。《公羊传》作圣姜，《国策·楚策》蔡圣侯，《史记·六国年表》作声侯，《汉书·古今

---

① 曾侯钟宋人著录最早，今见于王俅《啸堂集古录》、薛尚功《历代钟鼎彝器款识法帖》、王厚之复斋《钟鼎款识》诸书。
② 见《玺印文字征》，卷五，第1页。
③ 见《殷文存》，卷下，第25页。
④ 见《玺印文字征》，卷七，第5页。

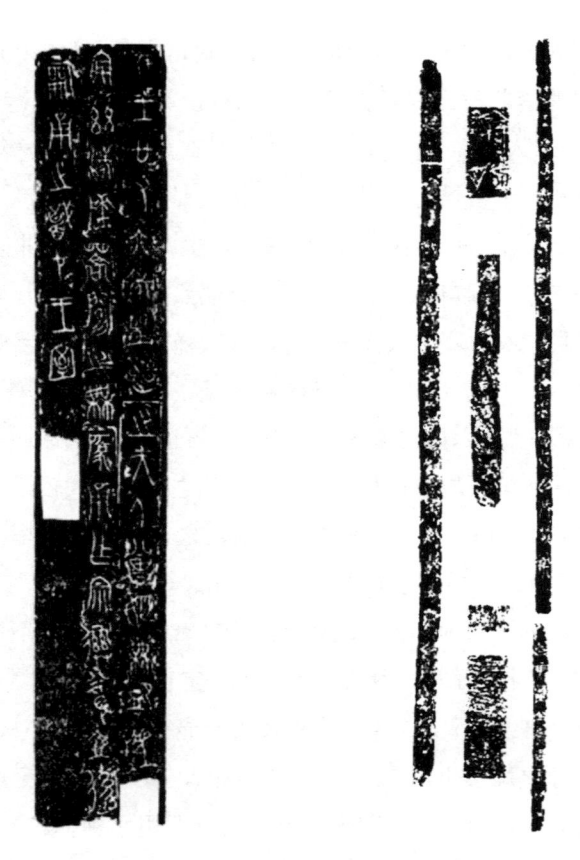

人表》卫声公,《索隐》引作圣公;《孟子》曰:"金声而玉振之",赵注:"声,宣也",然则圣趯夫人即声桓夫人无疑矣。壶之外尚有一鼎,铭曰:"楚王酓忎䥂隻并铜。正月吉日,窒盟䤔鼎,以共歲常。"铭在器口,其旁又有铭曰:"䥂盌。"鼎之腹又有铭曰:"但乎盘埜搴蓘忎为之。"鼎之盖边又有铭曰:"楚王酓忎䥂隻并铜。正月吉日,窒盟䤔鼎之盍,目共歲常。"鼎盖之内又有铭曰:"但乎吏蓘搴苛鋖为之",其旁又有铭曰:"䥂盌。"鼎腹外花纹中又有铭曰:

"三楚。"

此鼎现藏天津李氏。又有一盘，藏北平图书馆，其铭曰："楚王酓忎戬隻并铜。正月吉日，窒盥介盘，以共㦰常。"盘之腹外又有铭曰："但罙桼坒𦰢陲共为之。"其外尚有六勺，二藏北平图书馆，铭曰："但吏㮮等㚔为之"；二藏天津李氏，铭曰："但盘坒㮮忎为之。"又二藏庐江刘氏善斋，铭曰："但桼坒陲共为之。"

按上述一鼎一盘，皆楚王酓忎时物，酓忎即楚幽王熊悍，《史记·六国年表》误作熊悼。戬字从嘼从戈，即战字。甲骨文字战从丫作㺇①，或从丫作㪻②，或作㺇③。兽字则从丫作㹴④，皆从单从犬，未有从兽作者。其在金文：师寰簋作㺇，郘钟作㺇，散盘作㺇，王母鬲作㺇，古匋文字中兽作㺇⑤，《古文四声韵》引王存乂《切韵》作㺇。可见小篆之兽字，实从极简单之丫字而来，是以六国文字皆以从嘼从戈为战。《古文四声韵》引籀韵战字作㦰，《三体石经》战字亦作㦰。《说文》以战字从戈单声；兽字从兽从犬会意，盖就小篆之立场而言也。隻即获字，从隹从又，有弋获之意。并铜即兵铜，《说文》兵从廾持斤，此字从𠂇从廾，意亦相近。窒即室之繁文，盥即铸字。芮公鼎铸字作㽵，铸侯钟作㽵，六国文字每多简省，此省耳作㽵。窒盥必为铸器之法，

---

① 见《殷虚书契前编》，卷一，第29页。
② 见《殷虚书契前编》，卷六，第49页。
③ 见《铁云藏龟》，卷上，第39页。
④ 见《殷虚书契前编》，卷六，第49页。
⑤ 见丁佛言：《说文古籀补补》，卷十四。

因他器有言为王句六室为之也。訇鼎即《说文》所谓鬺似鼎而长足者也。鼎名訇鼎，盘曰介盘。余旧释㊣为介，甚确。徐中舒氏与余说同。唐氏释为少盘，曰即小盘。《易》晋卦"受兹介福"，王注曰："介，大也"；《左传·襄公二十八年》传："寡君之贵介弟也"，杜注："介，大也"，是介盘即大盘。"之盍"即之盖。"𢍰㊣"即𢍰脰；𢍰字未详，脰字他器亦见之，文曰："𢍰脰衁鼎"，又曰："盥客为㊣句脰官为之。"① ㊣，徐中舒氏释大，以楚器有大子鼎为证，甚是！余以为大亦官名，《曲礼》有六大之目；"脰官"即膳夫。脰字从肉豆声，《广雅·释言》："脰，馈也。"𢍰脰必为膳具之名，然诸器皆曰"以共戠常"，戠读如字，戠羹也；常字鼎铭作棠。其非从示可知；古文从尚之字每作㊣②，而尚字从巾，故棠字所从之亠，盖巾字之别构也，由是推证他器之常字从爪者，非示字，乃巾字也。常即蒸尝，鼎亦可盛戠羹，故有鉇鼎。戠常，即戠羹与蒸尝并举之，是祭物之通称也，侃即倪字，兮仲钟倪字作侃，古玺文作㊣③，《说文》："侃，刚直也"，又"刀部"，刚古文作㊣，《集韵》引作侃，然则刚之古文借侃为之，则侃为倪无疑矣。金文平字作㊣④，是"侃㊣"即倪平，据上引诸文曰"侃㊣"，又曰"侃平邵"，又曰"侃"，又曰"侃邵"，疑即一人。吏即使字，"秦忎"即"秦𢦏苟"，勹文曰"秦苟"，知勹与鼎乃同一人所作；

---

① 安徽省立图书馆藏鼎铭。
② 《汗简》，卷中之一。
③ 《说文古籀补》，卷十一。
④ 柏舟文见《周金文存》，卷四。

"秦忑"或"秦芇",铸客之名,而"𠂆平"与"盘野"乃监修之官也。

"圣䗬墬"即"圣阵",故知盘与勺亦一人所作也;是以推定前述诸器皆幽王时物。此外有二鼎、三簠,皆一人所作。鼎之铭曰:"楚王酓肯（胐）复盥匋鼎,以共㦣常。"其盖内有铭曰:"䚻脰。"盖背花纹中有铭曰:"䚻脰釭鼎。"

又一鼎有流,铭曰:"楚王酓肯（胐）复盥鈶鼎,以共㦣常。"

此鼎甚大,口径在二尺左右,曾于团城西北文物展览会中见之,今归安徽省立图书馆。三簠皆同铭,藏北平图书馆,铭曰:"楚王酓肯（胐）复盥金臣,以共㦣常",三簠器底皆有字,一曰"戊㐅",二曰"已",三曰"辛",大抵为诸簠所编之号数。古器凡同范者往往著其号数。虢仲盨曰:"兹盨十又二",其风自西周末年已有之。此簠以十干为次,乃第五、第六、第八,三件,㐅字未详。上述五器当属同时代,酓肯即酓胐,史所称王负刍也。酓忎即熊悍,学者无异词,惟酓肯（胐）之名学者多异说,马衡教授以为考烈王,徐中舒氏谓即哀王犹,胡光炜氏释𦙱为胐,郭沫若氏、唐兰氏释为肯,唐氏引或说释为肎,余前释胐,以今观之,释胐之说仍未可破。胐当从月从出,金文中实有其字。吴尊作𦙱,昏鼎作𦙱,未有从止作肯者,释胐之说自不可信。释肎之说亦未确。古器中亡字皆作𠃊,玺印中有作𠃊者,此所从之止实即之字。或以本器楚字所从之止字作𠧙,而之字作止,谓作止者非止字也。此不知古器中往往同器同文而有别体①之例也。唐兰氏据古匋文"蒦昜南里人肯",其字作𦙽,以为古文肯字从此作,而此字从止匕声②。按此语实误。《说文》:"此,止也",以声为训;又曰:"从止,从匕;匕,相比次也。"许氏以为会意字,非形声字也。如以为形声字,亦当云从匕止声。其字实从止得声,非从匕得声③。故《说文》部首次于止字后也。古文谐声每以声转,且有省文之例,求之古金不可枚举④。由是知从此从肉为肯,从止从肉亦为肯。故铭文之肯字,实即肯字也。唐氏曰:"肯字既从止从肉,则与今隶之肯字全同。"又曰:"六国古文每有异于小篆,而转为魏晋后俗书所本者,则肯字当依郭氏释肯为是。"按唐氏所谓今隶者,楷书也。求楷书致误之由,不于六朝别字,而远溯六国古文,窃以为求之过深。以节所知,肯字之来源与肯字绝无关系。肯字《说文》作肎,骨间肉也。《庄子·养生主》篇:"枝经肎綮之未尝。"是肎为骨间肉之说先秦已有之。古文肎作肎,象形。汉石经鲁诗残石:"莫我肎顾",字作肎。西岳华山碑、绥民校尉熊君碑,皆作肎。是汉隶未变小篆之法。六朝之世,肎字作肎,未有作肯者⑤。《颜氏家训·书证》篇

---

① 罗振玉《齐侯壶跋》:古文往往任意增减,以古器之盖器同文或数器同文者相校,每有异同,此二壶同字而异形者凡数字。第二行齐侯命太子,此壶太子作𫞩;第四行𠂤,此壶作𠂤,几不可识为受字;至六行之受,又变作𠂤;而行中齐侯拜嘉命之拜字全不可识;第七行用璧之璧字,此壶变从𠂤为𠂤;第八行两嗣字,此壶一变作𨛭,一变作𨚔;第十行玉下他器作二,此器则作于,如是之例不胜指屈,使非两器互证,则文之不可识者多矣。
② 唐氏据《说文通训定声》立言,故有此说。
③ 止,诸市切,照母;此,雌氏切,清母;同属齿音,而二字与匕字声类甚远,匕,卑履切,非母字也。
④ 屬羌钟昭于天子,字作𨛭,而又一钟省曰作邵,即其一例。
⑤ 《玉篇》第八十一肉部肎字下曰:今作肯。此陈彭年等重修时之按语,非顾野王原本也。

言：《汉书》田肎江南本作田宵，惟刘显本作田肎①。可证其时肎字作肎，故与宵字致误也。肎之变为肯，当在初唐以后，楷法溯源引开元四年残墓志，正作肯。而其变在隋唐之间，九成宫醴泉铭肎字作肎。肯之与肎，相差一间耳。其变乃在近亲，非关远祖也，余前以酓肯（肯）即负刍，并非省负刍为刍，又以背为刍之同声字。盖负刍者，乃酓背字形之误。且哀王名犹，此犹字亦酓字之误。楚器酓作，背字作肎。其字与负刍之古文作负②者相似。汉人但知楚王以熊字为名，不识酓背，而知六国之君如曹成公名负刍，故读为负刍。犹之古文作，与酓字亦相似。哀王必名□，汉人不识，但著一犹字，此酓背变为负刍，酓□变为犹之故也。鉈鼎有流，可盛戴羹。以其与匜相似，故曰鉈。史颂匜匜字从金作鉈。然亦有流而不名鉈者，如郑戚句父鼎有流，曰自作飤鼎；亦有名石池而无流者，例如钟伯侵鼎是。凡此时代皆较早，不能以概鉈鼎。谓名"鉈"之鼎不必有流则可，谓有流之鼎不能名鉈则不可，此学者之公论也。二鼎三簠之外又有二豆一罍并同铭，今藏北平图书馆，铭曰："盥客为王句六室为之。"又有一匜藏天津李氏。铭曰："盥客为御䤾为之。"

铸工而名曰客，非楚人可知。故铸工中有名秦苛者，必为秦国之人；名圣陈者，必为陈国之人。句之言钩也。吾友徐中舒曰：韩

---

① 《颜氏家训·书证篇》：《汉书》田肎贺上，江南本皆作宵字。沛国刘显，博览经籍，偏精班汉，梁代谓之汉圣。显子臻，不坠家业。读班史，呼为田肎。梁元帝尝问之，答曰：此无义可求，但臣家旧本以雌黄改宵为肎。元帝无以难之。吾至江北，见本为肎。

② 刍作，见《说文古籀补补》引古鉨文。

器有句客之名①，即盟客。则句六室者，钩筑六室之谓也，在匜曰为御至为之。可见六室非宫室，乃窭盟之法也。

## 三　年代及地理

楚器一名，范围甚广。然吾人之研究对象，则以客岁寿县所出诸器为主。诸器之中虽亦有著楚王之号者，然言其时代先后，实异说分歧，莫衷一是。欲于此中得其真相，非钩稽楚人立国大势，不足以解此纠纷。楚自若敖蚡冒以来，筚路蓝缕以启山林。至于成王以后，江汉诸姬楚实尽之。且不仅姬姓小国而已也。楚文王十二年灭邓；成王十八年灭英，二十三年灭黄；穆王三年灭江，四年灭六，灭蓼；庄王五年灭庸；灵王七年平陈，十年平蔡；昭王二十年灭顿，灭胡；惠王八年灭陈，四十二年灭蔡；简王元年灭莒。江淮间小国尽入于楚矣。楚自文王元年始都郢，今荆州府江陵县②；至昭王十二年吴伐楚，取鄀③，楚恐，徙都鄀，名鄢郢，今襄阳府宜城县西南九十里④。迨后秦益强大，至顷襄王二十一年，秦将白起拔鄢郢，楚王东北保陈城，即故陈国，今河南陈州府治，号曰郢陈；其后至考烈王八年灭鲁，十年又南徙钜阳⑤，即今安徽太和县东⑥；二十二年与诸侯共伐秦，不利而去，东徙寿春，命曰郢，即今安徽寿县是也，立表如次：

---

① 见《洛阳古城古墓考》，图版 CI.XXXVI。
② 程恩泽《国策地名考》卷六：郢在今荆州府江陵县北十里纪南城。平王更城郢，在今江陵县东北三里。
③ 《括地志》曰：饶州鄱阳县春秋时为楚东境，秦为番县，属九江郡。
④ 《通志》云：鄀在襄阳宜城县东，今襄阳南二百二十里。
⑤ 见《六国年表》，《汉志》属汝南郡细阳县。
⑥ 杨守敬《战国疆域图》，南三西一。

| 王名 | 年代 | 大事记 | 元前 |
|---|---|---|---|
| 文王 | 元年 | 始都郢 | 690 |
| | 十二年 | 灭邓 | |
| | 十三年 | | |
| 杜敖 | 五年 | | |
| 成王 | 十八年 | 灭英 | |
| | 二十三年 | 灭黄 | |
| | 四十六年 | | |
| 穆王 | 三年 | 灭江 | |
| | 四年 | 灭六灭蓼 | |
| | 十二年 | | |
| 庄王 | 五年 | 灭庸 | |
| | 二十三年 | | |
| 共王 | 三十一年 | | |
| 康王 | 十五年 | | |
| 郏敖 | 四年 | | |
| 灵王 | 七年 | 平陈 | |
| | 十年 | 平蔡 | |
| | 十二年 | | |
| 平王 | 十三年 | | |
| 昭王 | 十二年 | 徙都 | |
| | 二十年 | 灭顿灭胡 | |
| | 二十七年 | | |
| 穆王 | 三年 | 灭江 | |
| | 四年 | 灭六灭蓼 | |
| | 十二年 | | |

续表

| 王名 | 年代 | 大事记 | 元前 |
|---|---|---|---|
| 惠王 | 八年 | 灭陈 | |
| | 四十二年 | 灭蔡 | |
| | 五十六年 | 作曾侯钟 | 431 |
| | 五十七年 | | 430 |
| 简王 | 元年 | 灭莒 | |
| | 二十四年 | | |
| 声王 | 六年 | | |
| 悼王 | 三年 | 归榆关于郑 | |
| | 四年 | 败郑师围郑 | |
| | 二十一年 | | |
| 肃王 | 六年 | 韩灭郑 | |
| | 十年 | 魏取鲁阳 | |
| | 十一年 | | |
| 宣王 | 二十六年 | 作曾姬无卹壶 | 329 |
| | 三十年 | | |
| 威王 | 十一年 | | |
| 怀王 | 三十年 | | |
| 顷襄王 | 二十一年 | 徙陈 | |
| | 三十六年 | | |
| 考烈王 | 八年 | 灭鲁 | |
| | 十年 | 徙钜阳 | |
| | 二十二年 | 徙寿春 | |
| 幽王 | 三年 | 秦魏伐楚 | |
| | 十年 | 畲忎作器约在此年前 | |
| 哀王 | 二月 | | |

续表

| 王名 | 年代 | 大事记 | 元前 |
| --- | --- | --- | --- |
| 负刍 | 元年 | 酓肯作器约在此年后 | |
| | 六年 | 楚亡 | 223 |

按上表计之，寿县所得楚器，其最早者为酓章剑，以字体较之，犹在曾侯钟之前，适当西历纪元前486至前430年之间。是时周室衰弱，六国并起，楚尤强大，称王已久，遂不用周之正朔，故钟之铭曰："隹王五十又六祀"，盖楚惠王之五十六年也。钟铭曰："返自西瘍"，又曰："奠之于西瘍"，然则西瘍必为地名。楚自昭王十二年徙都鄀，是西瘍当在鄀都附近矣，鄀在襄阳宜城，则西瘍之地望必于近旁求之。《汉书·地理志》有西阳国，属江夏郡，东汉属荆州；晋封汝南王亮子羕为西阳公，后废；刘宋改为郢州西阳郡。是西瘍即西阳，其地与鄀都相近也①。西瘍既为曾侯之国邑，其非楚都可知②。由是进而言曾之氏族，经籍所见曾国，可从邑作鄫，亦可从丝作缯③，皆一名也。考之史册，曾国有二，其在山东者，附庸于齐。故《国策·魏策》曰："缯恃齐而轻越"；《春秋·僖公十四年》经曰："季姬及鄫子遇于防"；《左氏·襄公六年》传曰："莒灭鄫"，又《十四年》传曰："公请属鄫"，《哀公七年》传曰："公会吴于鄫"，杜预注曰："鄫，今琅琊鄫县"，江永曰："今兖州峄山县东有鄫城。"④此姒姓之国，即《周语》所谓杞

---

① 杨守敬《前汉地理图》，横六纵五。
② 《史记·楚世家》，周成王封熊绎于楚，居丹阳，唐章怀太子曰：丹阳在秭归东南，未有言楚都西瘍者。
③ 《荀子·尧问篇》，缯邱之封人注：缯与鄫同，《穀梁·宣公十八年》经：邾人戕缯子于缯，《释文》：缯一本作鄫。
④ 江永：《春秋地名考实》，卷十二。

缯由太姒也。《左氏·僖公三十一年》传曰："杞缯夏后，自当祀相。"故史家皆以鄫为姒姓。然在古器之中求之，若曾伯陭壶、曾大保盆、曾子仲宣鼎、曾诸子鼎，皆无直接证据可断定为姒姓之国。反之，若曾伯𩭩簠，若曾侯簠，其与楚国之关系则显而易见。此在河南者，附庸于郑之曾也。《水经·洧水注》："鄫人者，郑人也"；《左氏·襄公元年》传："次于鄫"，杜氏注曰："郑地，在陈留襄邑县东南"，江永曰："襄邑，今归德睢州，故鄫城在州南。"①余以为此即姬姓之曾，与曾伯𩭩同族，故徐锴《说文系传》引杜预曰："鄫，姬姓。"徐氏曰："与《说文》同，或写作姒者，误。"而杜氏于《左传·僖公三十一年》注又曰："鄫，姒姓。"韦昭《国语注》亦云："鄫，姒姓。"可见有姬姓之鄫，又有姒姓之鄫。在齐者，姒姓；在郑者，姬姓也。江汉诸姬，大抵周人播迁以同化江淮之民。是以姬姓之鄫或在王室，或处夷狄。曾伯𩭩簠曰："隹王九月，初吉庚午。曾伯𩭩哲圣元武，元武孔业；克狄淮夷，印燮䋣汤。"可见征淮夷之役，曾伯𩭩与于其事，因率其族人南徙于楚，是以有楚国之曾矣。然则楚郑之鄫是否同族，此尚待研讨者也。曾伯𩭩簠有"印燮䋣汤"之文，此䋣汤必为地名。其名又见于晋姜鼎，曰："卑贯通弘，征䋣汤𨒌。"此"䋣汤原"之名虽同䋣汤，但是否一地，亦待考证。曾伯𩭩簠远在晋姜鼎之前，而晋姜鼎则作于晋文侯之后②。同名而时代不同，亦当分别论之。古以䋣为地名者，

---

① 江永：《春秋地名考实》，卷八。
② 郭沫若氏《两周金文辞大系》第222页谓曾伯𩭩与晋姜鼎同时，作器亦同在九月，彼在乙亥，此在庚午，相差仅五日。据吴其昌氏《金文疑年表》，曾伯𩭩簠宣王九年之器，而晋姜鼎曰："勿废文侯顈命"，则在晋文侯之后，相差193年。

在战国以前有二"繁阳"。《史记·赵世家》孝成王二十一年,廉颇攻魏繁阳拔之。汉置繁阳县于此,应劭云:在繁水北,故名繁阳。即《水经·河水注》所谓浮水故渎水,旁有泽曰澶渊,亦曰繁渊,即所谓繁汤原也①。其二,春秋楚地名。《左氏·襄公四年》传曰:"楚师为陈叛故,犹在繁阳。"又《定公六年》传曰:"吴败楚舟师,楚子期又以陵师败于繁阳。"杜预注曰:"繁阳,楚地;在汝南鲖阳县南。"余以为此繁阳,即曾伯霖簠之鄴汤。盖古之地名,往往因部族之迁徙而移置。晋姜鼎之鄴汤原,其地在魏。曾伯霖因平淮夷而南行,故所谓鄴汤者,其地在楚。因处其族人于此,由是稍南移,乃邑于西鄀。然则楚之曾,即郑之曾南徙而来,亦可略得其线索矣。曾之在郑,以潧水得名。潧水出郑县西北平地②,亦称溱水,即诗所谓溱与洧者也。郑与曾皆姬姓,近在王畿,是曾伯霖一族本处于郑,故为王近臣。因平淮夷而徙于楚,复为楚之附庸矣。《左传·哀公四年》:"致方城之外于缯关",杜注:"缯关,楚地",江永曰:"在南阳府裕州。"③《国语·晋语》:"申人,缯人,召西戎以伐周。"申亦姬姓,邑于谢方④,即今南阳府之地,则曾与申又相近。由是归纳之:自东周中叶以迄战国晚期,曾人之足迹北起郑郊,南及光州;西起南阳,东抵睢州;皆其范围也。是以其民与江淮间诸小国皆通婚姻,而与楚之王族关系尤深。曾侯簠曰:"叔姬

---

① 《左传》襄公二十年经:"公会晋侯、齐侯、宋公、卫侯、郑伯、曹伯、莒子、邾子、滕子、薛伯、杞伯、小邾子、盟于澶渊",杜注:"在顿丘南,今名繁汙",江永《春秋地名考实》曰:"浮水,即澶渊也。繁阳城在内黄县东北二十七里。"
② 见《水经·洧水注》。
③ 江永《春秋地名考实》,卷十二。
④ 《诗·大雅·崧高》:"于邑于谢,南国是式。"又曰:"王命申伯,式是南邦;因是谢人,以作尔庸。"韦昭《国语注》曰:"谢,申伯之国;今在南阳。"

霝作黄邦，曾侯作叔姬卬嬭媵器。"

此器所谓叔姬，必为曾侯之妹或女嫁于黄国者。卬嬭者，乃叔姬之女嫁于江国者也。《广雅》："嬭，母也。楚人呼母曰嬭。"是江嬭即江母矣，故楚王钟曰："楚王媵江仲嬭南和钟。"此江仲嬭，必为楚王之女或妹嫁于江国者也。可见江、黄、曾、楚，皆互为姻娅。曾姬无卹壶者，圣趄之夫人所作器也。夫人，国君之妻。圣趄即声趄。楚自惠王以后其小君可称声趄者，必为声王之夫人。娶于曾，故称曾姬。无卹，其名也。声王在位六年，子悼王立；悼王在位二十一年，子肃王立；肃王在位十一年，弟熊良夫立，是为宣王。此壶作于宣王之二十六年。其时声王去世已五十八年矣。唐兰氏以壶之作在剑之前，未确。以字体观之，壶之作确在曾侯钟之后。钟既作于惠王之五十六年，则壶之作非用周之正朔可知矣。剑与壶之年代既解决，更进而考定畲忎与畲肯之年代。

马衡教授谓诸器约作于考烈王之世，于时代实相近。然畲肯既非畲冐，则考烈王之说犹有可商者。考烈王在位二十五年，而国都三易，可见其流离播迁之劳。今所传铜器作于畲忎者，有鼎一、盘一，皆曰"战获兵铜"。足证作器之前，楚师大捷。然按之史实，考烈王攻秦之役无功而还。史中亦无其他战胜之文，惟《楚世家》幽王三年秦魏伐楚，秦相吕不韦卒，是役楚军战胜。故有战获兵铜之语。战国之末，秦楚争强。虞卿与魏王曰："夫楚亦强大矣，天下无敌。"其时适当幽王之世[①]。畲忎之器皆云正月吉日，则此鼎盘诸器皆幽王四年正月所作也。畲肯嗣立，故补铸之。是以两鼎三

---

① 见《国策·楚策》。

簠，皆无战获兵铜之语。其非酓忎以前之考烈王亦甚显著矣。说者又谓酓肯为秦所俘，必不葬于楚。其说亦不可信。楚王之器出于楚人之墓，乃在情理之中。故酓章、酓良夫、酓忎、酓肯诸世所作之器皆在焉。徐中舒氏又谓器作于哀王之世，而哀王立国仅二月，被杀于酓肯之徒党。实不容铸尔许铜器也。楚自考烈王二十二年至酓肯嗣立之元年，凡七年。其间虽为秦所迫，然而东灭鲁，为六国纵长。故顿弱曰："横成，则秦帝；纵成，则楚王。"可见楚之国力甚充实，故于国家颠沛之际尚能铸尔许铜器也。

### 四　形制与纹样

楚器年代适当战国之末叶，其形制与纹样即可作该时代之一标准。以此为的，而与新郑、洛阳、归化三次所出之铜器相较，则其形制与纹样之渊源可历数而得也。近年以来，西洋学者昌言秦式[①]，又谓秦式者，乃受斯克坦文化之影响[②]。甚至附会俗说，谓归化所出诸器乃秦始皇二十八年巡狩时所遗留之物[③]。吾国学者数典忘祖，遽信为真，又从而鼓吹之，于是秦器之名，遂哗然于世。今得楚器为研究之中心，则所有疑难皆可涣然冰释矣[④]。今分形制与纹样两项以探讨上述四次出土诸器异同之点如次：

楚器之鼎其形制有四种。其一，鐈鼎。体圆，底盖皆平，而微凹，两耳高出，盖上有三纽，中缀一环，鼎腹与三足间皆饰兽

---

[①]　秦器之说倡于法人王涅克，见第一节注。
[②]　俄人禄兹托册夫（M. I. Rostovtzeff）所著之 *The Animal Style in South Russia and China*。
[③]　王涅克之说见西仑《中国古代美术史》所引。
[④]　余旧曾论及，见《大公报·图书副刊》第二十期评论《支那古铜精华》一文。

头，足长而中空（如图一），其制与归化所出之鼎[①]相似。惟该器体圆如球状，底盖不平（如图二），盖上有三水鸟，三走兽，相间而立，稍不同耳。洛阳韩墓之物亦有鼎，其形制与归化所出者更相似（如图三）。惟体圆而稍扁，足间兽头有镂错者，有浮雕者，稍不同耳。新郑所出鼎其制甚大，与楚鼎之大者相仿佛。体圆，无盖，两耳之间又有二小耳（如图四）。就其大体观之，与虢文公鼎相同（如图五）。其二，曰鉳鼎。体圆，有流，无盖，平底，两耳高出，三足，足上有兽头（如图六）。其制盖从匜变化而来。新郑出土诸器中有匜，口径直横各一尺二寸，作正圆形（如图七）。《支那工艺图鉴》[②]有二匜，盖作凤形，腹下三足全身蟠螭纹（如图八），亦战国时器，可证鉳鼎之制与匜为一类。然此风郑国已有，郑咸句父鼎其一例也（如图九）。其三，说者谓之虯鼎[③]，实无所据。就形制而言，与鐈鼎相似。惟底盖扁平，全身如桶形，两耳高出，而向外呈八字形（如图十），两耳之间有四兽形立于器沿，与纽约大都会博物院所藏一豆相同[④]。皆战国晚期之制。其四，说者谓之小口鼎[⑤]，但见一器，亦残破不全。其制盖从鬲之形制衍变而来，该器口小，失盖，两耳高出，而向外作八字形，三足亦饰兽头（如图十一）。然此器与浑源所出之鼎有相似之点，惟该器两耳系环，足与鬲同，亦无盖（如图十二）。以两器相较，浑源所出者时代确在其前。

---

① 《支那古铜精华》，卷三，第164页。
② 《支那工艺图鉴》，金工编，第28页。
③ 《东方杂志》，第三十一卷八号插图。
④ 《支那古铜精华》，卷三，第177页。
⑤ 《东方杂志》，第三十一卷八号插图。

寿县所出楚器考释　135

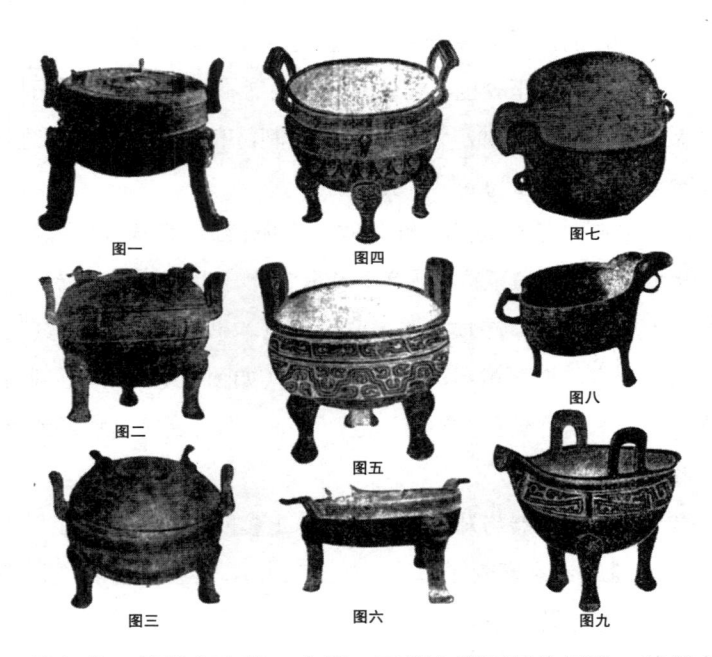

图一　　　　图四　　　　图七

图二　　　　图五　　　　图八

图三　　　　图六　　　　图九

　　鼎之外，楚器中有簠、有簋，而簋之形制最为别致，诸器之中未有此体也。郑器之簋有二类：其一，与东周以来之簋制相似。其二，关伯益氏①谓之舟。体扁圆，有盖，两耳，四足（如图十三）。其制与洛阳所出者酷似，而决非舟。《周礼·司尊彝》郑司农注曰："舟，尊下台，若今时承槃。"则郑洛二器非舟可知矣，或惑于四足故，而名之为鼎，亦未是。洛阳所出者亦四足，而四足甚短，皆饰人形（如图十四）。吾人名之为簋者，尚有其他证据也。《支那工艺图鉴》②有夔龙纹彝，四足，四耳，有盖，而扁圆似簋（如图

---

① 《新郑古器图录》，图三十五。
② 《支那工艺图鉴》，金工编，第七。

十五）。以是知郑洛所出二器是殷而非鼎也。楚器之殷则又不同。有座，无耳，而器沿有四脊梁，盖上有四纽（如图十六）。吾人名之为殷者，以其有座故也。春秋之后，名器不正，是以孔子有觚不觚之叹。郑器殷有二种，无足者上承周制，有足者下开战国之风，则郑器之时代于诸役为最早者矣。

簠之形制，楚器与郑器亦相同。今所得诸簠，器盖皆混淆不分。北平图书馆所藏三簠皆无盖，作长方形。器之下沿与器口之边成百六十度之角度，盖顶与器足同形（见本书前之图版）。其与新郑所出不同者，惟郑簠器口有兽头为饰（如图十七）。其形制与美国芝加哥美术馆所藏者[①]如出一范，可证该器亦新郑之物而流落于外国者也（如图十八）。

壶之形制，楚器与郑器亦极相似。上多四出，下缺兽足[②]（如图十九）。惟郑器之壶刻镂精致（如图二十），必在楚器前，而楚郑之风相近，于此又得一证矣。

壶之外尚有一罍，素地四耳，全身作青绿色（见本书前之图版）。然而先秦之器见于《西清古鉴》诸书者，其中类此之罍皆曰壶[③]。罍与壶不同，即就楚器而观之，曾姬无卹壶（如图十九）与楚罍亦截然二物。然战国之世，名器不正。若洛阳韩墓所出之郘君嗣子壶，其形似罍（如图二十一），而名之曰壶。浑源所出者有一罍，与此楚罍酷相类，唯多一盖。其中两耳在腹下，两耳在颈，系以二环（如图二十二）。说者亦名之为壶，其实皆罍也。

---

① 《支那古铜精华》，卷三，第178页。
② 郭沫若：《古代铭刻汇考续编》，第38页。
③ 《宁寿鉴古》，卷九，第8页其一例也。

寿县所出楚器考释　　137

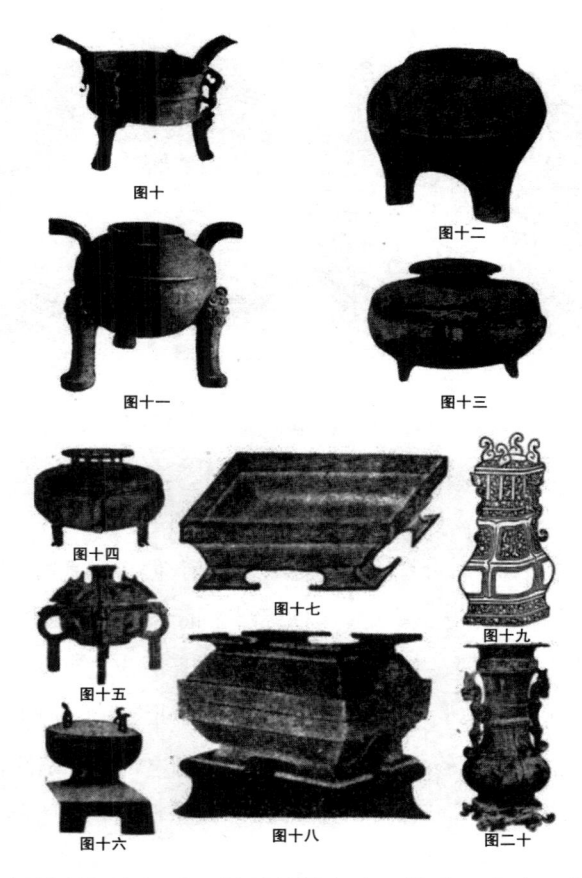

图十

图十一

图十二

图十三

图十四

图十五

图十六

图十七

图十八

图十九

图二十

　　盘之制楚器与古相承，并无特异之点。惟有二方盘，与新郑所出之王子婴次卢相类（如图二十三）。二盘之中，其一已残碎，其二作长方形，器口两沿各有二耳，耳各系环，二环之间则系以提链，器口四角皆有阑，器底两沿各有二足（如图二十四）。余以为此非盘，亦卢也。而郭沫若氏以为方炉，甚是，盖为燎炭之用也[①]。

---

① 郭沫若《殷周青铜器铭文研究》下册，《新郑古器之一二考核》篇。

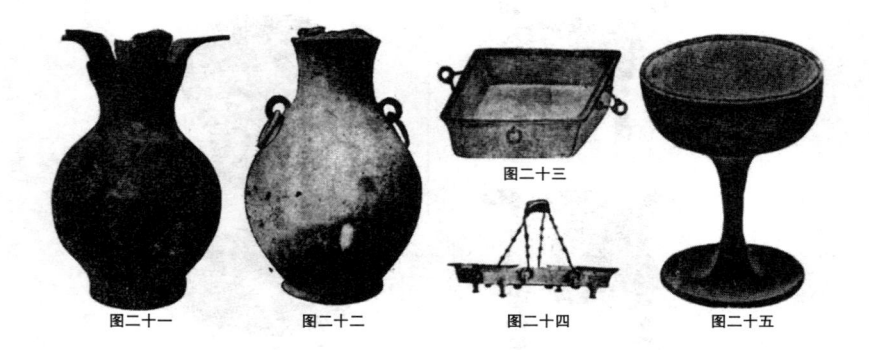

图二十一　　　图二十二　　　图二十三　　　图二十五

图二十四

豆之制，楚器与郑器亦相似。楚豆圆口高足，纯素无花（见本书前之图版），而新郑所出之豆足稍矮，亦纯素无花（如图二十五），又楚郑作风相同之一证也。

诸器之中，其关键尤大者，厥为铜镜。西洋学者所谓秦镜，大部皆出寿州。郑洛之间，亦有出土者①，而无秦甸之物。其非秦镜，学者已辨之②。就其中有字者考之，乃整齐挺拔之小篆。此斯翁以后之字体（如图二十六），颇疑西汉之物，而洛阳韩墓中亦有出土。就其体制而言，又较早（如图二十七）。总之，寿州洛阳间所出之镜，与汉镜异撰。而其时代自战国中叶以至西汉初年为断限，其不能名之为秦镜，则甚显著也。

楚器纹样与诸役所出各器相同者亦甚多。然诸役之中，除新郑所出较早者外，吾国古器中所常见之饕餮纹反而稀见，此为晚周铜器作风之一特点。曩羌钟出于韩墓，其纹样亦最生动有力，而其中具有饕餮纹。此可证该钟尚守成周旧法，非晚期之器也（如图

————————

① 《支那古铜精华》，卷四，第33页。
② 梅原末治《论所谓秦铜器》，见日本三田史学会专刊《史学》十卷三号（1931年）。

图二十六　　　　图二十七　　　　图二十八

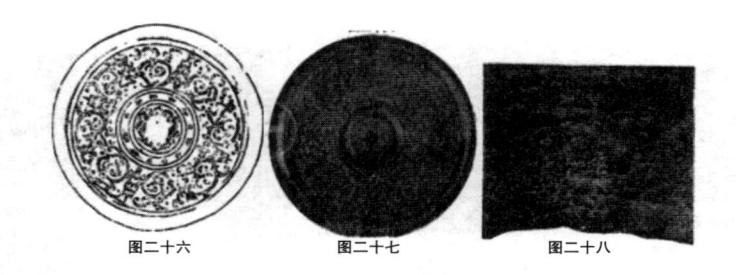

二十八）。楚器中无饕餮纹样，而最普遍者则为蟠螭纹、蟠云纹，其次则为蟠凤纹、蟠夔纹[①]。吾人今日以楚器为中心而研究此四种花纹衍变之迹，则所谓秦器纹样乃受斯克坦文化之影响者，其疑惑可以涣然冰释矣。日本滨田耕作谓秦器中作变形雷纹者[②]，即吾国学者所谓蟠螭纹也。此项纹样其简单组织，则从蟠虺纹而来，新郑出土铜器大都作蟠虺纹（如图二十九），浑源所出者亦有同样之花纹（如图三十），然同地所出之物中亦有较繁复者（如图三十一），即所谓蟠螭纹矣。其出于归化之鼎为代表作，确类螭虫蟠曲之状（如图三十二）。然至楚器时代则更复杂，由拳曲之螭身而变为两正方形套结之状（如图三十三）。螭身初由蟠虺纹之一线而来（如图二十九），自是此线由一画而变为双钩（如图三十），此双钩之螭身中更添入云纹之小圈（如图三十一），由一小圈更变为 S 形之数小圈缭绕而成（如图三十二、图三十三）。此蟠螭纹由新郑器至于寿州器变迁经过之素描也。

---

[①] 蟠螭纹、蟠虺纹、蟠凤纹、蟠夔纹等名称自宋代《博古图》以来已用之。至于清代《西清古鉴》诸书，用之更多。而皆自相抵牾，名称不能一致。兹取其最显著之标准论之。

[②] 见滨田耕作所著《东亚文明之黎明》，第 40 至 42 页。

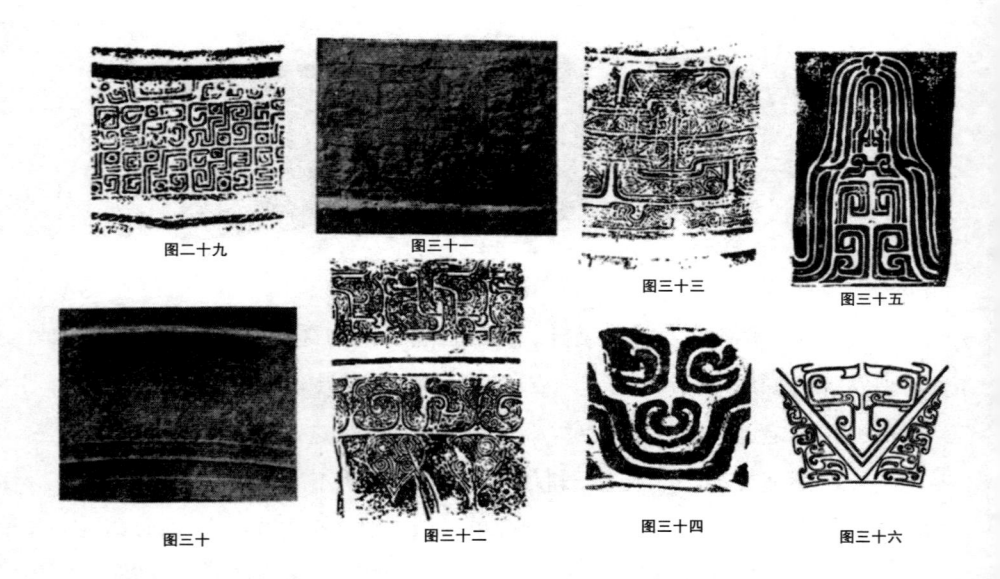

图二十九　　　图三十一　　　图三十三　　　图三十五

图三十　　　图三十二　　　图三十四　　　图三十六

更进而论蟠云纹，其较早者如虢文公鼎，笔力极浑厚（如图三十四），稍晚为新郑所出之方甗（如图三十五），更晚为韩墓所出之壶（如图三十六）；至于楚簠之器沿，其制形则更复杂（如图三十七）。云纹勾勒带有秀劲之气，虽远胜虢鼎，而未变其法度，亦可见楚人之风渊源虢郑，到处流露而不自觉也。

蟠夔之纹郑人亦已有之，郑戚句父鼎其腹间有花纹一道（如图三十八），与《西清古鉴》卷七所著录之夔纹鼎极相似；唯此鼎比较复杂，夔身双钩，其中亦添入云纹细花（如图三十九）；此鼎亦六国时物，其衍变之阶段虽未能尽得，然酓忎䤼鼎之纹样则确从其制而来，亦为显著之事实（如图四十）。吾人细察是图方斜格中每边之纹样，以较三十九图，则显然得其究竟矣，不仅此而已也。楚鼎之方斜格，实为四十图中三角形之倍数，而间于方斜格中相背之二 S 形云纹，即四十图中三角尖旁二云纹之繁衍。凡此种种，皆可证楚器之纹样于先秦诸器中自有渊源可循，未可以外来影响一语而搪塞其责也。楚器纹样之最特殊者厥为蟠凤纹，在楚簠之下沿。蟠凤之纹黡羌钟中已有之（如图四十一），但与此亦异撰。钟之舞凤虽亦作 S 形，但二凤交纽成⋈状。此簠之蟠凤则以冠与尾交错作玄状，而附以云纹细地，与钟之作雷纹细地者亦不同（如图四十二），以吾人今日观之，二器之纹样除同为蟠凤纹外，并无何种关系。因为诸器中最特殊之点，故附论之。

## 五　余论

总观上述楚器之形制与纹样一节，楚郑之关系最深。归化所出者，赵器也；洛阳所出者，韩器也；就其同者而言，若鼎之形制，若蟠螭纹、蟠云纹，楚、赵、韩、郑皆有共通之点。就异者言，则韩、赵各自有作风。而楚郑之相同较多者，盖因二国交界，习染至易也。郑虽亡于韩[①]，而其南部之地则为楚所得。曾为郑人，而附庸于楚，则谓曾人为楚郑之媒介可也。《秦策》曰："楚临南郑。"[②]《韩策》曰："楚围雍氏。"《楚策》曰："城浑出周，三人偶行，南游于楚，至于新城。"[③]《楚策》曰："庄辛与楚襄王曰：鄢陵君与寿陵君专淫逸侈靡，不顾国政，郢都危矣。"[④]凡此所举南郑、

---

① 《史记·六国年表》，郑亡于韩在韩哀侯二年。
② 《战国策》有二南郑。其一在《楚策》，当今汉中之地。其一在《秦策》，即指新郑而言。说见程恩泽《国策地名考》。
③ 《楚策》曰：城浑得之，遂南交于楚。楚王果以新城为主郡。新城，今许州襄城县附近。
④ 程恩泽《国策地名考》曰：鄢陵即今开封府鄢陵县。

图三十七

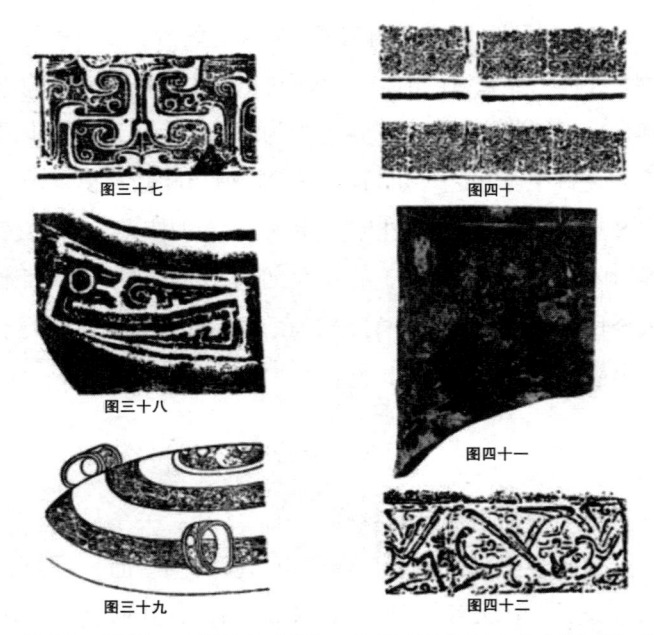

图四十

图三十八

图四十一

图三十九

图四十二

雍氏、新城、鄢陵，皆郑之南部，是魏长城外诸地虽为韩楚所争，而属于楚之时间较久。郑之亡在楚肃王六年，曾姬无卹壶作于楚宣王之二十六年，曾之国邑处于汝阳南郡之间，其时地相近如此，宜其作风如出一范也。

一九三四年十二月

(《楚器图释》单行本一九三五年一月，北平图书馆出版)

〔附一〕本书计算各器之尺度重量，悉用河北省权度量衡标准局所定之市尺市秤。

〔附二〕寿县所出之器并非得自墓葬。近承毛善力氏函告，又得友人介见加尔白克（编按即 Karlbeck 氏），所言皆与第一〇九页注三所引之说相同。本月二十日《北平晨报》所载宝楚斋主人之《寿州楚器出土记》，所言又相合。则去岁寿县所出楚器非得自墓葬可知矣。

# 古邢国考

邢氏立国当在殷代，卜辞中有邢方，又屡曰"帚妌"，而邢字不从邑作井，妌字亦有不从女作井者。《史记·殷本纪》谓祖乙迁于邢，彝铭有邢曰妾钟，曰即古夷字，则邢氏为东方古国审矣。故乙亥父丁鼎铭曰："隹王征邢方"，此即殷代之邢国也；彝铭中又有邢侯、邢伯、邢叔、邢公、邢季之名，此周代之邢国也。其字皆作井。今所见古代玺印有井亲、井系、井林、井䊶、井忘；又有邢武、邢诩、井丰、井佳；《左传·僖公五年》有井伯；《穆天子传》有井公；是东周以后"井"与"邢"始别。井之作邢，若丙之作邴，匽之作郾，吕之作郘，奠之作鄭，曾之作鄫，旬之作郇，古文字例如是也。古之邢国经传中又皆作邢。自许慎《说文》分"邢"与"邢"别，后来字书及言姓氏之学者皆沿其误。《广韵·四十静》："井，姜子牙后。"又《十五青》："邢，户经切；地名，在郑；亦州名，古邢侯国也。"又《四十静》："郱，子郢切；邢地名。"又，《一先》："邢，苦坚切；地名，在河内。"是一字分而为四矣。其致误之由来甚久，不可不考其究竟也。

卜辞中屡言"帚妌"，则妌为邢氏之姓无疑。而自来言姓氏者皆以邢为姬姓。《左传·僖公二十四年》："富辰曰：凡、蒋、邢、茅、胙、祭，周公之胤也。"又《襄公二十一年》："邢、凡、蒋、茅、胙、祭，临于周公之庙。"《国语·齐语》："狄人攻邢"，韦昭注："邢，姬姓；周公之后。"可证春秋以来学者皆以邢为姬姓之国。吾人更证之周代彝铭，亦确实无疑。邢侯彝为周天子册命邢侯时所作，铭末曰："作周公彝。"又叔男父匜铭末有"井阝"字，即指明为邢国之器，而铭曰："作为霝姬媵旅匜"，则周代之邢为姬姓无疑矣。独《姓苑》以井氏为姜子牙后，其说不知何所依据，但春秋时诸小国中有不同姓而同氏者：《左传》多姬姓之戎，而襄公十四年又有姜戎氏；齐有姒姓之曾，楚有姬姓之曾；若此之例甚多，则姜姓之邢容或有之。殷周之际邢民族分布至广，本为妍姓；迨周人分封列国，就邢之旧疆广为分布，其最著者为姬姓之邢，其仅存于《姓苑》者则为姜姓之邢也。邢之始封为侯服，故邢侯彝曰："靠邢侯服"，麦尊曰："王命辟邢侯"，《诗·硕人》曰："齐侯之子，卫侯之妻，东宫之妹，邢侯之姨。"至《左传·昭公十四年》："晋邢侯与雍子争鄐田"，亦以侯称，而其人则为楚之子灵，又非姬姓之族属矣。其他见于彝铭者：若邢伯、邢叔、邢公、邢季，则邢氏族属之服事于王者也。

周初古国若"邯"、若"廊"、若"盂"、若"邢"，皆殷代之遗民。卜辞中屡言"王征邢方"，又与邢氏通昏姻，故邢之族人实散处大河流域东西各地。其在西方，有族处于汧渭之间者。《广韵》读邢为苦坚切，与汧水岍山之字同读，即其所据。汧与岍必当从井，亦以井人所居而得名。吾人可以克鼎、散盘之地望证之。克鼎曰："锡女井家绲田于眯"，又曰："锡女井遌绲人糌。"克鼎出陕西宝鸡县渭水南岸，其地适当汧渭之交，则井人所居大略相近。又散盘曰："井邑田：自根木道左至于井邑弄道以东一弄，还以西一弄。"则其封邑与矢散二国亦相近。散邑约当后世大散关。《水经·渭水注》曰："汧水出汧县西北"，阚骃《十三州志》与此同。复以汧水为鱼龙水。又曰："渭水又与扦水合，水出周道谷，北经武都故道县之故城西；其水又东北历大散关而入渭水。"周道谷即散盘之周道，与井散相近，则井人所居其即今之汧水流域乎？

克鼎、散盘乃记夷厉之世事，而邢之始封当在昭穆以前。盖周之东渐，其族人徙居者，即井之旧疆而封之，称邢侯。其地则在巩洛之南。此可以麦尊、邢侯彝之地望证之。麦尊曰："王命辟邢侯，出𤰫侯于井。若二月，侯见于宗周。"铭曰："出𤰫侯于井"，可知邢侯未封之前，居于井者为𤰫。𤰫当为地名，亦见于竞卣及噩侯駿方鼎。（秦公簋之𤰫则为公名词。）卣之铭曰："隹伯犀父以成自即东命伐南夷。正月，既生霸辛丑，在𤰫。"鼎之铭曰："王南征伐角䵋。唯还自征，在𤰫。"可证其地为征南夷时必经之处。成鼎亦记噩侯駿方征南夷东夷事，铭曰："命成允口祖考政于邢邦。"则𤰫与邢之关系可于上述四器中证明之。《水经·洛水注》曰："河水东经成皋大伾山下"，又曰："成皋县故城在伾上。"《禹贡》曰："东过洛汭至于大伾"，此大伾即彝铭之𤰫，春秋以前之邢国实建邑于此也。邢之始封，锡臣三品，见于邢侯彝。曰：州人，重人，庸人。州人，即散盘之州刚；重人，即散盘之棐道，及克鼎"锡女井人奔于棐"之棐；此二族既同处西方，则庸人之邑处西方者亦自有之。迨周之族人率井人东徙，而州人重人庸人亦与之俱返于东，此周人以东方旧族使率循故土之政策也。庸即鄘，棐即鄪，州即"州，陉，隙，怀"之州，见隐公十一年左氏传。杜预曰："州即河内州县"，其地与邢国最近。然则皇甫谧《帝王世纪》谓殷都以西为邢，亦必有所据而言也。

邢人东迁，邑于大伾，其处西方者，则为王之近臣。井鼎，穆王时器，铭曰："王在荦京，渔于□池，呼井从渔。"其时井尚无封爵。至恭王时有井伯，见利鼎及趩曹鼎。孝王时有邢叔，见师虎簋、师毛父簋、豆闭簋，而走簋及师奎父簋则曰："司马邢伯"，其时邢伯为司马之官。至夷王时有邢叔，见趩尊、舀鼎及免彝、免簋。至厉王时有井公，见舀壶。此外尚有邢季毚卣，亦西周之器，而其采邑不在汧渭之交，乃与郑之采邑相近。此可以舀鼎、趩尊、免彝、康鼎、郑邢叔盨诸器之地望证之。舀鼎言邢叔为舀解讼，时邢叔在异。昔馑岁，匡季以廿夫寇舀十秭；匡季愿以五田四夫为罚。四夫之中曰嗌、曰夒、曰朏、曰奠。此奠，即郑人也。又免彝曰："王在郑。丁亥，王格太室。邢叔右免。"康鼎铭末有郑邢二字，是康即郑邢叔盨之康，则郑与邢之关系可于上述四器中证明之。《世本》曰："郑桓公居棫林。"郑玄《诗谱》曰："初宣王封弟友于宗周畿内咸林之地，是为郑桓公。"足证趩尊所称咸邢叔，即以咸林得名，其时桓公尚未就封也。咸林即为郑地，则邢之食邑自与相近。郑即汉京兆郑县。《地理志》注引臣瓒曰："周自穆王以下都于西郑。"以免彝"王在郑"之说为证，当非无据，是郑邢相依乃平王东迁以前之事也。

《左传·隐公五年》："曲沃庄伯以郑人、邢人伐翼。"是时郑已迁于溱洧之间，曰新郑。邢人亦北徙于河内之平皋，而大伾则为虢叔所居，此可以《左传》所记载证之。闵公二年，"狄人侵邢"。

僖公元年，"齐师、宋师、曹伯次于聂北以救邢"。"夏，邢迁于夷仪。"其地适当《汉志》赵国之襄国县，即今顺德府邢台县也（或主聂北即摄，夷仪在齐，不可信）。自是以后，《左传》称在平皋者曰邢丘；宣公六年，"赤狄围怀，至于邢丘"；襄公八年，"季孙宿会晋侯、郑伯、齐人、宋人、卫人、邾人于邢丘"。是年冬，"郑获蔡司马燮，献于邢丘"；昭公五年，"晋侯送女于邢丘，子产相郑伯会晋侯于邢丘"。此邢丘，即邢国之故墟也。邢国自迁夷仪后，又屡与卫争。僖公二十年，"齐人、狄人盟于邢，谋卫难也"。二十五年，"卫侯毁灭邢"。自是以后，邢入于晋，至襄公二十五年，晋侯使魏舒宛没逆卫侯，将使卫与之夷仪。是年秋，卫献公入于夷仪。二十六年，卫献公复归于卫。初成公二年，楚子反与子灵争夏姬，子灵奔于晋，晋人与之邢以为谋主。至昭公十四年，晋邢侯与雍子争鄐田，叔鱼蔽罪邢侯，邢侯怒，杀叔鱼与雍子于朝。韩宣子问罪于叔向，叔向曰：三人同罪。乃施邢侯，而尸雍子叔鱼于市。此邢侯，即子灵，然则邢至是已数易其主矣。迨哀公四年，邢乃晋之一邑，故与任、栾、鄗、逆畤等八邑并举。

邢既迁于夷仪，在平皋者曰邢丘，仍为郑国所有。至于战国中叶以后，则为韩魏之冲要。此可以《竹书纪年》《战国策》《史记》所记载证之。古本《竹书纪年》曰："梁惠成王三年，郑城邢丘"，其时邢丘盖为韩所有。《史记·韩世家》："昭侯六年，伐东周，取陵观，邢丘。"故《白起传》曰："秦尝攻韩，围邢丘。"其时当在孝公以后，昭襄王以前。其地徐广谓在平皋，张守节谓在怀州武陵县东南二十里，是即春秋时邢国之故墟也。至昭襄王时，邢丘已属魏。《史记·魏世家》："安釐王九年，秦拔我怀；十一年，秦拔我郪丘。"徐广曰:"一作邢丘。"《国策·秦策》:"应侯曰:举兵而攻邢丘,邢丘拔,而魏请附。"时范雎为相,白起为将。拔邢丘事,《史记·秦本纪》在昭襄王四十一年夏。自是以后,邢丘为秦所有矣。从来解邢国地望者,若应劭、杜预以下皆主邢始封襄国,自襄国迁平皋。今以先秦古籍及器物铭证之,足订其讹误,因并及邢族兴衰迁徙之迹,以质正于世之同好焉。

一九三五年十二月二十日于燕京大学<br>(载《禹贡》一九三五年第四卷第九期)

# 大诰解

王若曰：大诰猷尔多邦，越尔御事。（伪孔传本猷在大字上）

若，乃也；诰，告也；猷，于也。《释文》引马融本作大诰繇，正义谓郑、王本猷在诰下。越，与也。御事，谓诸侯执事之臣。

弗吊！天降割于我家不少延。（伪孔传读少字句）

弗吊，即弗淑。割，马融本作害。延，间也。

洪惟我幼冲人嗣无疆大历服，弗造哲迪民康；矧曰其有能格知天命。（伪孔传读哲字句）

毛公鼎：弘其唯王智。又：弘唯乃智。是洪惟即弘唯，古成语。嗣，继也。大历服即大历大服。历，数也。《论语·尧曰》：天之历数在尔躬。三体石经历作鬲。叔夷钟：应鬲公家。是历即鬲。服，事也。《莽诰》造作遭。哲迪民康亦成语。《康诰》：爽惟民迪吉康。哲迪亦作迪哲，《无逸》：兹四人迪哲。又哲亦作吉，《盘庚》：不吉不迪。是哲迪民康即吉迪民康。矧，犹况也。格，犹达也。

已！予惟小子若涉渊水，予惟往求朕攸济敷贲。（伪孔传读济字句）

已，《莽诰》作熙，叹词。矢彝：今我隹命女二人。宗周钟：我隹司配皇天王，是我隹即予惟也。攸，犹所也。《莽诰》：予惟往求朕所济度奔走。今文《尚书》敷皆作傅。疑此敷字因下文衍，而以贲同奔。案贲当读为坟土之坟，济坟与渊水对称。

敷前人受命，兹不忘大功。

毛公鼎：敷命敷政。又：出入敷命于外。敷，布也。前人犹言前文人。兹之言斯也。《诗·烈文》：於乎前王不忘。盖言布行前文人所受之天命，斯不忘其大功矣。

予不敢闭于天降威用。

《莽诰》闭作比。天降威用犹言天用降威。

宁王遗我大宝龟，绍天明。

宁王乃文王之讹。绍，继也。天明即天命。

即命曰：有大艰在西土，西土人亦不静。（伪孔传读即命句）

即之言则也。此命龟之辞。殷代卜辞中有"亡来艱"，又有"㞢来媸"。艱或媸即此大艰之囏。不静犹毛公鼎言大从不静。三叔作乱，故曰西土人亦不静。

越兹蠢殷小腆，诞敢纪其叙。

越，三体石经作粤。蠢作截。粤发语词。腆当读为殄。兹蠢即殷小殄，指禄父及殷遗民而言。诞发语词。纪《荓诰》作犯，案作犯字是。叙即伦叙。

天降威知我国有疵，民不康。曰：予复反鄙我周邦。（伪孔传读复字句）

疵，病也。鄙即都鄙之鄙。此作动词用。《荓诰》作右者，祐也。

今蠢今翌日民献，有十夫予翼，以于敉宁武图功。（伪孔传读蠢字日字夫字句）

今，兹也。蠢以虫喻，翌以鸟喻。日疑曰之讹。民献即盂鼎之人鬲。《皋陶谟》作黎献。黎献者，黎庶也。翼，助也。于，往也。敉读为弥，终也。宁武即文武。图，大也。

> 我有大事休，朕卜并吉。肆予告我友邦君，越尹氏庶士御事。

休，喜也。肆，故也。尹氏内史之长，庶士即多士。

> 曰：予得吉卜，予惟以尔庶邦于伐殷逋播臣。

庶，众也。于，往也。逋，亡也。播，散也。

> 尔庶邦君越庶士御事罔不反曰：艰大，民不静，亦惟在王宫邦君室。

《周礼·宰夫》郑氏注：复之言反也。艰大即上言大艰。三叔与周为宗族，故曰在王宫邦君室。

> 越予小子考翼不可征，王害不违卜。

越，发语词。考翼即孝友。害之言曷也。

> 肆予冲人永思艰。曰：呜呼！允，蠢，鳏，寡，哀哉！

案允即胤。子孙相仍谓之允。《诗·既醉》：永锡祚允。允蠢鳏寡犹言鳏寡孤独。允蠢皆指遗黎而言也。

**予造天役遗，大投艰于朕身。（伪孔传读役字句）**

《莽诰》造作遭。役遗乃役遣之讹。遣即谴。大投艰犹言投大艰。

**越予冲人，不卬自恤。义尔邦君，越尔多士御事，绥予曰：无毖于恤，不可不成乃宁考图功。**

越，发语词。卬，我也。恤，慎也。义，宜也。绥，告也。毖《莽诰》作劳。宁考即文考，图功即大功。

**已！予惟小子不敢替上帝命。**

三体石经替作朁。朁犹忒也。

**天休于宁王，兴我小邦周；宁王惟卜用，克绥受兹命。**

休，美也。宁王即文王。卜用即用卜。绥，安也。

**今天其相民，矧亦惟卜用。**

相，助也。矧，又也。

呜呼！天明畏，弼我丕丕基。

弼，辅也。丕，大也。

王曰：尔惟旧人，尔丕克远省，尔知宁王若勤哉？

惟读为虽。丕，《莽诰》作不。远省犹言远察。尔，汝也。宁王即文王。若之言如此也。

天閟毖我成功所，予不敢不极卒宁王图事。

閟，密也。毖，告也。极读为亟，速也。卒，终也。宁王图事即文王大事。

肆予大化诱我友邦君。天棐忱，辞其考我民，予曷其不于前宁人图功攸终。（伪孔传读化字辞字句）

《康诰》曰："天畏棐忱，民情大可见。"棐读为匪。忱即谌。《诗·荡》：其命匪谌。忱谌皆诚也。辞本应作辝，读为殆。宁人即文人。兮仲钟：用喜侃前文人。南宫簋：前文人秉德。前文人乃周人习语。攸犹是也。

天亦惟用勤毖，我民若有疾，予曷敢不于前宁人攸受休毕？

毖，劳也。休毕乃休异之讹。《召诰》曰：惟王受命无疆惟休。《君奭》曰：我受命无疆惟休。皆言休异。召卣：弗敢忘王休异。案休异即休禩。古文祀作禩。无疆惟休者，无疆之休祀也。

　　王曰：若昔，朕其逝，朕言艰日思。

逝，往也。言犹于也。言艰日思者，日思于艰也。艰即上言大艰。

　　若考作室：既底法，厥子乃弗肯堂，矧肯构；

底，定也。堂为封土，构乃立屋。肯，蔡邕《陈留太守胡公碑》作克。

　　厥父菑，厥子乃弗肯播，矧肯获；厥考翼其肯曰：予有后，弗弃基！

反草为菑，然后播种收获。考翼指父兄。

　　肆予曷敢不越卬敉宁王大命？

越，犹于也。卬，我也。敉，终也。

　　若兄考，乃有友伐厥子，民养其劝弗救？

兄考即父兄之倒文。养《莽诰》作长。民长指庶邦君以下而言。

　　王曰：呜呼！肆哉尔庶邦君，越尔御事，爽邦由哲，亦惟十人迪知上帝命。

肆哉不辞，乃肆我告之讹。爽，明也。由哲即迪哲；迪知犹用知。

　　越天棐忱，尔时罔敢易法；矧今天降戾于周邦。

越犹若也。尔犹彼也。尔时与矧今对称。易法即易废。金文凡勿废皆作勿法。戾，止也。

　　惟大艰人诞邻胥伐于厥室，尔亦不知天命不易？（伪孔传读人字句）

邻隶古定本作厸。《汗简》引古文《尚书》同。厸乃叺之讹。"诞以"古成语，下同。胥，相也。尔犹彼也。不易犹不常。

　　予永念曰：天惟丧殷。若穑夫，予曷敢不终朕亩？

不终朕亩者，不终事于朕亩也。

　　天亦惟休于前宁人，予曷其极卜，敢弗于从率宁人有指疆土？矧今卜并吉。（伪孔传读从字人字句）

休于前宁人，即休美前文人之意。极读为亟，速也。于从率即率从于。指犹定也。

**肆朕诞以尔东征。天命不僭，卜陈惟若兹。**

不僭犹言不忒。卜陈惟若兹者，卜所陈者亦若是也。

《书序》引《周本纪》曰：三监及淮夷叛，周公相成王，将黜殷，作《大诰》。故汉以来经生皆谓《大诰》者周公称成王之命也。今案经文自王若曰以下皆周公之言。其称文王曰文考又为一确证。盖周初礼法未严，称王者不限于天子。金文有矢王、㓝王、甘王、吕王，皆周初小国，又有王在鲁尊，考西周诸王未临鲁邦。则在鲁者惟周公足以当之，是周公称王之说亦非羌无故实矣。以《大诰》之文持较矢彝、矢尊、盂鼎、克鼎、舀鼎、散氏盘、毛公鼎、沈子它簋、不娶簋诸重器，即可判其非周初人原本。大抵《周书·大诰》以下诸篇虽可信之成分较多，而大部皆经东周以后学者屡次迻译，尽失旧观。间存一二古文成语，汉代学者已不能通其读。近世以来，山川往往出鼎彝，皆殷周遗文之仅存于天壤间者。以之比证《尚书》，每得疑义冰释，怡然理顺。故兹篇之作，大都采集有清中叶以来诸家经训，及朋辈中之笃于《尚书》之学者。间存案语，自诩心解，有能发正，旦暮俟之。

一九三六年一月于燕京大学寓居<br>
（载燕京大学《文学年报》第二期）

# 说攻吴与禺邗

近出禺邗王壶，文曰：禺邗王于黄池为赵孟㿞邗王之廌金吕为祠器，此壶今已流落海外矣。《说文》：邗，国也；今属临淮。一曰：邗本属吴。《管子·小问》篇：昔者吴干战。《左氏·哀公九年》传：吴城邗沟通江淮，可证吴邗本非一国。其后邗为吴并，故吴得开邗沟以通江淮也。杜预谓古之邗国即广陵邗江是，与许慎之说异。吾人虽不能强定其是非，而江淮之间古有邗国可知也。邗既并入于吴，故春秋以后学者皆以干越为吴越。《文选·江赋》注引《墨子》：以利荆、楚、干、越；《庄子·刻意》篇：干越之剑；《荀子·劝学》篇：干越夷貉之子；《吕氏春秋·知分》篇：荆有次非得宝剑于干越（原作干隧，此从杨倞所引）；《淮南子·原道训》：干越生葛絺；《盐铁论·殊路》篇：干越之铤不厉（凡作于越者，皆误，刘台拱、王念孙、俞樾诸人已辨之）。古者邗越善制兵器，故其国即以干戈为名也。昔海宁王先生跋攻吴王夫差鉴，谓鉴出山西，或黄池之会所遗弃，今此壶亦言黄池。按黄池之会见《左氏·哀公十三年》传，曰：公会单平公、晋定公、吴夫差于黄池，而此壶所言黄池其地虽一，其时则较早也。壶又有赵孟之名,按赵孟之称,在《左氏传》《国语》《孟子》中皆一公名词,未能肯定为一人。孙奕《示儿编》曰:晋有三赵孟:赵朔之子曰武,谥文子,称赵孟;赵武之子曰成,赵成之子曰鞅,又名志父,谥简子,亦称赵孟;赵鞅之子曰无恤,谥襄子,亦称赵孟(梁玉绳《古今人表考》更详)。节按:《左氏·文公六年传》及《晋语》五并称赵宣子曰赵孟;吴斗南云:赵盾字孟,故其子孙皆称赵孟。节按:古者孟、伯、仲、叔、季,皆男子之美称,《诗》所谓"叔兮伯兮,靡所与同"者亦通言之也。然则此赵孟所指何人耶?以器之形制及文字观之,当在攻吴王夫差鉴之前,其时邗国尚未并于吴也。禺邗之称邗,犹邾娄之称邹,楚荆之称楚,工𠨍攻吴之称吴。干其本字,象捕鱼之器,而禺与鱼皆象形字也。金文中若鄦伯封簋之迷鱼,小臣谜簋之五齵,又鲁国之名亦从鱼得义,此外若《禹贡》之莱夷、岛夷、嵎夷、淮夷,及此文中所引之工𠨍及禺邗,皆海疆业鱼之民,此盐铁之利所以著于东方也。禺、齵、嵎、鱼、𠨍,皆一音之转;禺与鱼,又皆象形之字;而迷鱼实其语根。又名之曰夷者,乃华夏之民因其音而谥之也(此说前在《北平图书馆馆刊》六卷三号中已言之)。今总括诸器之名而观:其民族在今山东沿海者曰迷鱼、曰五齵、曰鲁;在今苏北徐海江淮之间者,曰禺邗、曰淮夷;在今江浙沿海者,曰工𠨍,皆为海疆民族之通称。而攻吴之称工𠨍,有春秋初叶之工𠨍王皮難之子者減钟为证,工𠨍乃其族之本名也。金文中常以虡作代词吾,故𠨍亦即敔字。若吴王元、吴王光、吴王夫差三剑,皆作攻敔,而攻敔亦即扞敔之意,则工𠨍之更名攻敔,当在并兼邗国之后,而禺邗王壶之在其前从可知矣。吴即虞,太伯所奔之地,在今山陕之交，非工𠭯之族也。春秋二百余年间之大事，乃继踵西周以来殷周两民族之斗争史；而晋、楚两国实为之主。中叶以后楚人之势日强，汉阳诸姬楚实尽之，周人益觉岌岌不能自保；当时识者若子贡之流，尚知连吴以存鲁。且吴自季札以来，辄思依附中原故国以自重；其间必有人焉，附会太伯奔吴之事以游说工𠭯之王，思引其族以牵制楚人。阖庐攻郢，楚人之势以崩；黄池再会，齐晋不得称霸于中原，此攻吴之名所由起欤？

一九三七年二月二十五日于燕京大学<br/>（载《禹贡》第七卷第一、二、三期合刊）

# 北周强独乐为文王造佛道二像碑记跋

　　强独乐为北周文帝宇文泰所造佛道二像碑，在四川简阳县柳沟铺石佛寺后，今之龙泉驿也。宋王象之《舆地碑记》曾著录于简州条下，凡二刻：一名后周宇文泰纪功碑，曰：碑在本州界，泰数遣都督入蜀。一治石冈县，一治怀远县（见《简州志》）。又一名北周文王庙碑记，蔺融撰。均未录全文，不能确证其为二刻，或一刻之异名也。乾隆《简州志》引其文，而于王象之所称《简州志》，易曰《简池志》。于"周文王庙碑"条下曰：在阳安县西北七十五里，即后周高祖文帝之庙。旧碑题额云：大周植其碑，元年岁次丁丑造，即后周闵帝之初元也。今石刻存焉，刘喜海入蜀，始载是碑于《三巴古志》，即今所行《金石苑》也。曰：北周高祖文帝庙碑，石连额及下方佛像高四尺八寸，广三尺。四十行，行三十四字，字径六分，正书。额十五行，行四字，径寸六分，正书阳文。咸同后，陆增祥作《八琼室金石补正》，于卷二十三录其文，名曰强独乐文帝庙造像碑，并为文考论之。杨守敬作《隋书地理志考证》，及《楷法溯源》数引用之。自是广传于世矣。近年所出《简阳县志》卷五，亦录全文，略附考语，并载宋崇宁进士宋京北周文王庙石刻诗二绝，乃采自《宋诗纪事》。廖平《三巴金石苑补目》又有政和二年五月数字，无关本碑考证，故略而不论。准上所记，该碑打本之流行于省外者，必在嘉道以后。客中无书，所知著录始末如是。同光后之考论是碑者，当尚有人也。今案王象之所记北周文王庙碑为蔺融所撰。蔺融既不见于《周书》，而今所传碑中亦未著撰人姓名，更无缺泐处可稽。足证此造像碑，实王象之所谓纪功碑，而蔺融所撰庙碑，今已不存。且北周在蜀立碑必不止此，如《尉迟迥传》言：蜀人思之，立碑颂德。《宇文贵传》亦言：粟坂立碑，以纪其绩。今皆不传。盖后人致误之由，皆造端于《乾隆志》以元年丁丑所造者为高祖文帝庙碑也。故据碑额，为正其名曰《北周强独乐为文王造佛道二像碑记》云。

　　碑文凡四十行，行三十四字。今所得打本剥蚀较多。更取《八琼室金石补正》及《简阳县志》所录者，互相校勘，记其异同，以俟后之学者考核焉。按第二行第十二字，今已残泐，陆本作建，《简志》作"受"，作"建"者是。第四行十九、二十两字，陆本作"縻量"，《简志》作"荣重"；按重字误，陆本作量是，惟"縻""荣"两释并非，此实策字。第十八行三十一字有策字，即作"策"，"策量山海"与"文武英迈"相对也。第五行六、七两字今残泐，二本皆作"扫荡"。第六行六、七两字，今全泐，陆本作"抗乱"非，《简志》作"挠乱"是。同行二十八、二十九两字，上字泐一半，下字尚可辨认，作"㭊㭊"，《简志》释作"旂旎"甚误；陆本缺上一字，㭊连下挣字释作"猛争"；《简志》所释未确，陆说亦难置信，余以为"㭊㭊"乃"刚奋"二字，俗书从力，亦合字义；陆释"埒"作"争"是也。第七行四、五两字，陆本作"苌杭"，《简志》作"长坂"未是，陆云：苌杭即长坑。今按《贺拔岳传》：及丑奴于平凉之长坑，一战擒之。知陆说可信。同行第七字，今残泐，两本均作"原"，盖是。第十一行第五字，两本均作"无"，今已泐。第十二行第四字，《简志》作"涼"，陆本亦缺，恐《简志》亦以意补也。第十三行第二字，《简志》作"胥"，以意测，陆本作"芽"；今微可辨认。第十六行第四字，今仅存"辶"旁；而两本均作"逾"。第十七行第六字，今已泐，两本均作"高"，是也。第十八行第三字，两本均作"徹"，今已泐。第十九行首四字，皆残泐不清，陆本作"回吹流山"，《简志》山字缺。第二十行第二、三、四数字，亦残泐不清，两本均作"军事大"三字，盖是。第二十一行首四字亦泐，《简志》缺三字，陆本第四字作昌，陆氏以意补为"西定宕昌"。第二十二行首四字，亦泐，陆本作"贼大匿奸"，《简志》缺"大"字。第二十三行首五字，皆泐，陆本首字作"士"，下四字作"今日俗美"恐误，《简志》"士"字同，下匹字作"令行仁涣"盖是。于此可知陆氏所得本亦非完整也。第二十四行二、三两字，今泐，陆本作"咸推"，《简志》同。第十字今残作"止"，陆本以为"正"字；《简志》以为"心"字。第二十五行第二字泐，两本均作"汤"，是也。第二十六行首四字皆泐，陆本作"国必仰魏"，《简志》"必"作"之"，未能正其是非。本行末二字，陆本作"恒应"，《简志》作"位难"，今"位"字尚存，"难"字似以作"应"为是。第二十八行首三字，陆本作"袭其故"，《简志》"袭"字缺，今亦泐不可辨。第七字，陆本作"号"，即"號"字，《简志》亦缺。

第二十九行，第二字泖，两本均作"冈"，是。第十四、十五两字，陆本作"于德"，《简志》作"于仲"，《简志》是。今案陆本《简志》所释各有长处，而《简志》违牾脱略较多。例如：第二行第六"邓"字下，《简志》多一"艾"字，乃涉释者之注而入。第十三行第十七字，本作"燌"，《简志》作"焚"，乃释其义。第十九行第十五字，应从陆释作"毅"，《简志》作"殴"，非。第二十字，应从陆释作"成"，《简志》释作"减"，亦非。第二十二行第二十五字，陆作"何"，是；《简志》释作"向"，非。第二十七行第十九字，陆释作"隆"，是；《简志》作"基"，非。第二十三字，陆释作"纣"，是；《简志》作"讨"，非。第二十八行吕璨下有"都督"二字，《简志》脱落。第二十九行末一字，陆释作"冯"，《简志》作"马"，非。第三十行首字作"延"尚可辨认，《简志》缺作"廴"。第三十二行第二十八字作"卬"，陆释作"切"，是；《简志》作"仅"，非。第三十一字，两家皆释"分"，今残缺不清，未敢臆断。第三十三行第三字，陆释作"益"，是；《简志》作"盖"，误。同行第二十八字，碑作"方"，陆释作"旁"，是；《简志》作"右"，误。第三十七行首字，陆释作"儒"即儒字，《简志》作"德"，非。第四十行首四字，陆释"抑强綾贵"，是；《简志》"綾贵"作"绥呗"，非。其为两本均误者，如：第三十三行末一字各释作"持"，字形是"待"，实"侍"字也。六朝别体每与古文相同。从亻者，亦可从彳。第十七行第十字，陆写作"拤"，简志作"桋"；应从《简志》。并记于此，以待旧拓之校正焉。

　　造碑者强独乐，不见《北史》及《周书》，而《周书》有强练，入《褚该传》。《通志·氏族略》云，强氏望出丹阳与扶风。《姓苑》云：丹阳有强氏，前秦有将军强求，北齐有强谏，后汉光武同舍生彊华。注云：又作强，其两切。案强谏当即强练。《魏书·官氏志》改汉姓者凡百十八，而其中无强氏，知此姓渊源较古。但强独乐恐非旧汉族，《通志》强姓有扶风一郡望，必来自北方也。夫蒙儁亦不见史籍，其姓亦不见《魏书·官氏志》。《通志·氏族略》入代北复姓，云：夫蒙西羌人，后秦建威将军夫蒙羌命。《姓纂》云：今同蒲二州多此姓，或改姓为凭。此外若鲜于修礼、万俟丑奴、贺拔岳、侯莫陈悦、莫折念生、尔朱荣、曹泥，并见史传。已详陆增祥所跋，今不复及矣。碑云："西定口昌"，"邓至，吐谷浑，称蕃贡献"。陆增祥据《周书·文帝本纪》，"宕昌梁企定引吐谷浑寇金城"，因谓"昌"上所缺为"宕"字甚是。《周书·宕昌传》，谓其先盖三苗之胤。又其界自仇池以西，东西千里。《通典》云：邓至后魏时兴焉。其地自千亭以东，武平以西，汶岭以北，宕昌以南，风土习俗，与宕昌同。《南史》曰：邓至国居西凉州界，羌别种也。按宕昌亡，邓至兴；邓至亡，而后有党项。故《南史》无宕昌传，以碑证之，益信矣。

　　陆增祥考此碑地名，一无可取。其言曰：《魏书·地形志》，武康郡，隶宁州；军都县，隶幽州，燕郡；阳安县，隶豫州，汝南郡；化政县，隶蔚州，附恩郡，而无化政郡；石冈、怀远二县，皆不见于志。按西魏入关以后，关东事实已属高齐。陆氏所引地名，于立碑之处无与也。今检校所得，军都、石冈二县无所稽外，余皆在蜀，知陆氏之说未确矣。按《元和志》：周孝闵帝元年正月，于武康郡置资州，移治资中。《周书·崔谦传》：保定四年，进爵武康郡公。《寰宇记》曰：以界内山名置武康郡；又曰：周武成二年，于资中故城置资阳县。此武康在蜀，一也。《元和志》：魏恭帝二年，置阳安县。《隋志》：蜀郡阳安县，旧曰牛鞞，西魏改名焉。杨守敬考证曰：今简州东汉县。此阳安在蜀，二也。《隋志》有顺政郡，后魏置东益州，梁为武兴蕃王国，西魏改为兴州。按隋之顺政，疑即周之化政。此化政郡亦在蜀，三也。《宋书·州郡志》：怀宁太守秦雍流民，晋安帝立，本属南秦。文帝元嘉十六年度益州，领三县，寄治成都，治平、西平、万年。按《宋志》文有脱略。《南齐书·州郡志》，怀宁郡领四县：万年、西平、怀道、始平。此始平，即《宋志》之治平，无可疑矣，余又疑"道"字乃"远"字之误。又《隋志》资阳郡有威远县，开皇初置。此威远实即周之怀远，亦犹化政之与顺政也。则上言"道"字乃"远"字之误，益可信。此怀远一地得碑之证，自当在蜀，四也。强独乐既为军都县开国伯，亦未必实属幽州。石冈一地虽未见于史籍，其在蜀中无疑，且可知不离武康左近。得是碑一见，亦可以补史缺也。

此碑所关史事之大者，为北朝平蜀始末。史称主其事者前有尉迟迥，后有宇文贵。而《周书》所载从迥入蜀者，若行军司马柳敏，行成都令辛昂，司录元伟，及郭贤、司马裔、裴果、李棠、任果；此外有事于蜀者，梁州刺史崔献，利州刺史崔谦，益州总管府中郎裴文举，成都令裴祥，伊娄穆等，皆有传。其见于梁降将《杨运乾传》者，有乐广、任电；见于《任果传》者，有其弟岱及子峻。而从宇文贵入蜀者，仅赵文表一人有传。今碑中所载者，自强独乐以下，有大都督夫蒙儶，都督杨哲、吕璨，傅元绪、史于仲、刘延、刘开、王祥、冯延、郑业等凡十一人，皆不见于传。其所补史缺，至可宝也。按尉迟迥入蜀事，《周书》与《资治通鉴》所载，稍有抵牾；而宇文贵入蜀年月，以碑证史，知《通鉴》有误也。《通鉴》梁元帝承圣二年，即西魏废帝二年。宇文泰遣尉迟迥督开府仪同三司原珍等六军，甲士万二千，骑万匹，自散关伐蜀，迥以开府仪同三司侯吕陵始为前军，至剑阁。迥自至涪水，杨运乾以州降。《周书·迥传》，侯吕陵始作万俟吕陵始，原珍作元珍，此《通鉴》之误也。《周书》文帝纪叙其事较详。曰：废帝二年，春三月，太祖遣大将军魏安公尉迟迥率众伐梁武陵王萧纪于蜀。五月，萧纪潼州刺史杨运乾以州降，引迥军向成都；八月，克成都，剑南平；诏以迥为大都督，益潼等十八州诸军事，益州刺史。是迥入蜀在废帝二年三月也。《通鉴》梁元帝承圣三年，即魏恭帝元年岁甲戌。魏加益州刺史尉迟迥督六州，通前十八州，自剑阁以南，得承制封拜及黜陟，华夷怀之，事并见《周书·迥传》。《通鉴》以月日不明，故列于十二月后，而《迥传》又言：迥父俟兜性弘裕，有鉴识；尚太祖姊昌乐大长公主。大长公主年高多病。太祖知其至性，征迥入朝。足证迥之去蜀，在宇文泰未没时也。宇文泰卒于魏恭帝三年十月乙亥，则迥之去蜀，至迟不能过此时矣。而《通鉴》梁敬帝绍泰元年，即魏恭帝二年，岁乙亥。十二月，魏益州刺史宇文贵使焦淹从子子嗣诱说淹，以为大将军。不从，斩子嗣。贵怒，攻之。淹自东遂宁徙屯垫江。然《周书·宇文贵传》云：三年，诏贵代尉迟迥镇蜀。由本传上推，此三年当指魏恭帝三年，岁丙子，则宇文贵入蜀不在乙亥。《通鉴》似误。又按《周书·闵帝纪》：元年二月甲戌，加大将军化政公宇文贵为柱国。是岁丁丑，即建碑之年也。若以碑中称宇文贵为柱国为证，则宇文贵入蜀又当在丁丑二月以后矣。因西魏禅于周在丙子十二月，而诏加柱国本为酬勋，亦不仅宇文贵一人。故知三年诏贵入蜀，时强独乐等尚未随从。而《通鉴》入宇文贵戍蜀于乙亥之岁，其为讹误可知矣。若谓宇文贵戍蜀与强独乐等同时，则又与尉迟迥去蜀必在宇文泰未没以前一说相抵牾。盖泰之征迥入朝，本有用意也。且宇文贵丙子戍蜀一说在《周书》本身并无相违，又得碑之证，则为《通鉴》之误益信矣。

一九四一年二月二十日于重庆<br>（载《金陵学报》第十卷第一、二期）

# 说彝

## 一 绪言

> 天生蒸民，有物有则；
> 民之秉彝，好是懿德！

这是《诗经·大雅·烝民》一首诗里开头的四句。从前的学者都把它拿来讲哲学，这风气是很早了。如《国语·周语》太子晋对周灵王说："象物天地，比类百则。"又说："和于民人，而仪于物则。"又说："比之地物，则非义也；类之民则，则非仁也。"把"物"同"则"连起来当作万物之法则讲，岂不是哲学的意味很浓厚吗？到了《孟子》的《告子上》篇说得更好了。"故曰：求则得之，舍则失之，或相倍蓰而无算者，不能尽其才也。《诗》曰：天生蒸民，有物有则；民之秉彝，好是懿德。孔子曰：为此诗者，其知道乎？故有物必有则，民之秉彝也，故好是懿德。"这里所谓"孔子曰"虽然不大可靠，而孟子书里把这四句当作哲理名言看，是毫无疑问的。其实西汉以后的学者所公认的《毛传》，解释这四句，倒是很朴素。《毛传》说：

> 蒸，众；物，事；则，法；彝，常；懿，美也。

郑康成笺《毛诗》又说得玄妙了。他说："秉，执也。天之生众民，其性有物象，谓五行，仁、义、礼、智、信也；其情有所法，谓喜、怒、哀、乐、好、恶也。然而民所执持有常道，莫不好有美德之人。"说"物则"，说"有物必有则"，还未离题很远。所谓"其性有物象""其情有所法"，真是节外生枝了。至于宋明以来的理学家，更是说玄说妙，与《诗经》原来的意思相差不可以道里计。照这几句话的原意不敢给予很多的哲学意义。除了末后一句话含有少许伦理的意义而外，其余三句都是拿实物来说的。其中一"彝"字，尤其费解。从汉朝的儒生到王国维师，都没有把这个字说透。我们先不要说"彝"字，且把这四句里旁的重要字弄清楚，然后再来解"彝"字。《毛传》说："蒸，众也。"拿"粒我蒸民，莫匪尔极"两句来比，"蒸民"必定是一成语，《尔雅·释训》谓："蒸，君也"，此处的"蒸民"，决不能解作君民，《说文》云：

> 蒸，火气上行也。

照此说来，蒸字有烝字的意义在里头。《尚书·立政》"夷、微、卢、烝"乃四族之名。郑康成注《西伯戡黎》说："三苗，九黎之君也。"黎民同烝民，同指九黎之族，似乎比解作众民实在点。我以为物字很平凡，则字却有问题，决不是法则的则字。拿法则说则，是则字的引申义。至于则字的本义，是从鼎、从刀，会意。古代人说彝铭，叫作"则"，也可引申作动词用。例如虢羌钟铭说："故明则之于铭。"这简直把"则"字当作"刻"字用了。"则"既然是所刻的彝铭，更可信傅孟真说物即图腾是毫无疑义了。凡是西周以前的彝器，越是早期的，往往于一篇铭文之后，刻一该氏族的图腾徽帜。例如臣辰盉铭下的兆形，猷作父辛尊铭下的人形，都是，至所谓殷器里面，更加显著了。

可见"有物有则"一语，并非"其性有物象"，也不是"其情有所法"。这里的"性与情"，全是郑康成增字解经增出来的新意义，《说文》云：

秉，禾束也；从又，持禾。

这字本是会意，若《诗经·大田》一诗里的"彼有遗秉"，正是此义，然而也可引申作动词用。如《大田》的"秉畀炎火"之类。他如"君子秉心"，同《尚书·君奭》的"王人罔不秉德"，也都作执字解。所以后人把秉彝也解作秉常，或作秉性。其实秉字虽可作执字解，彝字倒并非是常字。等到下面再说。

## 二 释物

"物"字的意义，在傅孟真先生《跋陈槃君〈春秋公矢鱼于棠说〉》一文中已详细考论过。本节大体采傅孟真先生之说。甲骨文字中物字亦从牛，又省作勿，其字作 ᛒ，又作 勿，亦作 勿，此于六书属指事。ᛒ、勿，或 勿，指掌牧之事；彡即象物。从牛为形声后起字。其原义即同牧字，所以卜辞中屡言"物牛"，即今人言牧牛的意思。《诗经·小雅·无羊》一诗中的"三十维物"，同"三百其群""九十其犉"，都是公名词。物字、犉字同群字有同等的意思，物字并非杂色牛之称，《毛传》说齐其色而别之，是说不通的。甲骨文里固然有牧字，但无害于物字作牧字解，因为二字同义的例子是很多的。然则物字作图腾的意义，是从什么地方看出来呢？可以在下列各句中透露出来：

（一）《左传·庄公三十二年》：有神降于莘。王曰：如之何？内史过对曰：以其物享焉。其至之日，亦其物也。

（二）《左传·定公十年》：叔孙氏之甲有物，吾未敢以出。

（三）《左传·哀公元年》：祀夏配天，不失旧物。

（四）《左传·宣公三年》：铸鼎象物。

（五）《国语·楚语下》：民以物享，祸灾不至。

（六）《周礼·保章氏》：以五云之物。

上述六例中的"物"字，确乎都有图腾的意义在里面，尤以"不失旧物""叔孙氏之甲有物""铸鼎象物"三语为最显著。而且，"铸鼎象物"同"有物有则"真是相得益彰。物的本义是牧的意思，而上面六例中的物，却是确指图腾中所绘的物象，就现存吉金文字中所有的图腾来看，种类之多，不可胜计。其中各色各样，不离有形的物象，而且许多是动植物以外的人造物。可见我们中国古代的图腾，同旁的初民不尽相同。这是什么缘故呢？因为从原始氏族社会到春秋战国，相隔已很久远。图腾制度逐渐变动，到了后来，同初制相去很远，在意义上也大不同。所以郭沫若先生以为臣辰盉铭及散氏盘铭下的徽帜，是史臣的署名。我以为这也是图腾上的物。图腾本是一总名称,在中国古代的氏族徽帜大都绘在一亚形,或一✥形之中。而这亚形,则到处可绘。因为叔孙氏把这图腾绘在甲上,所以驷赤看见了不敢出来。他的不敢出来,是恭敬叔孙氏呢,或是害怕?现在不敢决定。但初民之于他民族或其自己的民族图腾,从无害怕之理。或许春秋时代的人,对于氏族图腾的观念已与古代大不相同了。内史过说:"故有得神以兴,亦有以亡;虞、夏、商、周,皆有之。王曰:若之何?对曰:以其物享焉!其至之日,亦其物也。"可见虞、夏、商、周,各代有各代的物。各以其物享焉,就是以各代的物祭享他。因为古代的神到之日,也就是这样东西的缘故。这几句话里面,却反映出古代图腾社会的原始意义来了。

## 三 释亚

图腾之绘在亚形里面的谓之"物",这是我给予"物"字后起的定义。固然,吉金中的图腾也有不绘在亚形的,这却是后来的变体。然则这亚形又有什么意义呢?我以为这亚形同国字外面的"囗",有同样的意义。《易经·谦卦》上六:"利用行师征邑国。"《无妄》六三:"行人之得,邑人之灾。"这里的"行师"同"行人","邑国"同"邑人",都有相同的意义。太史公在《史记·大宛列传》里分西域的国家为"土著""行国"两种。此所谓"土著",即《易经》上的"邑国";所谓"行国",即《易经》上的"行师"。这亚形,即表示土著国的标帜。在最早的时候,有亚形的图腾都是土著,即都是邑国。而行国呢?则称之为"旅"。《诗经·载芟》上说:"侯主,侯伯;侯亚,侯旅。"《书经·牧誓》上说：" 亚旅师氏 "，《立政》上说：" 司空亚旅 "，都是 " 亚 " 与 " 旅 " 对称的。金文中的旅字，如同☒、☒、☒、☒，都是像车盖下有人之形。其简单一点的，在甲骨文作☒、☒，金文作☒及☒，也像篷帐底下有人的形状。这不是行国是什么呢？《尚书·酒诰》云：" 百僚庶尹，惟亚惟服。" 齱簋亦云：" 诸侯大亚 "，这里也透露一些亚是土著的意思。至于诸侯的侯字，甲骨文、金文，作☒、☒、☒，或☒，其中的☒形，或☒形，都不是矢，如同族字一样。甲骨文作☒、☒、☒，或☒，其中之☒形也不是矢，这都是交字，或大字，像人形。此外的☒及☒、☒之类，都像帐篷。坐在中间的☒或☒即是主人（此说见卫聚贤《古史研究》第一册），乃是侯字同族字的本义。（在金文中如师酉簋的族字，从☒；侯字大体都是从矢，已失本来意义）甲骨文中常称亚为 " 亚侯。" 如《前编》卷四第五页：" 乙酉，贞☒亚侯 "；《后编》下第四页：" 贞□王史于亚侯 "。也有称多亚的，如《铁云藏龟》五十一页：" 戊□□□贞其多亚若 "；又邐彝亦言：" 王饮多亚。" 所谓 " 多亚 "，即是诸侯。所以齱簋称 " 诸侯大亚 "。旅与亚分别之严格性，随时代而转移。如《左传·文公十五年》：" 承命于亚旅 "，《成公二年》：" 侯正亚旅 "，杜预的注上说：" 亚旅，上大夫也。" 可证亚旅是一官名，即《牧誓》与《立政》上两说 " 亚旅 "，因为同 " 师氏 " " 司空 " 并称，或许也只能作一个官名看。同《载芟》上的 " 侯亚 " " 侯旅 "，大不相同。因为春秋时候，像古代的 " 行国 " 已经少了。而师旅太半有出征的意思。金文里往往有旅簋、旅鼎、旅匜、旅盨、旅壶之文。这都是指出行用的器皿而言，并非古代的 " 行国 " 所用。至于 " 亚侯 "，也变为 " 邑国 "，而逐渐到了封建制度。

## 四　释彝

《说文》:"彝,宗庙常器也。"王国维师谓:"彝为礼器之总名,所以盛黍稷。"而于彝字的原本意义却未说明。杨沂孙说:"古彝字从鸡,从廾。彝象冠翼尾距形。手执鸡者,守时而动,有常道也。故宗庙常器谓之彝。"他们说宗庙常器谓之彝,又说彝是礼器之总名,都对的。但是把彝形说作鸡形,真是天差地远了。《周礼·春官》司尊彝:

春祠、夏禴,祼用鸡彝、鸟彝;秋尝、冬烝,祼用斝彝、黄彝;四时之间祀,追享、朝享,祼用虎彝、蜼彝,皆有舟。

《周礼》这一段话,当与《礼记·明堂位》同看。《明堂位》云:"灌尊:夏后氏以鸡彝,殷以斝,周以黄目。"斝即是斝彝。郑康成读斝为稼。稼彝,画禾稼也。黄彝,郑氏以为即黄目尊。六彝中五样,已不离动植物之名,这黄目,郑康成便说以黄金为目。我以为黄彝既可以称黄目,必非佩璜之璜。此黄目,必定为兽类之俗名,而黄彝之黄,也必定是借字。牺尊、雀尊,在《泉屋清赏》中都有实物。因此知六彝也必定是象形之器,由是发生另一问题了,尊彝之属自有特制,何以又都可以象形呢?我以为《周礼》所记,自必有所本,而六彝之属所象者,颇有为古代氏族图腾之可能,战国以后的人,已经不大很明白这种制度之本意,所以发生两种假设:一说以为夏用鸡彝,殷用稼彝,周用黄彝。另一说,则以为春夏用鸡彝、鸟彝;秋冬用稼彝、黄彝;而四时之间的追享、朝享,则用虎彝、蜼彝。二说不止不一致,且有矛盾。正可以反映出秦汉间的学者,对于这件事的不了解心理。

彝本是古代氏族社会中的大典,所以古书上凡用到彝字的地方,都有点儿"常"字的意义。因此《尔雅》及其他传注里,都以常字训彝。试举先秦古籍中比较早一点的,凡是说到彝字的地方,都不是抽象的意义。《尚书·召诰》上说:"其惟王勿以小民淫用非彝。"又《吕刑》上说:"故乃明于刑之中,率乂于民棐彝。"《洛诰》上说:"厥若彝,及抚事。"又说:"听朕告汝于非民彝。"《国语·周语》上也说:"故凡我造国,无从非彝。"又说:"弃衮冕而南冠以出,不亦简彝乎?"古书上匪棐二字常作非字用。照此说来,"非彝""非民彝"都是同"民彝"相对的反面意义。因而知道"民之秉彝",也是从"民彝"上出来的,"民彝"是我先民一成语。我们再把《洛诰》上有一段拿"物"同"彝"相关联的话写出来。周公同成王说:

> 汝其敬识百辟享,亦识其有不享。享多仪,仪不及物,惟曰不享,惟不役志于享。凡民,惟曰不享,惟事其爽侮,乃惟孺子颁!朕不暇,听朕教汝于棐民彝。汝乃是不蘉,乃时惟不永哉。

这一段话如果用白话说起来,如同下面一段:

> 汝应当很诚敬的来认识诸侯之所贡享,也应该认识其所不贡享者。贡享的仪式是很多的。如果贡享的仪式上没有"物"呢?这只能当他们没有来贡享(因为他们太草率了,连"物"

都没有。)因为他们根本没有诚意在贡享上头。凡是各族,若使不贡献的话,就是有差讹,有侮辱人的意思。我告诉你这孩子,颂(颂字乃颂字之误,颂是成王的名)!我没有许多工夫。你应该听我告诉你非民彝的道理,那你就不糊涂了,若是这样,你还不永远的很好么。

这段话里的"享",即是"贡享方物"。在各国贡享的东西里,必定要有他们作氏族图腾的"物",这即是"方物"。方物二字的解释是很简单的。"方",即鬼方、人方、土方、多方的"方";"物"即是有物有则的"物"。没有"物",即是"非民彝"。因为没有"物"还能成为氏族图腾吗?

所以《国语·楚语》上说:"民神杂糅,不可方物。"如果民与神杂而不分,那还能辨别出"方物"来吗?这正是《君奭》上所谓"兹迪彝教"了。

从上面两段里看来,知道"彝"字颇有点像图腾的意味。你看《洛诰》上把"彝"同"抚事"一样看待。《国语》上并且说:凡我造国,无从非"彝"。这是何等的重要!再从字形上来看,这彝字见于甲骨文的,有下列诸体:

(一) 羴 (二) 羴 (三) 羴 (四) 羴

在这里有共通之点,即下体同是从廾。其上部,历来古文字家都是说鸡形。其实既非鸡字,也非鸟字,只能说像鸟形之字。因为甲骨文里鸡字鸟字作:

𩾌 𩾌 𩾌 𩾌 𩾌

彝字所从的都不与它们相同。而且第一体上左旁的𠃊,正是卜字的形状。卜旁一鸟形，下承以❉，这是甲骨文中组织较为特异的彝字，而通常都省卜，如二、三、四诸体。照大体上说来，甲骨文中的彝字是从鸟，从❉这是什么意义呢？《商颂》上说："天命玄鸟，降而生商。"殷人称王的一支氏族，本是以鸟为图腾，从❉即是两手举起来，所举的正是一只鸟，何等相称呢！并且甲骨文上所用的"彝"字，都是区域名词。如同《前编》二卷六页文云："癸亥，卜㕣贞王旬亡畎。在九月，正人方，在雇彝。"《后编》上卷十页十六片文曰：一月，"在𤰱彝"。以及《前编》五卷一页三片，同《后编》下卷七页四片，有两句"王彝"。可见这四个彝字，说它是区域名词还有错吗？在这里我们可以知道，商代人说"在某彝""在某彝"，很有一点儿像清代的满蒙人说"在某旗""在某旗"了。再就金文里的彝字来看，更加可以看出这彝字同旁的古文字大不相同，其字形中有相差很远的异体。先来说最普通的，如同：

☗（父乙卣）

下体仍同甲骨文作❉，上体则并非鸟形，乃一飘扬欲动的标帜。但是再来看下面三体：

（一）☗（师趛鼎）（二）☗（遽𠨍簋）（三）☗（臼簋）

这三个都是彝字，其结构简直大不相同。可见彝字的来源有好几个。各族都以其特有的图腾来作字形的构造。不过最普通的是商人以从鸟、从❉作彝字。周人以从☗、从❉作彝字而已。虽然有上述三异体，但三体之中也有一共通点，即是都有架子。❉同𦥑固然是架子，如果把☗形倒转来看，作⼮也未始不是如同舟状的架子。《周礼·司尊彝》说："六彝皆有舟。"正是如同盘形的架子。所以彝字上体之下作☗形，正是走的时候可用两手举起它来，这真是"民之秉彝"的好标本了。停止或居住下来的时候,可以把它插在架子上搁在帐篷外面。至于其上体之上呢?的确是飘扬的徽帜。如同善夫克鼎的■字,秦公簋的■字,已经用■字来形容飘带了。这样看来,彝本是实物,民之秉彝也很明白简切,并无多少抽象的意义在里面。

## 五 结语

最初的"彝"是拿实物来做的,所以甲骨文里是从两手执玄鸟形。后来到了周朝,是成为飘扬欲动的徽帜了。在帜的上面,画一亚形,也有不用亚形的,在亚形之中,则绘一作该族图腾的"物"。再后来,花样更多了。把该氏的图腾刻在宗庙所用的礼器上,则名之曰"尊彝"。所以《左传·襄公十九年》臧武仲同季孙说:"且夫大伐小,取其所得,以作彝器;铭其功烈,以示子孙。"《国语·周语》太子晋也说:"人夷其宗庙,火焚其彝器。"这所谓"彝器"都是宗庙礼器,即是"尊彝"。如果用之于旅行的,叫作"旅彝";用之于婚嫁的,也可名文为"媵彝"。其最重要的,是要刻一图腾中的"物"在上面,才能合"尊彝"的条件。而现在的大批周器中,通常只刻了一个"物"在上面,也有不刻"物",而只有一篇"则"的。"有物"并且"有则"的彝器,却不很多。不过我们也没有做成统计,求出比率确数来。现在总结一句,"彝"是我们古代氏族的徽帜,可以用之为区域名词。若用西洋社会学、人类学上的名词来说,可以名之曰"图腾",而"物"是指图腾上所绘的形象。

一九四一年一月

(载《图书季刊》新第三卷第三、四期)

# 老子考

自从汪中作《老子考异》以后，认为司马迁的第三说是老子的正确年代，虽然太史儋后于孔子很晚，但是汪中并未否定问礼于老聃一说，所以老子的真正确实年代仍有问题。作者以为老聃这个人生于什么时代，同《老子》这部书怎样出现这是两件事，还应该分开来说，才能真正明白先秦思想史的系统。《庄子·天下》篇总不能说不是一篇精品，不管这篇文章真是庄子作，或者是秦汉之间的学者所作的，就文体来看，不会晚于司马谈《论六家要旨》。《天下》篇里的思想系统是整然的，其价值不可忽视。开头一大段，分明是说六艺之学，概括叙述了孔子一派的思想。其次是墨翟、禽滑釐；宋钘、尹文；彭蒙、田骈、慎到；以后才说到关尹、老聃、庄周、惠施、公孙龙。拿这一系统同《史记·老庄申韩列传》"老子，隐君子也"一段相比证，老子大约要后孔子百二十九年。再以耼耳亦作儋耳的例证来说，大概老聃就是太史儋一说是可以相信的。这一说本是司马迁在二千余年以前所提出来的，并非后人毫无根据的杜撰。就以《淮南子》的《要略训》而言，也是叙述先秦思想系统的名作，里面并未提到老子、庄子。从孔子说起，然后说："墨子学儒者之业，受孔子之术，以为其礼烦扰而不悦，厚葬靡财而贫民，久服伤生而害事，故背周道而用夏政。"又在《氾论训》上说："夫弦歌鼓舞以为乐，盘旋揖让以修礼，厚葬久丧以送死，孔子之所立也，而墨子非之；兼爱、尚贤、右鬼、非命，墨子之所立也，而杨子非之；全性葆真，不以物累形，杨子之所立也，而孟子非之。"这一系统里，又没有老子，而与事实是相合的。而且在先秦诸子里，只有"儒墨""杨墨""慎墨"并称。而道家一名，到了汉代才有。在先秦诸子里说到老子的，都是很晚的几个人，例如《庄子》《荀子》《韩非子》《吕氏春秋》。至于《墨子》《孟子》两书里，连"老聃"的影子都没有。我们为什么相信晚出的《曾子问》，而不相信《墨子》同《孟子》，并且《庄子》一书里，孔子总是请教老子的，而大家不相信《庄子》的寓言，唯独《曾子问》的孔子问礼于老聃，却坚信不疑，用作老子在孔子以前的铁证。老子本是说："失道而后德，失德而后仁，失仁而后义，失义而后礼。礼者，忠信之薄，而乱之首也。"老子既然菲薄礼到了这样地步，而且在《庄子·天运》篇，孔子同老子说仁义，已经给老子抢白了一场。孔子就这样不识相，居然问起老子最菲薄的礼来。似乎这一传说比《庄子》里的寓言更加不可信吧？作者以为"孔子问礼于老聃"这一故事，乃与《吕氏春秋·当染》篇"孔子学于老聃"一语相同，但《当染》篇的根由就是《庄子》里的寓言。从先秦到西汉，由论仁义而至于问礼，乃是一类传说的变本加厉而已，现在该来说说《老子》这部书作于什么时候了。如果我们读中国线装书的人不存一点成见，把《论语》同《老子》拿来对比，不会发现一丝一毫的关系的。这句话的本意是说《老子》书中的基本问题，在《论语》

里是发现不到的。反之,《论语》里的中心问题,就是《墨子》书里的中心问题——仁同兼爱。如此搜索下去,《老子》里所讨论的中心问题,便不止后于孔子百二十九年了,《老子》书里所讨论的中心问题是在《孟子》与《庄子》之间。至于《老子》的五千言,在西汉文景之间才出现。孟子所攻击的杨朱是最基本的老子思想。而宋钘、慎到两派是助成老子一派思想的基础。所以孟子攻击杨墨,荀子攻击慎墨,而老墨到了荀子的时候还不能并称。作者先来把老子思想的特点说一说,且以《庄子·天下》篇所说作纲领。

## 甲　老子思想的特点

以本为精,以物为粗,以有积为不足,澹然独与神明居,古之道术有在于是者,关尹、老聃闻其风而悦之。建之以常无有,主之以太一;以濡弱谦下为表,以空虚不毁万物为实。关尹曰:在己无居,形物自著;其动若水,其静若镜;其应若响。芴乎若亡,寂乎若清;同焉者和,得焉者失;未尝先人,而尝随人。老聃曰:知其雄,守其雌,为天下豀;知其白,守者辱,为天下谷。人皆取先,己独取后。曰:受天下之垢。人皆取实,己独取虚。无藏也,故有余:岿然而有余。其行身也徐而不费。无为也,而笑巧。人皆求福,己独曲全。曰:苟免于咎。以深为根,以约为纪。曰:坚则毁矣,锐则挫矣。常宽容于物,不削于人,可谓至极。关尹、老聃乎?古之博大真人哉!

在这一大段里，看不见关尹、老聃两位讨论道的话，不像五千言中一开头就是道。若把上引《庄子·天下》篇一大段的话，用现代名词概括起来说，是一套个人主义的思想。"建之以常无有，主之以太一，以濡弱谦下为表，以空虚不毁万物为实。"这四句话才是老子的基本思想。我们根据这一特色，去分析五千言里有些什么价值。至于太一的研究又当别论。

## 一　建之以常无有，主之以太一

孔子颇以"吾道一以贯之"自豪。假定在孔子以前早已有"太一"的观念，"一以贯之"又有什么希奇？固然，"太一"这个名词是《庄子·天下》篇作者用来形容关尹、老聃的思想而已。《老子》五千言里有"是以圣人抱一以为天下式"一句话，又说："载营魄抱一，能无离乎？"从"一贯"到《孟子》的"一本"，再到《老子》的"太一"，是连贯的系统。至于五千言里，更把"抱一"的观念渲染得神秘了。我们为什么说"抱一"的观念是比较早呢？因为《庄子·庚桑楚》篇引老子的卫生之经说："能抱一乎？能勿失乎？能无卜筮而知吉凶乎？"这"勿失"同"无离"不是相合的吗？所以《荀子》也说："循道而不贰，则天下不能祸。"《中庸》里也说："其为物不贰，则其生物不测。"这又可以证明"抱一"的思想是先秦哲学史上一问题。若说到"太一"，就要把"一"字同"道"字连合起来了。所以今本《老子》上说："道生一，一生二，二生三，三生万物。万物负阴而抱阳，冲气以为和"，这才是"太一"的真正意义。于是今本《老子》又有一解释说："视之不见，名曰夷；听之不闻，名曰希；搏之不得，名曰微；此三者不可致诘，故混而为一。"这混而为一的夷、希、微,当然是"太一"了。既然是"太一",所以:"昔之得一者,天得一以清,地得一以宁,神得一以灵,谷得一以盈,万物得一以生,侯王得一以为天下贞。"上面说到"一"的基本意义原是很简单;现在再进而说"道",其原本也是很简单的。《韩非子·解老》篇说:"今道虽不可得闻见,圣人执其见功以处见其形。故曰无状之状,无物之象。"又说:"圣人观其玄虚,用其周行","强字之曰道",然而可论,故曰:"道可道,非常道也。"这三句话今本《老子》虽分在三章,作《解老》的人所看见的,恐怕是相连属的。所以说:"无状之状,无物之象,强字之曰道。"而这种虽然可道的道,却并不是常道。那末什么是常道呢?《解老》篇说:"书之所谓大道者,端道也。"这便是今本《老子》"行于大道,唯施是畏"的根本。这"大道"或"端道",与"邪道"相对的,就是"常道"。在孟子前后,学者们所讨论的只有天道与人道。在老子这一派的学者方面,便把"天道"算作"非常道","人道"才是"常道"。其实在孟子以前就是说"天道"也是极平常的。例如:"诚者,天之道也;思诚者,人之道也。"又说:"求之有道,得之有命。"这里的"道"并没有玄学上的意义,不必以"无状之状,无物之象"去形容。因此我们知道孟子所谓"夫道,一而已矣"的"道",还没有很多离开"吾道一以贯之"的思想。道之所以流为"非常道",就是把"道"的内容用"无有"同"太一"来抽象化了。"一"是道的作用,"无有"是道的本质。今本《老子》上说:"反者道之动,弱者道之用。天下万物生于有,有生于无。"这同上面所引的"道生一,一生二,二生三,三生万物"相比,是不是"一"同"无"都是道的作用或本质呢？因为"一"之中有反而复，终而复始的意义，"弱"之中有虚静的意义，所以说："致虚极，守静笃，万物并作，吾以观复。"又说："夫物芸芸，各复归其根。归根曰静，是谓复命。复命曰常，知常曰明。不知常，妄作凶；知常容，容乃公；公乃王，王乃天，天乃道，道乃久，没身不殆。"这不是说反复的道理可以没身不殆吗？又有一段说："有物混成，先天地生；寂兮寥兮，独立而不改，周行而不殆，可以为天下母。吾不知其名，字之曰道。强为之名曰大，大曰逝，逝曰远，远曰反，故道大、天大、地大、王亦大。域中有四大，而王居其一焉。"这几段所说的，都是解释"一"是反而复的意义。于"道生一"同"万物得一以生"两句话里更可显出"抱一"不足尽"太一"之义，而"抱一"却是老子一书的基本思想。既然说："万物生于有，有生于无"，这无疑是说"道生于无"了。于是说："道常无为而无不为；侯王若能守之，万物将自化；化而欲作，吾将镇之以无名之朴；无名之朴，夫亦将无欲；不欲以静，天下将自定。"《老子》书中说"道"、说"无"、说"名"的话还很多，作者仅欲说明其一特点之发展而已。

## 二　守柔曰强

《庚桑楚》篇的卫生之经上又说："能止乎？能已乎？能舍诸人而求之己乎？能翛然乎？能侗然乎？能儿子乎？儿子终日嗥而嗌不嗄，和之至也。终日握而手不掜，共其德也。终日视而目不瞚，偏不在外也。行不知所之，居不知所为。与物委蛇，而同其波。"这正是"守柔曰强"的真意。孟子说："大人者，不失其赤子之心者也"，与卫生之经里"能儿子乎"的意思相近的。《老子》五千言里屡屡说到赤子、婴儿，就从这"能儿子乎"一语而出。例如说："含德之厚，比于赤子"，又说："如婴儿之未孩。"为什么一定要如婴儿之未孩呢？因为老子说："载营魄抱一，能无离乎？专气致柔，能婴儿乎。"所谓"专气致柔"，即是"守柔曰强"。守柔曰强，见于《韩非子·喻老》篇。因为唯有婴儿才是专气致柔的最好例子。什么是专气致柔呢？即《老子上》所说的"心使气曰强"。换而言之，能守柔者就是能以心使气者。能以心使气就是专气致柔，要一番修养工夫的。这心与气相关连的讨论，也起于宋钘同孟子、告子一班学者。例如孟子说："志抑则动气，气抑则动志"，告子说："不得于心，勿求于气。"所以"心使气曰强"一句话，正是老子时代在讨论着的问题。不过老子的养心养气，却用"虚其心，实其腹；弱其志，强其骨"的办法，目的要达到"歙歙为天下浑其心，圣人皆孩之"的境界。老子总以为成年人都是一些"散于万物而不知返"的。惟赤子、婴儿，才是真正能"心使气"的，所以说："含德之厚，比于赤子。蜂虿虺蛇不螫，猛兽不据，攫鸟不搏。骨弱筋柔而握固，未知牝牡之合而朘作，精之至也。终日号而不嗄，和之至也。知和曰常，知常曰明，益生曰祥，心使气曰强。"这是老子守柔的基本原理。

从"守柔"上所引申出来的，有两种道理：第一，是不要壮盛；第二，是和光同尘。老子主张"柔弱胜刚强"，原是从天道上悟出来的。他说："人之生也柔弱，其死也坚强；万物草木之生也柔脆，其死也枯槁。故坚强者，死之徒，柔弱者，生之徒。是以兵强则不胜，木强则兵；强大处下，柔弱处上。"因为壮盛就是老的初步，所以说，"物壮则老，是谓不道，不道早已"。因是圣人"去甚，去奢，去泰"。其正面的态度是"慈"，是"俭"，是"不敢为天下先"。"慈故能勇，俭故能广，不敢为天下先，故能成器长。"至于和光同尘又是如何办法呢？就是"常德不离，复归于婴儿"的态度，所以老子说："圣人无常心，以百姓心为心；善者吾善之，不善者吾亦善之，德善；信者吾信之，不信者吾亦信之，德信。"这才能彻底的和光同尘，就是所谓"挫其锐，解其纷"的方法也不离于"守柔"一道。因于能"守柔"，然后能与"天道"相合。所以说："天之道不争而善胜，不言而善应，不召而自来，繟然而善谋。天网恢恢，疏而不失。"又说："天之道利而不害，圣人之道为而不争。"又说："天道无亲，常与善人。"可见老子的目标也是在天人合一。圣人就是能与天道相合的，于是说："人法地，地法天，天法道，道法自然。"因此常人学于圣人，而圣人却又学于常人。所以说："善人者不善人之师，不善人者善人之资。不贵其师，不爱其资，虽智大迷，是谓要妙。"孟子以为尽心知性才能天人合一，而其目的要大家为善。老子却不然，希望从返于自然而达到天人合一之目的，由返于自然而至复归于婴儿，因复归于婴儿才能达到守柔的效果。这是老子一派思想的又一特色。

## 三 夫唯不争，是以天下莫能与之争

前面第一段所说的是"主一"，第二段所说的是"守柔"，现在第三段要说"不争"了。"主一"同"守柔"都是"不争"的前提。上面已经说到"天之道不争而善胜"，又说："圣人之道，为而不争。"这点道理，是否是先秦的《老子》原本有的呢？《庄子·天下》篇上说："知其雄，守其雌，为天下谿；知其白，守其辱，为天下谷。人皆取先，己独取后。曰：受天下之垢。人皆取实，己独取虚。无藏也，故有余；岿然而有余。其行身也徐而不费。无为也，而笑巧。人皆求福，己独曲全；曰：苟免于咎。以深为根，以约为纪。曰：坚则毁矣，锐则挫矣。常宽容于物，不削于人，可谓至极。"把这段话里的要义同今本《老子》里的思想连合起来研究，可以获得"不争"一观念的发展。途径就是最初的"不争"目的在"苟免于咎"；再进一步，是"不侵削于人"；最后才能发现"天下莫能与之争"的道理。而这一道理，却从"无为而无不为也"一语里发现的。《天下》篇里不过说："无为也，而笑巧"，到了五千言里，便说："为学日益，为道日损。损之又损，以至于无为，无为而无不为"，又说："为无为，事无事，大小多少，报怨以德。"最可怕的是这种以退为进的办法越来越显著。例如："是以圣人后其身而身先，外其身而身存。非以其无私邪？故能成其私。"又说："功成而勿居，夫唯勿居，是以不去。"最彻底的莫过于说："江海所以能为百谷王者；以其善下之，故能为百谷王。是以欲上民，必以言下之；欲先民，必以身后之；是以圣人处上而民不重，处前而民不害。是以天下乐推而不厌。"其中最尖锐的话，莫过于说："以正治国，以奇用兵，以无事取天下。"这位作《老子》五千言的学者，既然有这样彻底而鲜明的度量，却还要说："将欲取天下而为之，吾见其不得已。天下神器，不可为也。为者败之，执者失之。"所以后人说老子是一个阴谋家，这是先秦的隐君子老聃不承认的。因为他的"守柔""不争"，目的在"苟免于咎"。否则便要超出隐君子的本色，而失去了"建之以常无有，主之以太一"的目标了，作者在下面再举一特色来说。

## 四　小国寡民

照《庄子·天下》篇里所说的老子思想，是一种个人主义，是没有问题的。个人主义的价值却不能离开"智之所贵，存我为贵；力之所贱，侵物为贱"四句话的范围。假定说"以无事取天下"是隐君子老聃的思想，那末要承认老聃是侵略主义，失去了有道者的价值，而不成其为隐君子了。所以依照《老子》思想推测起来，必定以"小国寡民"为目标。同时也希望他们的同伴都是"愚而朴，少私而寡欲"的良民。所以今本《老子》里也有"见素抱朴，少私寡欲"，同"常使民无知无欲"两段话。因此引申开一段老子的社会观。就是"小国寡民。使有什伯之器而不用，使民重死而不远徙。虽有舟舆，无所乘之；虽有甲兵，无所陈之；使人复结绳而用之。甘其食，美其服，安其居，乐其俗。邻国相望，鸡犬之声相闻，民至老死不相往来"。这段话虽见于今本《老子》，《史记·货殖列传序》也说老子曰，想也是有所本的。《庄子·胠箧》篇说："昔者齐国邻邑相望，鸡狗之音相闻。罔罟之所布，耒耨之所刺，方二千余里。"又说："昔容成氏、大庭氏、伯皇氏、中央氏、栗陆氏、骊畜氏、轩辕氏、赫胥氏、尊卢氏、祝融氏、伏牺氏、神农氏。当是时也，民结绳而用之。甘其食、美其服、乐其俗、安其居。邻国相望，鸡狗之音相闻，民至老死而不相往来。若此时也，则至治已。"在这两段话里都没有说老子曰。可是这种小国寡民的社会组织，正是法自然、复归于婴儿的老子思想所引申。所以又说："以智治国国之贼，不以智治国国之福。"又说："绝圣弃智，民利百倍；绝仁弃义，民复孝慈；绝巧弃利，盗贼无有；此三者以为文不足，故令有所属。"像这样的思想，同小国寡民的见解相合，同"主一""守柔""不争"的思想也一贯相承。可是今本《老子》还有这样说的话："大国者下流，天下之交，天下之牝。牝常以静胜牡，以静为下，故大国以下小国，则取小国；小国以下大国，则取大国。故或下以取，或下而取。大国不过欲兼畜人，小国不过欲入事人。夫两者各得其所欲，大者宜为下。"这种大弄手段的、以智治国的办法，岂不是同上面的见解大相矛盾吗？所以老子思想的渊源还得加以讨索。

## 乙　老子思想的渊源

　　我们要讨索老子思想的渊源，必定先在今本《老子》里去分析哪些话是老子的基本思想。这种工作在上面一节内已经做过。假定今本《老子》全是西汉人作，而这种基本思想在先秦也早已有过的，因为上节里有许多基本的话都已经见于《庄子》《韩非子》，乃至于《吕氏春秋》，不过今本《老子》把这些思想引申得更玄远而已。我们现在要说的是这些基本思想的渊源。因为任何有系统的学术思想都会成为潮流，或者可以说都要成为时代问题。在上节里已说到"心与气"的关系，这是孟子、宋钘、告子一班人所共同讨论的，所以老子的思想里也有这样原素，可是其所讨论的方向不同罢了。凡是一种思想都有正反两方面，老子在讨论"心与气"一问题上占据了另一方面。作者以为"个人主义"原于杨朱，其目的在"全性葆真"。这是老子思想的基础。孟子反对杨朱的"为我"而没有反对后人所说的孔子问礼于老聃的"老子"，因为孟子在当时还不知道有老聃其人呢！杨朱既然是老子思想的渊源之一，此外便是宋钘、慎到了。如果用今本《老子》来说，庄子思想也是一派渊源。这番话上面虽然提到过，可是现在所要说的要更细密了。

## 一　道之真以持身

杨朱的思想同《吕氏春秋》里所引的子华子相合，这是胡适从前说过的。据作者看来，《孟子》里、《庄子》里所说的杨朱或阳子居，就是《史记·孟子荀卿列传》里的"阿之吁子"。刘向《别录》作"芋子"，《艺文志》有《吁子》十八篇，今本也作芋子，列在儒家。杨朱二字正是芋字的切音。因为杨同芋皆属喻纽，而芋同朱又皆是虞韵。说杨朱就是芋子，在声韵上毫无抵触。至于华字的别体，正作荂。这两个字同在虞韵。《孟子》里说"洿池"，也作"汙池"。《老子》里的"盗夸"，《韩非子·解老》所引作"盗竽"，而《说文》的于字本是作亐。因此知于、亐、夸，不只声音相同，就形体上说也是一字。古代秦地有一薮泽名"阳华"，见《吕氏春秋·有始览》。而《尔雅》作"阳陓"，《淮南子·地形训》作"阳纡"，《说文》九薮中有冀州"杨纡"。照这样看来，"阳纡"本是泽之公名。换而言之，"纡"就是"洿"或作"陓"，可以读成"阳陓"，也可以省去阳字读陓。既然于、朱、纡、陓、荂、华，同在虞韵，作者说：芋子就是荂子，而荂子就是华子，也就是杨朱，在语言的形体、音韵两方面都是很合。此外便是思想上的问题了。最有意味的，就是《汉书·艺文志》把芋子列在儒家，说他是七十子的后学。由此而知"全性葆真，不以物累形"的杨学，原本是出于"反求诸己"的儒家。

"道之真以持身,其绪余以为国家,其土苴以治天下",这三句话放在《老子》里岂不是很相近吗?可是今本《老子》里没有,而见于《吕氏春秋·贵生》篇及《庄子·让王》篇。是不是子华子的话呢?当然不能决定。但是《吕氏春秋》里的《贵生》《不二》《不侵》《重己》《审为》《本生》诸篇都有子华子的思想。以道持身,当然是贵生之法,同"全性葆真,不以物累形"更是相合。又用《庄子·让王》篇、《吕氏春秋·审为》篇所同有的子华子思想加以解释,知道《贵生》篇所说的内容如何。"子华子见昭僖侯。昭僖侯有忧色。子华子曰:今使天下书铭于君之前。书之言曰:左手攫之则右手废,右手攫之则左手废,然而攫之必有天下,君能攫之乎?昭僖侯曰:寡人不攫也。子华子曰:甚善!自是观之,两臂重于天下也,身亦重于两臂也。韩之轻于天下亦远矣,今之所争者其轻于韩又远,君固可谓知轻重矣。"所以《贵生》篇又引子华子说:"全生为上,亏生次之,死次之,迫生为下。"全生就是全性,全性才能贵生。《庄子·在宥》篇里说:"贵以身于为天下,则可以托天下;爱以身于为天下,则可以寄天下",这几句话虽未注明谁说的,可是同"一身重于天下"之说是相合的,但是这四句正见于今本《老子》,却变作"故贵以身为天下,若可寄天下;爱以身为天下,若可托天下"。换而言之,老子的意思是说:惟有能贵身、爱身的人,才有托以天下寄以天下的资格。无非是"可以托六尺之孤,可以寄百里之命"的引申。可是《在宥》篇的"则可以",变作《老子》上的"若可",在意义上便轻了许多。因为老子的目的是用这几句话来解说"何谓贵大患若身?吾所以有大患者,为吾有身;及吾无身,复有何患?"一套理论的。

"道之真以持身"一句话的意思,确见于今本《老子》,而且也是《韩非子·解老》篇所有的。就是说:"修之身,其德乃真;修之家,其德有余;修之乡,其德乃长;修之邦,其德乃丰;修之天下,其德乃普。"凡是说道德的用意,都以持身做出发点,这是唯一的目标。《知度》篇又引子华子的话:"厚而不薄,敬守一事,正性是喜;群众不周,而务成一能。尽能既成,四夷乃平;唯彼天符,不周而周。此神农之所以长,而尧舜之所以章也。"这里面的"正性是喜"一句话,也与"全性葆真"相合。"厚而不薄",同老子的"处其厚不居其薄"相合。"敬守一事""务成一能",同老子的"抱一以为天下式"相合。总之,老子的基本精神应该是"道之真以持身"。其渊源是杨朱的思想。在今本《老子》里说:"名与身孰亲?身与货孰多?得与亡孰病?是故甚爱必大费,多藏必厚亡。知足不辱,知止不殆,可以长久",都是贵生重己的思想之引申与扩充。

## 二 勿忘勿助

孟子说:"必有事焉,而勿正,心勿忘,勿助长也。"这是孟子站在养心的立场上说告子不知义。于是又引宋人助苗长的寓言来讥笑告子,这一说法便作了老子自然主义的中心。这个问题在当时很有一些人讨论着,可是都从养心的关键出发。孟子、告子两位所讨论着的问题,《管子》《白心》《心术》《内业》四篇也在那里讨论着。我们先来研究什么是"勿忘勿助",就是任其自然发展。所以孟子的勿忘勿助是站在动的意义上说的。"勿忘勿助"的反面,是"自暴自弃"。但是作《内业》篇的人把它换作静的立场来说,"爱欲静之,遇乱正之,勿引勿推,福将自归",这"勿引勿推"的哲学,同"勿忘勿助"有相近的意义。所谓任其自然,就是无为。在《心术》篇里说:"无为之道,因也;因也者,无益无损也。"用"无益无损"来代替"勿忘勿助"去告诉这位宋人之助苗长者,其效力是相同的。在《内业》篇又说:"勿烦、勿乱,和乃自成。"这是说心的作用,自能生长变化,不必矫揉造作。《内业》篇说:"凡心之刑,自充,自盈;自生,自成;其所以失之,必以忧,乐,喜,怒,欲,利;能勿忧,乐,喜,怒,欲,利,心乃反济。"照我们的看法,总以为老子的自然主义是从客观的物理上悟得的。可是这个问题,根本是从心的无为,或者可以说从主观的心理上悟出来。这是孟子、告子以及作《内业》《心术》《白心》诸篇的人所共有的意见,不过讲法不同而已。他们的主张都怕"心能仟物"。所以《心术》篇又说:"过在自用,罪在变化。自用则不虚,不虚则仟于物矣;变化则为生,为生则乱矣。"因此他们又说:"动则失位,静则自得。"这比孟子更进一步了。因为孟子以为"勿忘勿助",都是自然的动。在研究"心术"的人看来,又否定"动"而提出"静",这已经是从心理的研究过渡到物理的考察。《心术》篇又说:"毋代马走,使尽其力;毋代鸟飞,使弊其羽翼;毋先物动,以观其则。"这种办法,方是从客观物理上所悟出来的"无为"。在孟子的思想里,只知"养心莫善于寡欲",无分于动静。到了作《心术》《白心》两篇的学者,便知道动静。到了老子的思想里,便极端的主虚静,这是研究"心术"的自然趋势。为什么说作《心术》《白心》篇的一班人还没有轻视动呢?因为他们说:"其应也,非所设也;其动也,非所取也。"这样,便是"无为"。这同老子的"无为而无不为"却不一样了。换一句话说:"无为"只能算作"无虑"。所以说:"无求无设则无虑,无虑则反覆虚矣。"这是由"勿忘勿助"上所引申出来的养心术。

我们如果把"损之又损以至于无为,无为而无不为"的说法同"无益,无损"的"无为"对比而定其先后,便可以发现"损之又损的无为"是晚出。因为这已经是更前进一步的主张。在作《心术》《白心》篇的学者们看"无为"的要义在于心术,可是老子的主张是"道常无为而无不为"。这里所谓"道"已经是客观的物理了。因此前人说虚静,是就"心"而言的;到了《老子》里,却用以说"道"了。例如:"致虚极,守静笃;万物并作,吾以观复",这不是用虚静说物理吗?又如:"寡欲"本是养心之道,老子固然也说到"少私寡欲",可是也说到"不欲以静,天下将自定"。又说:"清静为天下正",又说:"故圣人云:我无为而民自化,我好静而民自正,我无事而民自富,我无欲而民自朴。"这些话,都像是经过秦法骚扰以后的人所说出来的。这同老子的个人主义又是相冲突的。

### 三　心静气理道乃可止

《心术》《白心》《内业》诸篇,是宋钘一派的学说。《庄子·天下篇》里也说他们"语心之容,命曰心之行"。其详见于作者所作的《孔子及其后学》一书。在宋钘一派人的学说里,确是一方面讲养心,一方面又讲治天下。而且秦以前的学者,论"天道"大半是从论"心性"一条路径上推引出来的。由主观的"心",说到客观的"道",可以在宋钘一派哲学思想上见出大关键。作者在上面也说到老子思想里有受"养心"一派的学说的影响,如"心使气曰强"一语。不过这在老子思想里,不是很重要的一方面。就是说"心使气",目的在"专气致柔",以达到"守柔曰强"的地步,其来源也并不是老子的卫生之经,却是宋钘一派学者。《心术》篇说:"专于气,一于心;耳目端,知远之证。""能专乎?能一乎?能毋卜筮而知凶吉乎?能止乎?能已乎?能毋问于人而自得之于己乎?"故曰:"思之,思之;不得,鬼神教之;非鬼神之力也,精气之极也。"这两段话的基本精神,在"能毋问于人而自得于己乎"一语上。至于"专于气,一于心",是宋钘一派白心之一法。现在作者要说明道德的观念,何以会是从存心养性而来?《心术》篇说:"夫心有欲,物过而目不见,声至而耳不闻;故曰:上离其道,下失其事。故曰:心术者,无为而制窍者也。"又说:"去欲则宣,宣则静矣;静则精,精则独立矣;独则明,明则神矣;神者至贵也。"像这样的话,在他处也有,下面再说。但是若都脱离心、性、情、欲,而专说"道",便觉得无来历了。《内业》篇说:"凡道无所,善心安爱;心静气理,道乃可止。"又说:"修心静音,道乃可得。"由养心而可以得道的话,在宋钘一班人是畅所欲言。而《老子》书里却不多见。再者宋钘一派人说"道",简直是以"心"作中心。《内业》篇说:"夫道者所以充形也。而人不能固。其往不复,其来不舍;谋乎莫闻其音,卒乎乃在于心;冥冥乎不见其形,淫淫乎与我俱生;不见其形,不闻其声,而序其成,谓之道。"此地所说的是"道与心"的关系。再来说"德与性"的关系。

《心术》篇说:"凡民之生也,必以正平;所以失之者,必以喜、怒、哀、乐。节怒莫若乐,节乐莫若礼,守礼莫若敬,外敬而内静者，必反其性。"又说："正静不失，日新其德；昭知天下，通于四极。"这不是说养性可以日新其德吗？其实养性就是养生。《白心》篇说："故曰：欲爱吾身，先知吾情；君亲六合，以考内身；以此知象，乃知行情；既知行情，乃知养生。"又说："和以反中，形性相葆；一而无贰，是谓知道；将欲服之，必一其端，而固其所守。"这一派讨论心性道的思想，到了荀子的《解蔽》篇，被他综合起来，只有几句话。解蔽就是去欲，这已经是一大进步。而且《荀子》说："人何以知道？曰：心。心何以知？曰：虚壹而静。"又说："虚壹而静，谓之大清明。"又说："心者，形之君也，而神明之主也，出令而无所受令。"宋钘一派说心术，仍未离"勿忘勿助""无为""制窍"一类话，同《孟子》还有一部分相近。而《荀子》却专取其"虚壹而静"，把"抟气如神，神明若存"一类话都搁开了。这不是很明显的作《心术》《白心》《内业》诸篇的人正在孟荀之间！而宋钘正是上及见孟子，下及见荀子的人。这是有《荀子·正论》篇说"二三子之善于子宋子者"一句话可以作证的。孟子见到宋牼，更不必说了。

宋钘一派既然开出荀子以"虚壹而静"论心性的方法，同时又开老子一派以"虚静"论道德的方法。《心术》篇说："天之道虚，地之道静。虚而不屈，静而不变。"又说："天之道虚其无形。虚则不屈，无形则无所位赶。无所位赶，则遍流万物而不变。"这里的"虚则不屈"一句话，在今本《老子》内作"虚而不屈"。这也同上面所举的"则可以"改作"若可"一样的，语意宛转了许多。可是老子说："天地之间其犹橐籥乎？虚而不屈，动而愈出。"这几句话比之《心术》篇所说的意义丰富多了。比如《心术》篇说："虚者，无藏也。"而《荀子》却更进一步说："不以所已藏害所将受，谓之虚。"所以荀老之说都是在宋尹的思想上再加一层分析的证据，是很明白的。再来看，宋钘他们如何说道德呢？《心术》篇说："虚无无形之谓道，化育万物之谓德。"又说："德者，道之舍；物得以生。"于是说："故德者，得也；得也者，其谓所得以然也。""以无为之谓道，舍之之谓德。故道之与德无间。"这里说道德的关系比老子明白。老子总是说："道生万物。"例如："道生一，一生二，二生三，三生万物。"又说："道生之，德畜之，物形之，势成之。是以万物莫不尊道而贵德。道之尊，德之贵，夫莫之命而常自然。"又说："大道汜兮，其可左右？万物恃之而生而不辞，功成不名有，衣养万物而不为主。常无欲，可名于小；万物归焉而不为主，可名为大。以其终不自为大，故能成其大。"虽然老子说"道生万物"，但没有说出道何以能生万物，同时这能生成万物的道，是从什么方法上理会出来的呢？《老子》书里却没有。可是老子是用抽象说法来描摹道的形状，这里面已经发现偷窃的嫌疑。孔子说"仁"，虽也是许多单词片语。但综合起来，有他思想的渊源。老子以谈道著名，在他的书里找不到老子何以会悟出客观的道，实在是莫大缺憾。我们再从上引宋钘一班人所说的话来分析道德二义的根源，却十分清楚了。

先秦的学者解释字义，往往以音训解。如孟子的"仁，人也；义，宜也"。又说"畜君何尤？畜君者，好君也"之类。《心术》篇的"德者，得也"，正是用音训的老办法。并且又说："德者，道之舍，物得以生。"道之所以能生物，原是德的关系。所以说："道也者，动不见其形，施不见其德，万物皆以得。"既然德是道之舍，同时心也是智之舍，所以"道"原本就是"理智"。情感的条理化，便成为智。所以说："精也者，气之精者也；气道乃生，生乃思，思乃知，知乃止矣。"又说："心静气理，道乃可止。"这里"气道"二字同"气理"是一样的。这不是可以证明道德二字的本意，是从研究心气上引申出来的吗？心虚，然后可以气理。于是才有"虚无无形"的道。因此又说："虚者，万物之始也。故曰：可以为天下始。"而今本《老子》作"可为天下母"。如果在今本《老子》里去搜求关于论道生万物的渊源和线索，惟有"致虚极，守静笃；万物并作，吾以观复"四句话了。但这样微妙的意思，却又有其他来源的。

## 四　道枢

《庄子》说："唯道集虚。"又说："虚者，心斋也。"同宋钘以至荀卿的思想也是衔接的。不过孟子、庄子仍旧看重"心与道"的动态。宋钘一派虽菲薄动，而看重静，还不知道"虚"就是代替"动"的道理。老子的"致虚极，守静笃"，这"虚"是代替"动"的意义，所以说"虚而不屈，动而愈出"里面的"不屈"，是说"无穷"；"愈出"，是说"无尽"。于是下面继之以"多言数穷，不如守中"两句话。孔门后学本来有说"一阴一阳之谓道"的。《老子》里也说："万物负阴而抱阳，冲气以为和。"这一阴一阳的道，照粗浅的话来解释也可以说一动一静之谓道，可是老子用"致虚极，守静笃"来代替了。《老子》里又说："反者道之动，弱者道之用；天下万物生于有，有生于无。"反就是复。一虚，一静，然后万物并作，也就是一反一复的有无相生。这反而复的道理，即是

"一"。所以说："万物得一以生"，又说："道生一。"惟是"一"，所以有相反的两面，故"有无相生，难易相成，长短相较，高下相倾，声音相和，前后相随"。这不是周而复始的"太一"吗？这样的理论，在《庄子》里说得更微妙，庄子说这样的道理，名之为"天均"。在《齐物论》及《寓言》篇都有的一段上说："万物皆种也，以不同形相禅，始卒若环，莫得其伦，是谓天均。天均者，天倪也。"又在《齐物论》上说："彼是莫得其偶，谓之道枢。枢始得其环中，以应无穷。是亦一无穷，非亦一无穷也。故曰：莫若以明。"又说："是以圣人和之以是非，而休乎天钧，是之谓两行。"照这样说，道本是两面并行的。说这样是"道枢"也可，是"天均"也可。不过老子说："万物并作，吾以观复。"这"复"是不是"一虚一静"的两行之道呢？作者以为意义有相同之处，而庄子的见解要比老子所说的更其圆融。用虚静的作用来说道的往复，在宋钘一班人的见解里还没有。而"致虚极，守静笃，万物并作，吾以观复"几句话在先秦诸子里也找不到丝毫痕迹。所以应该认为是宋钘一派思想的引申，而受庄子思想的影响。如果把这四句话放在孔子以前的思想史上，固然不合；就是说在宋钘以前已有了，也不合思想系统。因为宋钘他们说虚静，确是由主观到客观的。不像《老子》书上所说的话，都是从客观上凿空说来的。把《老子》书上的"妙道"放在宋钘以前，固然不可；就是忽略了《心术》《白心》《内业》诸篇上说虚静的道理而来说老子，也觉得毫无根源。

　　《老子》书上说"道"，好以抽象的说法去描摹。这在《庄子》里都是没有的。庄子说"道"，是从物理上悟得的。例如说："道行之而成，物谓之而然。"又说："道无终始，物有死生。"又说："道每下愈况。汝唯莫必无乎逃物！至道若是，大言亦然。"虽然庄子还是说过："唯道集虚。虚者，心斋也。"可见一个思想家说话，总要受同时学说的影响。我们若以为庄子的话必定是受老子的影响，而向今本《老子》里去找寻根源，也一点都没有。最感兴味的，在《老子》书里用以描摹"道"的方法，在《庄子》里都是说"物"。例如："物之生也，若骤，若驰；无动而不变，无时而不移；何为乎？何不为乎？夫固将自化。"又说："物物者与物无际，而物有际，所谓物际者也。不际之际，际之不际者也。"又说："有先天地生者，物耶？物者非物，物出不得先物也，犹其有物也。犹其有物也，无已。"这"犹其有物也无已"是什么呢？还不是庄子所说"道行之而成"的道吗？所以说："一受其成形，不亡以待尽；与物相刃相靡。其行尽如驰，而莫之能止。"又说："吾一受其成形，不化以待尽；效物之动，日夜无隙，而不知其所终。"在上述许多话里，有一最重要的观念，就是：庄子说"道"是"动态"的，与老子以"静态"说"道"大不相同。庄子说道从孟子一条路线而来；老子说道从宋子一条路线而来。这是很大的不同。所以老子说："道之为物，惟恍惟惚。惚兮，恍兮，其中有象；恍兮，惚兮，其中有物；窈兮，冥兮，其中有精；其精甚真，其中有信。"如果专拿这段话来看，甚至于可说《老子》书上的话是抄《庄子》的。因为《大宗师》篇里说："夫道，有情，有信；无为，无形；未有天地，自古以固存；神鬼，神帝，生天生地。"所以《老子》里又说："有物混成，先天地生。寂兮，廖兮，独立不改；周行而不殆，可以为天下母。吾不知其名，字之曰道。"照这样说来，真有点像老子说"道"是从庄子说"物"的方法上蜕化出来的。不过作者于这点上，不敢断定。因为从宋子一路线里，也有可能引申出《老子》里这番道理来。就是，老子的特色是以"静态"说"道"。例如："道常无为而无不为。侯王若能守之，万物将自化；化而欲作，吾将镇之以无名之朴；无名之朴，夫亦将无欲；不欲以静，天下将自定。"老子里虽然以"静"说道，可是也说到"动"。不过是用"虚"来代替动。换而言之，这动的意义是崭新的，不是平常的动。所以说："道冲而用之，或不盈。渊兮似万物之宗。挫其锐，解其纷；和其光，同其尘；湛兮似或存。吾不知谁之子，象帝之先。"最后总结起来，老子说道与庄子不是一条路线，可是也有些许的影响，却无很明白的证据，因为两家的路线都可以发展到这一境界的。

## 五　弃知去己而缘不得已

《荀子》说："慎子有见于后，无见于先；老子有见于诎，无见于信。"这两家的学说却有许多地方相同，而以"弃知去己，而缘不得已"两句话作枢纽。《庄子·天下》篇说慎到、田骈一班人"推而后行，曳而后往；若飘风之还，若羽之旋，若磨石之隧。全而无非，动静无过，未尝有罪"。照相传老子的话上去看，也是慎到一类人物。《庄子·天下》篇说老聃的话："人皆取先，己独取后，曰：受天下之垢。"又说："人皆求福，己独曲全，曰：苟免于咎。"这些话在今本《老子》上也很多。例如："明道若昧，进道若退，夷道若颣。"又说："是以圣人后其身而身先，外其身而身存，非以其无私邪？故能成其私。"又说："将欲取天下而为之，吾见其不得已。"这种"缘不得已而后动"的见解，比之宋钘一班人所说的"缘理而后动"，更进一步了。可是在《心术》篇里也说到

"弃知去己"。可见这也是田骈、慎到、宋钘、尹文、老聃、关尹一班人的共同问题。他们为什么一定要"弃知去己"？因为"弃知去己"，可以"无建己之患，无用知之累"。并且知其浅薄的一点，于大道反而有损而无益的，所以说："知不知，将薄知而后邻伤之也"，于是"笑天下之尚贤，非天下之大圣"。因此我们知道今本《老子》上"不尚贤，使民不争"，以及"绝圣弃智，民利百倍"，这些话也都是有所本的。总之，把今本《老子》搁在孔子以前，所有其中所讨论的问题都是突然而来的。如果孔子真是问礼于老聃，对于上述这些问题，总应微有所闻。何以《论语》上所讨论的重要问题，全不是那么一回事？再把老子放后百余年，那末当时学者所讨论的问题，今本《老子》里全都有，可是还有更加彻底的话。再用《老子》里的基本思想来说，老聃的特色唯有《庄子·天下》篇说得最中肯，也可以说最实在。而且《庄子》内七篇是庄子的基本思想，在这里面也没有今本《老子》里所说的那样微妙的话。读者如若还不肯相信，作者在下篇再作另一途径的讨论。

## 丙　今本《老子》是怎样蜕变来的

　　从思想的来源上去分析老子的思想，知道《老子》这本书内有基本的老聃思想，是合于《庄子·天下》篇内所说的范围。用建之以常无有，主之以太一，守柔曰强，夫唯不争，是以天下莫能与之争，以及小国寡民的社会观等几点作特色。但是《老子》这部书完全作成却在于西汉初年，在这经过的期间渲染上许多派思想。如杨朱、孟轲、宋钘、慎到、庄周都有形象，所以今本《老子》的成分是很复杂的。就中虽有矛盾的思想，但是就纯粹玄学一方面的话去研究却是很圆融的。其中文章精美的部分，大都不见于先秦诸子。而许多片言单句，有关弘旨的精要语，却屡屡见于先秦诸子所引，并且有许多地方不标明老子曰。所以这些话，是否属于老聃也成问题。这一漏洞，刚刚证明作者在上面所说的话是有了根据。我们就用这一途径去分析今本《老子》是怎样蜕变而来的。

## 一　诗式的格言

《老子》这部书里很多用韵的文章，近人颇有根据这一点去研究，说《老子》用韵同《诗经》的范围不相合。清人姚文田的"古音谐"，就举出许多《老子》书上的用韵句子，注明韵脚，同各书对比。记得江有诰也做过这一工作。这当然是很有力的证据。作者现在又起一种心思，觉得这一类"诗式的格言"，在先秦很普遍，几乎各家都有。我们先来说《孟子》。在《梁惠王下》篇引夏谚曰："吾王不游，吾何以休？吾王不豫，吾何以助？一游一豫，为诸侯度。今也不然，师行而粮食。饥者弗食，劳者弗息。睊睊胥谗，民乃作慝。方命虐民，饮食若流。流连荒亡，为诸侯忧。"这里面有好多句是押韵的，就是作者所谓"诗式的格言"，此外在慎到的书里也有。慎子逸文，谚曰："不聪不明，不能为王；不瞽不聋，不能为公。"以明与王韵，正合《老子》。又说："法之功，莫大使私不行；君之功，莫大使民不争。"这里的争与行也是押韵，至于《心术》《白心》《内业》等篇里便更多了。我们试举几句与《老子》相近的话，例如："人言善，亦勿听；人言恶，亦勿听；持而待之，空然勿两之，淑然自清。"又说："善气迎人，亲如弟兄；

恶气迎人，害于戈兵。"又如："化不易气，变不易智；惟执一之君子能为此乎？执一不失，能君万物。"再说子华子的话，《吕氏春秋·审为》篇所引的"正性是喜"一段，也是诗式的格言，已见上面所引。再来说《墨子》吧，本是很少用韵的，但是像《非儒》篇就有押韵的句子。例如："穷达赏罚，幸否有极；人之知力，不能为焉。群吏信之，怠于分职"，这力、极、职三句是押韵的。又说："且夫繁饰礼乐以淫人，久丧伪哀以慢亲"，这人与亲也是韵。总之，这类诗式格言很普遍。到了老子、庄子一班人手上，更其当行了。最有意思的，《庄子·外物》篇："儒以诗书发冢。大儒胪传曰：东方作矣，事之何若？小儒曰：未解裙襦，口中有珠。《诗》固有之曰：青青之麦，生于陵陂；生不布施，死何含珠为？接其鬓，压其颥，儒以金椎控其颐；徐别其颊，无伤口中珠。"到了这一类韵文，已经超出格言，而入于讽刺的文章了。此外如《易传》中的韵文则更多。可见战国中叶以来，这种作风很普遍。并且《老子》里的文章，不只是合于诗式格言的作风，若每句去求索，可以发见好多句是从一个底本上蜕变来的。

## 二 《老子》文句的渊源与蜕变

我们从《庄子》各篇，及《管子》《白心》《心术》《内业》诸篇；《韩非子》的《解老》《喻老》；《吕氏春秋》里许多篇，以及《淮南子·道应训》，及其他诸篇所引《老子》文句内去综合起来研究，便可以发现今本《老子》不止思想有渊源可寻，连文句都有底本可查。作者先来研究《庄子·庚桑楚》篇所引的卫生之经，虽然说是老聃的话，但是不足为据。为什么呢？因为这卫生之经上的句子也见于《内业》篇同《心术》篇。这几篇里好言诗礼,即使放弃了是宋钘一派思想的新见解,也只能认为是儒家的学者所说的话。但就《心术》《白心》《内业》诸篇屡屡互相引用的话上去理会来,必定是从一大师的名言里所发挥出来的文章。"能抱一乎?能勿失乎?能无卜筮而知吉凶乎?能止乎?能已乎?能舍诸人而求诸己乎?"这在《心术》篇上却如此说:"专于气,一于心,耳目端,知远之证。能专乎?能一乎?能无卜筮而知吉凶乎?能止乎?能已乎?能无问于人而自得之于己乎?故曰:思之,思之;不得,鬼神教之;非鬼神之力也,其精气之极也。"而《内业》篇所引又稍不同。说:"气意得而天下服;心意定而天下听。抟气如神,万物备存。能抟乎?能一乎?能毋卜筮而知吉凶乎?能止乎?能已乎?能勿求诸人而得之己乎?思之,思之,又重思之。思之而不通,鬼神将通之。非鬼神之力也,精气之极也。"作者的看法,这两段虽然稍有不同,但是还得承认是《庚桑楚》篇所谓"卫生之经"的底本,因为这套话从"专于气,一于心"作出发点的。"卫生之经"把专气一心的要义却删掉了,而加入"能儵然乎?能侗然乎?能儿子乎?儿子终日嗥而嗌不嗄,和之至也。终日握而手不掜,共其德也",今本《老子》把上述的意思分在好几处,有几句已经离开卫生之经的本意。老子说:"曲则全,枉则直;窪则盈,敝则新;少则得,多则惑;是以圣人抱一以为天下式。"这里的"抱一"同卫生之经里的"抱一"已经大不相同。至于专于气,一于心的"抱一",《老子》里也有。例如:"载营魄抱一,能无离乎?专气致柔,能婴儿乎?"这四句话已经把宋钘一派及庄子一派所说的话综合起来了。"专气致柔",就是"专于气,一于心"的扩充。"能婴儿乎"，当然就是"能儿子乎"。但是今本《老子》里还有说："含德之厚，比于赤子。蜂虿虺蛇不螫，猛兽不据，攫鸟不抟。骨弱筋柔而握固，未知牝牡之合而朘作，精之至也。终日号而不嗄，和之至也。知和曰常，知常曰明，益生曰祥，心使气曰强。"这段话又是从卫生之经上蜕化出来的。可是今本《老子》的文章比《心术》《内业》，以及《庚桑楚》篇所引的都好。而《心术》《内业》篇所说的用意最明白而素朴。很显然，今本《老子》胎息于那几处的话。而"守柔曰强"一句话，却已经见于《解老》篇，可见这一类的思想自有渊源。

《庄子·山木》篇上说："自伐者无功，功成者堕，名成者亏。孰能去功与名，还于众人？"这几句话应该是《老子》说的吧？可是今本《老子》里只见"自伐者无功"一句话。下面四句，又见于《白心》篇。故曰："功成者隳，名成者亏。故曰：孰能弃名与功而还与众人同？孰能弃功与名而还反无成？无成，贵其有成也；有成，贵其无成也。"这里面功与同韵，名与成韵，自成两排。分明是《山木》篇说的，又是檃括《白心》篇的这几句而成的。可是《白心》篇也没说是老子说的话。《白心》篇说这几句话是有根据的。在上面已经说："去善之言，为善之事；事成而顾反无名。"又说："能者无名，从事无事。"

《庄子·天地》篇："故曰：古之畜天下者，无欲而天下足，无为而万物化，渊静而百姓定。记曰：通于一而万事毕；无心得而鬼神服。"而今本《老子》有两处同这是相近的。例如："无名之朴，夫亦将无欲；不欲以静，天下将自定。"又说："我无为，而民自化；我好静，而民自正；我无事，而民自富；我无欲，而民自朴。"

又《至乐》篇："天无为以之清，地无为以之宁。"而今本《老子》作"天得一以清，地得一以宁，万物得一以生"。可是《至乐》篇又说："故两无为相合，万物皆化。芒乎，芴乎，而无从出乎？芴乎，芒乎，而无有象乎？万物职职，皆从无为殖。故曰：天地无为也，而无不为也。"这段话并不一定根据老子的"得一"之说而来。因为"无为"之说已详于《白心》《心术》诸篇，而"无为"一义，上面已经说过，是从研究《心术》作出发点的。

又《知北游》篇说："失道而后德，失德而后仁，失仁而后义，失义而后礼。礼者，道之华而乱之首也，故曰：为道者日损。损之又损之，以至于无为，无为而无不为也。"这段当然是抄老子的话吧？而且又见于《解老》篇的第一节，但是也不然，因为《解老》《喻老》所引的不一定是《老子》，这篇名，是后人定的。编者看里面所引的句子都同《老子》，以为就是《老子》的注解。至于这两篇里所引的是什么书，下面另有说明。先说"失道而后德"一段，在《解老》篇里是如何。据所引次第录写如次："上德不德，是以有德，上德无为而无不为，上仁为之而无以为，上义为之而有以为，上礼为之而莫之应，攘臂而扔之。故曰：失道而后失德，失德而后失仁，失仁而后失义，失义而后失礼。夫礼者，忠信之薄，而乱之首乎！前识者，道之华也，而愚之首也。故大丈夫处其厚不处其薄，处其实不处其华。故曰：去彼取此。"在上述的说解中间还有"故曰：礼以貌情也"，又说："礼，薄也"，二句是今本所无的。而今本《老子》却夹入"下德不失德，是以无德；下德为之，而有以为"四句。照常理，《知北游》《解老》所引都另有一根源。《知北游》上说："礼者，道之华而乱之首也。"到了《解老》，已经又添上几句了。于是礼变作忠信之薄，而前识是道之华了。到了今本《老子》，于上德之外又出了下德。至于"失道而后德"同"失道而后失德"，在意义上也大不相同。所以今本《老子》是经几度增订出来的。

又《知北游》篇"生也死之徒，死也生之始，孰知其纪"。而《解老》篇所引如此："故曰：出生入死。生之徒十有三，死之徒十有三。民之生生而动，动皆之死地，亦十有三。故曰：陆行不遇兕虎，入军不备甲兵。兕无所投其角，虎无所错其爪，兵无所容其刃。故曰：无死地焉。"这在今本《老子》上如何说呢？却把"民之生生而动，动皆之死地，亦十有三"变作"人之生，动之死地亦十有三。夫何故？以其生生之厚"。这在语意上也简炼多了。下面说："盖闻善摄生者，陆行不遇兕虎，入军不被甲兵。兕无所投其角，虎无所措其爪，兵无所容其刃。夫何故？以其无死地。"虽然也有不同，但在意义上并无多少变动。

再说《解老》《喻老》两篇共同所引的，就是今本《老子》的第四十六章。在《解老》里说："天下有道，却走马以粪；天下无道，戎马生于郊。故祸莫大于可欲，祸莫大于不知足，咎莫憯于欲利。故得之以死，得之以生，得之以败，得之以成。"而在《喻老》及今本《老子》少了最后四句，"祸莫大于可欲"以下改作"罪莫大于可欲，咎莫憯于欲得。故曰：知足之为足矣"。今本《老子》修正得更简炼确实了，"天下有道，却走马以粪；天下无道，戎马生于郊。祸莫大于不知足，咎莫大于欲得。故知足之足常足矣"。照文章看来，《老子》今本是最后出。如果《解老》《喻老》所引真是《老子》，那末今本《老子》还是晚出的修正本，何况那两篇所引的并非《老子》。

### 三 建言有之，圣人曰，大成之人曰，君子曰，诗曰

上面所举的《老子》文句的蜕变途径，仅仅几个例而已；如果再细说，还有很多条。最有意味的是先秦诸子中引及今本《老子》上相同的文句大都没有"老子曰"三字标明，而说明"老子曰"的大都不见于今本《老子》。例如《吕氏春秋·行论》篇引："诗曰：将欲毁之，必重累之；将欲踣之，必高举之。"在《喻老》篇作："将欲翕之，必固张之；将欲弱之，必固强之；将欲取之，必固与之；是谓微明。"而今本《老子》又改作"将欲歙之，必固张之；将欲弱之，必固强之；将欲废之，必固与之，是谓微明"。照这三处的文句看来，原本是一首诗，就是我所谓"诗式的格言"。这例子在古代很多。如《洪范》："王道荡荡，不偏不党；王道平平，不党不偏。"《墨子·兼爱下》篇引作周诗；而下段"其直若矢，其易若厎，君子所履，小人所视"四句，与《小雅·大东》稍有不同，此例还有。可见古书里有许多名句，都是从"诗式的格言"中演化来的。再者今本《老子》里的话不止从"诗式格言"中变来，而且别有许多名目。

《庄子》里有好多处引着与今本《老子》完全相同的句子，都没有说老子曰。例如《胠箧》篇："鱼不可脱于渊，国之利器不可以示人。"又曰："大巧若拙。"又说："绝圣弃知。"《达生》篇说："是谓为而不恃，长而不宰。"又在《山木》篇说："昔吾闻大成之人曰：自伐者无功。"都没有指明老子曰云云。又如《田子方》篇："既以与人，己愈有。"又《知北游》篇："夫知者不言，言者

不知；故圣人行不言之教。"唯《寓言》篇引老子的话："而睢睢盱盱，而谁与居？大白若辱，盛德若不足。"与今本《老子》略同，而"盛德"作"广德"。此外又有许多名句，如《田子方》篇引老聃曰："吾游心于物之初"，并不见于今本《老子》。而所谓"大成之人曰"一句话，最可以注意，不能直接认为一定是老子说。作者在上文已经举出"自伐者无功"以下几句却见于《心术》篇。于是其他引《老子》文句不标明老子曰的也不能直认为抄老子，或许是今本《老子》的底本呢？

再看《吕氏春秋》各篇所引与《老子》相同的，也只有两处说到老聃曰的。《贵公》篇说："故老聃则至公矣。天地大矣！生而弗子，成而勿有。万物皆被其泽，得其利，而莫知其所由始。"《审分览》也说："全乎万物而不宰，泽被天下而莫知其所自始。"其中惟"生而弗子，成而勿有"两句与《老子》文句略同，并且屡屡引到。例如第二章："是以圣人处无为之事，行不言之教，万物作焉而不辞，生而不有，为而不恃，功成而弗居。夫唯弗居，是以不去。"又第十章："生而不有，为而不恃，长而不宰，是谓元德。"同样的句子又见于第五十一章。又在第七十七章里说："是以圣人为而不恃，功成而不处，其不欲见贤。"若照《贵公》篇的意思，这些话是老聃的哲学。如果就今本《老子》说"圣人"如何如何，好像老子还很自谦，把所有的名言都推给古代圣人。再假定《老子》是汉人作的，那末这屡屡称引的话必别有所本。又在《贵公》篇说："大匠不斫，大庖不豆，大勇不斗，大兵不寇。"作者以为这几句话也是出于"诗式的格言"。《小雅·车攻》之诗说："徒御不惊，大庖不盈。"而《庄子·齐物论》说："夫大道不称，大辩不言，大仁不仁，大廉不嗛，大勇不忮。"这些格式固然相同，在意义上也相承的。到了今本《老子》，便说："大制不割。"又说："大成若缺，其用不弊；大盈若冲，其用不穷；大直若屈，大巧若拙，大辩若讷。"更进一步说："夫代司杀者杀，是谓代大匠斫。夫代大匠斫，希有不伤其手矣。"大匠不斫同大制不割，意义相似。至于无代大匠斫，便更进一步了。

　　《吕氏春秋·大乐》篇："道也者，视之不见，听之不闻，不可为状。有知不见之见，不闻之闻，无状之状者，则几于知之矣。道也者，至精也，不可为名。强为之，谓之太一。"在今本《老子》中没有"太一"之说。而《庄子·天下》篇却说他们"主之以太一"，可见"太一"之说也是有所本的。到了今本《老子》里变作这样说："视之不见名曰夷，听之不闻名曰希，搏之不得名曰微，此三者不可致诘，故混而为一。其上不皦，其下不昧；绳绳不可名，复归于无物；是谓无状之状，无物之象；是谓惚恍；迎之不见其首，随之不见其后；执古之道以御今之有；能知古始，是谓道纪。"其中"无状之状，无物之象"两句也见于《解老》篇。所以我们现在的人看来，总觉得老子的文章虽然精美，却是撷取许多英华而成的。就如今本《老子》"吾不知其名，字之曰道，强为之名曰大"几句也是根据《大乐》篇"道至精也，不可为名；强为之，谓之太一"几句而来的。又如《制乐》篇说："汤退卜者曰：吾闻祥者福之先者也，见祥而为不善则福不至；妖者祸之先者也，见妖而为善则祸不至。于是早朝晏退，问疾予丧，务镇抚百姓。三日而谷亡。故祸兮福之所倚，福兮祸之所伏。圣人所独见，众人焉知其极。"现在的《老子》里却把它檃括成这样几句："祸兮福之所倚，福兮祸之所伏。孰知其极，其无正。正复为奇，善复为妖；人之迷，其日固久。"再证以《解老》篇所引："祸兮福之所倚，福兮祸之所伏，孰知其极，故曰迷。人之迷也，其日故以久矣。"三处的句子，又是《解老》为最朴素。恐《制乐》篇还是别有根据的。

此外如《应同》篇说："师之所处，必生荆棘。"《乐成》篇："大智不形，大器晚成，大音希声。"《任数》篇："故至智弃智，至仁忘仁，至德不德。无言无思，静以待时；时至而应，心暇者胜。"《重言》篇："故圣人听于无声，视于无形。詹何，田子方，老聃是也。"这四篇里，惟《重言》篇带便提到老聃以外，其余都没有说见于《老子》。而今本《老子》第三十一、第四十一两章里都有完全相同的句子。而第三十八章的"上德不德"同"至德不德"相近。而"听于无声，视于无形"同第三十五章的"视之不足见，听之不足闻，用之不足既"亦相近。我们从这里可以看出，作《吕氏春秋》的时代，今本《老子》的雏形或许已经出现。即以《韩非子》而论，《解老》《喻老》虽未提到老聃，可是《六反》篇上说：老聃有言曰："知足不辱，知止不殆。"这两句话虽不见于《解老》《喻老》，可是《庄子·天下》篇正说："无藏也，故有余。"《喻老》篇也有"知足之为足"一语。大概会是老聃的话。

因此我们想到，今本《老子》中时常用同样的句子。上面所举的"生而不有，为而不恃"，已经四引。同样的话，在《吕氏春秋·道公》篇及《庄子·田子方》篇都没有特别注明老子说。此外如"挫其锐，解其纷，和其光，同其尘"，见于第四章，而第五十六章作"塞其兑，闭其门，挫其锐，解其分，和其光，同其尘，是谓元同"。第五十二章又作"塞其兑，闭其门，终身不勤；开其门，济其事，终身不救"，而第六章又引"用之不勤"一句。又如"知常曰明"一句见于第十六章，又见于第五十五章，而第五十二章作"见小曰明，守柔曰强。用其光，复归其明，无遗身殃，是道习常"。这是重引的第三个例子。再如："物壮则老，是谓不道，不道早已。"三句见于第三十章及第五十五章。最后便是"知足不辱，知止不殆"两句了。第四十四章作"知足不辱，知止不殆，可以长久"。第三十二章作"夫亦将知止，知止可以不殆"。第三十三章作"知足者富"。而第四十六章的"知足之足，常足矣"，也是从"知足不辱，知止不殆"二句上蜕化而出。除掉这些重引的句子以外，还有许多像引用的句子。例如第四十一章说："故建言有之。"这建言，就是《白心》篇开头说的"建当立，有以靖为宗"，《庄子·天下》篇的"建之以常无有"，可见建言有之以下的句子是引用的话。又如第五十七章"故圣人云"，第七十八章也说："故圣人云"，其他说"是以圣人如何如何"的例子更多，见第二章、第三章、第七章、第十二章、第二十二章、第二十七章、第四十七章、第六十三章、第六十四章、第六十六章、第七十二章、第七十三章、第七十七章、第七十九章。就用这样的文体去看，作五千言的《老子》定非老聃，而所谓"圣人曰""是以圣人云云"的，或许是老聃。这种风气在《淮南子》里还保存着。《道应训》上说："老子曰：美言可以市尊，美行可以加人。"在《人间训》里同是两句话，却说"君子曰"。因此我们想到，在这五千言的《老子》里，至少应该有一部《老子》的底本，都是一些很简单的句子，是作《韩非子》《吕氏春秋》的学者所见到的，读者必定说这还不是《解老》同《喻老》所引的吗？在作者看来不尽然。

## 四　丹书是《老子》五千言的前身

作者先来说一句扼要的话："《解老》篇之所解，《喻老》篇之所喻的句子，是丹书上的话。"或许当时的人已经以丹书为《老子》。不过韩非子引老子的话是说"老聃之言曰"，已见上面所述。引丹书的话，却说"书之言曰"。在《外储说左上》篇说："书曰：绅之束之。宋人有治者，因重带自绅束也。人曰：是何也？对曰：书言之固然。"又说："书曰：既雕既琢，复归其朴。""梁人有治者，动作言学举事于文。曰：难之。顾失其实。人曰：是何也。对曰：书言之固然。"用这里所引的"书之言"，同《解老》篇里的"书之所谓"相较，知道《外储说》所引与《解老》《喻老》所引必定是同性质的书。《解老》篇说"书之所谓治人"者，即指该文里面的"治人事天莫如啬"一句而言。又说："书所谓柢也"，即指下文"深其根，固其柢"的柢字。又如："书之所谓大道也者，端道也。"即指"大道甚夷而民好径"的大道。而这些句子，同"绅之束之""既雕既琢，复归其朴"几句话性质也是相近的。假定这些句子，韩非认为都出于《老子》，为什么在《六反》篇说"老聃之言曰"，而《解老》《喻老》两篇文章里一声也不提到老子呢？所以作者以为《解老》《喻老》二篇题乃后人所定。这在《韩子》里也有例证的。《韩子》的文章本自有篇名，其著者见于《史记·老庄申韩列传》。而今本内外储各篇有所谓《内储说》上下两篇；《外储说》有左上、左下、右上、右下之称。这左上、左下、右上、右下，是就简册的地位而定的名称，无其他意义，当是编校者的说法。因此说《解老》《喻老》的名称是编者所定的。而且这两篇体例相同，解喻之绝对不同也不大显著。再者《解老》《喻老》的价值也并不尽是佳解、佳喻。例如，《解老》篇说："书之所谓大道也者，端道也。所谓貌施也者，邪道也。所谓径大也者，佳丽也。佳丽也者，邪道之分也。朝甚除也者，狱讼繁也。狱讼繁则田荒；田荒则府仓虚，府仓虚则国贫；国贫，则民俗淫侈；民俗淫侈，则衣食之业绝；衣食之业绝，则民不得无饰巧诈；饰巧诈则知文采，知文采之谓服文采，狱讼繁，仓廪虚，而有以淫侈为俗，则国之伤也，若利剑刺之。故曰：带利剑。诸夫饰智故以至于伤国者，其私家必富；私家必富，故曰资货有余。国有若是者，则愚民不得无术而效之；效之，则小盗生。由是观之，大奸作则小盗随，大奸唱则小盗和。竽也者，五声之长者也，故竽先则钟瑟皆随，竽唱则诸乐皆和。今大奸作，则俗之民唱；俗之民唱，则小盗必和。故服文采，带利剑，厌饮食，而资货有余者，是之谓盗竽矣。"这段所解释的是今《老子》第五十三章。在这里可以看出今本的"唯施是畏"，《解老》作"貌施"；"大道甚夷"，或作"大道径大"；"朝甚除"以下，似乎不作"田甚芜，仓甚虚"。下面的文句虽然与今本相同，而所解的意义却大不相同。照今本"使我介然有知，行于大道，唯施是畏；大道其夷而民好径"一段是说一般人都只走小路，不肯走大道。下面说："朝甚除，田甚芜，仓甚虚。"这"朝"就是"庭除"的"庭"，今人所谓"坛场"。"除"是"清除"的意思。坛场上没有晒一点农作物，干干净净的；田里也很荒芜，仓廪里也没有一点东西。但是呢，"服文采，带利剑，厌饮食，财货有余"。这非是"盗夸"不可了,"非道也哉!"分作三段说,本很简单的;而解者说得太支离了。"夸"字就是"竽"字,我在前面说杨朱一段里讲过。盗"夸"即是"夸父与日竞走"的"夸父",是古代一种野蛮人。《老子》里所谓"强梁者不得其死,吾将以为教父",这"教父"也就是"夸父",也谓之"盗夸"。我们如果相信盗跖的跖字可以写作蹠,便知道"盗蹠"就是"盗夸"。虞麻合韵。而从夸从庶的字,许多入麻韵。都是强梁者的公名词。作者的话恐怕不会错。那末"盗竽"的"竽"作乐器解便成了笑话,而且"朝甚除"一句,定把"朝"字解作"朝廷",又说多狱讼,更其可笑了!这两篇里的毛病还很多,并不一定是韩非所作。先秦诸子里本有很多夹杂的东西,岂止《韩非子》里的《解老》《喻老》呢?"教父"既然是"夸父",今本《老子》"强梁者不得其死,吾将以为教父"以上加入"人之所教,我亦教之"两句也是画蛇添足,因为不明白"教父"二字是怎么讲的缘故。所以今本《老子》原本也是根据一些"诗式格言"演解而成,其性质与《解老》《喻老》是一样东西。这种风气不止老子一派如此。譬如作者前举的《心术》《白心》《内业》诸篇,也是根据几十条"诗式格言"演解而成。此外《管子》里像这样的文章就很有几篇。例如:《牧民》篇有《牧民解》;《形势》篇有《形势解》;《版法》篇有《版法解》;《明法》篇有《明法解》,等等。所以韩非在《八说》篇里说:"书约而弟子辩。"照上举的例子来说,正是"书约而子辩"的演化方法。所以先秦诸子中有一通常的语法,就是在一大段的议论之后,引故曰云云作证,同《论语》《孟子》《墨子》里引诗书作证是一样的语法。而这种语法屡见于晚期的作品里,如《庄子》《韩非子》

《管子》《吕氏春秋》里各篇，乃至《荀子》里也有许多。而在这许多"故曰"之下的句子，时常出现于今本《老子》之中；可是也有许多不在《老子》里的，这便是作者以为"丹书"是今本老子的底本的原由。

今本《老子》五千言的文句，或许是根据先秦的《老子》原本而来的，为什么一定是出于"丹书"？即使《解老》上说"书所谓"，也没有说"丹书所谓"。而且又要问"丹书"是什么书。这些问题可以使我麻烦一下子，但是还不要紧。因为"丹书"固然有一种特别的解释，也有一种普通的解释。古人写字用铅丹，写上是白的，经久了，起一种化学作用，变作丹色。所以丹书也称"幡簿"。《淮南子·俶真训》："洛出丹书，河出绿图"，而《吕氏春秋·观表》篇作"绿图幡簿"。固然"幡"字可以作拭字解，然《庄子·天道》篇："繙十二经以说"，又可以作写上去解。总之，从番的字，如燔，有赤义；如皤，有白义，正合于铅丹之意。而且用《观表》篇同《俶真训》相比，"丹书"就是"幡簿"是无疑问的。照这样说，平常用铅丹写的都可以称"丹书"。而且丹、聃声音相同。或者由"丹书"而引申出"聃书"来。依据古书上所称引的"丹书"，其内容也不大相同。《大戴礼·武王践阼》篇："武王问师尚父说：昔黄帝、颛顼之道存乎？师尚父曰：在丹书。"于是说"道书之言曰：敬胜怠者吉，怠胜敬者灭；义胜欲者从，欲胜义者凶"云云。这些话同《解老》《喻老》所引的性质十分相近。可是《荀子·议兵》篇引这几句诗式的格言，没有说黄帝曰，也不注明丹书曰。总之，"丹书里"有"黄帝之道"。那末今本《老子》五千言里有黄帝之道没有呢？作者从《吕氏春秋》《淮南子》各篇里注明黄帝曰的话去考索，都没有同今本《老子》相近的。可是《列子·天瑞》篇说："黄帝书曰：谷神不死，是谓玄牝；玄牝之门，是谓天地之根；绵绵若存，用之不勤。"正是今本《老子》里的话。《列子》虽然是晋人所编，其中的话往往是有根据的。而且晋人近古，所看见的书比我们多。他们大都精于老庄之学，如果不是别有所据，明白在《老子》里的句子为什么说是"黄帝书曰"呢？黄帝之道既然在"丹书"，而上引例子上所谓黄帝书又正是《老子》上的句子，又加以《韩非子》里《解老》《喻老》两篇中的"书所谓"及《六反》篇的"书之言"等等明证，说今本《老子》原于"丹书"大概不是无根之谈吧？经作者这番考证之后，西汉人为什么总是说"黄老之学"的缘由也明白了，因为他们所见的《老子》五千言往往与黄帝的"丹书"有相同的句子哪。

## 结　　论

据上面的研究，我们可得一结论。《老子》这部书，不论在内容与形式两方面，都是经过一相当时期长育出来。说五千言的《老子》在孔子以前已有的，除了根据旧说之外不能得到任何可信的理由。如孔子以前已经有这样妙玄的"道"，孔子却依旧用这样朴素的方法来说"仁"，作者不能相信。而且中国哲学里说"天道"的话，都是从说"人道"的话里转化而来。中国哲学家说"道"，都是从研究"心性的关系"上演绎出"自然界的道"。《老子》五千言里的"道"，看来是从"自然界"直接领悟而得，但其中若"虚其心，实其腹""心使气曰强""圣人无常心，以百姓心为心"等话，同孟子、宋钘的话都有直接关系，并且可以看出老子所说心的意义，以及与气的关系，如果没有孟子、宋钘的思想作根源，那末在五千言里便成为无源之水。假定把五千言《老子》放在孟宋诸家之后，便语语有据了。再以形式来说，据作者的看法，虽说出自"丹书"，但是用一种特殊的意义来说丹书的内容也有多种复杂的关系。古书里所引的"丹书"，有些话是很庞杂的，这个问题所牵连的很多，又当别论。所以作者以为《庄子·天下》篇里所说的老子思想是最朴素的先秦的隐君子之说。在这一基地上，经过杨朱、孟轲、宋钘、慎到，乃至于庄周，才孕育成今本《老子》五千言里的思想。其在形式方面，也是经过"丹书"的杂抄先秦诗式格言以后，又经过一番洗炼，才有今本的《老子》。五千言的撰成是在《易传》和《中庸》之间。这三部书的立足点是相同的，而说法不相同。所谓"道家"，本是孔门后学的别派，起于战国极晚的一时期，再给以范围，可以说在《荀子》《韩非》《吕氏春秋》以前，除掉《荀子》一言"道经"以外，旁征博引的《吕氏春秋》也没有说"道家"。其实《解蔽》篇的"人心之危，道心之微"两句话原本也就是"丹书"上的话。所以后出的《尚书·大禹谟》把它演为"人心惟危，道心惟微；惟精惟一，允执厥中"四句话。还有一点很有趣，《老子》五千言里论"道"的妙文，不止先秦诸子中所未引，连出于老庄二家之学喜欢谈"道"的《淮南子》，在《原道》《俶真》《道应》三篇里都没有引到。《原道训》里说："原流泉浡，冲而徐盈；混混滑滑，浊而徐清。"四句应该是脱胎于老子吧？但今本《老子》说：

古之善为士者，微妙玄通，深不可识。夫唯不可识，故强为之容。豫焉若冬涉川,犹兮若畏四邻,俨兮其若容,涣兮若冰之将释,敦兮其若朴,旷兮其若谷,混兮其若浊。孰能浊,以静之徐清;孰能安,以久动之徐生。保此道者不欲盈。夫唯不盈,故能蔽不新成。

老子不欲盈,《原道训》反说"冲而徐盈";《老子》说"静之徐清",《原道训》说"浊而徐清",多少还有不同。至多只能说受今本《老子》的些微影响,不是直抄。那末读者一定要问,难道今本《老子》还出在《淮南子》以后吗?这当然不是的。就大体上说来,今本《老子》五千言是司马迁至扬雄所共见的。然而从西汉以后至于王弼本的《老子》,在内容上还有不尽相同的。《淮南子》内二十一篇中,惟有三篇未引老子,其余篇篇都有引到,《道应训》更不必说。例如今本《老子》"美言可以市,尊行可以加人",在《人间训》及《道应训》所引,都是作"美言可以市尊,美行可以加人",在意义上已大不相同了。此外还有好多条,读者可以自取比较。如果再仔细点说来,今本《老子》还不能说就是西汉人所见的本子。作者所用章节,都是根据王弼本。若以傅弈本、河上公本逐条相较,其不同者更多了。晚出的敦煌写本,也颇有不同。手头没有,另日再来补校。总之,今本《老子》五千言在西汉时是分上下篇,原于先秦的"丹书"。而"丹书"乃是杂抄先秦的"诗式格言"之书,其中有先秦隐者老聃的话,也有别家的话。今本《老子》就是根据老聃、庄周一派思想洗炼演绎而成。至于老聃的姓名故事,已详同学高亨先生的《老子正诂序》。老子姓老,其人是太史儋,或作聃,或作耽。至于姓李名耳,字伯阳的话,虽出太史公，因为已经信他的老子是太史儋说，此点只得割爱了。《淮南子·修务训》上说："书传之微者，惟圣人能论之。今取新圣人书名之孔墨，则弟子句指而受者必众矣。"今本《老子》五千言正是作《修务训》的学者所看见的"新圣人之书"。

一九四二年八月二十六日于渝州南岸旅次

（载《文史杂志》第三、四期）

# 辨儒墨

前几年学术界上有一新空气，就是提倡本位文化。近来又有一种新空气，是提倡新儒学。这种形势，同晚清末年的提倡墨学隐然相对。从提倡墨学的空气澎湃之后，继之以打倒孔家店，不到二十年工夫，天下并未太平，本位文化，又交好运，提倡新儒学的口号叫得很响。笔者觉得提倡墨学，打倒孔学，或打倒墨学，提倡孔学，都各有所见，最可怕的是阳儒阴墨，或阳墨阴儒，这种老汤头应该赶快结束。我们所需要的是说什么是什么；不是什么，不说什么。哪一种学派中都有好的成分，也有坏的成分。孔学墨学，一样不能例外。

孔子的口里本来不会有"儒学"的"儒"字出现的。不知哪一位孔门的再传、三传或许是四传的后学，硬说孔子对子夏讲过："汝为君子儒，无为小人儒。"儒字根本不是一个体面字。如果再带上一个侏字，我们大家都要避之若浼了。岂有以道自任的弘毅志士，自称为"儒"的道理。姑且承认孔老先生自己确实称他们的学派作"儒"，那么一个"儒"字足够了，还能再分出君子与小人吗？像这样的大语病，中国历来的知识分子居然深信不疑，可见经典的势力之大了。儒墨两个字，都是先秦显学两宗互相诋諆之词。仔细的考究起来，同先秦的文化史有密切关系。现在分头说来。

## 一 古代东方的文化中心

东方两字，不能作平常的看法，是指经传上、古器物铭上，所见的东方而言，就地域上说，是指以齐鲁作中心的大小各邦，《左传·僖公四年》管仲对楚人说的话："东至于海，西至于河，南至于穆陵，北至于无棣。"这范围同笔者所说的东方相差不远。古代的文化同地理形势有关系，同民族性更有关系，而民族都是择地而处的。中国古代民族所活动的中心地带是黄河流域。这一带的地形，总而言之，可以用《天问》上一句话："康回凭怒坠，何故以东南倾？"《淮南子·原道训》上有几句话又详细一些："昔共工之力，触不周之山，使地东南倾。"《天文训》上所说更详细了："昔者共工与颛顼争帝，怒而触不周之山，天柱折，地维绝，天倾西北，故日月星辰移焉；地不满东南，故水潦尘埃归焉。"这派话固然同创世纪一样质料，可是我们分析其中道理，正是古代人对于黄河流域地形构成的推测。中国古代民族最早一期，是活动于太行山西北的盆地里。第二期是活动于黄河大三角洲的冲积地。第一期的文化，或许就是今人所谓仰韶文化，第二期的文化就是殷人的文化，经籍上所谓殷、东两国，正是东方文化的中心。活动于太行山西北盆地的，是早期的狄族，活动于黄河冲积地的是东夷。逸《太誓》上说："纣有亿兆夷人，离心离德。"又《左传·昭公四年》也有说到："商纣为黎之蒐，东夷叛之"，《昭公十一年》又有说："纣克东夷，以陨其身。"殷人原本就是东夷，却不成问题，还得说明的是夷与狄原本都是黎族。纣为黎之蒐,东夷叛之,这是黎与夷同种族的证据。《左传·宣公十五年》说潞子婴儿是狄族。而狄有五罪。酆舒弃仲章而夺黎氏地,是五罪中之最大者。这与纣为黎之蒐的意义相同。可见狄族与黎也有密切关系。早期的貊貉,就是晚期的苗黎。这两个名词,正是同一语根。其详见拙著《中国古代宗族移殖史论》。

我们虽然说夷狄同宗于黎,可是还需要补充的解释。就是说:狄是早期向西北方盆地移殖的黎族,夷是晚期兴于东南方的黎族。西北方的狄族与东南方的夷族来往很密切,交通尤其频繁,因此在西北方盆地里住的人深切的感受到地何故东南倾。《诗经·信南山》一章里说:"我疆我理,南东其亩。"为什么南东其亩呢?《左传·成公二年》鞌之战,齐师败绩。齐侯遣宾媚人致赂,晋人不可,必定要齐之封内尽东其亩。宾媚人说:"先王疆理天下物土之宜,而布其利,故《诗》曰:我疆我理,南东其亩。今吾子疆理诸侯,而曰尽东其亩而已,唯吾子戎车是利,无顾土宜,其无乃非先王之命也乎?"在这里面,正是反映出晋人为便利自己,要齐人尽东其亩,而自己呢?还是南东其亩。好教齐人不容易走到自己这里,而自己可以轻便的出来,于是要齐人尽废古法。古代的陳字就是田字。陳字的古文从阜,从東从土,也就是战阵的阵字。从这里,很明显地表示出西北文化中心与东南文化中心交往之多,而政治上的间隔之严。

东夷的文化以殷作代表。北狄的文化呢?以诸夏作代表。在文化上说来,原本是一个系统。早期的北狄,在文化的声价上,当然不如东夷。可是晚期的诸夏,却要超越东夷了。《国语·鲁语下》:"荣成伯曰:若楚之克鲁,诸姬不获窥焉!而况君乎?彼无亦置其同类，以服东夷，而大攘诸夏。"这是后来楚为东夷领袖时的说法。古代的文化，东方自有一系统。不论传说、史实，两方面说来都有证据。《山海经·大荒东经》有大人之国、有大人之市，名曰大人之堂。又有君子之国，衣冠带剑。《淮南子·地形训》："东方有君子之国。"高诱注云："东方木德仁故有君子之国。其人衣冠带剑，食兽，使二文虎。"《说文解字》曰："东夷从大人也；夷俗仁，仁者寿，故有君子不死之国。"又《时则训》有"自碣石山过朝鲜，贯大人之国"一语。高诱注曰："碣石在辽西界，海水畔。朝鲜，乐浪之县也。贯，通也。大人国在其东。"其实大人国、君子国，不必东到那么远。《国语·鲁语下》有一段托名孔子说的话，最后几句说："在虞，夏，商为汪芒氏；于周，为长狄；今为大人。"长狄就是鄋瞒，见《左传·文公十一年》；也就是潞，见《左传·襄公三年》，在齐、在晋都有。齐的四境可以北至于无棣。杜预说："无棣，在辽西孤竹。"《汉·地志》："孤竹城在辽西令支县。"应劭说："盖伯夷之国。"而求仁得仁的伯夷、叔齐，就是孤竹君之二子。《括地志》说："孤竹古城在卢龙县南十二里。殷时诸侯孤竹国。"《论语·微子》篇："微子去之，箕子为奴，比干谏而死。孔子曰：'殷有三仁焉！'"正是夷俗仁的证据。像伯夷、叔齐、微子、箕子、比干，还当不起君子国的人吗？金文"夷"字作𠂆，作𠂆，实即尸字，所以《说文》古文"仁"字作𠤎。亦从尸字，正合夷俗仁之说。甲文仁字亦是从尸，从二。就是《易经》所谓"二人同心，其利断金"之意。再者，夷字小篆从大，从弓。大字也正是象大人之形。从弓，是表示善射猎。叔作𠭯，也是善射之意。夷、叔二字都是表示东方文化的特色，而同时又是很仁厚的。

大人国、君子国的解释算是有了。小人国有没有呢？《大荒东经》于大人国之后正有"小人国其民名靖人"。小人国正是古代的"朱儒"。《左传·文公十一年》："鄋太子朱儒，自安于夫钟。国人勿徇。"襄公四年冬十月："邾人，莒人伐鄫，纥救鄫。侵邾。败之于狐骀。国人逆丧者皆髽。鲁于是乎始髽。国人诵之曰：臧之狐裘，败我于狐骀。我君小子，朱儒是使；朱儒，朱儒，使我败于邾。"于此可见东方的大人国，如殷代的孤竹，周代的宋；小人国，如鄋，如邾。而邾之中又有大邾、小邾。《庄公十五年》："宋人、齐人、邾人伐郳。"杜预说："郳，属宋。"又说："郳即小邾。"古代朱、东二字声近相通。与陈、田的道理相同。如朱蒙可以作东明。《论语》里说颛臾是小国"先王以为东蒙主"。所以大邾、小邾，即《诗经》的大东、小东，于是我们明白了，即使孔子有对子夏说："汝为君子儒，无为小人儒。"原本一定是作："汝为君子仁，无为小人儒。"君子即大人君子的君子，小人即小人国的小人。《孟子》《庄子》里屡以大人代表君子都是东方的尚仁的夷族。后来墨者菲薄他们说："你们哪里是'仁者'，你们简直是'儒者'。"仁字如邻切，儒字人朱切，也可以作如朱切，同属一类。这是墨者用同声字诋毁孔门外学的明证。儒训柔也，岂有衣冠、带剑、善射，如伯夷、叔齐、比干一类人自称为柔者之理？并且从"朱儒是使"一首歌里看，正可以说明孔子以前没有承认儒是好名称的绝好证据。在这里我们再补充几句，《左传·哀公二十一年》有一首歌曰："鲁人之皋，数年不觉，使我高蹈。唯其儒书，以为二国忧。"杜预说儒书指《周礼》，这是无根之谈。儒书同《昭公二十八年》的"郑书"一样都是国书，二国中正有邾，这是儒书即"邾书"的明证。

仁厚每每会流为柔弱，但是孔子所说"仁"是否类于柔弱呢？我们再来研究一番。仁字起源甚早。甲骨文中的"仁"字，已经是从人从二。在上面笔者用《易经》的话去解释，与郑玄"相人偶"之说也合的。不过孔子说仁，却没有这样简单，正是孔老先生继往开来的可贵之处。他不仅否定仁是柔，而且直截了当提出"刚毅木讷近于仁"一句口号。孔子说仁总是兼知勇的。如说："仁者必有勇，勇者不必有仁。"又说："未知，焉得仁？"这不是仁兼知勇吗？孔子推崇仁到了极点。所以说："仁者先难而后获。"又说："力行近乎仁。"仁简直是超乎毅力以上。于是说"知及之仁能守之"是圣人。又说："不仁者，不可以久处约，不可以长处乐。"孔子虽推重仁，可是他自己非常谦逊。说："若圣与仁，则吾岂敢！抑为之不厌，诲人不倦，亦可谓云尔已矣！"最后孔子还说："志士仁人，无求生以害仁，有杀身以成仁。"照孔子的说法，以及他的行为看来，仁者决非儒者可以当得起。于是仁厚决不至流为柔弱。我们用现代的话来解释：仁者是有一种超拔于现实生活，而登于理想生活的至诚。不是仅仅以生存为目的，仁者的最大目的是"与人为善"。所以说："泛爱众，而亲仁；行有余力，则以学文。"又说："君子以文会友，以友辅仁。"孔子说文，大体上总是与仁相连的。

## 二　士族的渊源及其代表人物

孔子说仁是渊源于东方文化，孔子说文，却渊源于西方文化，先来说"文"字的构造。在金文里作🅥，从大，从心，也有把心字省作∪的。甲骨中的文字就是如此，也有省作夳的，这是指事了。

凡是有心人，才可以当得起文人这个称号。若再复杂一点说：必定是有内心生活，或心身修养的大人。孟子说："大人者，不失其赤子之心者也。"用这句话来解释从大从心的文字，最确切不过了。不论经传里、古器物铭里都很推崇"前文人"。这个名词非常之古，哪种人算是"前文人"呢？孔子说："先进于礼乐，野人也。"恐怕这种人还是真正的"前文人"？孔子自己慨叹着说："文王既没，文不在兹乎？"这同他平常的谦逊态度大不一样，其中必有苦衷。《礼记·孔子闲居》篇引孔子读《诗》的赞语说："施其文德，协此四国，太王之德也。"大王、文王、周公，都是西方人，周公尤其是孔子所钦佩的大人物。他很感慨地说："甚矣！吾衰也。久矣！吾不复梦见周公。"孔子的学问，一方面不失其东方本色"尚仁"；一方面又很能采择西方文化"尚文"。因为"周监于二代，郁郁乎文哉"！于是说："吾从周！"孔子既尚文，又重质，他说："文莫吾犹人也，躬行君子，则吾未之有得。"又说："敏而好学，不耻下问，是以谓之文也。"与文相关的是"史"。孔子说自己"好古敏以求之者"。同时又说"吾犹及史之缺文也"。史比之文，更进一步。所以孔子说："质胜文则野，文胜质则史。文质彬彬，然后君子。"孔子论仁，曾子以忠恕作解，至于文的内容，是礼乐。总括的说一句：孔子的学问确乎是一种人文主义。

这种人文主义的精神，是脱俗雅化的教育计划，出乎西方的华夏民族。古代东方殷民族的文化是有巫祝一道，就是殷代的"贞人"。在西方却有所谓"卿士"同"太史"。或单言士、言史，因而形成西方的士族。《说文解字》说："推十合一为士。士，事也。"正与卿士或作卿事一义相合，子贡说颜回"闻一以知十"又正是士的本色。士与史既有相关,则十口相传曰古,又同士的精神相通。甲骨文中有"仁"字无"士"字。士族之渊源,确在周初。《诗经·大雅·文王》章:"济济多士,文王以宁。"又说:"凡周之士,丕显弈世。"《棫朴》章:"济济辟王,左右奉璋;奉璋峨峨,髦士攸宜。"都可以证明周初人尚士的精神。《论语·微子》篇说周有八士:"伯达、伯括、仲突、仲忽、叔夜、叔夏、季随、季骒。"东方的国家大半用贵族,而西方的国家,都是好用士族,这士族如何形成的呢?《左传》《国语》中说到士的地方最多,把士族的精神描绘得相当正确。《左传·桓公二年》:"故天子建国,诸侯立家,卿置侧室,大夫有贰宗,士有隶子弟,庶人工商各有分亲,皆有等衰,是以民服其上,而下无觊觎。"又《昭公七年》:"王臣公,公臣大夫,大夫臣士,士臣皂,皂臣舆,舆臣隶,隶臣僚,僚臣仆,仆臣台。马有圉,牛有牧,以待百事。"《晋语》曰:"公食贡,大夫食邑,士食田,庶人食力,工商食官,皂隶食职。"据上三条,士,正是间于贵族与平民之间。士是西周以下的社会中心势力。《荀子·富国》篇:"由士以上,必以礼乐节之;众庶百姓,则必以法数制之。"这同刑不上大夫,礼不下庶人的说法相同。这都是东周以后的情形。西周的"士",可当春秋以后的"大夫"。《左传》《国语》《荀子》,都是根据春秋以后的实情来说的。春秋以前,大别说来,恐怕只有诸侯、士、百姓三等。"卿士"同"史",虽是周代通常的官,殷代也还有。惟这诸侯、士、百姓三级却从金文中侯、甸、男三级上蜕变出来的。《尚书·多士》篇说:"俊民甸四方。"足证"甸服"就是后来士一阶级。侯当然是食贡,甸就是士,所以士食田。庶人、百姓,就是男,自然是食力。由甸到士,由士到大夫，正是西周初年到春秋一时期的士族蜕变过程。春秋的大夫都从士升上去的，这有许多例子，都见于《左传》。我们可以举几个标准人物来说。

晋国称霸中原的功业，虽然成于文公，其端绪实开始于献公。献公是起用当时的士族，而推翻原有的贵族之第一人。晋国的士族有好几位是南方人，并且向来有"楚材晋用"的风气。晋献公用士蒍，还在齐桓公用管仲之前。《左传·庄公二十三年》："晋桓庄之族逼。献公患之。士蒍曰：去富子，则群公子可谋也已。曰：尔试其事。士蒍为群公子谋谮富子而去之。"《庄公二十四年》："晋士蒍又与群公子谋，使杀游氏之二子。士蒍告晋侯曰：可矣！不过二年，君必无患。"《庄公二十五年》："晋士蒍使群公子尽杀游氏之族。乃城聚而处之。冬，晋侯围聚，尽杀群公子。"《庄公二十六年》："春，晋士蒍为大司空。夏，士蒍城绛。以深其宫。"从此以后才有强盛的晋国。士蒍的手法是很厉害。可是晋献公是他扶助起来的。士蒍是始终忠于晋。后来文公流离在外十九年，也"有士三人，足以上人"，果得晋国，称霸诸侯。从此晋国的士族大兴。其中最重要的一位，名士会的是士蒍的孙子。本名随会，因为原本封于随；后来封于范，也名范会。始见于《左传·僖公二十八年》。到了宣公十六年，将中军，主政，称范武子。他的儿子是士燮、士鲂，燮称范文子。燮子士匄称范宣子。匄子士鞅，称范献子。后来鞅子范昭子士吉射为赵鞅所逼，逃奔于外。已经在定、哀的时候。总观士蒍、士会一族贯春秋十二公，二百四十余年，都是拥护晋献公、文公的政权系统。此外《左传》里称士的除《襄公九年》的士雃是秦大夫以外，余多在晋。并且晋国士族中，除掉先蔑称士伯，巩朔称士庄伯之外，其余称士的大半是士会子孙，或别族，即使荀、赵大宗也没称之以士的显号。

《左传》里对于士会特别推崇备至。其德业、政绩，皆在士芳之上。鲁文公的时候，士会为赴秦逆公子雍的嫌疑，逃奔秦国。《左传·文公十三年》：郤成子派魏寿余去诱之使返。士会向秦伯说："晋人，虎狼也。若背其言，臣死，妻子为戮，无益于君，不可悔也。"秦伯曰："若背其言，所不归尔帑者，有如河。"等到士会过河，魏人噪而还。秦人归其帑。在这里，可以看出士会能够得秦晋两方面人的信任。《宣公十七年》："范武子将老，召文子曰：燮乎！吾闻，喜怒以类者鲜；易者实多，《诗》曰：'君子如怒，乱庶遄沮；君子如祉，乱庶遄已！'君子之喜怒，以已乱也，弗已者，必益之。郤子其或欲已乱于齐乎？不然，余惧其益之也。余将老，使郤子逞其志，庶有豸乎？尔从二三子唯敬。"这里，又可以看出士会能让。成公二年士燮将上军，鞌之战，晋师归。范文子后入。武子曰："无为吾望尔乎？对曰：师有功，国人喜以逆之，先入，必属耳目焉，是代帅受名也，故不敢。武子曰：吾知免矣。"这里又可见他们的谨慎谦逊。到了成公十七年，鄢陵之战，晋人又胜利。"范文子返自鄢陵，使其祝宗祈死曰：君骄侈而克敌，是天益其疾也。难将作矣！爱我者，唯祝我，使我速死。无及于难，范氏之福也。六月戊辰，士燮卒。"这回的战事，原本士燮是反对的，结果是胜利了。归来后，他使祝宗祈死，这是他责任心的表现。襄公九年："士匄佐中军。"这是副执政的地位。到了十三年，"晋侯蒐于绵上以治兵。使士匄将中军，辞曰：伯游长。昔臣习于知伯，是以佐之，非能贤也。请从伯游"。伯游就是荀偃。于是荀偃将中军。可见士匄犹有祖父之风。从此以后,士鞅同栾赵两族结了怨。到鲁定公十四年,赵简子逐范中行氏。士吉射率两族人出奔。相持了好几年。赵简子反说范氏、中行氏。"反易天明,斩艾百姓,欲揽晋国,而灭其君。"我们如果仔细一考究,不多年以后,三家同攻知氏,跟上去的是三家分晋,便可知道逐范中行氏是三家分晋的前奏。并且当时的诸侯都是帮助范中行氏的,也是得道多助的证据。还有一件事,可以同豫让相比的。哀公五年:"晋围柏人。荀寅,士吉射奔齐。初范氏之臣王生恶张柳朔。言诸昭子,使柏人。昭子曰:非夫而雠乎?对曰:私雠不及公。好不废过,恶不去善,义之经也。臣敢违之?及范氏出。张柳朔谓其子曰:尔从主勉之,我将止死。王生授我矣。吾不可以僭之。遂死于柏人。"我们知道范会的家教,一直影响到几代以下的家臣。这不是偶然的。早在昭公二十年,楚屈建使于晋。问范会之德于赵武子。曰:"夫子之家事治,言于晋国,竭情无私。其祝史祭祀,陈信不愧,其家事无猜。其祝史不祈。"建以语康王。康王曰:"神人无怨,宜夫子之光辅五君,以为诸侯主也。"这是士会在国外的舆论,当成公十八年晋悼公即位的时候,"使训卿之子弟共俭孝悌。使士渥浊为太傅,使修范武子之法;右行辛为司空,使修士蒍之法"。这是在晋国以内对于士会的怀念。士会真是古代士类的楷模了。

## 三 重士的风气与尊士的学派

士族的地位,在殷周之际突然增高。从此直到战国晚期,依然不衰。这种风气既然起于西方,所以也是秦晋两国最盛。秦自孝公以后,就不断的用客卿。大都来自东方、南方。《吕氏春秋》一书成于始皇初年，其中就充满重士的空气。《爱士》篇："故贤主，必怜人之困也，必哀人之穷也。如此，则名号显矣，国士得矣。"《知士》篇："夫士亦有千里，高节死义，此士之千里也。能使士待千里者，其唯贤者也。"《忠廉》篇："士议之不可辱者，大之也。大之，则尊于富贵也，利不足以虞其意矣。虽名为诸侯，实有万乘，不足以挺其心矣。诚辱，则无为乐生。若此人也，有势，则必不自私矣；处官，则必不为污矣；将众，则必不挠北矣；忠臣亦然。苟便于主，利于国，无敢违辞。杀身出生以徇之。国有士若此，则可谓有人矣。"《士节》篇："士之为人，当理不避其难，临患忘利，遗生行义，视死如归，有如此者。国君不得而友，天子不得而臣；大者定天下，其次定一国；必由此人者也。"这种推崇士的风气，渊源于周人。

最有意思的是伯夷、叔齐的事迹。《史记·伯夷叔齐列传》所记与《吕氏春秋·诚廉》篇所说相差很多。孔子说他们是"仁人"，又说他们"不念旧恶，怨是用希"，这又是君子的风度，可是《诚廉》篇说他们是"豪士"，这也是东方人与西方人的见解不同。但用《史记》同《吕氏春秋》相比，我们知道伯夷、叔齐的传说，是古代人所仰慕的标准人格。《士容论》里说："士不偏不党，柔而坚，虚而实。其状朖然不儇，若失其一。傲小物，而志属于大；似无勇，而未可恐。狠执固横敢，而不可辱害。临患涉难，而处义不越。南面称寡，而不以侈大。今日君民而欲服海外。节物甚高，而细利弗赖。耳目遗俗，而可与定世；富贵弗就，而贫贱弗朅；德行尊理，而羞用巧卫。宽裕不訾，而中心甚厉，难动以物，而不可妄折，此国士之容也。"我们如果把这套说法拿去同《荀子·儒效》

篇,及《礼记·儒行》相比较,所谓大儒、真儒的行径,就是国士的行径。这是当时一般风气,并非儒者所特有。不论墨家、法家都是重士,《墨子·亲士》篇:"入国而不存其士,则国亡矣。"又说:"非士无与虑国。"《亲士》篇或许是儒家的话。可是《尚贤》篇也说到"国有贤良之士众,则国之治厚"。《兼爱》篇也主"兼士"非"别士",法家的重士,是有限制的。《韩非子·和氏》篇:"禁游宦之民,而显耕战之士。"这耕战之士,很有古义。就是上文所说"侯、甸、男"的"甸"。其他如《战国策》《史记》,各处常见贵士的口号,如同颜斶的话,就说"士贵"。谁都没有推重儒,反而常有以儒为戏的。

说到尊士的学派,也就是所谓儒家。他们所谓"儒",实应该称为"士"。战国时人已经不明白儒字是墨家诋毁孔子学派的坏名称,于是他们自己也自称为儒,反出来为儒者剖白。不知孔子、孟子所尊崇的都是士。曾子说:"士不可以不弘毅!任重而道远。仁以为己任,不亦重乎?死而后已,不亦远乎?"这比《士容论》所说更加有重量。子贡问孔子说:"何如斯可谓之士矣?"子曰:"行己有耻,使于四方,不辱君命,可谓士矣。"曰:"敢问其次。"曰:"宗族称孝焉,乡党称悌焉。"曰:"敢问其次。"曰:"言必信,行必果,硁硁然小人哉!抑亦可以为次矣?"曰:"今之从政者何如?"子曰:"噫!斗筲之人,何足算也?"这里孔子所提出的第一等士人,就是士会一类人。《左传·昭公二十一年》:"夏,晋士鞅来聘。叔孙为政。季孙欲恶诸晋。使有司以齐鲍国归费之礼为士鞅。士鞅怒曰:'鲍国之位下,其国小,而使鞅从其牢礼,是卑敝邑也。将复诸寡君。'鲁人恐,加四牢焉,为十一牢。"这正是所谓

"不辱使命"。因此，孔子又说："士而怀居，不足以为士矣。"《论语》里说到士的地方还有几处，其中最重要的莫过于说："志士仁人，无求生以害仁，有杀身以成仁。"士既然训事，当然要有做事的兴趣。孟子引彭更的话说："士无事而食，不可也。"孟子说到士也是很严肃的，他称陈良为豪杰之士。什么样的人才算是豪杰之士呢？孟子说："待文王而后兴者，凡民也；若夫豪杰之士，虽无文王犹兴。"王子垫问士何事，曰："尚志。"曰："何谓尚志？"曰："仁义而已矣。"所以孟子说："无恒产而有恒心者，惟士为能。若民则无恒产，因无恒心。放僻邪侈，无不为已！"标准的士人要"穷不失义，达不离道"。孟子说："穷不失义，故士得已焉；达不离道，故民不失望焉。古之人得志，泽加于民；不得志，修身见于世。穷则独善其身，达则兼善天下。"子张也说："士见危授命，见得思义，祭思敬，丧思哀，如此其可矣。"孔子是人文主义者，他所说的士，还是士会一类人。孟子是人格唯心论者，他所说的士，心性修养重于一切。否者，哪里会做得到"无恒产而有恒心"呢？到了荀子，这种风气更浓厚了。《修身》篇说："士君子不以贫穷怠乎道。"他的为学次第是士，君子，圣人。"好法而行"，是士；"笃志而体"，是君子；"齐明而不竭"，是圣人。假定没有心性修养，怎么样可以做得到"齐明而不竭"。他在《非十二子》篇里有一段十分重要的话："古之所谓处士者，盛德者也，能静者也，修正者也，知命者也，著定者也。今之所谓处士者，无能而云能者也，无知而云知者也，利心无足，而佯无欲者也，行伪险秽，而强高言谨悫者也，以不俗为俗，离纵而跂訾者也。"这段话说得最深刻。可见战国末年不止辩士、游士，堕败风俗。所谓处士，也居心不可问。本来士之分上、中、下，是孟子所提出来的。《老子》书里也有几句话却很幽默而富于革命性。他说："上士闻道，勤而行之；中士闻道，若存若亡；下士闻道，大笑之。"可见要做士会一类的士，或许比较容易。若要做孟子荀子所说的士，却要下一番决心。《墨子·经上》："任士损已而益所为也。"《庄子·秋水》篇："仁人之所忧，任士之所劳。"这都是先秦一般人对于士的看法。

## 四　儒墨释名

《说文解字》："儒，柔也，术士之称。"在文字构造上从需的字，时有同从耎的字相淆乱的，曾经大费段玉裁的笔墨。《易经》里有一卦名"需"。《彖》辞曰："需，须也。"《象》辞说："云上于天，需。君子以饮食，宴乐。"从需的字如懦、偄，诸字都不离柔弱之义。这同老子的道理却很相合。《庄子·天下》篇说老子"以濡弱谦下为表"。老子自己也承认"守柔曰强"。老子之道，才是真正的"儒学"。孔子只说"仁"，不说"儒"。儒字是墨家用来诋毁孔门称仁的字。不止孔子不说"儒"，连孟子都很少说"儒"。凡是照后人惯例说儒的语句，孟子大都代以"仲尼之徒"，或"圣人之徒"，例如："仲尼之徒，无道桓文之事者。"说到儒墨的地方也有，例如："逃杨必归于墨，逃墨必归于儒。"但一说到"能言拒杨墨者"，跟上去是说"圣人之徒"，不说"儒者之徒"，也可以想见孟子对于"儒"字还不大很用惯。所以偶然也提及儒字，是因为当时的墨者称仲尼之徒为"儒者"。如墨者夷之说："儒者之道，古之人，若保赤子，此言何谓也？"从孔子经墨子到孟子，已经有百年上下。因为墨家的盛起，儒者之称逐渐普遍。到了荀子，简直自己承认为"儒者",反出来为"儒者"解辨。我们现在从《荀子》书里看见许多对于儒者的怪名目。如"散儒""陋儒""贱儒""世俗之沟犹瞀儒",可见战国末年"儒者"的不济。我们在《墨子·非儒》篇看见他们骂"儒者",也非常中肯。他们说:"且夫繁饰礼乐以淫人,久丧伪哀以谩亲,立命缓贫而高浩居,倍本弃事而安怠傲,贪于饮食,惰于作务,陷于饥寒,危于冻馁,无以违之。"当时的"儒者"说:"君子必古服古言,然后仁。"墨者应之曰:"所谓古之言服者,皆尝新矣。而古人言之,服之,则非君子也,然则必服非君子之服言非君子之言,然后仁乎?"在这里,无意从墨家口内,露出一个仁字。足见孔门后学,原本自命为"仁者"。那么这些"贪于饮食,惰于作务"的"儒者",真是有没有呢?据荀子的指摘,似乎渊源可数,《非十二子》篇最后一段说:"弟佗其冠,神禫其辞,禹行而舜趋,是子张氏之贱儒也;正其衣冠,齐其颜色,嗛然而终日不言,是子夏氏之贱儒也;偷儒惮事,无廉耻而耆饮食,必曰君子固不用力,是子游氏之贱儒也。彼君子则不然,佚而不惰,劳而不僈,宗原应变,曲得其宜,如是然后圣人也。""儒者"的贪于饮食,惰于作务;从《易象辞》《非儒》《非十二子》三篇综合起来看,大概是可信的。也难怪墨氏要起来攻击。《淮南子·要略训》里说:"墨子习儒者之业、受孔子之术,以其礼烦扰而不说,厚葬靡财而贫民,久服伤生而害事。故背周道而用夏政。"孔子本来说:"礼,与其奢也宁俭;丧,与其易也宁戚。"又说:"士志于道,而耻恶衣恶食者,未足与语也。"因他很称赞颜渊的"一箪食,一瓢饮,在陋巷,人不堪其忧,回也不改其乐"的态度,为"好学"。而对于"亿则屡中"的子贡却说他"不受命"。子贡虽有才能，也有所守。他这种办法给别人去学流弊是很大的，颜渊的安贫，是坚苦、是自励，决不怠惰而至于困穷。假定心不得其所养，恐怕没有人能做得到呢！颜子之学，不会流为"儒者"，子贡之学，正是"游士"与"辩士"的源头。

"儒者"是一个坏名称，读者可以明白了。"墨者"呢？也不是一个好的名词，童书业氏对于墨氏的渊源，考得很好。笔者大略作一点补充，以见"儒者"如何诋毁"墨者"。孟子说："墨者无父"，墨者"是禽兽"，似乎太厉害一点。荀子说他们"不知壹天下，建国家之权称。上功用，大俭约，而慢差等。曾不足以容辨异，县君臣"，这倒没有什么。可是大家都不知道"墨"字就不是好名称。《孟子》书里的"墨者夷之"，原本应该是"目夷氏"，史称墨翟曾经做过宋大夫，而目夷氏正是宋国的公族大夫。《左传·僖公八年》："宋公疾，太子兹父固请曰：目夷长且仁，君其立之。公命子鱼。子鱼辞曰：能以国让，仁孰大焉。臣不及也。且又不顺。遂走而退。"九年："宋襄公即位，以公子目夷为仁，使为左师，以听政，于是宋治。故鱼氏世为左师。"换言之，就是目夷氏世为宋大夫，目夷氏又见于《史记·殷本纪》赞。北殷氏之下，有目夷氏。又《伯夷叔齐列传》，《索隐》引应劭曰："盖伯夷之国，君姓墨胎氏。"正是目夷氏的同音字。其实墨胎之姓甚早，就是古代的"鳌邰氏"，这是很古的部族。《周本纪》有邰氏下引《正义》说："邰，天来反；亦作斄，同。"后面又引徐广的话："斄乡，在扶风。"又《索隐》曰："邰即斄。古今字异耳。"《括地志》也说："故斄城。"我们知道斄牛也可作牦牛。"牦斄"，是连绵字。其语根从"貊貉"一词而来。邰之作斄，原本是作"牦邰"。"牦邰""墨胎""目夷"

三名真正是古今字异了。这也可以作夷族本是从狄族而来的又一证据。墨胎氏既是孤竹君的姓，换言之，求仁得仁的孤竹君之子，是目夷氏的祖先。夷俗仁，夷字又即尸字。钜子的制度，正是从"尸主"制变来的，《庄子·天下》篇说："皆愿为之尸，冀得为其后世。"所谓"尸祝""尸主"，正是一种"巫祝文化"。而目夷氏所宗者，正是这为"尸主"的仁者。可知孔氏、目夷氏，同是宋族，同宗古代的中国东方文化。夷族既是从狄族同一种源进化起来的，孔氏、目夷氏的后学又互相诋諆，目夷氏说孔氏后学是"儒者"非"仁者"，孔氏的后学也说目夷氏哪里当得目夷的尊称，于是名之曰"墨狄"。翟、狄，同是一字，这是谁都知道的。"目夷"同"墨胎"，看来仅仅声音相同，但这墨字的引申义比"儒，柔也"还要不好。

墨字的本意，虽为"石墨"或"书墨"，但是古代的刑徒，也称"墨者"。五刑之中有墨、劓、宫、荆、大辟。《尚书》伪孔传作墨、劓、荆、宫、大辟。《荀子·礼论》篇："刻死而附生，谓之墨。"《左传·僖公三十三年》："晋于是始墨。"这是墨衰绖的墨，《荀子·正论》篇："古无肉刑，而有象刑：墨黥，澡婴，共艾毕，菲对屦，杀赭衣而不纯。"杨倞注引《尚书大传》曰："唐虞之象刑：上刑赭衣不纯，中刑杂屦，下刑墨幪。"墨绖从戎，是不孝。与墨幪同是自以为羞辱的事。《尚书·吕刑》墨作黥。都是一种刑罚。此外如"贪以败官为墨""肉食者无墨"，不论正面、反面，意义都是不好的，却正可以用为攻讦之词。儒、墨互诋，亦人情之常。据笔者的看法，不止墨翟一名原于目夷之音变，连禽滑厘一名，也函有恶意的。《墨子·耕柱》篇："子墨子与骆滑牦曰：吾闻子好勇。骆滑牦曰：然。"孙诒让先生说："此与禽滑厘同名"。其实就是一个人。在《公输》篇，孙先生有一段很长的考订。他说："厘，文选注引作牦。陈琳书云：翟牦，即禽墨二子名也。《汉书·儒林传》亦作牦。案禽子名，后《备城门》《备梯》篇亦作滑厘。《史记索隐》云：禽滑厘者，墨子弟子之姓字也，厘音里。《吕氏春秋·当染》篇作禽滑黧。《尊师》篇作禽滑黎。《列子·杨朱》篇作禽滑厘，殷敬顺释文作禽屈厘，音骨貍，《汉书·古今人表》同。唯《列子·汤问》篇、《庄子·天下》篇、《说苑·反质》篇，与此同。滑、骨、屈；厘、牦、黎，并声近字。"孙先生所谓《文选注》，大概是指陈琳为曹洪与魏文帝书中"虽有孙，田，墨，牦"一语。

笔者根据上一段考证，再进一解。滑厘、骨厘、屈牦、骨貍，都是"牦黧"或"貍貉"一语根的声变。禽即孟子骂他们"是禽兽也"的"禽"，貉即"一丘之貉"的"貉"。骆滑牦，也可作禽滑厘，就是这个缘故，本来都是称"目夷"的，其实就是"貊夷"。《当染》篇的"滑黧"，恐怕可以读"殹"音。那么"滑貍"，也有目夷的音素。因为貊字可以有下各切的音，而貉字也有莫白切的音。又貉、貊、貍貉，同出于一个语根。以禽滑厘或骆滑厘称目夷氏，同以墨翟称目夷氏，是一样的原因。《墨子》这部书，本是战国人所转述的，其自称墨者，与孔门后学自称儒者之理相同。

## 五　所谓显学

韩非是荀卿的学生，都是很博闻的学者。但二人对于所谓"儒家"的宗派，有不同的说法。《荀子·非十二子》篇的话，上文已举子张、子游、子夏三派。而荀卿很重子弓，位次仲尼，这子弓不知是否就是仲弓？那末子弓少不得要自成一派。但《显学》篇说："世之显学儒墨是也。自孔子之死也。有子张之儒，有子思之儒，有颜氏之儒，有孟氏之儒，有漆雕氏之儒，有仲良氏之儒，有孙氏之儒，有乐正氏之儒。"一共八派，其中没有子游、子夏两派，或许有意排摈。可是子弓一派呢？笔者以为孔门的派别，还是《论语》里所谓"德行：颜渊，闵子骞，冉伯牛，仲弓；言语：宰我，子贡；政事：冉有，季路；文学：子游，子夏"四派分得最好。荀卿、韩非所说还当从两《戴记》中详细考定。至于目夷氏一宗，据韩非说："自墨子之死也，有相夫氏之墨，有相里氏之墨，有邓陵氏之墨。"共分三派。俞樾《〈墨子间诂〉序》里说："今观《尚贤》《尚同》《兼爱》《非攻》《节用》《节葬》《天志》《明鬼》《非乐》《非命》，皆分上中下三篇。字句小异，而大旨无殊。意者此乃相夫、相里、邓陵三家相传之本不同，后人合以成书，故一篇而有三乎？"顷读罗根泽先生《墨子探源》，以为三篇字句并非小异，而大旨确是无殊。足见俞樾的说法可通。笔者也很赞成。《庄子·天下》篇所说与韩非微有不同。他说："相里勤之弟子，五侯之徒，南方之墨者：苦获、已齿、邓陵子之属。俱诵《墨经》，而倍谲不同，相谓别墨。以坚白同异之辩相訾，以觭偶不仵之辞相应。"文中所谓相訾、相应及相谓别墨三语，正是相夫、相里的解释。邓陵子、苦获、已齿，都是"南方的墨者"。邓陵氏，恐怕是以地为名。《荀子·解蔽》篇："不以夫一害此一，谓之一。"这"夫"字当读重唇音，如"彼"；那末"夫里"也是从"貊貉""厘牦"一语根而出。并且又是"鄙俚"的同音字。而相鄙、相俚，正是"相谓别墨"的根据，别即"别士"的别，并非专谈墨辩者。勤，巨巾切，群母，与貉同一声类。"里勤"与"里"，如同"貍首"可以作"不来首"。貉既即豹、溪、群，自可相类。所以里勤音如"貍貉"。

墨家的学问在《尚贤》以下十篇呢？或是在《经上下》《经说上下》《大取》《小取》及《备城门》以下十篇呢？据笔者看，以《经上下》《经说上下》为最重要。经字并无神秘的意味。经就是横线，纵古作从，是直线。《诗》："衡从其亩。"《韩诗》作："横由其亩。"《说》曰："东西耕曰横，南北耕曰由。"《大戴记》谓："南北曰经，东西曰纬。"乃方俗语的不同，据音理上说来《尚书》的"光被四表"，即"广被四表"，也作"横被四表"。经、广、横都是同声类。而从，与由、纬声类也相近。更其有味的，是《经上》最后二语说："读此书旁行，正无非。"这是后来人的注语。原先的人，本知道经是横读的。汉代人称儒生读经，每每说他们"横一经"。这是各经称经的缘故。墨家的学问尚功效。试看《备城门》以下的十篇，都是谈国防。这是需要许多学科知识的。《备穴》篇说："凿井傅城，足三丈一。视外之广狭，而为凿井，慎勿失。城卑穴高，从穴难。凿井城上，为三四井。内新甄井中，伏而听之，审知穴之所在。"这不是需要科学知识的明证吗？《经上下》大都是定义性质的文章。其中有许多条因文字残缺倒置，现在还不大能懂。就中可以了解的：如"平，同高也；中，同长也；圜，一中同长也；端，体之无序而最前者也"。这是几何学上的定义。又如："临鉴而立，景到；多而若少，说在寡区。"又说："鉴位景，一少而易，一大而正，说在中之内外。"这是光学上的道理，又如："乔木负横木，加重焉，而不挠，极胜重也。"这是力学上的道理。又如经说："止，无久之不止，当牛非马，若矢过楹；有久之不止，当马非马，若人过梁。"这里的"当牛非马"，"当马非马"两句，是错简。若把剩下来的道理同《庄子·天下》篇"镞矢之疾，而有不行不止之时"诸语相证，恐怕是力学上很深的理解了。谁说中国古代没有科学？又如："刀籴相与贾。刀轻，则籴不贵；刀重，则籴不易。王刀不变，籴有变，岁变籴，则岁变刀。"这是经济学上的道理。又如："卧，知无知也；梦，卧而以为然也；平，知无欲恶也；利，所得而喜也。害，所得而恶也。"这不是关于心理学上的道理吗？如若不断的由这一点知识向前发展，科学不见得一定给欧洲人专美于前呢？至于《大取》《小取》两篇，关于逻辑上的发明更多。比之亚里士多德对于论理学上的贡献，也不差什么。前人解"大取""小取"二义，如毕沅说："是利中取大，害中取小。"孙诒让先生说："取是取譬之取。"即"以类取"，"以类予"的意思。毕说虽然形似，一定不对。孙先生已经批评过。笔者看法，"大取""小取"，即"大郰""小郰"。郰即邹，也就是邾。上面已经说朱东声近通用。所以"大取，小取"，也是"大东，小东"的意思。这是东方人的学问。《吕氏春秋·去宥》篇："唐姑果，秦之墨者。东方墨者谢子，将见秦惠王。惠王问唐姑果，唐姑果恐王之视谢子贤于己也。对曰：谢子东方之辩士也。其为人甚险。将奋于说以取少主也。王因藏怒以待之。谢子至，说王。王弗听。谢子不悦，遂辞而行。"这"东方的墨者"确是辩士，与《庄子·天下》篇的"南方墨者"相同。古代所谓"南方"或"东方"都是指"东南方"。例如"东夷"，就是"南淮夷"。《尚书》所谓"徂兹淮夷徐戎并兴"，正是东南方的夷。东南方的民族有"大东，小东"，也如同西北方的民族有"大戎，小戎"。晋献公娶于"大戎，小戎"。惠公、文公都是"戎氏"所出。《国语·晋语》史苏为晋献公占曰："戎夏交捽。"《左传》里晋文公的话："晋处深山，戎狄之与邻。"范匄也说："晋主夏盟。"可见晋文化所代表的是戎文化，与东方的夷文化不同。东方人所谈的科学，题其篇名曰"大取，小取"。西方人创的文艺，题其篇名曰"大雅，小雅"。雅就是"夏"。《荀子·荣辱》篇："譬之越人安越，楚人安楚，君子安雅。"而《儒效》篇却作："居楚而楚，居越而越，居夏而夏。"因此知道东人之有"大取，小取"与戎人之有"大雅，小雅"，都是代表各民族的学风。东南方的古代学者之重科学，可于《经上下》《经说上下》及《大取》《小取》六篇中见之。

　　仁字最初的意义恐怕是很简单的。逐渐进步，到了孔子，说仁最圆融广大，才把"仁"同"文"连起来，提倡一套"人文主义"。而孟子却把"理"字同"仁"相联起来。说："始条理者，知之事也；终条理者，圣之事也。"而造成一套"人格唯心论"。从此以后到荀子，都是谈心性的修养。由这种修养方法，才真正能达到"仁"。孟子说："仁，人也；义，宜也。"又说："仁，人心也；义，人路也。"拿"心"来证"仁"是孔子以后的大进步。孟子说："心之所同然者，理也，义也。"又说："理义之悦我心，犹刍豢之悦我口。"所以孟子的养心方法，是"集义"，其反面是"寡欲"。荀子说："凡治气养心之术，莫径由礼，莫要得师，莫神一好。"三者之中，以"一好"是最重要的，可以当孟子的"专心致志"。因为孟子说性善，所以要反求之本心；而荀子说性恶，所以养心的第一步是"解蔽"。他说："故人心譬如槃水。正错而勿动，则湛浊在下，而清明在上，则足以见须眉而察理矣。微风过之、湛浊动乎下、清明乱乎上，则不足以得大形之正也。心亦如是矣。故导之以理，养之清，物莫之倾。"孔子的长处在于"仁知且不蔽"。普通的人，总是"蔽于一曲，而暗于大理"。荀子说："故治之要在于知道。人何以知道？曰：心。心何以知？曰：虚一而静。"什么是虚呢？"不以所已藏，害所将受，谓之虚。"什么是一呢？"不以夫一害此一谓之一。""心卧则梦，偷则自行，使之则谋。故心未尝不动也，然而有所谓静。不以梦剧乱知，谓之静。"我们如果证以实际，知道孔门之学，万古如新。《中庸》是孟子的系统，《乐记》是荀子的系统。因为孟子说"诚"，《中庸》也发挥诚明的道理；荀子主"静"，《乐记》也说"静"，又说"礼乐"。孟子说："反身而诚，乐莫大焉！"《中庸》说："至诚如神。"为什么"至诚则如神"呢？《中庸》说："诚则形，形则著；著则明，明则动；动则变，变则化；唯天下至诚为能化。"荀子主"解蔽"。《乐记》也说："清明在躬，志气如神。"又说："礼乐不可斯须去身。致乐以治心，则易直子谅之心油然生矣。易直子谅之心生则乐，乐则安；安则久，久则天；天则神。天则不信而信，神则不怒而威。致乐以治心者也。"孟子主动，所以《中庸》也说动；荀子主静，《乐记》也说"人生而静，天之性也；感于物而动，性之欲也"，所以礼乐的功效是"反情以和其志"。于是"和顺积中，而英华发外"，然后能"奋至德之光，动四气之和，以著万物之理"。所谓人文主义的真精神，唯此而已。

照上面所说，墨家重科学，充其量可以成为"智者"；墨学的真价值在此。孔家重心学与理学，总其名为仁学，充其实可以成为"仁者"。孔学的真价值在此。这两派的正宗,是否可以名为显学呢?还不是的。墨之流重钜子。今所知墨家钜子:墨翟、禽滑厘、孟胜、田襄子、腹䵍,几个人而已。孔子派的显学,唯有子贡才能当得起,孔子的名声,还是子贡一派人替他宣传出去的,《史记·仲尼弟子列传》说:"子贡一出,存鲁,乱齐,破吴,强晋,而霸越;子贡一使,使势相破。十年之中,五国各有变。子贡好废举,与时转货赀,喜扬人之善,不能匿人之过。"虽然声势显赫,但不失为君子。从春秋晚期以迄战国,不论孔墨两宗,都渐趋末流。正是韩非所谓:"儒以文乱法,侠以武犯禁。"墨者如唐姑果,儒者如叔孙通之流都非良士,但是通显过于真孔墨。于是两宗互相诋毁,也越加厉害。庄子说:"道隐于小成,言隐于荣华。故有儒墨之是非。"又说:"名实者,圣人之所不能胜也。""实无名,名无实。"也足见真正学问之不易。《史记·游侠列传》里说:"今游侠,其行虽不轨于正义。然其言必信,行必果,已诺必诚,不爱其躯,赴士之困阨。既已存亡死生矣,而不矜其能,羞伐其德。盖亦有足多者。"又说:"至闾巷之侠,修行砥名,声施于天下,莫不称贤,是为难耳。然儒墨皆排摈不载。"这里所谓"侠",是指真正的墨者。儒固然排摈他,连墨也不能容他们。至于真正的儒者呢?像《礼记·儒行》篇所说的:"儒有一亩之宫,环堵之室,筚门圭窬,蓬户瓮牖,易衣而出,并日而食。"这样苦行,是儒者的标准。唯有"力耕不吾欺"的陶潜,或许可以当得起吧?

一九四三年三月十二日于渝州南岸旅次
(载《文史杂志》第三卷第十一、十二期)

# 《管子》中所见之宋钘一派学说

## 一　序言

中国古代思想史的派别，当然以孔、墨两家作主体。所谓道家、法家，二宗都是渊源于孔家。名家出于墨家。照《淮南子》的说法，墨家原本也是出于孔家的。所以《要略训》上说："墨翟习儒者之业，受孔子之术。"如此说来，孔子的学问确是支配了整个中国思想界。孔子以前，当然也有思想家。《论语》里屡屡说到周公，又说到周任，等等，都是孔子以前的思想家，而孔子最佩服的是周公。《左传》同《国语》里所有许多良言淑行，都可以算作孔子以前的思想家主张。虽然其中或许有经过后人修正补充一番的，但是大体上看来还是有孔子以前的特别格式。这些良言淑行若拿来同《论语》里的中心思想相比，多少都有点不同。其不同之处，就是《论语》里的孔子思想，确乎是"一以贯之"。其基本精神是"仁"。也可以说：孔子已经把以前人的实践道德，加上一种抽象的解释。或者这样说：孔子是开始把道德意识系统化了的第一个人。我们从《论语》里把所有说仁的话综合起来看，如同阮元作的《论语论仁论》的办法而加以新解释，就会得到一最明显的分别。从前人以"省心"说德,孔子是以"仁"说德。仁的内容,可以说就是"忠恕"。忠恕正可以代替"省心"。所以说"忠恕违道不远,施诸己而不愿,亦勿施于人"。那末为什么有些人知道忠恕,又有些人不知道忠恕呢?可见每个人的本性,有大相径庭处。于是问题便进入另一焦点了。行为同"心",到底有什么关系呢?在孔子以前的学者所注意的,是两个问题,都同"心"有关联。一个字是"文"字,又一个字是"德"字。甲骨文的德作㣃,不从心,而仅仅从彳,从省。因为省字已经有观心的意思。金文德字从彳,从省,从心作㥁。文字从大,从心,作𢙵。由此可知,古代人是以"文"与"德"说心。同时也从"文德"说社会文化。于是有"远人不服,则修文德以来之"的说法。越到后来,知道文德的基本发祥地是"心",所以孔子之后,对于心的研究越加普遍与深刻。其代表的人物是孟子与宋钘。另外一派,是想设法取孔子说"仁"的精神而代以"兼爱"专向客观社会方面发展的,是墨翟。可是宋钘的思想,是间于墨学与孟学之间的。《庄子·天下》篇说他们"禁攻寝兵,救世之战。以此周行天下。上说,下教,虽天下不取,强聒而不舍者也。故曰:上下见厌而强见也。虽然,其为人太多,其自为太少"。这种精神又是与墨家相同。但是又一方面同孟子的"养心莫善于寡欲"说极相接近。《天下》篇说:"以禁攻寝兵为外,以情欲寡浅为内。其小大精粗,其行适至是而止。"照我们这样研究的结果,宋钘一派确是兼有孔学墨学之长,也可以说真正调和孔、墨两家学说的,唯有宋钘一个人。宋钘即《孟子·告子》篇中所见的宋牼。《庄子·逍遥游》篇中所见的宋荣子。《荀子·正论》篇称之为子宋子。其思想除掉《庄子·天下》篇、《荀子·正论》篇,比较有系统的介绍以外，就没有他处能指出宋钘思想的全貌。作者从前曾同罗根泽先生谈过这件事，以为《管子》的《心术》上下篇、《白心》篇、《内业》篇是宋钘的学说。因为《庄子·天下》篇说他们"人我之养，毕足而止，以此白心"。又说他们"语心之容，命之曰心之行"。这都是与《心术》《白心》《内业》四篇里的思想正相合的。至于尹文为什么会同宋钘相聚为一派呢？这有《吕氏春秋·正名》篇的话作证。本文专论宋钘的思想，并作比较有系统的叙述。照真正的价值说，宋钘是一位实行家。他能"举世誉之而不加劝，举世非之而不加沮；定乎内外之分，辨乎荣辱之境"。可是宋钘始终没有成为"显学"。但孟子同荀子都很敬重他，而宋钘也是先秦诸子中最老寿的一位。

## 二 《管子》中所见的各家学说

《管子》这部书的内容最复杂，宋朝的人就知道不是管子作的。例如叶水心的《习学记言》里，曾经说到过。一般人的主张，都以为《管子》是战国晚期的作品。里面大部分是所谓法家的学说。同学罗根泽先生曾经作过一次详细的探讨，手头无《管子探源》，无法详细征引。照笔者现在的看法，这里面以田骈、慎到的学说为最多。其次，就是宋钘、尹文一派的学问了。可是我们要明白的是，《管子》一部书里的文章，都不是一个时代作成的。其中最明显的是，很多篇有正文，又有解释。而正文同解释往往分开很远。又有几篇正文是全篇的，解释可是仅有一部分。例如第一卷《立政》篇，有"九败"一段。于是，我们在第十一卷里找到了《立政九败解》。虽然仅有一段，却非常重要。"九败"一节中说："寝兵之说胕,则险阻不守;兼爱之说胕,则士卒不战;全生之说胕,则廉耻不立"云云。这是宋钘、墨翟、杨朱三家学说的介绍。《九败解》的解释,正是说这一段,可见其重要无比。因为宋钘、杨朱的学说,保存下来的本就不多。又如第一卷《牧民》篇也是很重要的文字,可是第十九卷的《牧民解》亡佚掉了。此外有正文又有解的,还有好几篇。笔者所说田骈、慎到的学说,见于《管子》书中的,就是《形势》篇及《形势解》。这两篇里的学说,同《庄子·天下篇》说彭蒙、田骈、慎到的一段,以及《韩非子·难势》篇所引的慎子学说,都很相近。《形势》篇说:"蛟龙得水,而神可立也;虎豹托幽,而威可载也。"岂不是同《难势》篇慎子所说的"飞龙乘云,腾蛇游雾。云罢雾霁,而龙蛇与螾蚁同也"意义不是一样吗?又说:"生栋覆屋,怨怒不及;弱子下瓦,慈母操箠。"这与《庄子·天下》篇所说的"推而后行,曳而后往,若飘风之还,若羽之旋,若磨之隧。全而无非,动静无过,未尝有罪"又是意义相同。笔者这种意见,不过是大略举几个例子,用意是在举出这样的方法,去搜讨《管子》这部书里的学术思想史料。可是先要对于先秦学术思想有一论据的系统,才会有正确的见解,有路径可循。至于《管子》这部书的文章,同《孟子》《荀子》《庄子》《韩非子》相比较是相差很远的。解的文章固然很平板幼稚,正文也并不是有文学意味的作品。其论政治、经济,以及记事的文字,都是格调不高。照此看来,彭蒙、田骈、慎到一派,以及宋钘、尹文一派,没有一部好著作流传到现在,或许是"言之不文,行之不远"的原因!现在所传辑本《慎子》,比之尹文子较为近古。虽然大部分同出于《群书治要》,恐怕《慎子》同《尹文子》在汉晋间的本子不一,所以唐人引用《尹文子》有许多条与《群书治要》所引不同。魏晋间人改篡古书，自矜淹博，如《孔子家语》《尚书伪古文》《列子》《尹文》，都是一类性质。不过其中所保存古史料的成分有多寡，而改篡的手段有高下不同罢了。这种风气从先秦以来就是如此。不过先秦人的用意，与汉魏以下人的用意，迥不相同而已。比如《管子》中的文字，笔者认为有许多是出于田骈、慎到，或宋钘、尹文两派的。可是不能说都是出于田骈、慎到，或宋钘、尹文的手笔。章实斋说："古人不著书，古人未尝离事而言理。"确是先秦学者的一般风气。像《管子》中的文字，我们认为是田、慎，或宋、尹两派的后学所记录的。这不仅田、慎，或宋、尹两派学者的风气如是，其他孔家、墨家，也是一样的。俞荫甫说《墨子》书中分上中下三篇的，都是三墨所记。正同孔家所传的《论语》有齐、鲁、古三家之分。又如今本《孟子》文章极好，也不是出于孟子的手笔。先秦诸子中除掉较晚期的《庄子》《荀子》《韩非子》以外，都不是本人的文章。还有一种重要的意思，即使同是一个人的文章，也有早期、晚期的不同。《庄子》内七篇，有许多同《外篇》《杂篇》一样的句子。而且有同样的思想并有不同的文句，却显然的可以看出来，《内篇》的文字与内容都比较成熟，而见于《外篇》《杂篇》的比较幼稚粗杂。例如《德充符》篇说："故不足以滑和，不可入于灵府。使之和豫，通而不失于兑。使日夜无郤，而与物为春，是接而生时于心者也。"可是《庚桑楚》篇却这样说："不足以滑成，不可以内于灵台。灵台者：有持，而不知其所持，而不可持者也。"这分明可以看出《庚桑楚》篇这一段是粗制的，或者可以说是初稿早期的思想，或者是一种解说。而《德充符》篇所说的，不只是思想成熟的，并且文字结构也是成熟的。先秦诸子中的文字，如此之类的很多，于是我们可以进而考察另一问题了。

　　先秦诸子的学说，其见于后世的，我们可以分析出一个重要事情。就是某一家本师所说的话，都是很简单的。有些后来造成许多短句诗，以表达其意。这在《管子》的《心术》上下篇、《白心》篇、《内业》篇中，所见同样句子最多了。我们说这四篇是一派的学说，这也是一种原因。例如《心术下》篇说："形不正者，德不来；中不精者，心不治。"《内业》篇作："形不正，德不来；中不静，心不治。"又如《心术下》篇说："无以物乱官，毋以官乱心，此之谓内德。"而《内业》篇作："不以物乱官，不以官乱心，是谓中得。"又《心术下》篇说："一气能变曰精，一事能变曰智。"《内业》篇作："一物能化，谓之神；一事能变，谓之智。"又如："善气迎人，亲如弟兄；恶气迎人，害于戈兵。不言之言，闻于雷鼓。"而《内业》篇作："不言之声，疾于雷鼓。"又《心术下》篇说："节怒莫若乐，节乐莫若礼，守礼莫若敬；外敬内静者，必反其性。"《内业》篇作："是故止怒莫若诗，去忧莫若乐，节乐莫若礼，守礼莫若敬，守敬莫若静；内静外敬，能反其性，性将大定。"又《心术下》篇说："心之中又有心焉。意以先言。意然后形，形然后思，思然后知。"《内业》篇作："心之中又有心焉。彼心之心，音以先言。音然后形，形然后言，言然后使，使然后治，不治必乱。"这里最重要的是"意以先言"与"音以先言"的不同。可以证明说这几句话的人是先秦时候的人。意字古文正是从言、从心。小篆却是从音、从心。因为古代人把"音"同"意"，同"言"，看成有连带的关系。从上引许多条中看来，《心术下》篇同《内业》篇所解的，原本一定同在一位学者口中出来的话，而记者与解者不同，所以成为两篇文字。可是编《管子》的学者，却把同样性质的文字分在两处，而给以不同的篇名。这件事，我们可以用《心术上》篇来比证的。《心术上》篇有一种很显著的事实，从开端"心之在体，君之位也"，直到"静因之道也"是正文。从这里以下，直到篇尾，都是解释上一段话。如果照笔者的分析方法，一定把正文作《心术上》篇，下一段是《心术上篇解》。至于《心术下》篇，及《内业》篇，所有许多相同的句子，原本都是《心术下》篇的正文。而《心术下》篇，以及《内业》篇，其他许多话都是《心术下》篇正文的不同解释。《白心》篇的内容与《心术》《内业》三篇的话是相通的。可是句子没有相同。里面有几句话说："人言善，亦勿听；人言恶，亦勿听。持而待之，空然勿两之，淑然自清。"这是与《老子》的意见很相近。又有两句说："功成者堕，名成者亏。"这是与今本《庄子》中所见的一样。但是《心术下》篇说："能专乎？能一乎？能毋卜筮而知吉凶乎？能止乎？能已乎？能毋问于人而自得于己乎？"《内业》篇作："能抟乎？能一乎？能无卜筮而知吉凶乎？能止乎？能已乎？能勿求诸人而得之己乎？"这几句话经过几度变更，也到了今本《老子》里去。《庄子·庚桑楚》篇引老子卫生之经曰："能抱一乎？能勿失乎？能无卜筮而知吉凶乎？能止乎？能已乎？能舍诸人而求诸己乎？能翛然乎？能侗然乎？能儿子乎？儿子终日嗥，而嗌不嗄，和之至也。终日握，而手不挽，共其德也。终日视，而目不瞚，偏不在外也。行，不知所之；居，不知所为，与物委蛇，而同其波，是卫生之经已。"这是从《心术下》篇《内业中》篇那几句话上演绎出来的。而今本《老子》却把它分作两处。"载营魄抱一,能无离乎?专气致柔,能婴儿乎?涤除玄览,能无疵乎?"又把"儿子终日嗥,而嗌不嘎,和之至也;终日握,而手不掜,共其德也"改作"含德之厚,比于赤子。蜂虿虺不螫,猛兽不据,攫鸟不搏,骨弱筋柔,而握固;未知牝牡之合,而全作,精之至也;终日号而不嘎,和之至也"。这一贯的添补,分明可以看出卫生之经是原于《内业》《心术》两篇所共引的韵语。而今本《老子》又出于卫生之经,又把它分作两处。这里只能说"能抟乎?能一乎?能毋卜筮而知吉凶乎?能止乎?能已乎?能毋问于人而自得于己乎?"是最初出现的句子了。《白心》篇恐怕也是为许多句子作解的。所有故曰以下的句子,原本也都是正文,与《心术上》篇的上一段相同。而其余的话,都是解。所以这一篇的句子,太半自为起讫,不大很连贯。因此我们更可以明白,这四篇都是根据一位本师的话而各自作解。于是其中的话,也不免有自相矛盾的。

### 三 宋钘与尹文的学说基点

说到宋钘与尹文的事迹及年代,钱穆的《诸子系年考》定有详细说明。此间没有原书,未能征引。我们并不考其年代。我们所要说的,是宋钘与尹文在思想上为什么可以列在一宗派里。《吕氏春秋·正名》篇说:"尹文见齐王。齐王谓尹文曰:寡人甚好士。尹文曰:愿闻何谓士?王未有以应。尹文曰:今有人于此,事亲则孝,事君则忠,交友则信,居乡则悌。有此四行者,可谓士乎?齐王曰:此真所谓士已!尹文曰:王得若人,肯以为臣乎?王曰:所愿而不能得也。尹文曰:使若人于庙朝中,深见侮而不斗。王将以为臣乎？王曰：否！大夫见侮而不斗，则是辱也。辱，则寡人弗以为臣矣！尹文曰：虽见侮而不斗，未失其四行也，未失其四行者，是未矢其所以为士一矣！未失其所以为士一，而王（不）〔应补一不字〕以为臣；失其所以为士一，而王不以为臣。则向之所谓士者，乃士乎？王无以应。尹文曰：今有人于此，将治其国。民有非，则非之；民无非，则非之。民有罪，则罚之；民无罪，则罚之。而恶民之难治，可乎？王曰：不可！尹文曰：窃观下吏之治齐也，方若此也。王曰：使寡人治信若是，则民虽不治，寡人弗怨也。意者未至然乎？尹文曰：言之不敢无说，请言其说。王之令曰：杀人者死，伤人者刑。民有畏王之令，深见侮而不敢斗者，是全王之令也。而王曰：见侮不敢斗，是辱也。夫谓之辱者，非此之谓也。以为臣不以为臣者，罪之也。此无罪而王罚之也。齐王无以应。"照这番话看来，正是与《庄子·天下》篇所说"见侮不辱，救民之斗"的思想相合。这是宋钘与尹文所以成为一派的重要原因。于是"见侮不辱"成为宋钘、尹文的共同学说了。然而"见侮不辱"这句话，看来虽似乎很简单，其实里面有一种很严重而复杂的心理问题。宋、尹的学说是有一种共同根据的基点，荀子在《正论》篇有比较深细的引申，虽然不一定同宋、尹的思想弥合，却可以把这中心问题暗示出来。《正论》篇说："子宋子曰：明见侮之不辱，使人不斗也。"宋钘的意思是说人皆知见侮为辱，故斗也。知见侮之为不辱，则不斗矣。"应之曰：然则亦以人之情为不恶侮乎？曰：恶而不辱也。曰：若是则必不得所求焉。凡人之斗也，必以其恶之为说，非以其辱之为故也。今俳优侏儒，狎徒詈侮，而不斗者，是岂钜知见侮之为不辱也哉？然而不斗者，不恶故也。今人或入其央渎，窃其猪彘，则援剑戟而逐之，不避死伤，是岂以丧猪为辱也哉？然而不惮斗者，恶之故也。虽以见侮为辱也，不恶，则不斗；虽知见侮为不辱也，恶之，则必斗。然则斗与不斗邪？亡与于辱与不辱也，乃在于恶与不恶也。夫今子宋子不能解人之恶侮，而务说人以勿辱也，岂不过甚矣哉！"在这一段辩论中，把见侮不辱的心理原因，分析得相当合理。辱不辱，在于恶不恶。因为心里如果对于这一件事觉得可恶，一定会斗。原来辱的感觉，是从恶的感觉而起的。那末为什么会对于一件侮辱的事，可以不感觉可恶呢？荀子倒是又替宋钘、尹文说出一番道理来。荀子把荣辱各分作两种。荣之中有义荣、势荣；辱之中有义辱、势辱。"志意修，德行厚，知虑明，是荣之由中出者。"这是义荣。"爵列尊，贡禄厚，形势胜；上为天子诸侯，下为卿相大夫，是荣之由外至者也"这是势荣。"流淫汙慢，犯分乱理，骄暴贪利，是辱之由中出者也"这是义辱。"詈侮捽搏，捶笞膑脚，斩断枯磔，藉靡舌举，是辱之由外至者也"这是势辱。于是我们明白了，势辱是不可恶的，见侮不辱，是指这一种而言。假定是义辱，一定可恶。如何能觉不辱？这是荀子对于见侮不辱一语的解释。但是宋钘、尹文本来说"见侮"。既然是"见侮"，多半是"势辱"，因势辱而斗，这太不值得了。免除恶固然可以不觉得辱，但是那种无理取闹，只要我们明白此中事理，自然不觉得辱。即使觉得可恶，也不至于斗。宋钘、尹文的意思本来已经很明白。不只如此而已，并且宋、尹一派的学说本来是以"情欲寡浅为内"，正是先行设法免除义辱的根源。《庄子·天下》篇说他们："接万物以别宥为始。""别宥"就是"去宥"。这去宥的道理与荀子"解蔽"说是一样的。不过解蔽是解学者之蔽，别宥是去众人之宥。宥即囿，最主要的是情欲，所以要"情欲寡浅为内"。《吕氏春秋·去宥》篇有一段话正是说明去宥的道理，大概也是尹文的话。"齐人有欲得金者，清旦被衣冠往鬻金者之所。见人操金，攫而夺之。吏搏而束缚之。问曰：人皆在焉，子攫人之金，何故？对吏曰：殊不见人，徒见金耳！此真大有所宥也。夫人有所宥者，故以昼为昏，以白为黑，以尧为桀，宥之为败亦大矣。"这一段寓言，也许言之过甚其词，但是人类的蔽障，确是很多的。有些事情，往往是一般人都免不了的。就是说见侮不斗吧！也许有人故意来骚扰，使你的情绪激动，以造成不可收拾的局面。所以《去宥》篇说："激主则悖，悖则无君子矣。夫不可激者，其唯先有度。"这"先有度"三个字，就是"明理"。先把这件事理明白了之后，虽被扰动而怒，也不至于悖、乱。明白事理，正是去宥之一法。但是件件事都能明白，谈何容易？于是宋钘、尹文他们提出一个最基础的方法，是以"情欲寡浅为内"。

《庄子·天下》篇说他们"不累于俗，不饰于物，不苟于人，不忮于众。愿天下安宁，以活民命。人我之养，毕足而止，以此白心"。这都是情欲寡浅的工夫。其所用的方法是"以聏合驩，以调海内情欲，置之以为主"。所以他们的方法分为两步，第一步，是以"情欲寡浅为内"；第二步，是"以调海内情欲"。第一步是"个人"的，第二步是"社会"的。又是站在墨家与孟子之间的办法。他们不但是为自己的修养而寡浅情欲，并且还想设法调和天下人的情欲，使之不相冲突。他们的社会事业不是为"利"，也不是为"名"。所以庄子又说："情欲固置五升之饭足矣！先生恐不得饱，弟子虽饥，不忘天下，日夜不休。曰：我必得活哉？图傲乎救世之士哉？"换而言之，他们的精神是与墨家相应。《孟子·告子》篇所说的一件事更可以作证明。"宋牼将之楚，遇于石丘。曰：先生将何之？曰：吾闻秦楚构兵，我将见楚王说而罢之。楚王不悦，我将见秦王说而罢之。二王我将有所遇焉？曰：轲也，请无问其详，愿闻其指，说之将何如？曰：我将言其不利也。曰：先生之志则大矣，先生之号则不可。先生以利说秦楚之王，秦楚之王悦于利以罢三军之师，是三军之士乐罢而悦于利也。为人臣者怀利以事其君，为人子者怀利以事其父，为人弟者怀利以事其兄，是君臣、父子、兄弟，终去仁义，怀利以相接，然而不亡者，未之有也。先生以仁义说秦楚之王，秦楚之王悦于仁义而罢三军之师，是三军之士乐罢而悦于仁义也。为人臣者怀仁义以事其君，为人子者怀仁义以事其父，为人弟者怀仁义以事其兄。是君臣、父子、兄弟，去利怀仁义以相接也。然而不王者，未之有也。何必曰利！"从这番话里，可以看出孟子之敬重宋钘。又一方面，对于宋子的方法却加以批驳。但照我们的看法，倒不是如此。宋钘既然知道"情欲寡浅"，又告诉人"以别宥为始"，他们虽不昌言"仁义"，可是对于利的别择，是有一条正当途径的。他们所谓"利"，正同孟子所谓"义"。"我必得活哉？图傲乎救世之士哉？"正是庄子讴歌他们的责任心重，这还不是以作"为义""不为利"的证据吗？

现在我们可以进而讨论宋子的情欲寡浅，说到底内容是如何了。照《荀子·正论》篇又有一段的介绍，把情欲寡浅解作"人之情欲寡，己之情欲多"。"欲寡"与"欲多"连词，对文，这恐怕大非宋钘的本意！原文说："子宋子曰：人之情欲寡，而皆以己之情为欲多。是过也！故率其群徒，辨其谈说，明其譬称，将使人知情欲之寡也。应之曰：然则，亦以人情为目不欲綦色，耳不欲綦声，口不欲綦味，鼻不欲綦臭，形不欲綦佚。此五綦者，亦以人之情为不欲乎？曰：人之情欲是已。曰：若是，则说必不行矣。以人之情为欲此五綦者，而不欲多，譬之是犹以人之情为欲富贵，而不欲货也。好美而恶西施也。古之人为之不然。以人之情为欲多，不欲寡。故赏以富厚，而罚以杀损也。是百王之所同也。故上贤禄天下，次贤禄一国，下贤禄田邑，愿悫之民完衣食。今子宋子以是之情为欲寡，而不欲多也。然则先王以人之所不欲者赏，而以人之所欲者罚耶？乱莫大焉。"这段话真是对于宋钘学说莫大的误解。要不然，便是有意颠倒是非，才会有以上所说的谬论。宋子的情欲寡浅说，正是与孟子的"养心莫善于寡欲"一说相合。所以"寡欲"之外是"去宥"。荀子把这句话解作"人之情为欲寡"，真是不知从何说起。人的情欲本是难填的深坑，所以要情欲寡浅。否者，"寡"字以下为什么又加一"浅"字？可见《庄子·天下》篇的话是宋钘的本意。荀子的辩论，简直是有意同宋子为难。或者真是对于宋钘的学说有不解处。在自己一边设法"情欲寡浅"，然后在群众方面可以"调和海内情欲"。这分明告诉我们人的情欲本不是寡浅的。并且荀子说宋钘以为人之情为欲寡，己之情为欲多。这在文句上大不通，不仅是学说上的误会而已了。孟、荀两家对于宋子的学说都有所了解。如孟子的"寡欲"与荀子的"解蔽"却把宋钘的本意抹杀了。这是学者公平正直的态度吗？

## 四　白心说之渊源与发展过程

我们在序论中已经说到，从孔子以后，逐渐由讨论"仁"的问题,转入讨论"心性"的问题。这是中国思想发展史上一大关键。孟子的"养心莫善于寡欲",同宋子的以"情欲寡浅为内"是很相近的。因为这是当时思想界的共同问题之一。所谓"白心说",本是以"寡欲"作出发点的。不论"寡欲"或"去宥",求其根源,还是"白心"。庄子的"虚室生白"同"唯道集虚",二语本是从白心说一派中接受过来的。所以庄子对于白心说介绍得比较近事实。庄子说宋、尹一派"人我之养,毕足而止,以此白心"。又说:"接万物,以别宥为始。语心之容,命之曰心之行。"而《心术》《白心》《内业》四篇正是说"心之行"与"心之容"。宋、尹一派人说心,比之各家都不大相同。他们才真正是唯心论。《心术上》篇说:"心之在体,君之位也。九窍之有职,官之分也,耳目者,视听之官也。心而无与于视听之事,则官得守其分矣。夫心有欲者,物过而目不见,声至而耳不闻也。故曰:上离其道,下失其事。"他们认为"嗜欲充益,目不见色,耳不闻声"。所以要"洁其宫,开其门,去私,毋言;神明若存"。这里所谓"嗜欲充益",其实就是心有所囿。这是"白心说","去宥说"的密切关系。《心术上》篇又说:"去欲则宣,宣则静矣;静则精,精则独立矣;独则明,明则神;神者,至贵也!"这样说法,不只是"寡欲"而且要"去欲"。其实"去欲"就是"去宥"。从内心方面说,是"寡欲"或"白心"。由外界说,是"无以物乱官,毋以官乱心,此之谓内德"。"内德"也可以说是"内业"。《心术下》篇又说:"形不正者德不来,中不精者心不治;正形饰德,万物毕得,翼然而自来,神莫知其极;昭知天下,通于四极。"这种方法,正是接万物以别宥为始。这是我们说"白心说"就是从"寡欲说"与"去宥说"而出的原因。既然说"白心",便要开始研究心的作用,才能明白"心之容"与"心之行"。

《内业》篇说:"凡心之刑,自充、自盈、自生;其所失之,必以忧、乐、喜、怒、欲、利。能去忧、乐、喜、怒、欲、利,心乃反济。"这不异于说心的作用,原本是很合理的,很平静均衡的。一到失其均衡时,便是有所宥。所以《内业》篇说:"不喜、不怒,平正擅胸。"又说:"心静气理,道乃可止。"于是,他们又进而研究心为什么会生怒,作喜;有好,有恶,这是因为外界确有许多使我们的心激动的原因。《心术上》篇说:"人迫于恶,则失其所好;怵乎好,则忘其所恶;非道也。故曰:不怵乎好,不迫乎恶,恶不失其理,欲不过其情。"这简直是孔门"乐而不淫,哀而不伤"的精神。所以宋钘的寡欲说,又与孟子的"勿忘勿助"一说有相同之处。《内业》篇说:"爱欲静之,遇乱正之;勿引勿推,福将自归。"这"勿引勿推",还不是同"勿忘勿助"相近吗?在《心术上》篇有一段话,读者大都误认与《老子》相近,或者有人说出自《老子》,不知老子却渊源于此。因为这本是白心说的精意所在呢!他们说:"毋代马走,使尽其力;毋代鸟飞,使弊其羽翼;毋先物动,以观其则;动则失位,静乃自得。"这正是"勿引勿推"一语的解说。总其缘故,是"因"的道理。什么是"因"呢?《心术上》篇说:"因也者,舍己而以物为法者也。感而后应,非所设也;缘理而动,非所取也;过在自用,罪在变化。自用则不虚,不虚则忤于物矣!变化则为生,为生则乱矣!故道贵因。因者,因其能者,言所用也。君子之处也,若无知,言至虚也;其应也,若偶之,言时适也;若影之像形,响之应声也。故物至则应,过则舍矣。舍矣者,言复所于虚也。"这里所谓"因",与《心术上》篇所谓"恬愉无为,去知与故",又有与田骈、慎到之说有相同之点。笔者以为孟轲、宋钘、田骈、慎到,都是稷下谈士。在学说上有相互影响之处,本没有什么稀奇,不过宋钘的学说重在《白心》而已。养心的效果照《内业》篇所说,可以"见利不诱,见害不惧,宽舒而仁,独乐其身;是谓云气,意行似天"。后来庄子所说的"因是故也"的"因",也是从此而出,却更加深入一层了。

去宥、寡欲、白心,既然有连贯的关系。而白心的方法,先要明白主观。用前人的话是"知己"然后能"知彼"。《白心》篇说:"欲爱吾身,先知吾情;君亲六合,以考内身;以此知象,乃知行情;既知行情,乃知养生。"这里所谓"行情"与"心之行"意思相近。宋子的学说,虽然是专论养心,但与孟子、庄子一支有一大不同之点,就是孟子、庄子能把握"心的动态"。宋钘虽然"语心之容,命之曰心之行",但是他们所看出来心的性质,是虚、是静。宋钘、尹文的学说实与荀子同属一支,都是把握"心的静态"的。《荀子·解蔽》篇说:"心何以知道?曰:虚一而静。"这三点都是白心说一派所提出来的。《心术上》篇说:"虚其欲,神将入舍;扫除不洁,神乃留处。"又说:"恬愉无为,去知与故,言虚素也。"这是说虚的话,其次是静。《白心》篇一开头便说:"建当立,有以静为宗。"《内业》篇说:"修身静音,道乃可得。"又说:"心能执静,道将自定。"又说:"静则得之,动则失之;灵气在心,一来一逝。"于"虚"与"静"以外,宋钘一派还再提出"一"字。《心术下》篇说:"一气能变曰精,一事能变曰智。"《心术上》篇说:"专于意,一于心,耳目端,知远之证。"下篇又说:"执一不失,能君万物。"《白心》篇也说："一以无贰，是谓知道。将欲服之，必一其端，而固其所守。"这虚、一、静三点，虽然都是宋、尹一派人先提出来的，可是荀子自己经过一番洗炼之后，却说："不以所已臧害所将受，谓之虚；不以夫一害此一，谓之一；不以梦剧乱知，谓之静。"确是整齐划一，更深入了一层。宋、尹所说自然是未成熟的说法。同时这一派的学说，又是接近于孔家的。所以也讲《诗》《礼》。《内业》篇说："止怒莫若《诗》，去忧莫若《乐》，节欲莫若《礼》，守礼莫若静。内静外敬，能返其性，性将大定。"这一点意思非常重要，因为宋钘是接近于正统派的思想家，在白心说中，首先提出虚静的道理。后来老子也是说虚静的，可是孟子不说虚静。假定老子在孟子以前，早就说虚静，孟子不会对于虚静说丝毫不留意的。所以白心说是与寡欲说相近而虚静的道理，对老子、荀子更加阐发无遗了。

宋、尹学说的渊源与发展的途径是如此。其所根据的形而上学也是别有体系。他们对于道的见解，正是开始由阐说"人道"进而阐说"天道"。天道的问题，孔子是不大讲的。所以子贡说："夫子之言性与天道，不可得而闻也。"孟子稍稍谈到天道，大都以人事作出发点，唯有宋钘、尹文，一方面说"心"，一方面又说"道"。把主观的心与客观的道，构成密切关系的，也是宋、尹一派人开其端绪。《心术上》篇说："道在天地之间也，其大无外，其小无内。"又在《内业》篇说："其细无内，其大无外。"然而《庄子·天下》篇说的"至大无外，谓之大一；至小无内，谓之小一"是惠施的思想。但是我们再考查《天下》篇说宋、尹一派的话中，也有"其小大精粗，其行适至是而止"两句。《秋水》篇里也说："至精无形，至大不可围。"可见这种对于道的观念，在当时即使不是宋、尹一派所创，也一定是很普遍的见解。他们提出这种抽象的"道"，也是因为以虚静说"心"的关系，所以也以虚静说"道"。《心术上》篇说："天曰虚，地曰静，乃不伐。"又说："虚无无形之谓道，化育万物之谓德。"宋、尹一派的白心说有一重要特点，是说"道"与"德"的关系。这种说法是老子学说中所没有的。《心术上》篇说："虚者，万物之始也。"又说："天之道虚其无形。虚则不屈，无形则无所位赶。无所位赶，故遍流万物而不变。德者，道之舍也。物得以生。""故德者，得也。得也者，其谓所得以然也。以无为之谓道，舍之之谓德，故道之与德无间。故言之者不别也。"这种说法正式把道看作用，而德是体了。为什么说德是道之舍呢？因为他们说心是宫，耳目是门。《心术上》篇说："宫者，谓心也。"而古文德字，正是作德，从彳，从心，从省，会意，说德不能离心而独立。"德是道之舍"，等于说"心是智之舍"。《心术上》篇正是有这样一句话，所以《白心》篇也说："德之来，从于身。"道是虚，心也是虚。心与智的关系，如同道与德的关系。《心术上》篇说："心术者，无为而制窍者也。"《老子》一书虽说道德，但是"失道而后德"，把道与德变作继起的关系，哪里有"德者道之舍也"一句话那样精到深邃呢？《白心》篇又说："道者，一人用之不闻有余，天下用之不闻不足。"此"谓道矣！"就客观说，道是至大无外，至小无内。就主观说，道正是一人用之不闻有余，天下用之不闻不足，这里分明是把心与道的关系说作一件事了。《心术下》篇说："凡心之形，过知失生。是故内聚以为原。泉之不竭，表里遂通；泉水不涸，四支坚固；能令用之，被服四固。是故圣人一言解之,上察于天,下察于地。"这是说心是内德之源,而同时也是道之源。《内业》篇又说:"夫道者,所以充形也。而人不能固。其往不复,其来不舍。谋乎莫闻其音,卒乎乃在于心,莫乎不见其形,淫淫乎与我俱生。不见其形,不闻其声,而序其成,谓之道。"照这样说来,心之行,还不就是"道"吗?所以宋、尹一派人谈道,是从谈心入手的。与他家所说不一样。但是这一派人不如此简单。他们还是提出一个"气"字来。《心术下》篇说:"气者,身之充也。行者,正之义也。充不美,则心不得;行不正,则民不服。"这同孟子"充实之谓美"一说,又有相同。若照《内业》篇的说法,是"气道乃生,生乃思,思乃知,知乃止矣"。就天地说是"气",就人说是"心"。"心静气理,道乃可止。"就本质说,是气、是心;就作用说,是道、是理,综合来说,是德。《内业》篇说:"是故圣人与时变而不化,从物而不移。能正、能静,然后能定。定心在中,耳目聪明,四枝坚固,可以为精舍。精也者,气之精也。"气之精,就是心,而精舍,还不是德吗?《心术下》篇说:"心之中又有心焉。意以先言。意然后形,形然后思,思然后知。"先秦哲学最初都是在价值论方面用工夫,到了孟子才真正转入本体论。我们在上面所引述的学说,正是把人生问题与宇宙问题连贯起来讨论。心之中又有心,应作如此解?凡是形气的心,是生理的心,"心之中的心"是道德的心。其作用,是思、是知。形而下的是形气,形而上的是道德。心呢?间于二者之间。寡欲,正是把我们的心从形气中超拔出来走入道德的心,所以要白心。

白心的结果,可以造成全心。《内业》篇说:"全心于中,全形于外。不逢天灾,不遇人害,谓之圣人。"白心是同孟子的良知良能一样；全心呢？就是全知全能。《内业》篇说："全心于中，不可严匿；和于形容，见于肤色。"这又是与孟子的"晬于面，盎于背"的说法相同。白心说之影响于实践道德者如此，再进而讨论其影响于实际社会各方面的问题。这就是"道"与"名物制度"的关系。《心术上》篇说："物固有形，形固有名。此言不得过实，实不得延名。姑形以形，以形务名，督言正名。故曰圣人。"又说："名者，圣人所以纪万物也。"名是所以名实的。道呢？是所以生物的。一切名物，都原于道。《白心》篇说："原始计实，本其所生。知其象，则索其形；缘其理，则知其情；索其端，则知其名。故苞物众者，莫大于天地；化物多者，莫多于日月。"名物既原于道，一切制度，当然也是原于道。《心术上》篇说："义者，谓各处其宜也；礼者，因人之情，缘义之理，而为之节文者也。故礼者，谓有理也，理也者，明分以谕义之意也。故礼出乎义，义出乎理、理因乎宜者也。法者，所以同出，不得不然者也。故杀戮禁诛以一之也。故事督乎法，法出乎权，权出乎道。"这是说社会上一切制度，皆出乎"道"。这与万物息息相关，正如心同万物息息相关。《心术上》篇说："殊形异势，不与万物异理。故可以为天下始。"《内业》篇说："凡物之精，此则为生。下生五谷，上生列星。流于天地之间谓之鬼神，藏于胸中谓之圣人。是故民气杲杲乎如登于天，杳杳乎如入于渊，淖乎如在于海，卒乎如在于己。是故此气不可止以力，而可安以德。不可呼以声，而可迎以音。敬守勿失，是谓成德。德成而智出，万物果得。"说到这里，令我们想到上面所说过的"心是智之舍""德是道之舍"两种意见，可以用"德成而智出"一句话把它连接起来了。天地的德是虚静，心的智也是原于虚静。德成智出，于是一切各种制度产生了，然而天地之化生万物，还有一种原因，这原因是"和"。《内业》篇说："凡人之生也，天出其精，地出其形，合此以为人。和乃生，不和不生；察和之道，其精不见，其征不丑。平正擅胸。论治在心，此以长寿。"这里所谓"和"，就是上文"气道乃生"一样的道理，"和"也是德的性能。所以《内业》篇说："充摄之间，此谓和成。精之所舍，而知之所生。"根据以上所述说的形而上学而引申出来的政治哲学，是《白心》篇所说的："天不为一物枉其时，明君圣人亦不为一人枉其法，天行其所行，而万物被其利；圣人亦行其所行，而百姓被其利。"又说："圣人之治也，静身以待之，物至而名自治之。"于是"名正法备，则圣人无事"，这种说法，照一般看来，总以为是经过道家洗礼以后的法家思想。可是法家中人都不讲究养心，而且很反对"心治"。但是《心术下》篇说："圣人裁物不为物使。心安是国安也。心治是国治也。治也者，心也；安也者，心也。治心在于中，治言出于口，治事加于民，故功作而民从，则百姓治矣。"像这样心治说的法家，是不是以白心说作根据的呢？除掉宋钘、尹文一派，又有哪一派的思想家可以当得起？

## 五　结论

据笔者的研究，战国初期的思想家有一种共同的风气。各家往往把自己的思想造成韵语，作为格言。例如《吕氏春秋·知度》篇引子华子的话说："厚而不薄，敬守一事，正性是喜。群众不周，而务成一能。尽能既成，四夷乃平，唯彼天符，不周而周；此神农之所以长，而尧舜之所以章也。"又如《意林》引《慎子》，有"不聪不明，不能为王；不瞽不聋，不能为公"。而《心术》《白心》《内业》诸篇中的韵语更多。笔者以为这些韵语，原本都是宋钘、尹文的话。而这些解释，或许是其门弟子，或后学所说的话。所以一方面有与《孟子》《慎子》相同的句子，或相同的思想，甚至也有与原本相冲突的地方，例如：宋、尹的思想本主张"德成而智出"。又说："生乃思，思乃知。"可是四篇中又有说："思索精者明益衰，德行修者王道狭。"这不是同上文所引的话中大相矛盾吗？又如说："去善之言，为善之事，事成，而顾反无名。"又说："孰能弃名与功，而还与众人同。"这些话似乎与老子相近，都是老子思想的渊源，因为绝不如老子的文章那么好，如果承认是老子以后的文句，恐怕说不通。若说老子是根据这些话修改成功的，却非常合理。例如《白心》篇说："名进而身退，天之道也。"今本《老子》改作"功遂身退天之道"。又从此意简练而出的"功成者堕，名成者亏"两句，却照样抄在今本《庄子》中。再者，这四篇文字恐是道家思想的导源，所以从文句上看来，都是杂乱无章，造语不圆润。若比较起来，与其说是与道家相同的地方多，还不如说与孔家思想相同的地方多，又这四篇中很有鼓吹法制的思想，如果认为是经过道家思想洗礼的法家思想，也不对。我们看商鞅、申不害、韩非，哪一位主张过"心治说"呢？但是照笔者的分析，用白心说作中心，把这四篇中的思想给与孟子、慎子相同时代的宋钘一派，似乎合理吧！

一九四三年五月二十九日于渝州南岸旅次

（原《说文月刊》稿）

# 《诗经》中古史资料考释

古史资料,在《诗经》中真是多得很!作者从前曾写过一篇《周南召南考》,也是关于《诗经》中古史资料的论辩。依照个人的观点作标准,去分析《诗经》中的史料,到处可以发现精要的结论。本篇所谓《诗经》中古史资料,实在是《诗经》中有许多个名词,许多句诗,大家认为不成问题的,或者认为毫无办法的,提出来同大家商讨而已。牵涉的方面当然很多。可是战争期间,又住在乡下,一切参考书籍全无,都凭记忆,及偶尔之感就写出来,名为考释,与作者向来的态度不大相合,本想把我的意见分分类,一个题目中包括几个小题目,感到有许多材料还是不够。暂且照老方式,一条一条去说明,末了总括起来说一个大概吧!

## 《召南·驺虞》

"彼茁者葭!一发五豝!于嗟乎驺虞!彼茁者蓬!一发五豵!于嗟乎豕驺虞!"《毛传》说:"驺虞,义兽也。白虎黑文,不食生物,有至信之德。则应之。"马瑞辰在《毛诗传笺通释》里说驺虞就是《山海经·海内北经》的驺吾。《山海经》原文说:"林氏国有珍兽,大若虎,五色毕具,尾长于身,名曰驺虞;乘之日行千里。"郭璞注说:"《尚书大传》谓之侄兽。"都是很明白的主张驺虞是兽,但我们从诗句本身上看来,驺虞不应该是兽。先把《诗》中其他的问题解决了,便知道驺虞不是兽。茁,是茁壮的茁。从艸,出声。出字,《说文》云:"进也。象艸木益滋上出达也。"照《说文》的讲法,出字自身就是茁壮的茁,从艸的茁,是后起字。吴大澂《字说》以出字金文作𤵁,本象出外时认止穿履之形。那末茁壮的茁,还应归从艸的茁。《说文》艸部有一庄字,又有茁字。茁庄,实即茁壮。正是指茎之壮茁而言。蓬就是蓬蒿。《荀子·劝学》篇:"蓬生麻中,不扶自直。"《尔雅·释艸》:"蒿,菣;蔚,牡菣。啮,雕蓬;荐,黍蓬。"蓬是直的茎,蒿与蓬是同类。《释艸》又云:"笋,竹萌";"箈,箭萌";"篠,箭";"葭,芦;菼,薍;其萌蘿。"照此说,葭萌,蓬蒿,因为茎壮直,都可以作箭干。《周礼·考工记》序:"荆之干,妢胡之笴。"郑玄注:"干,柘也;笴,矢干。"《国语·鲁语》:"肃慎氏贡楛矢石砮。"《禹贡·荆州贡》:"杶干","栝柏","箘簵楛"。《周礼故书》:"笴为笋。"这些全是矢干的材料。《诗》所谓"彼茁者葭"及"彼茁者蓬",都是指茁壮的矢干。于是"一发五豝""一发五豵",既然猎得的都是豕类,所以《毛传》又说:"豕牝曰豝,一岁曰豵。""虞人翼五豝以待公之发。"这一说,有一部分是对的,可是同他的义兽之说自相矛盾。他不知道"虞人"就是"驺虞",照《仪礼》《周礼》里的资料看来,"驺虞""貍首",都是射手。《周礼·春官·乐师》:"凡射,王以驺虞为节,诸侯以貍首为节。"《钟师》:"凡射,王奏驺虞,诸侯奏貍首。"又《夏官·射人》:"王射,乐以驺虞;诸侯射，以貍首。"但是《仪礼·乡射礼》："乐正命大师奏驺虞"，《大射礼》："乐正命大师奏貍首"，说法大不相同。而"驺虞""貍首"，都是射时所奏的乐，用以歌颂射手的。貍首诗已经亡佚了。驺虞大概就是《召南》的驺虞。你看连说"于嗟驺虞"，正是歌颂其善射的话。

驺虞就是《左传》里的群驺，既是射手，也是虞人。《成公十八年》："程郑为乘马御。六驺属焉。使训群驺知礼。"《襄公四年》："《虞人之箴》曰：芒芒禹迹，画为九州；经启九道。民有寝庙，兽有茂草；各有攸处，德用不扰；在帝夷羿，冒于原兽，亡其国恤，而思其麀牡。武不可重，用不恢于夏家。兽臣司原，敢告仆夫。"这里的"原兽"，也可以称"兽臣"。正合《尚书大传》驺虞也作侲兽的例。原就是姜嫄的嫄。《史记·周本纪》正作姜原。其字可以从人作㜷，也可以从豕作㹻。《汉书·地理志》天水郡有獂道。《志》又云："邑有蛮夷曰道。"獂道例同狄道、羌道、氐道、月氏道，而西河郡正有地名"驺虞"。驺、侲双声，其字可以从马作䮍。《淮南子·修务训》："胡人而知利者，人谓之駤。"所以群驺就是群䮍。虢羌钟："武侲恃力。"正是说侲人。同《虞箴》上的武不可重，文意正反相同。甲文中屡屡说到"归妊奴"，这是指妊人之作奴者。侲之作妊，例同㜷之作嫄，古文从女字亦可从人，如金文中姓字亦从人作侳。侲之作䮍、作驺例同㜷之作㹻，其为兽臣是一样的，并且侲人散布甚广。《史记·秦本纪》："百里傒让曰：臣不及臣友蹇叔贤。蹇叔贤，而世莫知。臣常游，困于齐，而乞食铚人。"《史记集解》引徐广曰："铚，一作䤛。"张守节《正义》曰："铚人在沛县。"而《汉·地志》沛郡正有"铚"。其为古代的"銍人",大概无疑了。于是我们想到了晋字古文从两至,从廿;或从口,作晉。恐怕晋人也是侄人开化起来的吧?

## 《邶风·北风》

"莫赤匪狐,莫黑匪乌;惠而好我,携手同车。其虚?其邪?既亟只且!"作者在这里要先提一提狐同䝰有关系。《左传·庄公二十八年》:"晋献公娶二女于戎。大戎狐姬生重耳,小戎子生夷吾。"大戎、小戎,就是大侄、小侄,都是狐戎。所以晋字从二至,于是我们把这几句诗里的其余问题先解决了。这首诗原意是说东人同西人一定要友好。同《小雅·大东》所说的正反虽异,其咏叹的是一种事。"其虚?其邪?"本是把"虚邪"一连绵词用"其"字分开来,以表示委宛。例如"驰驱"吧,说"载驰,载驱"。又如"疆理"吧,说"我疆,我理"。这样的例子,在《诗》里还有,所以马瑞辰说:"虚邪",即"舒徐"。其邪之"邪",或作"徐",见《释文》所引。照作者的看法,马瑞辰的说法还有可疑。舒是审母,虚是晓母,类不相近。我以为"荆舒"就是"荆徐"。以"虚徐"作"舒徐"未切,因为把"虚"字无形中取消掉了。这首诗里以"狐"影射西方人,以"乌"影射东方人。原本是说西方人这回来,是灭舒族呢?还是存舒族呢?灭了,便是墟;存着,便是徐。《方言》说:"自关而西,秦晋之间,凡相敬爱谓之亟。""其虚?其徐?"是最关心的"问题"。所以这最后两句,《北风》三章中都有。"只且"是语辞,或用"只",或用"且"。例如《鄘风·柏舟》:"母也天只,不谅人只!"《楚辞·大招》全篇用只。

《左传·襄公二十七年》叔向闻赵孟说："诸侯归晋之德只！非归其尸盟也。"杜预说："只，语辞也。"有作"且"的，例如《郑风》："不见子都，乃见狂且！"郑笺说："且，辞也。"释文："且，子余反。"《大招》用"只"，而《招魂》却整篇用"些"。因此知道只、些、且，所代表的是一个音。"只且"连用，也仅能代表其音。只，之氏反；些，写邪切；可见且字应用"七也切"。那么"只且"正是代表"些"音，与车、邪正相为韵。"只且"或"些"，与"嗟"音同义近，都是感叹辞。所以这两句诗译为白话，当作："是虚呢？是徐呢？正是关心的很呀！"

### 《旄丘》

"狐裘蒙戎，匪车不东！叔兮，伯兮，靡所与同！"这里的"戎"，不用说是西方人。"匪车不东"，正是向东方来。东人就是邾人，下面还有详细解释。先说《左传·襄公四年》："冬，十月；邾人、莒人、伐鄫，臧纥救鄫，侵邾，败于狐骀。国人逆丧者皆髽。鲁于是乎始发髽。国人诵之曰：臧之狐裘，败我于狐骀。我君小子，朱儒是使！朱儒，朱儒，使我败于邾。"臧纥就是臧武仲。臧之狐裘，正指武仲。鲁人不正是西人吗？邾本是东人，这一回可是西人败于东人，所以鲁国都讥笑臧武仲，说他是"侏儒"。

### 《鄘风·蝃蝀》

"蝃蝀在东，莫之敢指！女子有行，远父母兄弟。朝隮于西，崇朝其雨；女子有行，远兄弟父母；乃如之人也！怀婚姻也！大无信也！不知命也！"《毛传》说蝃蝀是虹。照下文"朝隮于西，崇朝其雨"两句话看来，蝃蝀可以说是虹，但是也还有其他道理。就语音上来研究，"蝃蝀"二字与"鼀䗇"音近。《尔雅·释虫》："次蚩，鼀䗇；鼀䗇，蟾蠩。"《方言》也说："鼀䗇，蟾蠩也。自关而西，秦晋之间，谓之蟾蠩。自关而东，赵魏之郊，谓之鼀䗇，或谓蝈蟾。蝈蟾者，侏儒之语转也。北燕朝鲜洌水之间谓之蟒蛉。"郭璞注云："蟾蠩，今江东呼蝃蟾。"又说："蝈蟾音烛臾。"从这里综合起来：蝃蝀、鼀䗇、蝃蟾、蟾蠩、蝈蟾、烛臾，实从颛臾一语根而出。《论语》："夫颛臾者，昔者先王以为东蒙主，且在邦域之中矣。"蝈蟾与"颛臾"声同。"东蒙"，就是"蟾蠩"。原从东方古族的族神之语根而出，这族神就是这氏族的图腾。所以《方言》说是朱儒语转。东蒙，《论衡·吉验》篇、《后汉·扶余传》，作"东明"。《魏志·高句丽传》作"朱蒙"。不是朱、东可以通用吗？因此想到《左传》里的大邾、小邾，就是《诗经》里的大东、小东。《庄公十五年》："宋人、齐人、邾人、伐郳。"杜预说郳，就是小邾。蜺、霓、郳，声同。以蝃蝀作虹，就是以蝃蝀为霓。东人既然拿此作氏族神，自然是"莫之敢指"。刘熙《释名》说："蝃蝀，东方之水气也。"更可以证明作者说得不错。

### 《小雅·大东》

"东人之子，职劳不来；西人之子，粲粲衣服；舟人之子，熊罴是裘；私人之子，百僚是试。"《尔雅·释诂》："职、秩，常也。"以常训职。照作者的看法，"职劳"，即"实劳"。职、实，类近；常、实，双声。《邶风》：燕燕，雄雉，都说"实劳我心"。在周代，西人自然是贵族，所以"粲粲衣服"。舟人呢？就是侜人。《陈风·防有鹊巢》：" 谁侜？予美！心焉忉忉！"说《诗》者把《大东》的舟人解作舟楫之人。《鹊巢》的侜字，释作侜，张诳也，都不对。侜人，即《国语·郑语》"秃姓舟人，则周灭之矣"的舟人。韦昭说："舟人，国名。"舟之作侜，例同上举原之作傆。"谁侜？予美！"就是说："哪位侜人有我这样美呢？"马瑞辰以为舟人即周人。引《公羊传·宣公六年》范宁注："周狗即大狗。"说舟人就是大人，私人即小人，有一点儿说得对。《毛传》说东人是谭人，说西人是京师之人。谭人当然是东人之一，上文所举的邾人、莒人、宋人、郳人、颛臾，乃至于殷人，都可以说是东人。大东、小东，种类本是很多的。郑玄本是说舟当作周。那末周人也是京师之人，与西人不是没有区别了吗？据《国语》"周人灭侜"，那末侜人还是周人的服属。不过比"私人"要高一级。"侜人"可以"熊罴是裘"；"私人"还仅是"百僚是试"而已。"熊罴是裘"，同《旄丘》"狐裘蒙戎"的"戎"正是一种。有时候可以升级作贵族。总之，西人、舟人、私人是一类，与东人相对。

## 《都人士》

"彼都人士，狐裘黄黄！其容不改，出言有章；行归于周，万民所望。"郑玄说："城郭之域曰都。"照一般情形，也可以说是衣服丽都的都。"黄黄"同"皇皇"，形容盛装。戎既然是指西戎，他们当然穿狐裘。周人之中有"侜人"，而这里正说到"行归于周"。《论语·子罕》篇："子曰：衣敝缊袍，与衣狐貉者立而不耻者，其由也与？"足证"狐貉"就是"狐裘"。《豳风·七月》："一之日于貉，取彼狐狸，为公子裘。"这里貉、狸、裘为韵，而貉字正可以作貊。《说文》："貊似狐，善睡。"引《论语·乡党》："狐貊之厚以居。"知狐裘、狐貊、狐狸、狐貊，所指是一种。貊既可从舟，古必不读"下各切"，所以与裘韵。而佹之作貊，例同上文所举侄之作駤，傆之作㹮。貊就是貊貊族。从貊貊族到佹人，是文化上一度的进步。这时候貊人开始知道"造舟"。所以貊字改从舟声，名之为舟人。我们再来看创造的"造"字，可以从舟、从告，作"艁"。《说文》舟字注云："古者共鼓货狄刳木为舟、剡木为楫，以济不通。"正好证明狄人是造舟的创始者。晋文公说："晋居深山，戎狄之为邻。"而大戎就是狄族中的狐氏。狐貊也可以作胡貊。例如《战国策·秦策》："北有狐貊代马之用。"而今本皆作胡貊。狐貊原是最早的狄人，并且狄人造舟还有其他的证据。

### 《大雅·大明》

"文定厥祥，亲迎于渭。造舟为梁，丕显其光。"这首诗是说太姒嫁给文王时的情形。造舟作梁，原来出于古代貊人的重典，表示他们是创造者。到了周人行婚礼时，还是沿用这种重典。不止周人如此，晋人也是如此。《左传·昭公元年》："秦后子享晋侯。""造舟于河"是第一件事。因此可以解决徐铉所说"貊字从舟，非声，未详"一问题。貊人中有一族知道造舟的，就名之为"佹人"，也就是后来"狐裘蒙戎"的戎。邢侯彝说"锡臣三品：州人，秉人，亶人"。这里的亶人，就是庸人。秉人，就是东人或朱人。甲文中也正有秉人。《续编》卷六第二十六页七片有："庚申，今秉人🈷"一条。古文东字可以从禾。例如休字，也可以从木或从禾。至于"州人"，也就是"舟人"。古文字中从州的字也与从舟的字相通。如

《说文》:"诪,詶也。"引《尚书·无逸》:"无或诪张为幻。"《尔雅·释训》作"侜张",马融本作"輈张"。这不仅是声音上的关系,但是"侜人"为什么会变作"州人"呢?这是因他们所住的地方是州。《左传·哀公十七年》:"晋立襄公之孙般师而还。十一月,卫侯自鄄入。般师出。初,公登城以望,见戎州;问之,以告。公曰:我姬姓也,何戎之有焉?翦之。公使匠久。公欲逐石圃。未及而难作。辛巳,石圃因匠氏攻公。公闭门而请。弗许。逾于北方而队,折股。戎州人攻之。太子疾、公子青逾从公。戎州人杀之。公入于戎州己氏。"《吕氏春秋·慎小》篇:"卫庄公立,欲逐石圃。登台以望,见戎州。而问之曰:是何为者也?侍者曰:戎州也。庄公曰:我姬姓也。戎人安敢居国?使夺之宅,残其州。"这真是数典而忘其祖了。"州"是戎人居住之处,也是戎人的发明。正好是说明创造舟的狄人称"侜人",发明居州的侜人称"州人"。所以有"州人"的称呼。《荀子·君道》篇:"偶然乃举太公于州人而用之。"《韩诗外传》"州人"正作"舟人"。州在水中,州居自然需要舟。朝字小篆从舟作朝,金文作𦎫。从川与从州同。州人也就是舟人。到了后来,发明"区种"的周人称"周人"了。甲文周字正作⊞,或从口,或不从口。《考工记·序》"作舟以行水",故书舟作周。而"狐裘蒙戎"的"戎人",正是"周人"。《都人士》上说:"行归于周,万民所望。"所以舟人、州人、周人,是周族文化进步上的三阶段,于此也可以使我们知道戎人本是狄人,狄人本是貉人。

### 《大雅·崧高》

"王命申伯,式是南邦。因尔谢人,以作尔庸。王命召伯,彻申伯土田。王命傅御，迁其私人。"这里的"私人"，同《大东》里的"私人"是一种，就是"公入于戎州己氏"的"己氏"。这个己字，《释文》有"纪"音，"祀"音，应当取"祀"音。己氏，就是甲文中的"㠯羌"，今人释作"厶羌"，原本都是一个字。古文姒字，台字，所从的己形，就是这个字，原是象蛇形。中国远古的氏族图腾有用蛇，所以祀字从巳，其不用蛇作图腾的是北方貊族。所以祀字也有从異作"禩"的，汜水也有从異作"潩"的，而北方称"冀方"；正是从北，异声。图腾本来是秘密的，所以巳字也就是私字。《说文》释羌为"西戎牧羊人"，其实殷代的羌，散布东方。照甲文里的资料看，殷人所活动的中心区域在河、淮之间，而这种甚多的羌人，也就在殷人的近旁，"㠯羌"不过其中一种。羌字从羊，从人，说他们以游牧为中心生活而已，其种族类别仍是貊貉。"㠯羌"之外，甲文中还有"来羌"。周人其实是"㠯羌"与"来羌"的混合种。《诗·生民》的"有邰家室"，即是周人的发祥地。"有邰"即"有台"。台字从己，从口。《尔雅·释诂》"台、予，我也"。从口，表示发声。台即㠯羌之自称，例同舒族自称曰余、曰予；攻敌族自称曰吾，相同。《史记·周本纪》："其母有邰氏女曰姜原。"张守节说："邰，天来反；亦作斄同。"《史记集解》于"封弃于有邰"一句下引徐广说："今斄乡，在扶风。"足证"有邰"就是"斄乡"，那是与"来羌"有关系的一点。"㠯羌"自称其地作台，而他们的姓呢，从己，从女，作姒。各方面综合起来，"私人"就是"㠯人"，正是周人的同族。所以《崧高》说："王命傅御，迁其私人"，而《大东》却说到"百僚是试"。可见周人到处用他们的"私人"。再说周人是姬姓，为什么又是姒姓呢？这是后来从姒姓中分出来的。姒字古文作妃,而小篆中从巳字,也可以从臣。《说文·水部》引《诗·江有汜》作"江有㳜",这是很明白的证据。"谢方",王符《潜夫论·志氏姓》作"序方"。知道"谢人"原本是"序人"。也是荆舒一族。并且有邰就是《诗》中的允荒。允字从⑤,从人;与羌字之从羊,从人,意思相同。

## 《公刘》

"笃公刘!既溥,既长;既景乃冈。相其阴阳,观其流泉;其军三单,度其隰原,彻田为粮;度其夕阳,豳居允荒。"这里旧注不可解处有三。"其军三单",《毛传》说:"三单相袭。"不很明白。作者以为"三单"就是"三战"。郑玄却称作"大国之制三军"。那么三单便是三军了。但是甲文战作单,不从戈。金文如公伐郘钟作单。公伐郘鼎作單,同甲文,都是三单就是三战的明证。照字形,单字的本义当是"箪食壶浆,以迎王师"的单。㞢形象箪,Ψ象壶之下部作业。俗语所谓"饭箪"。《说文》引《汉律令》:"箪,小匡也。"行军必有单壶,所以战字从单字引申而出。《毛传》三单相袭一说,似乎同明公尊"明公以三族伐东国"的三族制度相近。照《左传》上看来,单氏与刘氏关系很密切,必定有渊源的。《左传·昭公二十二年》说单氏与刘氏的事迹很详细,所以《公刘》诗中的三单,可能是单氏的三族。不过单氏之所以名单,可能是从发明箪壶起名。因为同下文"彻田为粮"一句还有关系。《崧高》里说到"王命召伯,彻申伯土田";又说:"王命召伯,彻申伯土疆。"《毛传》都说:"彻,治也。"作者以为这"彻田为粮"以及"彻土田""彻土疆"的彻与《豳风·鸱鸮》的"彻彼桑土"、《小雅·十月》的"彻我墙屋"、《楚茨》的"废彻不迟"都不一样。《豳风·小雅》中几个彻字，都可以用《毛传》"彻，治也"或"彻，剥也"去解释。原本"彻"是"撤"的假借字。至于"彻田为粮"的彻，《说文》古文作"㣇"，云通也。这是汉人一般以彻侯为通侯的解释，这个字本不应入攴部。原是从彳，从鬲。甲文有♦字，或作♦。今人释作"彻"，照字形看，这是鬲字。《说文》："鬲，三足锅也。"彻田的方法，是人拿着三足锅，走入田间，收取粮食，这是后来的"周人百亩而彻"的根源。所谓"彻我土田""彻我土疆"，也是说作成疆界，以便彻取粮食。封建制度中的"彻侯"，也是从这一意义上引申出来的。

## 《大雅·召旻》

"我居圉卒荒。"《毛传》说："圉，垂也。"《郑笺》说："荒，虚也。"以荒作虚，双声为训，是不错的。"圉卒荒"，就是《公刘》"豳居允荒"的"允荒"。《桑柔》四章说："孔棘我圉。"七章中又说："具赘卒荒。"这里的"具"字，当训"俱"。"赘卒荒"也就是"圉卒荒"，这种关系其重要无比。《左传·襄公十四年》："将执戎子驹支。范宣子亲数诸朝。曰：来！姜戎氏。昔秦人迫逐乃祖吾离于瓜州。乃祖吾离被苫盖，蒙荆棘，以来归我先君。"但在昭公九年："王使詹桓伯辞于晋。"曰："先王居梼杌于四裔，以御螭魅。故允姓之奸居瓜州。"杜预说："允姓，阴戎之祖；与三苗俱放三危者。"这里面的问题是很多的。我们单说其中一点，就是"姜戎氏"与"允姓之奸"同居瓜州。允字从♦，从人，作♦。其字也可从女作㚶，见不娶簋"厥㚶"的㚶字。允之作㚶，如同羌之作姜。有台的台字从㠯，允字也从㠯。知道允姓之奸，原本是㠯羌。所以"允荒"就是"㠯荒"。公刘居于豳，而说他是"允荒"，表示其地原是"㠯羌"所居之故虚。这种人在周代，早已成为"圉卒"，或称作"牧圉"。可是周代的祖先，原是从这种人进化起来的。这种人在古代，原自称王的。《周颂·时迈》篇说："肆于时夏，允王保之。"《酌》篇说："实维尔公允师。"这些"允王""允师"，原是古代留下来的成语。《左传·昭公七年》："王使成简公如卫吊。且追命襄公曰：叔父陟恪，在我先王之左右，以佐事上帝。余敢忘高圉，亚圉。"《国语·鲁语上》："高圉，太王，而帅稷者也。周人报焉。"《史记·周本纪》："公非卒，子高圉立；高圉卒，子亚圉立。"这高圉、亚圉的圉，其实是古代的"圉人"。所谓"允荒"，原是这些"圉人"住的地方。在文字结构上看来，圉字从幸，执字从幸，睪字从幸，螯字从幸，报字从幸。而《说文》幸字有读若瓠、读若籲两音。从籲音上看来，知"幸"是古代的"捻"字。所以執字、睪字、圉字，都从幸。圉就是囹圄的圄字。从瓠音上看来，正是允姓之奸居瓜州的瓜音。再从字形上研究，幸是今隶用汉石经体。《说文》从大，从羊，但照古文字上的异体看来，睪字可以从羊作 ，从辛作 。古文辛、 、幸义同，字多混用。当以辛字作本义，辛是古代的一种兵器。《说文》睪字入辛部，因此可以知圉是古代的睪人。同时从"执讯获丑"一句诗中去分析"执讯"二字，也可以明白"圉卒"就是"允人"。执字金文作 ，或作 ， 字下加一女形。如"对扬"的"扬"字，作 ，也可以省作 ，作 ，作 。知道从 的字可以加女旁，也可以省女旁，而讯字古文作 ，作 。其中所从 形，正是 字。加一 ，表示系累；加 ，表示呼号，而被系累且呼号的是"㐺"。甲文中羌字大都作"㸦",或作"㚔"。可见这些都是"羌人"之为奴隶者,而"圉卒"正是奴隶。"允姓之奸",正是羌人,所以说"圉卒荒"就是"允荒"。《桑柔》说:"孔棘我圉",正同《采薇》的"玁狁孔棘",称之为"我圉",还是说"圉"本是同族。因为圉卒驻在边区,于是圉字又作垂字解。垂就是边陲。那么"圉卒"为什么又称"赘卒"呢?《汉书·严助传》:"民待卖爵赘子以接衣食。"如淳注曰:"淮南俗卖子与人作奴婢名为赘子。"《史记·秦始皇本纪》会稽刻石上说:"夫为寄豭,杀之无罪。""寄豭"就是"赘壻"。这种制度是从古代的"赘卒"那边演化来的,所以《毛传》说:"赘,属也",正是可以解释"赘卒"就是"圉卒"。

## 《小雅·皇皇者华》

"皇皇者华,于彼原隰;駪駪征夫,每怀靡及!"《毛传》:"皇皇,犹煌煌也;高平曰原,下湿曰隰;每,虽;怀,和也。"《郑笺》说:"《春秋外传》曰:怀私为每怀。和当为私。"又以靡及为无所及,都与真意义不很相远,但是说"駪駪为众多貌",似乎以駪駪即《螽斯》篇上的"诜诜"。诜诜或駪駪,可以说是众多貌。不过本义还不是如此。

## 《大雅·大明》

"有命自天,命此文王。于周,于京;缵女维莘。长子维行,笃生武王;保右命尔,燮伐大商。"作者先说一句,"莘"就是"駪",如同"有莘"可以作"有侁"。《毛传》说:"缵,继也。莘,大姒国也;长子,长女也;维行太任之德焉!"《笺》云:"燮伐即协伐。"如同燮和即协和。"有莘"作"有侁",见《吕氏春秋·本味篇》。《晋语四》韦昭注引《皇皇者华》作"莘莘征夫"。《楚辞·招魂》:"豺狼从目,往来侁侁。"王逸注引《皇皇者华》作"侁侁征夫",《史记·周本纪》正义引《括地志》"有莘"作"有㜪"。可见"駪駪征夫"之駪,即"缵女维莘"的莘。所谓"駪駪征夫"者,实即古代有侁氏之民。《左传·昭公元年》:"商有姺邳",实即"侁伾",侁之作姺、作駪,例同上文侄之作姪、作駤;原之作傆、作㟴、作羱。《世本》说:"莘国姒姓",但古代有从女从辛的婼姓,见叔向父簋。所以《括地志》的莘字从新、从女,作㜪。可见古代是有婼姓,或许有侁氏原是婼姓。于是乎我们联想到了从羍、从口的圉字;与从自、从羍的皋字。有侁氏所指的还是羌人。从羍的圉,本可以从辛,或从羊。如古玺𦥑可以从羊,古匋𦥑可以从辛。

## 《大雅·鱼藻》

"鱼在,在藻!有莘其尾。王在,在镐!饮酒乐岂。""鱼在在藻","王在在镐",两句诗用现代的标点方法,应该说"王在?在镐!""鱼在?在藻!"表示王在镐的乐,如同鱼在藻的乐。所以《正月》诗上说:"鱼在于沼,亦匪克乐。"表示国家若不太平,鱼虽在沼,也不得快乐。"饮酒乐岂",就是"恺乐饮酒",但是"鱼在?在藻!"为什么"有莘其尾"呢?这"莘尾"就是《左传·襄公十年》的"骍旄之盟"。瑕禽曰:"昔平王东迁,吾七姓从王,牲用备具,王赖之,而赐之骍旄之盟。"杜预说:"骍旄,盟赤牛也;骍旄者,言得重盟,不以鸡犬。"可见"有莘其尾",即"赤尾"。如"鲂鱼赪尾"的"赪尾"。《汝坟》一首诗本不是叹乱离的。所以"王室如燬",也是说旺盛。《论语》:"犁牛之子骍且角。"《小雅·角弓》的"骍骍角弓",这些骍字或莘字,都是从牛的牸字。石鼓文"骍骍角弓",正作"牸牸角弓"。牸旄之盟既然是重盟,自然可以"岂乐饮酒"了。《大雅·旱麓》诗上也说到"清酒既载,骍牡既备";"以享,以祀,以介景福"。郑玄说:"既载,即已在尊中也。"古文在、哉、载,同一语根,可以通用。"以介景福",同《既醉》的"介尔景福"。郑玄说:"介,助也。"这"骍牡既备"一语,仍是"骍旄之盟"。骍也应当作牸。立盟时正可以"岂乐饮酒",这是周代的重典,连鲁人都以为重典。

## 《鲁颂·閟宫》

"皇皇后帝,皇祖后稷;享以骍牺,是飨,是宜;降福既多,周公皇祖,亦其福女。"这里的"骍牺",就是《旱麓》里的"骍牡",用以祭天、祭后稷,乃至于祭周公。这是多么重大的祀典?这件事,可以在《史记·秦本纪》里得一旁证,"文公二十七年,伐南山大梓,丰,大特"。这"大梓"应同"大牸","丰"即"丰镐"。《说文》丰古文作䕸,像社树之形。"大特"即"特牛",或作"扑牛",也有作"㹱牛",作"犊牛"。《易传》的"犐牛乘马"的"犐牛",都指的是一物。徐铉本《说文》:"扑特,牛父也。"《玉篇》犊训特牛;《尔雅·释畜》"㹱牛",郭璞注作犟牛,云:"犊牛也。"《史记集解》引徐广说:"今武都故道有怒特祠。图大牛,上生树木,有牛从木中出。后见于丰水中。"大梓就是《诗经·小雅·小弁》"维桑,维梓,必恭敬止"的梓,后人即以桑梓作乡社树。因此桑梓就代表乡里,而这大特就是大牸牛神。《正义》引

《录异传》云："秦文公时，雍南山有大梓树。文公伐之，辄有大风雨。树生合不断。时有一人病，夜往山中，闻有鬼语树神曰：秦若使人被发以朱丝绕树伐汝，汝得不困耶？树神无言。明日，病人语闻。公如其言伐树，树断。中有青牛走出，入丰水中。其后牛出丰水中，使骑击之；不胜。有骑堕地复上，发解，牛畏之，入不出。故置旄头骑。汉、魏、晋因之。"这里的大梓牛神，或扑特牛，就是犉旄之盟的神，这是姜戎的族神。《史记·齐世家》说："武王伐纣，誓师孟津。师尚父左杖黄钺，右秉白旄，以誓曰：苍兕！苍兕！总尔众庶，与尔舟楫，后至者斩。遂至盟津。诸侯不期而会者八百。"苍兕就是青牛。《说文》兕字注云："如野牛，青色。"《尔雅·释兽》也说："兕似牛。"牛实姜姓的族神，所以姜原是有邰氏女，而有邰又名犛。这犛，就是犁牛。《大雅·绵》之诗中说："爰及姜女，聿来胥宇。"而《左传·宣公三年》石癸说：姬姞耦，其生必蕃，正是说姬姜耦婚制。姬姓出于姒姓，姞姓出于姜姓。这姜姓的戎，就是殷代的"来羌"也与允姓奸的"㔾羌"同居瓜州。而姬姜耦婚制，可以远源于"㔾羌""来羌"的结合。㔾羌原是以蛇作图腾，而来羌以牛作图腾。㔾羌牧羊，而来羌又善种麦。《周颂·思文》诗上说："贻我来牟，帝命率育。"《臣工》诗上说："于皇来牟，将受厥明。"来牟原是麦名。可是牟字，并非牛出气。乃从㔾，从牛，正是"己羌"与"来羌"的相合。于是不合者曰"不侔"，合者曰"侔"。从人与不从人同义，而侔是后起形声字。西北方的羌，原就是东南方来的。《淮南子·俶真训》上说："槐榆与橘柚合而为兄弟，有苗与三危通而为一家。"《角弓》一首诗，正是咏姬姜耦婚的事。所以说："骍骍角弓，翩其反矣；兄弟婚姻，无胥远矣!"因此知道"驿旄之盟"为什么会是周人的重盟,而秦人必定要杀伐牸牛而后止。自从姬姜两姓成为世族之后,大梓牛神,驿旄之盟,都成为重典。召伯是姬姓,申伯是姜姓。他们两位到谢方来,还是把旧有的"私羌"带来,也是一证。

## 《小雅·吉日》

"吉日维戊!既伯,既祷。"《毛传》说:"伯,马祖也。祷,祷获也。"郑笺无说。《说文》引作"既祃,既祷",但是这件事同《周礼》上好多处有相互关系。《春官·肆师》:"凡四时之大甸猎,祭表貉,则为位。"郑玄注:"貉,师祭也。""貉读为十百之百,于所立表之处为师祭。造军法者祷气势之增倍也。"这里分明是说"既伯既祷"的"伯"字,原是貉貉的"貉"字,并且"表貉"也就是貉貉的同音字,又在《春官·甸祝》说:"掌四时之田,表貉之祝号。"杜子春读貉为"百尔所思"之"百",《书》亦或为"祃"。貉,兵祭也。甸以讲武治兵,故有兵祭。《诗》曰:"是类是祃";《尔雅》曰:"是类是祃,师祭也。"玄谓"田者习兵之礼,故亦祃祭;祷气势之十百而多获"。这不是杜子春、郑玄两人都把伯祭、表貉、祃祭,说作一件事吗?可是对于"祷"字还没有的解。《甸祝》里又说到:"禂牲,禂马,皆掌其祝号。"杜子春云:"禂,祷也。为马祷无疾,为田祷多获,多禽牲。"《诗》云:"既伯,既祷。"《尔雅》曰:"既伯既祷,马祭也。"玄谓:"禂读为伏诛之诛。今侏大字也。为牲祭求肥充,为马祭求肥健。"古文字中从周、从州的字有好多可以从𢆶。如禂,可以作祷;酬可以作醻。原本都是从𢆶。这是田畴的𢆶,所以从鹵,同从𢆶是一样的。我们在上文已经说到"俰人"就是"州人","州人"就是"周人"。"既伯,既祷",岂不是就是既貊、既貐吗?裯可以读侏,而"俰张"也可以作"侏张",于是"俰人"又与"侏人"有关。西方的"俰人"与东方的"侏人",原本都是"貐人",所以北方的貊貉,本是南方北迁的。

## 《大雅·韩奕》

"溥彼韩城,燕师所完;以先祖受命,因时百蛮;王锡韩侯:其追,其貊;奄受北国,因以其伯。"照历来的说法:"韩是姬姓,燕是姞姓。"也是周、吕的宗派,但是"因时百蛮",就是"因是百蛮"。韩在黄河以北,这不是北方的蛮族吗?所以梁伯戈上说到"鬼方蛮","其追其貊",就是"既祷既伯"。本是说祀典。因为王锡韩侯这种祀典,所以作北国之伯。伯就是貊,杜子春他们早已说到。追为什么就是祷呢?《大雅·棫朴》:"追琢其章,金玉其相。"《传》云:"追,雕也。"《考工记》故书:"雕或为舟。"马瑞辰曾说"追"就是"雕题"。"其追,其貊",就是王锡韩侯"雕题"与"貊貉"。这种说法也有一部分理由。据作者的意见,"追"既可以作"雕",也可以借作"裯",作"祷"。因为"既伯,既祷",就是《皇矣》的"是类,是祃"。郑玄说:"类也,祃也,师祭也。"又说:"于内曰类,于野曰祃。"这"类"祭,《说文》作"禷"。注云:"以事类祭天神。"《尚书·尧典》:"肆类于上帝。"《周礼·春官·肆师》:"类造上帝。"郑玄说:"为兆以类礼,即祭上帝也。"这里可以看出郑玄对类祭的意义还不十分确定,所以《诗笺》《礼注》违异。禷,祭天名一说出于《尚书》夏侯欧阳说。《古尚书》

说作"非时祭天谓之类"。段玉裁说:"郊天不言禷,而《肆师》'类造上帝',《王制》'天子将出类于上帝',皆主军旅。凡经传言禷者,皆谓因事为兆,依郊礼而为之。"这里的说法很纷歧。可是《郑笺》"类也,祃也,师祭也"一说最可信。"祃"既然就是"伯","类"就是"祷",伯、貊同声,类、貉也是同声,"类"也就是"腊",《礼记·郊特牲》《礼运》作"蜡"。《韩非子·五蠹篇》:"夫山居而谷汲者,媵腊而相遗以水。"《后汉书·礼仪志》:"武官肄兵习战阵之仪,斩牲之礼,名曰貙刘。"又说:"貙刘之礼,祀先虞。执事告先虞已享鲜时,有司乃逡巡射牲,获车毕;有司告事毕。""貙刘"《史记·滑稽列传》作"瓯窭",可见"貙刘"亦可作"貙媵"。其原本仍是"貊祭",即《周礼》"表貉"祭。照《后汉书》上的话,正是肆师、甸祝,"田者习兵之礼",所以用于祀先虞,而"为牲祭求肥充""为马祭求肥健",正与"瓯窭满沟,污邪满车"的意义相同。不过一是行于游牧社会,一是行于农业社会。这种祭,本是从很古的貊族而来,然后从祀"先虞"转为祀"先啬"的。到了"虞氏",成为该族主要的祀典。《左传·僖公五年》:"晋侯复假道于虞以伐虢。"宫之奇谏。虞公弗听,许晋使。宫之奇以其族行。曰:"虞不腊矣。"这是表示虞快要绝祀的意思。可见腊祭是很重大的祀典。应劭《风俗通》引《礼传》云:"夏曰嘉平,殷曰清祀,周曰蜡,汉改曰腊。"《经典释文》引作"夏曰清祀,殷曰嘉平,周曰蜡,秦曰腊"。"蜡"即"腊",声本可通。照《左传》《韩非子》两书上的话,先秦本有腊祭,已经很明白。所谓《礼传》之说,已自相牴牾。而且《肆师》上本说:"凡四时大甸猎,祭表貉。"可见"祭表貉"是"四时大甸猎"时的"师祭",原本是"猎祭"。以猎祭祭先虞，不是与"貀刘"的意思相合吗？再者"猎"与"类"也是双声，类有"以事类祭天"之义。其中正有物类、分类的意思。而"蜡八"正是以物类祭。《礼记·郊特牲》："蜡也者，索也。岁十二月，合聚万物而索飨之也。"这物类有八神："一，先啬；二，司啬；三，农；四，邮表畷；五，猫虎；六，坊；七，水庸；八，昆虫。"具见《郊特牲》。这里的"水庸"与《韩非子》朕腊而相遗以水相合，并且《风俗通》所引者正作"寅水"。"邮表畷"，恐怕就是《肆师》的"表貉"。《诗·商颂·长发》："为下国缀旒"，《郊特牲》注所引作"为下国畷邮"。可见"邮表畷"就是"表貉"。再来看《韩奕》诗中本就说到"有熊有罴；有猫有虎"。又说："实墉，实壑；实亩，实藉。"都与朕腊八类之物有关。所以作者说"其追，其貊"，就是"其禂，其祃"，或"是类，是祃"。此外就是时间的问题。一般的看法，以为腊祭一定在十二月。《风俗通》说："楚俗以十二月祭饮食。"又说："当新始杀食曰貀朕。"《说文》朕字注正说："楚俗以二月祭饮食。"《后汉书·刘玄传》注引《汉书音义》："冀州北郡，以八月朝作饮食为朕。其俗语曰朕腊社伏。"玄应引《三仓》云："朕，八月祭也。"古代各民族历法不同，所以肯定腊必在十二月是不通的。总之"其追，其貊"，等于说"其禂，其祃"。这是说锡祀典，不是说锡臣族。再者腊即夔，别详。

## 《皇矣》

"维此王季，帝度其心，貊其德音，其德克明；克明，克类；克长，克君。"这里的"貊其德音"，与《韩奕》"其追，其貊"的

"貊",还是有关系。《左传·昭公二十九年》引作"莫其德音"。《释文》引《韩诗》,也作"莫其德音"。《毛传》说:"貊,静也。"《荀子·非十二子》篇:"莫莫然。"杨倞注云:"莫,读为貊,静也。"《广雅·释诂》:"募,静也。"《吕氏春秋·离俗览》:"募水。"高诱注云:"募音千百之百。"可见"貊"字、"莫"字、"伯"字,同声时相通假。因此我们知道《诗经》里凡是称"伯"的地方,都得再加考虑,不一定是伯仲的"伯"。例如《卫风·伯兮》的"伯兮!竭兮!邦之桀兮",《韩奕》的"因以其伯",这两个"伯"字,都是"貊"的借字。其他如《邶风·雄雉》的"百尔君子,不知德行",《鄘风·载驰》的"百尔所思,不如我所之",也不是什百的"百",也是"貊"的借字。本来甲文"生白"的白作"白","什百"的百作"白",我们先要知道白是象面形,即儿字所从的白字。例如"生口"可以作"生白",见好大王碑。小篆的百字,就是首字的意思。而也鼻字所从的是"白"字,都不是"自"字。白所代表的就是貊,也可以作貊。什百的百,原从"生白"的白字演变而来的。古代的貊,种类至多。例如"小水貊""大水貊","小貉""大貉",所以称"百蛮"、称"蛮貊"。貊原本作"白",甲文中有"归白于太丁"一文,见《续编》第一卷第八页八片。这白字,就是从女从白的"妚"字。金文中正有妚字。白之作妚,或作伯,例如原之作源、作嫄。古书中貊字本作伯,或作白。《管子·七法》篇:"击殴众白徒。"《吕氏春秋·决胜》篇:"厮舆白徒";《荀子·王制》篇:"司马知师旅甲兵乘白之数。"杨倞注:"白谓甸徒,今之白丁。"《逸周书·太子晋》篇:"士率众时作谓之曰伯。"又《武顺》篇:"四卒成卫曰伯。"注云:"伯,卒名";《管子·侈靡》篇的"众能伯,不然，将见对"，《尚书·多方》篇："越惟有胥伯小大多正"；《盘庚》的"邦伯师长"，这里正可以看出从"白徒"的"白"，变为卒长的"伯"。《汉书·王温舒传》："置伯落长以收司奸。"师古注："伯亦长帅之称。"所谓"白徒"原是像秦代的"旄头骑"，楚的"苍头军"，汉代的"长水校尉"所统的"长水胡"，"越骑校尉"所统的"越人"。照上文许多证据，"貊人"就是"傆人"或"佹人"。从原、从先，都是说其早。所以伯字因此而得长义。溯其根源，本从貊貉一族而出。《淮南子·时则训》："律中百钟"，百钟即林钟。林貊双声，百字中带有林音。所以郑众、杜子春，都以"表貉"释作"貊祭"。郑玄注《仪礼·大射礼》云："貍首，逸诗；貍之言不来也"，不来也是百林、貊貉的同音字。人也有以百里作姓的，如百里奚，就是古代的"貍奚"。杨倞说："白徒就是甸徒"，而《周礼·甸祝》及《肆师》"甸猎"都用"表貉"祭。《驺虞》所咏的是甸猎的事，貍首虽亡，性质一定相同。古代的貊人，散布很广。《韩奕》的"因时百蛮"，是北方的貊；《閟宫》的"淮夷蛮貊"，是南方的貊。《史记·张耳陈馀列传》《汉书·高祖本纪》，有地名"柏人"，在赵国。这"柏人"就是因"貊人"而来。如上文所举"铚人"就是"骓人"的例子一样。古代地名中如"左人""中人""狐人"，都是以人所居之处名地。"驺虞""貍首"，既然是相并列的诗。驺与虞，已经有关系；貍与虞，一定也有关系。《国语·鲁语上》："幕能帅颛顼者也，有虞氏报焉。"又《郑语》："虞幕能听协风以成乐物生者也。"《左传·昭公八年》："自幕至于瞽瞍无违命。舜重之以明德，置德于遂，遂世守之。及胡公不淫，故周赐之姓，使祀虞帝。臣闻盛德必百世祀，虞之世数未也。"于是我们明白了，《礼记·檀弓下》篇

"虞人致百祀之木",这"百祀之木"就是"表貉"。后来不止虞人祭,有天下者皆祭。《礼记·祭法》篇说:"有天下者祭百神。"所谓"百祀""百神",正是《诗经》"既伯,既祷"的"百祀"。所以"貊其德音",《左传》作"莫其德音"。这"莫"正是"虞幕"的"幕"。而"其德克明",又与"舜重之以明德"相合。并且盛德必百世祀同"克长、克君",又是相合。

### 《小雅·斯干》

"式相好矣!无相犹矣!"《毛传》:"犹,道也。"《郑笺》云:"犹当作瘉。瘉,病也。言时人骨肉用是相更爱好,无相诟病也。"马瑞辰根据《方言》:"犹,诈也。"《广雅》:"犹,欺也。"两训解释"相好""相犹"的意义很确切!比之郑玄还要正确。式字,《毛传》《尔雅》都训"用"。照下引许多例子看来,"式"与"实"义近。"实相好矣!无相诈矣!"文义甚顺。式之训实的诗句如:《邶风·式微》的"式微!式微!"《小雅·节南山》的"式夷!式己!"《大雅·民劳》的"而式弘大"。《大雅·荡》的"式号!式呼!"《左传·昭公十二年》引《祈招诗》的"式如玉!式如金!"都可以作实字解,而很文从字顺的。实亦作寔,与式同在职韵;而审、禅二声类很相近。犹字《方言》为什么训诈呢?戴震《疏证》也没有说明白。作者先说一个结论:就是说"好"是代表东方人的族姓,如殷子姓、宋子姓。子之作好,如同白之作妇。子姓的东方人,都是好的。犹呢?就是狄族,狄族总是互相寇钞的,所以说相犹。"式相好"同"无相犹",正是相对的情形。《吕氏春秋·古乐》篇说:"商人服象,为虐于东夷。周公遂以师逐之,至于江南，乃为三象以嘉其德。"这里所说的"江南"，还不过是《闷宫》里所说"戎狄是膺，荆舒是惩"的"荆舒"。舒，也可以作豫。郑玄《易注》云："豫，喜豫悦乐之貌也。借为舒字。《洪范》豫恒燠若，即舒恒燠若。"豫从予，舒字也从予。《崧高》里"序方"的"序"字，也从予，舒字又从余。可知"荆"就是"序方"，"舒"就是"余方"。殷人所居的地方称"豫州"。殷人服象，豫字也正是从象。殷人、宋人、余人都是古代的豫族。《老子》里说："豫兮若冬涉川；犹兮若畏四邻。"这正是说豫族居住南方，不适于冬日涉川。犹人居北方，好互相寇钞，所以畏四邻。古代中原民族不外"犹、豫"两族，而这两族同出于貉貉。《老子》的话，是取于古代分别"犹、豫"两族的成语。于是引申为"犹豫"一句话。所谓"犹兮？豫兮？"就是我们所谓："犹族乎？豫族乎？"的意思。在甲文中有"犹"族。《续编》卷三第十三页四片："乙丑卜王贞，余伐犹。"这正是予族伐犹族，予也可以作余，所以舒字从余、从予。余字从口，例同台字从㠯，从口。晋字从二至，从口，其从㠯，表示国族的称呼。《诗经》里还有称"犹"族的句子，大家都不注意。

### 《小雅·巧言》

"奕奕寝庙，君子作之；秩秩大犹，圣人莫之。"这里的"大犹"，如同大戎、小戎的大戎，大貉、小貉的大貉。《小旻》诗里也说到："哀我为犹！匪先民是程，匪大犹是经。"这里所谓"莫之"，还是"莫其德音"的"莫"，表示"大犹"仍旧是"貉族"。"莫"当然是貉族中之有德者，所以"大犹"的"犹"，引申为谋犹的"猷"，于是犹可以训道。现在要详细说明"大犹"为什么是"犹族"。"犹族"确乎是古族。《续编》卷五第二十九页八片还有"征犹"一条。甲骨文里有许多"亡猷"都作"亡猷"。从酋与从卤相同。《尚书》里许多"猷告尔"的"猷"也有作"繇"的。例如《大诰》的"大告猷尔多邦",马融本作"大诰繇"。《左传》里所有引《周易》的爻辞,都说"繇曰"。可见"猷告"是卜辞上的成语,这是唐兰先生的意见,作者认为很对。《诗·小旻》篇:"我龟既厌,不我告犹。"正是说"猷告"或"告犹"是龟卜的繇辞。因此又明白,龟卜还是"犹人"的发明。古代的卜人,就是后世的史官。《逸古文尚书》正是说:"遒人以木铎徇于路",而轺轩使者,正是采风的官。用猷可从卤作猷证之,知"遒人"就是"遵人"。《汉·地志》涿郡有遒,《说文》:"遒,迫也,或从酋作遒。"这遒即古"遒人"住的地方。例同上所举铚即"铚人"之比。《广韵》十八尤有"偺",注:"侍也。"这偺字,正是古代"偺人"的本字。而轺轩之轺,也是表示"偺人"的车。《秦风·驷铁》:"轺车鸾镳,载猃歇骄。"《小雅·六月》:"戎车既安,如轾,如轩。"可见"轺轩"与"轾轩",制度相同,唯有轻重之别。轺车既然是载玁狁的,与轻车之称戎车相合。《吕氏春秋·审为》篇:"大王亶父居邠,狄人攻之。"高诱云:"狄人,玁狁。"北方古国有名"仇犹"的,就是狄。《史记·樗里子列传》:"智伯之伐仇犹。"《战国策·西周策》作:"智伯欲伐厹由。"《韩非子·说林下》作:"智伯将伐仇由。"《吕氏春秋·权勋》篇作:"中山之国有厹繇者。"正与上文"犹"可作"繇"的证据相合。《后志·中山国·唐》有"中人"亭"左人"乡。《列子·说符》篇:"赵襄子使新稺穆子攻翟胜之,取左人,中人。"《国语·晋语九》:"新稺穆子伐狄,胜左人，中人。"但是《淮南子·道应训》作："赵襄子攻翟而胜之，取尤人，终人。"《吕氏春秋·慎大》篇同是说这件事，作"老人，中人"。在这许多异文中，左人就是尤人、老人；中人就是终人。不论如何，都是狄族。"犹"，六朝俗书还有作"犹"的。"尤人"之为"犹人"，已无疑义。《左传·昭公元年》："晋中行穆子败无终群狄于太原。"杜预说无终，是山戎。难道"终人"也是狄族吗？再来看《尚书》中的"遂"字可作"遏"。如《牧誓》："逖矣！西土之人。"古文作"遏"，又"迪"字可作"犹"用。如《康诰》："迪屡未同"，就是"犹屡未同"。《君奭》："尚迪有禄"，即"尚犹有禄"。《多方》："不克终日劝于帝之迪"，马融本"迪"作"攸"。《禹贡》："丰水攸同""九州攸同"，《汉书·地理志》引都作"逌同"。可见这几个字声同，时相通假。"犹人"的渊源既然这么早，所以"犹人"可以称"老人"。

## 《大雅·荡》

"内奰于中国，覃及鬼方。"《毛传》："奰，怒也；不醉而怒曰奰。"又据《葛之覃兮》传："覃，延也。"那末"覃及鬼方"就是"延及鬼方"。《说文》："奰，壮大之义。一曰：迫也。"内迫于中国，延及鬼方，似乎更文从字顺了。并且奰、迫双声相训。鬼方是哪一族呢？就是上文所说的"犹族"，鬼方是犹族中之强大者。同商人关系很密。甲文中也有伐鬼方的文字。《易经·既济》九三："高宗伐鬼方，三年克之。"《竹书纪年》作伐"西落鬼戎"。这同《左传·闵公二年》的"东山皋落氏"正是西落与东落相对，而落字即貉字的同声字。古代的西落，就是后世的东落。《国语·晋语一》作"皋落狄"。《左传·庄公二十八年》:"晋献公娶二女于戎。大戎狐姬生重耳,小戎子生夷吾。"晋有狐偃、狐毛,诸狐都是晋文公的母族。晋文公自己娶于隗氏女,又是狄族。隗,金文作媿。《史记·楚世家·索隐》引《系本》曰:"陆终娶鬼方氏之妹,谓之女嬇。"《大戴礼记·帝系姓》作"女隤"。隤之与嬇,如同隗之作媿,都是指鬼方一族的人。这不是东山皋落氏同西落鬼戎有渊源吗?鬼方的鬼字,在盂鼎里作甶。从戈、从古文冑字。而戎字从戈、从甲,作𢦏。正是一甲、一冑,所以"鬼方"也称"西落鬼戎"。铜器中有毕狄钟。而朋仲媵鼎有"毕媿"。毕本狄族,而媿姓。王符《潜夫论·志氏姓》正是说媿姓赤狄。媿姓同"莫赤匪狐"一说又是相应。又据《穀梁传·昭公二年》范氏注:"鲜虞,姬姓白狄也。"晋是姬姓的白狄,与媿姓的赤狄通婚,这也是确切的事实。赤狄是狐氏,因为他们从前住于瓜州得名。这同上文所引的"乃祖吾离被苫盖,蒙荆棘,以来归我先君"的瓜州戎,不是又正相应吗?所以说"东山皋落狄"就是"西落鬼戎",并且楚之祖先娶于"鬼方",那么梁伯戈上所称"鬼方蛮",原本是分居瓜州的"己羌""来羌",都是远古的貉族也没有错。《史记·殷本纪》:"以西伯昌、九侯、鄂侯,为三公。"徐广说:"九侯一作鬼侯",正是"仇犹"可作"厹由"的例子,而"鬼侯"正是北方的"厹犹国",可见"厹犹族",南方也有的。《汉·地志》临淮郡正有"厹犹县"。不过鬼侯是北方的"厹由国"。《山海经·海外西经》有"九代儛",而善相马的人名"九方皋"。"九方"就是"鬼方";"皋",即"皋落狄"之"皋"。北方有"胡貉代马之用",而"既伯既祷"的"表貉"祭,就是马祭。那么狄族为什么称"犹"又称"鬼方"呢？

## 《民劳》

"无纵诡随，以谨丑厉。"王引之《经义述闻》里说："诡随即鬼诈，或作黠訑。"他是根据《方言》作解的。《方言》上说："虔、儇，慧也，秦谓之谩，晋谓之㦟，宋楚之间谓之憰，楚或谓之䜍，自关而东，赵魏之间，谓之黠，或谓之鬼。"可见"诡随"就是"鬼䜍"。诡、黠、鬼，都是同声。说鬼方是诡诈，不是等于说犹族是黠诈吗？犹也好，鬼方也好，都是貊族。所以晋人称㦟，其字从狸、从心。可见自古以来都以貊人之心是很黠诈的。《方言》獣之训诈本此。从《方言》里会通起来以溯其源，还是与其他方面的根据相合的。现在就要问"丑厉"是什么了。《庄子·人间世》："昔者尧攻丛枝、胥敖；禹攻有扈；国为虚厉，身为刑戮。"因为"虚邑"上必定有"鬼厉"，所以称"虚厉"。《易经·夬卦》："夬，扬于王庭。孚号有厉，告自邑，不利即戎，利有攸往。"这"有厉"也是"虚厉"的"厉"。丑字正是从酉、从鬼。以《说文》道可以从酉作䣊，甲文獣可作猷为证。知从酋、从酉、从卤，义同。酉就是酒器。而甲文酒字就以酉字作。《吕氏春秋·仲冬纪》："乃命大酋，秫稻必齐。"高诱云："大酋，主酒官。酋酝朱曲使之化熟，故谓之酋。"《墨子·天志下》篇作"春酋"。《说文》云："酋，绎酒也。"《月令》郑氏注："酒熟曰酋。"所以"犹"之称，因造酒得名。而作酒的人正是狄族。《战国策·魏策》说仪狄作酒。《左传·宣公十五年》伯宗说："狄人有五罪"，"嗜酒二也"。所以酋长一名，就是说犹人之长。但是丑字之从酉、从鬼，还只能说是犹族中的鬼方。这丑字的渊源，不仅是形声字，并是从象形文字中而来。我们要从"执讯获丑"一句诗中去研究，这句话是成语，《诗经》中见了几次。现在用下面几句诗作证。

### 《小雅·出车》

"执讯获醜，薄言还归；赫赫南仲，玁狁于夷。"《毛传》说："夷，平也。"这夷字，同《节南山》"式夷！式已！"的"夷"相同，讯字上文已经解释过，原来是"允羌"之被执者，所以《皇矣》诗说"执讯连连"。其字正是从■作■。玁狁，不娶殷狁字如■。可是虢季子白盘犹作■，兮甲盘作■，都从朿从允。《易经·升卦》初六爻辞："允升吉。"《说文》引作■。从允从朿。原是从■，表示"允羌"也是"麦羌"。■，即■字所从之字。《说文》作从本，卉声，其实这是象形字。盂爵："隹王初■于成周"，这■是祭祀；毛公鼎："金车■■较"，这是在■较上绘成麦苗禾穗的圆案画。都是与■字所从之■形相合的。现在就是"获醜"的问题了。作者以为"执讯"即是执俘虏，"获醜"就是获这俘虏的氏族图腾。古代的氏族图腾常绘在旗上的，所以"执讯，获醜"等于后来的"斩将，搴旗"，因此凡是打胜仗，都说"执讯获醜"。最早的时候，"获醜"是获"允羌"的"醜"。这醜，正是鬼方族的图腾。金文中屡见，这亚中所绘的■，恰如醜形，正是像大酋制酒的意思。《说文》引《史篇》说"燕召公名醜"。古人名号相应。召字古文作■。上象两手提一勺，中象酒尊，下象垫子。与醜字一人傍酒尊漉酒的形状相应。狄人是制酒的发明者，所以用制酒的形状作图腾。《史记·周本纪》："小丑备物终必亡。"又说："备物丑类。"这"小丑"等于说"小犹",于是乎我们又找到其他的证据了。《说文》以"辎轩"为轻车,又以"轺轩"为小车。而辎轩使者可以称"遒人"。《说文》:"卤,徒辽切。"其音如轺。卤,经典多与卣通用。这种车形,这种酒尊形,都是象"草木之实垂卤卤然"。"酉"是酒尊,"召"是酒勺,所以辎轩可以作轺轩。这又是■字与醜字有连带关系的旁证。"执讯,获醜"本是专用于鬼方族的,可是后来通用于他族。《常武》说:"铺敦淮濆,仍执丑虏。"《鲁颂·泮水》说:"顺彼长道,屈此群丑。"都是指淮夷而言了。

## 《大雅·绵》

"乃立冢土,戎丑攸行。"《毛传》曰:"冢土,大社也;起大事,动大众,必先有事乎社而后出,谓之宜。"这件事仍旧与"表貉"祭有关。《春官·肆师》说:"凡师甸,用牲于社宗,则为位;类造上帝,封于大神,祭兵于山川,亦如之。凡师不功,则助牵主车。凡四时之大甸猎,祭表貉,则为位。"这里所谓"则为位""亦如之",都是指"立冢土"。郑玄正是说:"社,军社也;宗,迁主也",并且《甸祝》里说得更明白:"掌四时之田,表貉之祝号。舍奠于祖庙,祢亦如之。"郑玄在《郊特牲》的注里也说到:"祭,谓既蜡。腊先祖五祀也。"所以张守节《正义》解"初腊"一辞也说:"猎禽兽,以岁终祭先祖。"古代人师出必定先"祖道",而"祖道"要立"社"。殷周以后人所谓"社"就是远古人的"表貉","冢土"原是嗣徒官所掌。曶壶铭说:"作冢嗣土于成周八师。"本作"嗣土",司徒是后世的制度,可是汉人以司徒作三公之长,必定是有渊源的。《诗》中既然说到"乃立冢土,戎丑攸行",可以证明"立冢土"是"戎丑"的制度,而这"戎丑"还是"鬼戎"。

## 《大雅·烝民》

"天生蒸民;有物,有则;民之秉彝,好是懿德。"《毛传》说:"烝,众也。"这本是引申义。其原义下文再说。其中"物"字"则"字,旧说都没有讲对。傅斯年于物字已有解释。他引《左传·宣公三年》:"铸鼎象物。"《庄公三十二年》内史过说:"以其物享焉!其至之日,亦其物也。"《定公十年》:"叔孙氏之甲有物。"《哀公元年》:"祀夏配天,不失旧物。"《国语·楚语下》:"民以物享,祸灾不至。"诸条说"物"是"图腾",非常之对。上文不是说到"备物小丑"的"物",就是亚中作一醜形吗?并且又曾经说到"姜戎"原以"犛牛"作图腾,而立盟时却享以骈牺,正是"以其物享焉,其至之日,亦其物也"的明证。图腾铸在彝器上面,又是"铸鼎象物"的凭据。从一般铜器的形制看来,前面是一段铭文,后面刻一图形。其种类甚多。都是各族的旗物。旗物一名,屡见于《周礼》,如《春官·司常》,"掌九旗之物名"。《夏官·大司马》职"辨旗物之用",但是物不一定在旗上。如前引"叔孙氏之甲有物",就是甲上也绘有图腾标识。照现在的实物看,物多半在彝器上。"则"字,古文作劓,从鼎、从刀,是会意字。正合用刀在鼎旁刻字之意,所以"则"就是"铭"。骉羌钟正是说"故明则之于铭",这"则"字作动词用,等于说刻了。至于"法则"的意义,已经是再引申了。"彝"就是古代的"旗",是图腾的正名。《说文》云:"彝,宗庙常器也,"但是"彝"不仅是宗庙常器。古器中有宗彝、尊彝、媵彝、旅彝等称,其中"媵彝"是嫁娶的器;

"旅彝"是旅行器,铭文上都说"用征,用行"。"彝"字的本义,象满洲人所称的区域名词,或军队编制名词,某旗。如正黄旗,正白旗,以及郭尔罗斯旗、杜尔伯特旗、科尔沁旗,等等。甲骨文中的"彝"字,正是如此用法。《前编》卷二第六页六片:"癸亥,卜[插图]贞王旬亡猷,在九月,王征人方,在雇彝。"《后编》卷上第十页四片:"一月在[插图]彝。"又《前编》卷五第一页三片,《后编》卷下第七页四片,两见"王彝"这四个"彝"字,都是区域名词。《续编》卷一第十二页六片:"彝在仲丁宗,在三月。"这是作"宗彝"字用了。若就金文中的许多"彝"字看来,最普通的形态作[插图],上体是一飘摇欲动的徽帜,所以有几件器上简直变作从[插图],如克鼎作[插图],秦公簋作[插图]。照这种形态看来,确是旗物。下体都是从[插图],像行动时可以用手捧,住下时可以作架子。此外如师趛鼎的[插图]字,遹[插图]鼎的[插图]字,自簋的[插图]字。这里三个都是"彝"字,可是都不相近,可见"彝"字有很多来源。因为图腾的风气是古代各民族间的一般情形,而制度却不一样,所以字形有这么多。在这三个异体中,仔细研究起来,还是有相同的地方。[插图]形与[插图]形,无疑同是架子。若把[插图]形的左旁横过来看,如[插图],也是一种架子。《周礼·春官·司尊彝》说:"六彝皆有舟。"舟就是《禹贡》"篚厥玄黄""厥篚纤纩"等句的"篚子",也可以说是放彝器的座子。其形如舟,所以也称舟。再来看甲文的"彝"字作[插图],也有作[插图]、作[插图]的。其形都像用[插图]捧一鸟形,而殷人正以鸟作图腾。

### 《商颂·玄鸟》

"天命玄鸟,降而生商;宅殷土芒芒,古帝命武汤。"正是说殷人用玄鸟作图腾，所以从鸟、从❋，就是彝字。清人中如杨沂孙就说："古彝字从鸡，从❋。❋象冠，翼尾，距形。鸡者，守时而动；有常道也，故宗庙常器谓之彝。"这种说法，相信的人很多，但是并不确切。因为彝字所从的不是鸡。甲文自有鸡字。彝字所从的至多只能代表鸟类。不止殷人以鸟作图腾，东人中还是有用鸟类作图腾的，并且鸟图腾的族姓很多。《左传·昭公十七年》：郯子来朝，公与之宴。昭子问焉。曰：少皞氏鸟名官，何故也？郯子曰："吾祖也，我知之。"于是说："我高祖少皞挚之立也：凤鸟适至，故纪于鸟，为鸟师而鸟名。凤鸟氏，历正也；玄鸟氏，司分者也；伯赵氏，司至者也；青鸟氏，司启者也；丹鸟氏，司闭者也；祝鸠氏，司徒也；䳭鸠氏，司马也；鸤鸠氏，司空也；爽鸠氏，司寇也；鹘鸠氏，司事也。五鸠，鸠民者也。五雉为五工正。"五雉是什么呢？郯子没有说。贾逵、杜预都根据《尔雅·释鸟》的话作解释，可是各有不同。据贾逵说："西方曰鷷雉，工木之工也；东方曰鶅雉，搏埴之工也；南方曰翟雉，攻金之工也；北方曰鵗雉，攻皮之工也；伊雒而南曰翚雉，设色之工也。"这一大批的鸟图腾组织，分五鸟、五鸠、五雉三集团，这都是殷人、东人的族姓所用的图腾。《左传·文公二年》，孔子说臧文仲有三不知，"作虚器，纵逆祀，祀爰居，三不知也"。什么是祀爰居呢？《国语·鲁语上》："海鸟曰爰居。止于鲁东门外三日。臧文仲使国人祭之。"鲁人是西人，当然不许祭东人的图腾。《左传·僖公四年》："若出东方，观兵于东夷。"杜预注："东夷：郯，莒，徐夷也。"郯既然是东夷，正是殷的同族。《左传·昭公四年》："纣为黎之蒐，东夷叛之。"《昭公十一年》："纣克东夷，以丧其身。"都说殷人是东夷。《逸周书·作雒解》:"俾康叔宇于殷,俾中旄父宇于东。"又说:"建管叔于东,建霍叔、蔡叔于殷,俾监殷臣",后来"三叔将殷东;徐,奄;熊,盈以略",都是殷人与东人并称。殷人是以鸟作图腾,东人中有不以鸟作图腾的,这是另一问题,别详拙著《中国古代宗族移殖史论》)。

## 《周颂·振鹭》

"我客戾止,亦有斯容。"《毛传》说:"客,二王之后。"《郑笺》说:"二王:夏、殷也。"又《笺》云:"成王既黜殷命,杀武庚,命微子代殷后。既受命,来朝而见也。"但《有客》又云:"有客!有客!亦白其马。有萋!有且!敦琢其旅。"《毛传》说:"殷尚白也。""萋,且,敬貌。"郑《笺》又说:"萋萋,且且,尽心力其事。"这首有客的颂所说之客,就是《振鹭》"我客戾止"的客,并且《商颂·那》之颂也说:"我有嘉客,亦不夷怿。自古在昔,先民有作,温恭朝夕,执事有恪。"《毛传》说:"夷,悦也。"《笺》又说:"嘉客,二王之后,及诸侯来助祭者。"在《周颂》里说客是二王之后,这二王是夏、商。这是《商颂》了,不能以殷人为客,所以郑玄添入"诸侯来助祭者"一句。总之:"有客""我客""嘉客"的客,都别有所指,且先把上述三诗中的其余问题解决了。最后再来说客字,戾,象户下出犬之形,从户、从犬,《说文》作会意字。《尔雅·释诂》训为至、为止、为待。《毛传》同。至于《尔雅·释言》的"疑,休,戾也。"《说文》的"戾,曲也"当是引申义。他如乖戾、狠戾、暴戾,又从户下出犬一义再引申而出。有客戾止的"止",是语辞,"止"与"只"同。《齐风·南山》:"既曰归止!曷又怀止!"同《鄘风·柏舟》的"母也天只!不谅人只!"的语法相似。"斯容"就是"其容",不是"此容"。是第三身指示代名词。萋,就是《葛覃》"维叶萋萋"的"萋"。"且"当是苴的借字,就是苞苴的苴,都是说丰盛。"敦琢",就是"追琢",也就是琱琢,"旅"是"旅彝"之旅。用旅字包括其他。白马本极普通,何必一定殷人尚白?"亦白"二字连用,表示客是"白衣",于是才说"亦白其马",金文嘉作𠭴。虢季子白盘省作𠭴,这是不足为训的。因为嘉字原是从𠭴作主的。从𠭴作辅,表示耕种所得有丰盛的收获,以宴乐嘉宾。𠭴,是用手执耒;从口,表示赞叹。所以宴乐嘉宾的"嘉",是本义。佳美,是引申义。田家的嘉宾,定是执耒出力的人。"嘉客"如同"嘉宾"。夷怿,即《静女》"说怿女美"的"悦怿"。恪,《毛传》说敬也,当即《说文》愙字。《左传·襄公二十五年》:"以备三恪",《说文》引恪正作"愙"。愙,敬也。可见从客与从各同。而客与各,不能无关系。于是我们可以进而解释什么是"客"了!

## 《大雅·皇矣》

"帝谓文王:予怀明德!不大声以色!不长夏以革。"假定不发现这里"不长夏以革"一句,我们对于《天问》"革孽夏民"一句,必定会说错。《天问》原是说:"帝降夷羿,革孽夏民。"于是变作上帝降下夷羿来革孽这夏民了。这种解释,一定不合。革孽夏民的"革",同"不长夏以革"的"革",是一样的,决非动词。《毛传》说:"革,更也。"又是释作动词。《毛传》:"不以长大有所更。"似乎训夏为大。这几句话,照普通看来,好像文从字顺,但有《天问》"革孽夏民"一句作比，知道夏革两者必定是专名。"不长夏以革"，就是"不以革孽长夏民"。《天问》是记图绘的文字，这两句是说"帝降夷羿于革孽与夏民之中"。孽，就是《卫风·硕人》"庶姜孽孽，庶士有朅"的"孽"。《毛传》说："孽孽，盛饰也。"不甚相合，孽字与苗蘖之蘖相同。从木者是苗蘖，从子是庶孽。古代有射革的风气，羿就是射革的老手。其次是殷帝武乙，又次是宋康王。《天问》上又说："何羿之射革？而交揆吞之！"这同"革孽夏民"是有关系的。《史记·殷本纪》："武乙无道，为偶人，谓之天神。与之博，令人为行。天神不胜，乃僇辱之。为革囊盛血，仰而射之，命曰射天。"又《宋世家》："君偃十一年，自立为王。东败齐，取五城；南败楚，取地三百里；西败魏君。乃与齐、魏为敌国。盛血以韦囊，县而射之，命曰射天。"《吕氏春秋·过理篇》："宋王筑蘖帝，鸱夷血，高县之射，着甲胄于下，血流堕地。"高诱说："蘖帝应作櫱台。"总之，从这几条上看来，射革与革孽是一件事，无甚可疑了。而革囊、韦囊，就是《史记·伍子胥列传》的"鸱夷革"。鸱夷革是革孽的图腾，而《秦本纪》的恶来，其下文又作恶来革。照《秦本纪》的话，秦人原是鸟图腾的民族。顾颉刚先生以贾谊《惜誓》"来革顺志而用国"的"来革"就是"恶来革"。至确！这"恶来革"，就是革孽的族神。那么革族又是什么族呢？以作者看来是"貉族"。《说文·豸部》引孔子曰："貉之为言恶也。"所以"革孽"，实是"貉族的遗孽"，当然不能作夏民之长。貉字下各切，洛字也是各旁。"洛各"音同"来革"。虢季子白盘铭中的"洛阳"，是关中的"洛水"，与"伊洛"的"洛水"，都是"貉族"所住的地方。并且《天问》所记，帝降夷羿，革孽夏民的那张图，也是有根据的。《左传·襄公四年》所说的"小康"是"夏民"；"浇"及"豷"是革孽。这传说必定从很古就传下来的。《左传》所记，已有增饰。"鸱夷"是一种鸟，而"鸱夷革"形如酒槛。《天问》里又说："羿焉彃日，鸟焉解羽"，《小雅·斯干》："如鸟斯革"，《尔雅·释天》："错革鸟曰旗"。因此知道郑玄以"我客""有客""嘉客"的"客"，为殷、夏二王之后，其实至多二王不过是殷的同族，原来殷人也是从古代的貉族出来的呢！

### 《商颂·长发》

"韦顾既伐，昆吾夏桀。"《郑笺》说："韦，豕韦；彭姓也。""顾，昆吾，皆己姓。"据《左传·襄公二十四年》《昭公二十九年》，豕韦氏之后有范姓、刘姓，可见豕韦的族姓很大。《长发》上文说："帝命式于九围。"这从囗、从韦的围，与不从囗的韦，实同。九韦，也是说韦族之多，并且殷、郼同字。《吕氏春秋·慎势》篇："汤其无郼，武其无岐。"可见殷也不过是九韦之一，顾在甲文中作"雇"，也就是有扈氏的"扈"。上引甲文，有"在雇彝"一文，知道韦、雇都是很古的族姓，并且是殷的同族。《左传·哀公十七年》："卫侯梦于北宫，见人披发登昆吾之虚。"而披发左衽，是三苗的风俗。《史记·楚世家》："昆吾"是楚祖。《史记集解》引《世本》："昆吾者，卫是也。"卫人所住的原是昆吾之墟。这披发的人，就是黎苗之族。《卫风》"氓之蚩蚩，抱布贸丝"的氓，正是春秋时人用作称苗黎的名词。《尚书·尧典》："蛮夷猾夏，寇贼奸宄。"秦公簋的"虩事蛮夏"，都是蛮、夏对称，所以"昆吾、夏桀"，也是蛮、夏并举的语法。晚周人只知黎苗、蛮氓，于是古代的貉貉，反而变作客了。就是后世"奴客""客家"这些名词所从出。不知古代原本有狢族，或狢姓。甲文中屡屡见𤣩字，或作𤣩，金文中也有子狢壶，字作𤣩，这"狢"字，与郘伯䢅上的"始"字，都是貉貉的族姓。后世的人都不知道了，貉族就是"白徒"，所以"有客有客，亦白其马"，正是说客是"白徒"，马也是白马。殷人尚白，倒是后起的说法。若是说到殷人尚什么色的话，那么还是说殷人尚黑吧！《诗》里称契作"玄王"，而殷人的图腾是"玄鸟"。夏桀的桀，如《卫风》"伯兮！朅兮！邦之桀兮！"的桀，是一公名词。"夏桀"与"猾夏"是一样的意思。（后世"白衣"，"白丁"之称，也从"白徒"一名而出。）

## 《周颂·思文》

"无此疆尔界，陈常于时夏。"郑《笺》说："陈其久常之功于是夏而歌之。"郑玄以"时夏"作"是夏"，对于陈常两字实未说明白。"陈常于时夏"，同《时迈》"肆于时夏"一句话，有连带关系。《毛传》说："夏，大也。"郑《笺》说："肆，陈也。"其实"陈常"就是"肆"。《左传·襄公十一年》："歌钟二肆。"杜预说："肆，列也。"此外如郘钟上说："大钟八肆，"齐侯壶上说："鼓钟一肆。"这肆字从长，隶声。郘钟作𨯳，齐侯壶作𨯳，可见这个字原只作𨯳，与布之作𢁉同意，所以"陈列"义近"布列"。从金的𨯳，是后起形声字。至于肄字，是另一问题，不能并为一谈。《大雅·崧高》："其诗孔硕，其风肆好。"《传》云："肆，长也。"诗歌与音乐相连，所以都说肆。既然说"肆于是夏"，或"陈常于时夏"了，那么这"时夏"不能说是古代的夏。《大雅·荡》："殷鉴不远，在夏后之世。"照《史记集解》引谯周《古史考》:"殷凡三十一世,六百余年。"《汲冢纪年》说:"汤灭夏,以至于受,二十九王,用岁四百九十六年也。"这些年代当然不一定可靠,但是照旧说夏、殷相承。在这五六百年间,也不能说不远了,因为《荡》诗中的"殷鉴不远"一句话,是对周人说的。意思是说"殷代的事可以鉴戒的标本并不在远",就是"在夏后之世"。这"夏后之世",正是"时夏"。"时夏"在什么地方呢?《战国策·魏策》说:"夫夏桀之国:左天门之阴,右天溪之阳,卢睪其北,伊洛出其南。"《左传·定公四年》也说到"封唐叔于夏墟"。又《昭公元年》子产说"迁阏伯于商丘,主辰,商人是因;迁实沈于大夏,主参,唐人是因"。杜预说:"大夏,今太原晋阳。"这个"夏墟"决非《禹贡》中所想像的"禹迹"。这一区域,《说苑·贵德》篇把它改作"夏桀之居,左河济,右太华;伊阙在其南,羊肠在其北"。这同《战国策》所说的是一个区域。周人处于伊雒,对于在其北的"时夏"讲"无此疆尔界",那才说得过去。再来看"夏墟"同"虞墟"的关系,也可以明白"时夏"的区域。《史记·秦本纪》:"昭襄王五十三年,取吴城。"《史记集解》引徐广说:"在大阳。"又引《括地志》说:"虞城故城在陕州东北五十里虞山之上,亦名吴山;周武王封弟虞仲于周之北故夏墟吴城,即此城也。"《后志》河东大阳有吴山,上有虞城。这不是"虞墟"同"夏墟"都在一处吗?《急就章》:"牂,羖,羯,羠,羱,羝,羭。"师古注曰:"牂,吴羊之牝也;羝,吴羊之牡也;羭,夏羊之牝也;羖,夏羊之牡也。"郭璞注《尔雅·释畜》说:"白者吴羊,黑者夏羊。"因知吴夏之分实在是周人的成语。《周颂·般》开头便说"于皇时周"。"时周"与"时夏",

是一样的语法。《诗经》里既称"时夏",照推理,很古的"夏",在那时候的传说里或许已经有了。据作者的研究,这传说是根据"唐人"或"康人"的本事演化出来的,别详拙著《中国古代宗族移殖史论》。

## 《周颂·丝衣》

"不吴,不敖,胡考之休!"《毛传》说:"吴,哗也;考,成也。"《郑笺》说:"不欢哗,不敖慢也;此得寿考之休征。"这里的"不吴,不敖",同《鲁颂·泮水》"烝烝!皇皇!不吴,不扬",有互相关系。我们还是先来解决"休"字、"考"字、"烝"字,再来说"吴"字、"敖"字、"扬"字。休字,《说文》在木部。训息止也,或体加广旁作庥。《诗·周南》:"南有乔木,不可休息。"所以许慎说:"休,息止也。"休字甲文作⿰,作⿰、作⿰、金文作⿰,作⿰,也有作⿰的。看形状:以从禾、从人者最正确。原本是说人依赖禾谷而活的意思,所以休字可以训美。《周颂·访落》:"休矣皇考!"同这里的"胡考之休"是一义,其他如《大雅·民劳》"以为王休",虢羌钟铭的"武文休烈",会稽刻石的"光垂休铭",都有美字的意义。《民劳》的《毛传》正说:"休,美也。"《周颂·丝衣》本是说衣服鲜洁。上文正是从"丝衣其紑,载弁俅俅"开始。紑是鲜洁貌,俅即球字。如《卫风·淇奥》的"会弁如星",都是说衣服整美。至于《鲁颂·泮水》的"烝烝!皇皇!"也是形容隆盛而肃穆的意思。烝字小篆从火从丞得声,甲文丞字作⿰,或作⿰,正是像拯救一个人之意。石鼓文作⿰,这⿰形,同甲文⿰形一样,不是山字。若说烝字,或蒸字在甲文、金文,与丞字都无关系。甲文蒸作█、作█、作█；金文作█、作█。大体上看来，可以说是从登、从█。照《说文》的说法，是从█，登声。或作从米，从豆，从█。甲文中又有从禾，或从█在登下的，表示用禾藁烧，或用人捧。甲文中又有一形作█，这里的禾字在上面，又是指明下面这几点是末。经传中许多烝字，大都是假借字，以代替蒸字为最多。"天生烝民"，是说"天生这熟食之民"，"烝民乃粒"，更加是说熟食了。所以"众民"一说，是引申义。蒸饭水气上腾，于是又引申作隆盛的意思。《说文·火部》烰字下引《诗·生民》"烝烝！浮浮！"作"烰烰"。《尔雅·释诂》："烰烰，烝也。"《毛传》说："浮浮，气也。"都以暗示烝字的引申义。那么"烝烝！皇皇！"也可以作"蒸蒸！煌煌！"了，正是隆盛而又肃穆。

我们在上文已经提到"虞城"也作"吴城"。而金文中的"吴"与"虞"，又是通用的。但是吴越的吴，却作"工𢿌"或"攻敔"。作句吴的，都是晚周的兵器。西周古器中作吴的，如兩簋、白颡父鼎上的"吴姬"，同簋上的"吴大父"。另有一类作虞，例如散盘里"豆人虞兮，原人虞荓"。又有一器称"虞嗣寇壶"，这"虞"大概就是"虞不腊矣"的"虞"。铜器中又有一盨里面说到"吴公"同"食章"。知道"吴氏"与"食氏"有关系。《史记·吴世家》："武王克殷，求太伯、仲雍之后。得周章。周章已君吴。因而封之。乃封周章弟虞仲于周北故'夏墟'是为'虞仲'。"据司马贞研究，"其地在夏故都安邑南，故曰夏墟"。这周章同虞的关系，很可能就是吴公同食章的关系。吴子馨先生的《金文世族谱》，也是如此看法。吴字从口、从吴，是代表一种族姓。如上文所说的台字从厶从口；舍字从余、从口；晋字从至，从█；此外又如鲁字：从鱼、从曰。曹字作棘。或从甘，二至，就是大戎、小戎；二东：就是大东、小东。所以从口，或从甘者，指称谓词的意思。如舒字所从的予，或余，都表示第一人称。攻敔之吾，也表示第一人称。训吴为䜧，也是因为这一族人的自称上引申出来的，即孟子所谓"南蛮鴂舌之人"。这虞族原是早期到北方的攻戏族。吴上加一虍形，又是什么意思呢？虍，《说文》云："虎文。"金文虎字作𧆞。可见𧆞，是虎头。虞字从虍，正是表示其职务。所以"不警戒"称"不虞"。《周礼·地官》有"山虞""泽虞"，都是从虞人职引申而出；《春官》"内饔""外饔"，都是食氏职所演化而来的。食氏有食仲盨、食生簠。食氏与虞氏本来在职业上有关系的。以族姓说，作吴；以业务说，加虍旁，作虞。以国氏说，或作虞，或作吴。

扬就是大阳的阳。原本作易，也是一族姓，"不吴，不扬"汉衡方碑引正作"不虞，不阳"。这虞、阳两字正是说"虞人"同"阳人"。古代的"阳人"，散布很广。《国语·晋语四》：阳人不服的"阳人"，就是指河内郡的阳樊人。下文说："阳人有夏商之嗣典，有周室之师旅，樊仲之官守焉。"《前志》河南郡有"阳人聚"、在成鼎上有"扬六师，殷八师"，就是这"扬人"。《说文》"唐"字古文作"啺"，《左传·昭公十二年》："齐高偃帅师纳北燕伯于唐。"经文作"阳"。杜预说："阳即唐。"照这样说来，"迁实沈于大夏，唐人是因"的"唐人"，岂不就是说"易人"吗？啺之所以从口，又是与邑之从口，作邑；舍之从余、从口的道理相同。《后志》梁国有"阳梁聚"，这同"阳樊"的道理相同，也是梁氏到阳人所住的地方以后的称呼。

《史记·武帝纪》引《丝衣》作"不虞，不骜"。《索隐》说：

"此虞为欢娱字。"作者以为吴之作娱、作俣,例同上面已经说过的白之作妯、作伯;原之作嫄、作傆。《邶风》:"硕人俣俣,公庭万舞。"这硕人,所指的也是俣人。"不吴,不扬",既然是"非吴,非扬"的意思,那么"不吴,不敖"呢?是否敖也是一种族姓?照作者的看法,"敖"就是"扬"。并且"敖扬"是讄语。例如"翱翔",或作"遨游",也可以倒作"游敖"。《齐风·载驱》:"鲁道有荡,齐子游敖。"我们大家都知道"唐"可以称"陶唐氏"。而"陶"与"敖"同韵。"皋陶"音读"高遥"。在字形上,唐又可以作喝。古音虞阳可以对转。有收音,读唐、读阳。无收音,读皋、读陶。鱼与豪近旁转,因此豪与阳也有对转的事实。在音理上,各方面研究来,"吴、扬",就是"吴、敖"。因为"扬"字中函有"敖"音,"敖"字中也有"扬"音。合读是"敖扬",分读可作"敖",作"扬"。在北方称"扬族"者,南方称"敖"族。《左传·宣公四年》:"初若敖娶于䢵,生斗伯比。"杜预说:"若敖,楚八世祖。"《左传·昭公元年》:楚公子围弑楚子麇,葬于郏,谓之郏敖。注家有谓楚人称未成君为"敖"。但据《史记·楚世家》,楚先世称敖的有"若敖""霄敖""杜敖",都是立国五年,乃至二十年的。可见未成君称敖一说不合。《左传·桓公四年》又有"莫敖"。杜预说:"楚官名。"又《宣公十二年》"蒍敖为宰",这蒍敖,就是孙叔敖,说敖是楚官名,也不可靠。羌伯簋伐"眉敖",《庄子》中的尧伐"胥敖",作者以为"敖"是氏族的名称。楚之"敖氏",如同郑之"游氏",《左传·昭公元年》,五月,庚辰,郑放游楚于吴,子产咨于大叔。大叔说:"子将行之,何有于诸游。"《后志》洛阳有敖亭。《左传·宣公十二年》:"晋师在敖、鄗之间。"杜预说:"敖、鄗二山在荥阳西北。"都可以证明周、郑之间古有"敖氏"。并且《后志》济北国卢县有敖山。《史记·秦始皇本纪》说"卢敖"是燕人。《淮南子·道应训》:"若士谓卢敖曰:吾与汗漫期于九垓之外。"敖游、汗漫其意义相近。再说北方的游扬吧,又是连绵字,可以说"游氏"就是"扬氏",从"敖游"同"游扬"两成语研究来,敖氏、扬氏、游氏是同族,其理由说过了,但是还要问,为什么称敖氏,而敖氏、游氏、扬氏,到底属于哪一族。以作者的看法,不外吴、楚两族。"吴、扬""吴、敖",已经很明显的在那里了。郑人放游氏于吴,又是一证据。敖字,《说文》从出,放;而放字训逐,但金文敖字作𢾍,石鼓文作𢾍。照金文看来,古代用放字代敖,古代人有"出敖"的风俗。凡是蛮族中之倨敖的人,成功的可以称王,如《楚世家》中诸敖;其失败者被放逐。所以北方有用"敖"作族名的。齐鲁两国都是行周道的,没有"出敖"的办法。到了"鲁道有荡"了,于是"齐子游敖"。这同"不吴,不扬"及"不吴,不敖"两句不是正相对照吗?

## 《商颂·殷武》

"天命多辟,设都于禹之绩。"《毛传》说:"辟,君也。"这同《文王有声》的"皇王维辟",《周颂·载见》的"载见辟王",《烈文》的"烈文辟公",以及《大雅·烝民》的"式是百辟",都指诸侯。辟为什么是诸侯呢?辟与服双声。从形态上看来,甲文辟作𠂤,作𠂤。铜器中作𠂤,多一口旁,服字作𠂤,这两个字,都从𠂤。并且以𠂤作主体。𠂤《说文》以为符节字,凡孚字、邑字、令字、印字,也都是以𠂤作主体。原是象人屈躬之形,就是邑字的本字。后来邑字从口，作于邑字用；又有从囗，作"国邑"字用。所以甲文邑字作🔲，作🔲，仅像长跪的形状；不从口，也不从囗。用这样比较来，辟字原只从🔲，从🔲。像长跪人形的旁加一刑具。甲文金文辛字有作🔲、作🔲、作🔲诸体，都是像兵器，也就是上面已经说到的圉字、睪字、梓字、莘、婞字所从的字。从睪字，可以从辛一点上看来，辟原是从俘虏的地位升上来的。所以邑宰的宰字，也是从辛；而辟也可以作"刑辟"的辟字用。服字🔲旁加一🔲，表示是被执的人；从🔲，表示臣服后有所贡奉，畿服制原是这样来的。矢彝中仅侯、甸、男服三服。侯就是辟王，后来变作公、侯、伯、子、男五等爵。后世畿服的制度，就是古代百辟的制度。说来话很长，别详。由犯罪到臣服，这是辟的种类不同。到了辟成为邑宰，是从受刑者变作执法者了。古代的邑，本是俘虏住的。《夬卦》卦辞说："孚号有厉，告自邑，不利即戎，利有攸往。"这是邑中的俘虏告诉邑宰的话，所以辟字可以引申作法也，治也。于是字形也跟着复杂了。《说文》于《辟部》中有"擘"字，训治，正是辟字的繁文。后世称执法者曰"有司"，春秋以后的邑宰，正是古代的有司。原本是从臣服的百辟制转变来的。

　　蹟字《诗经》作绩，秦公簋作賮；从贝，朿声；文曰："霝宅禹賮。"此外如《大雅·文王有声》的"维禹之绩"，《左传·昭公元年》的"远绩禹功"，原本都应作从贝，朿声的賮。加禾旁作积，加糸旁作绩，加足旁作蹟，都是后出字。《文王有声》说："丰水东注，维禹之绩。"丰水东流入渭，而河东大阳正是在河渭之交。《韩奕》说："奕奕梁山，维禹甸之。"这梁山是左冯翊夏阳的梁山。杜预以为古梁国。《尔雅·释山》："梁山，晋望也。"而《禹贡》所说

"导河积石,至于龙门"的"龙门",也在冯翊夏阳县北。而夏阳就是韩城,所以古代人所知的"禹贡",不外乎河渭之交,两岸区域包括河东郡、左冯翊郡两区域的地方。"桀"是公名词,"禹"也是公名词。禹字,秦公簋作 󰀀 ,从 󰀁 取 󰀂 之形。《说文》古文作 󰀃 ,又禺字作 󰀄 ,也都是像 󰀅 取 󰀂 或 󰀆 的形状。正像古代钩鱼一事。禺邗王壶中的"禺邗",伯懋父簋的"海齲",郭伯封簋的"逨鱼",以及攻敔王诸器的"攻敔",都是"禹族"或"禺族"的后裔。《广韵·九虞》:"齲,齿病。"《说文》:"齲,齿不正也。"本同一字。从禹,与从禺同。又宀部:"宇"字或体从禹作"寓"。又从《淮南子·说山训》:"割唇而治齲。"《要略训》:"攓挈呪齲之郄也。"两句话对比,知道"齲齿"与"齲齿"相同。宇、寓、宇三字所指的都是"区宇",或"禹域"。这种民族,留在南方的就是"序方""徐方"的豫族。到北方的,称"禺疆",如《庄子·德充符》篇:"禺疆得之,立乎北极。"或称"内繇",或"公由",都是"禺干"及"攻敔"两语根所转变,而九形之即 󰀇 。内形即禺、禹两字所从之内。但到了北方长久了,便成为北方的"犹族"。溯其源,都是钩鱼之民。我们可以说"攻敔"或"钩鱼",都是指貊人在渔猎时代的称呼。"来牟"呢?是貊人在农牧时候的称呼。因为时代久远,族属枝分更多,大体上说来,是"犹、豫"两族,所以"宇宙"两字:"宇"正是指"豫族";"宙",正是指"犹族"。再来看《尔雅·释兽》"寓属"中如 "貜父""狒狒",都在人兽之间。禹族即寓族,这是远古民族的总称。再说《管子·揆度》篇、《轻重甲》篇,凡虞氏都作禹氏。河东大阳的"虞墟",才真是古代"禹域"的中心,"禹族"真是"虞氏"的大宗了。

我们可以总结起来说，虞是古国，殷也是古国。夏呢？却是周人所称的"时夏"。《大雅·文王》篇说："命之不易，无遏尔躬。昭宣义问，有虞殷自天。""上天之载，无声无臭；仪刑文王，万邦作孚！"《毛传》说："遏，止也。""虞，度也。"《郑笺》说："又度殷所以顺天之事而施行之。"都没有说对。"命之不易"，与《尚书》上所说"天命不易"的意义相同。遏字可以作止，作阻字解。"无遏尔躬"如同"勿遏尔躬"，孚即服。上面已经说到"万邦作孚"，就是"万邦作服"，因此"孚"字也可以引申作"信"字解，所以《文王》诗中也说到"侯于周服"。虞、殷一定是"虞"与"殷"。《诗》上文正有"宜鉴于殷，骏命不易"，所以"昭宣义问"者，正是"虞殷在天"的先公先正，与"上天之载，无声无臭"两句也是相应的。周初的诗人，只知道"虞""殷"是古国。而"夏"呢？是"下国"，是"时夏"，如古书上说到"夏国"的，很多作"下国"，这是大家都知道的。现在可以明白了，中国民族最早的唯有貊貉族。此外所谓"攻獻""𧋍狁""己羌""来羌""犹族""豫族""冀方""序方""鬼方""徐方"，都是从作业、地理环境、时代上，所产生的分别名词。其详见于拙作《中国古代宗族移殖史论》。

一九四三年七月二十日于渝州南岸旅次

（载《中国史学》第一期）

# 《左传》《国语》《史记》之比较研究

## 一 小序

今古文之争到了现在似乎大可不必了！清代学者对于《左传》的争执，总是着重于传经不传经这一问题上。据作者看来，在汉人争执传经不传经的问题，是有意义的，我们现在若再来争执这个问题，便毫无意义了！我们第一句要问的是《左传》在什么时候编次成功，《左传》里的史料对于古史上的价值如何？传经不传经一问题应该放在最后。王安石说"《春秋》是断烂朝报"一句话，也是千真万确的！我们不要以为"孔子作《春秋》，乱臣贼子惧"一句话是见于《孟子》里便信以为真。孟子自己早已告诉我们："尽信《书》，则不如无《书》！我于《武成》，取二三策而已！"先秦诸子中，孟子的文章是数一数二的。但是文章好，不一定句句话可靠呢！《春秋》大一统之说，在先秦是一种政治上的策略，在法家及所谓儒家两派中，酝酿了好久才实现的。这是靠一般实际工作者在后面策动才得成功的！《春秋》这部残缺不全的断烂朝报，这部自相矛盾的笨书，着实承当不起。说《春秋》大一统，说得最好的是董仲舒，是今文家的首领。他对于《春秋》大一统的意义，是一位深知其意者。《春秋》这部书，于他确实有点瓜葛。诸位以为我说得太过分了吧！自从刘知幾《史通》、郑樵《六经奥论》以下对于《春秋》这部书不敬的就有不少人。《春秋》既然本身是这样一部书了；传经，不传经，其问题的重要性，就分外减轻许多了。从研究上古史的立场去评衡《尚书》《春秋》《左传》《国语》四部书，应该的估价是经传倒置。《左传》最有价值，《国语》次之，《尚书》又次之，《春秋》最后。文章最驳杂的是《尚书》。清代有价值的学者都视《尚书》为畏途。这里面的文章美其名曰"诘屈聱牙"，其实是词性不分明、夹七夹八的文章。孙诒让先生、章炳麟先生都很谦抑，说自己对于《尚书》有许多不懂，实在是《尚书》本身满目疮痍，无可下手，例如《盘庚下》篇古文本"今予其敷心腹肾肠，历告尔百姓以朕志"！而今文本却作"优贤扬历"，并且魏晋人都用这一典故。有说"优贤扬历"，有说"优贤著于扬历"的。据我们现在看，"扬历"确是一个有意义的专业名词，但是同"敷心腹肾肠"一句话何相去之远？这样的例子，在《尚书》里还有呢，所以我们不把《尚书》搁在一起比较，专门来说《左传》《国语》《史记》三部书，《史记》是部通史。上起五帝，下迄汉武帝，包罗万象，其中本来与《尚书》《春秋》《左传》《国语》《国策》都有关系。我们现在选择其中与《左传》《国语》有关系的来说。

## 二 古代史籍之雏形与蜕变

中华民族的历史很长，中国史籍的发达也最早，中国的国民性最富于怀古的精神，对于历史观念有深刻了解。所以好几度亡于异族，而文化系统总没有中断。到了现在，正逢中国民族自力更生的时期,我们应该如何继承从前人的成就,吸收其精华,使我们的民族性尽量发挥,其责任确乎在历史家身上。我们抱着这个目的去研究古代史,第一步是先要考察中国史籍的性质。就是说:中国史籍是按照什么样的情形发达起来的。"左史记言,右史记事;言为《尚书》,事为《春秋》。"这几句话也有相当根据的。就用《左传》同《国语》比吧!《左传》里记事的成分多些,《国语》里记言的成分多些。尽管《尚书》与《春秋》其中残缺驳杂,可是都包含许多可靠的言论和事实,我们可以从其他新出的史料,如殷代的卜辞,周代的彝铭上比证出来的。早期中国的史籍,最可靠的而且从我们现在人看来算是最早的便是卜辞了。卜辞是记事史的老祖宗。我们试举几条卜辞来看:《殷虚书契前编》卷二,页十五,片三:

癸巳,卜贞王□亡猷。十二月,在齐㑇。隹王来征人方。

又卷二,页八,片七:

壬辰卜在杞,贞!今日王步于䨴,亡灾!

又卷二,页十六,片三:

庚寅。卜在□㑇。贞王征秦方,亡灾!

又卷二,页六,片六:

癸亥，卜㕣贞！王旬亡畎。在九月，征人方，在雁彝。

《续编》卷一，页五，片一：

癸酉，王卜贞旬亡畎。王囗曰：吉！在十月，又一甲戌梅，隹王三祀。

又卷六，页一，片六：

癸丑，王卜在彭。……

《后编》卷下，页十三，片二：

丁酉卜朱贞多君曰：来叔氏歆。王曰：余其合，囗王十月。

在上所引几条例子里，可见我们中国古代的人如何重视空间与时间的观念。凡是一桩人事的交涉，总是没有忘记掉在什么地方、在什么时候。比之富于玄想的古代印度人，酷爱想象的古代希腊人，迥乎不同了。历史是记载事实的学问。诗歌是表达情绪的工具。古代希腊人用诗歌来记载史事，于是加入许多想象成分，充满神秘的气氛。如荷马的史歌——《奥特塞》《伊里亚特》，照这一条途径发展下来的，是希腊的悲剧和喜剧。都是事实中含有想象，想象之中又含有事实。想象有什么可贵？其可贵处在乎有理想、有希望、有前途，给我们以新意义和新的生命。从卜辞这一条途径下来，是一种实事求是的精神。唯用是图,没有想象,固步自封。所以中国古代史籍很发达,而没有戏剧性的艺术。中国的国民性是充满现实主义,墨家精神,这在周代以前老早就埋藏下了。卜辞固然是记事的史,周代的彝铭一样是记事的史。洋洋大文如毛公鼎、盂鼎、克鼎、散氏盘、矢簋、矢彝,没有一篇不是记事的史。金文里固然有韵文,但不是诗。诗的兴起,恐怕很晚!最早的实例不能过成王,在当时民间或许有歌谣。至少,现在的歌谣式的诗,如见于《左传》中的,在当时必定很多。但是《诗经》恐怕是经过当时诗人屡次修饰过的雅言了。从殷周两代下来直至秦代,连逸《诗》《楚辞》在内不过几百首,这不能说诗歌在中国古代是不很发达。中国人的重诗,还是因为周代尚文的结果。殷代的人,真是太现实了,所谓巫、祝、卜、史四种人,在殷周两代都是一方面负有宗教上的职责,又同时带有政治上的权力。执策、籀书、射中、舍算,都是一些很实际的事。周初人的记事方法与殷代还是一样的。例如遇甗说:

隹六月,既死霸,丙寅,师雛父在古𠂤。

旅鼎说:

在十又二月,庚申,公在盩𠂤。

小臣謎簋说:

唯十又二月,遣自𦬒𠂤,述东𠦪伐海眉。雪𢀛复归,在牧𠂤。

小臣单觯说：

**王后毁，克商，在成𠂤。**

克钟说：

**王亲命克遹泾东至于京𠂤。**

这些例子多不胜举，也都是记时、地、人的关系，同后来《春秋》的文例是一样的。不过《春秋》多一套春、夏、秋、冬的分别而已。这种例子在金文里仅一见，就是秦量"十八年，齐遣卿大夫众来聘。冬，十二月乙酉，大良造鞅爰积十六尊五分尊之一为升。重泉"。我们在上文所举卜辞的例子里，有把年代记在最后的。彝铭里也有许多这样例子。如同散盘是把月日记在中间，"唯王九月，辰在乙卯"。我们再来看《尚书》，虽然是记言的史，也有许多记事的文章，这也是有所本的，比如《召诰》同《洛诰》，原本也是一篇文章。《召诰》是锡命周公的话，《洛诰》是周公拜手稽首的答词。好像《尧典》《舜典》是一篇文章，《顾命》与《康王之诰》，也是一篇文章的例子一样，可是《召诰》开头一段的记事方式，便很古：

**隹二月既望，越六日乙未，王朝步自周则至于丰。惟太保先周公相宅，越若来三月。惟丙午，朏。越三日，戊申，太保朝至于洛，卜宅。厥既得卜，则经营。越三日，庚戌，太保乃**

以庶殷攻位于洛汭,越五日,甲寅,位成。若翼日,乙卯,周公朝至于洛,则达观于新邑营。越三日,丁巳,用牲于郊,牛二,越翼日,戊午,乃社于新邑。牛一,羊一,豕一。越七日,甲子,周公乃朝用书,命庶殷侯,甸,男,邦伯。厥既命殷庶,庶殷丕作。太保乃以庶邦冢君出取币。乃复入。

这一段文章,同矢彝铭很相近,其中所谓翼日,甲文作 $\boxtimes$ 。这是像昆虫的蛹,表示过几天会变蛾的意思。于是引申作次日用。又牛一、羊一、豕一的句法,也同卜辞。例如《续编》卷二,页十五,片三:"甲戌,贞其 $\Psi$ 于凤。三羊,三犬,三豕。"所谓"朝步"与"朝涉"相同,前举卜辞中就有"王步于 $\boxtimes$ "的句子。又如《前编》卷四,页一,片一:"甲申。卜献贞王涉默。"又卷五,页二十九,片一:"辛卯,卜 $\boxtimes$ 贞,翌甲午,王涉归。"从这些地方,都可以看出经传里的文章,在甲骨、金文里,都已经有一雏形,逐渐蜕化成长。我们说《尚书》的文章驳杂,就是因为里面有真的成分,就是句法合于古的成分,又有些地方是后人配搭上去的,像《召诰》这段文章,便比较近古了。我们再用这一方法去研究《左传》,情形也是相同的。不过作《左传》的人文章好,自成一风格,所以破绽不易暴露而已。我们也把其中比较近古的文章引出来看看。例如《春秋经·僖公二十八年》:

五月癸卯,公会晋侯、齐侯、宋公、蔡侯、郑伯、卫子、莒子,盟于践土。陈侯如会,公朝于王所。

《左传》说：

> 五月，丙午，晋侯及郑伯盟于衡雍。丁未，献楚俘于王。驷介百乘，徒兵千。郑伯傅王。用平礼也。己酉，王享醴，命晋侯宥。王命尹氏，及王子虎，内史叔兴父，策命晋侯为侯伯。赐之大辂之服，戎辂之服，彤弓一，彤矢百，玈弓矢千，秬鬯一卣，虎贲三百人。曰：王谓叔父，敬服王命。以绥四国，纠逖王慝。晋侯三辞，从命。曰：重耳敢再拜稽首奉扬天子之丕显休命。受策以出，出入三觐。

这段文章，与《文侯之命》的后段、毛公鼎的后段都很相近。其古朴的质地，便较比矢彝稍差了。《左传》这部书，是按着古代的史料，经过作者大费一番心力所创造出来的。里面有许多材料都是别有古义的。但是经过作者把文章修饰了一番之后，都变成了大帝国史臣的观点与口气。譬如《僖公四年》管仲的话：

> 昔召康公，命我先君大公曰：五侯，九伯，女实征之。以夹辅周室。赐我先君履，东至于海，西至于河，南至于穆陵，北至于无棣。尔贡包茅不入：王祭不供，无以缩酒，寡人是征；昭王南征而不复，寡人是问。

这里面有好几个名词，原本的意义都给作者粉饰过了，使我们别有一种感觉。比如"五侯，九伯"，并不是杜预所说的"五等诸侯，九州之伯"。就是"九州之戎"，及"谢西九州"，都不是限定九个"州"。"五侯",就是"敢侯";"九伯"就是"勾伯"。大家也许以为我的话是天外飞来吧?详细的话,见于拙作《中国古代宗族移殖史论》。现在约略地说一个大概意思,古代东方散布攻䥽族很多,也作攻敢,或作勾吴,就是古代的邗禺族,或作禺邗,都可以,这种部族实行古代的氏族制。在部族以内,都是二分的。如同后来姬姜耦婚、刘范耦婚之类。既然以攻鱼为生,所以有勾方、鱼方两族相对。这鱼类,实兼两栖类而言。如禺字、禹字,都是从乁,从㇗,作禺;或从乁,从㇗,作禺。这九形,实是鱼勾,就是古文九字。乁,或乁,都是像鱼类及两栖类。《史记·殷本纪》的"九侯,鄂侯"或作"鬼侯,邗侯",其实"九"就是勾方,"鄂"就是噩侯御方鼎的噩,正是两栖类的噩鱼,或作"于",正是代表禺,或禹,这两部族总是相连着的。如九侯、鄂侯,在河内野王;而鬼方、盂方便在晋了。所以"五侯",就是"敢侯",金文中有敢簋。"九伯"就是"九侯",就是《招魂》所谓"九侯"。古代这种部族很多,散在西方的,称"西俞"。古文俞作朌,从分从舟,从丿,像盘中置一分,下垫以副,就是"藉用白茅"的"藉",这是说"五侯,九伯"的古义。其次说"昭王南征不复"这件事,也是很古的。《天问》作"昭后成游,南土爰底。厥利维何?逢彼白雉",没有说昭王南征不复。金文中说到伐楚荆的器也很多,都没有说昭王南征不返。《周本纪》说:"昭王南巡狩不返,卒于江上。其卒不赴告,讳之也。"此外如古本《竹书纪年》《帝王世纪》,都与《左传》说相同。其实,"召康公"同"昭王"都是说殷代以前就有的"召国"。这召字,古文作🔲。与作丑形的鬼方,都是以造酒出名的古代部族,召国原来是"氐夷"。就是住在州上的古攻䥽族,后来变为牧畜的牧羊族。所以《诗经》称"氐羌",甲文作"氐来羌"。《战国策》《管子》作"州侯",以及《左传》的"州来",及"戎州",都是这一部族的后裔。"州侯"与"夏侯"是对等的。"夏"称后,所以"召"也称后。"昭后成游"的"召后",本是一件很古的事。《天问》按着图记下来的,已经把他算作周王的例子以内,其下文就是穆王、幽王的事,可是周天子并不称"后",惟有殷代以前才有"后"。原是女姓中心时代的事,所以古文"后"作"毓",像女人产子形,如同这样的例子很多,说详拙作《中国古代宗族移殖史论》。足证古代有许多古史料的原型,都给秦汉间的学者涂上一层主观的色彩了。中国古代史籍的蜕变,就在这个时候。

中国古代史籍都记在"中旗"上的。《吕氏春秋·谕大》篇:"舜欲旗古今而不成,既足以成帝矣。"所谓"旗古今",就是把古今史事记在中旗上。《国语·楚语上》:"灵王虐。白公子张骤谏。王患之。谓史老曰:吾欲已子张之谏若何?对曰:用之实难,已之易矣!若谏,君则曰:余左执鬼中,右执殇宫,凡百箴谏,吾尽闻之矣。"这"鬼中"就是"中旗"之中。"殇宫",就是"优贤扬历"的"扬历"。后人所谓历史,却渊源于"鬼中"与"殇宫"这一类东西。所谓"金匮石室",也是"殇宫"之类。这里面有记事之史,有记言之历。"鬼中"就是"鬼方"之史;"扬历",或"殇宫",就是"易旅",或"扬六师"之史。都是从古代氏族社会里传下来,所以有"凡百箴谏,吾尽闻之矣"一说。"鬼方"或"易旅"所活动的区域,就是后来的"晋"。卫聚贤先生从前在《左传真伪考》里说《左传》是晋国人所作,原因是《左传》里面晋国的史料最多,其实中国古代的史学都是渊源于"鬼中"或"殇宫"。记载

"冀方"的事最多，于是后来"晋国"的史学也最发达。孟子说："晋之《乘》，楚之《梼杌》，鲁之《春秋》，其实一也。""乘"，就是史册。所谓"梼杌"就是"鬼中"。在史籍的开头，绘这一氏族的图腾，其形状如鬼，所以称"鬼中"。梼杌正是四凶之一呢！并且古代的"中"就是太史所执的册。《仪礼·乡射礼》记：

> 君国中射，则皮树中，以翿旌获，白羽与朱羽糅。于郊，则闾中，以旌获；于竟，则虎中，龙旃；大夫兕中，各以其物获；士鹿中，翿旌以获。

这里的皮树中、闾中、虎中、兕中、鹿中，都是兽形。郑玄说："皮树，兽名。"又说"闾，兽名；如驴一角"。"中"就是"中旗"也是太史所执的"中"，所以"史"字作𢆝，从又持中。古代文事武事相兼，"射中"之中，与"鬼中"之中，原是一件事的化分，古代各部族都有史。直到后来，各国都有史，所谓"百国宝书"也就是鬼中、殡宫之类。其见于《墨子》的有许多名称。如周之《春秋》，燕之《春秋》，宋之《春秋》，齐之《春秋》。见于《左传》的有《唐书》《夏书》《商书》《周书》《儒书》及《郑志》之类。中国古代史籍之发达如此。

## 三 《左传》与《国语》的比较

康有为先生以为《左传》是从《国语》里分出来的。近人又有以为《国语》的文章弱，是晚出。据作者看来，两说都不十分可靠。文章弱，不一定是晚出的证据。中国古代像《国语》一类的国别史是很多的。我们说《周语》是从《周春秋》里抄出来的；《晋语》是从晋之《乘》里抄出来的；《齐语》虽然与《管子》有许多相合，我们可以说都是根据《齐春秋》里的话而别自纂辑成书的，是否可以呢？说《左传》根据《国语》，把国别史变作编年史，这话本是合理的。就是《国语》同《左传》还有许多违异的地方。说《左传》里的史料唯一的来源是《国语》，这句话也讲不通。《左传》《国语》两书都有特色，而且都保存了许多稀有的史料。光是说文章，当然《左传》好得多。据我们的看法：《国语》是一部残缺不完备的国别史，里面有少许地方与《左传》相同，却有许多地方与《史记》相同，又有许多地方为《左传》与《史记》都没有的。《左传》的分量比《国语》多，当然更有许多史料是《国语》所没有的。说《国语》是作《左传》的人抄辑了以后所残剩的，也很可能。我们现在的见解是这样：说《左传》抄《国语》，或《国语》抄《左传》，都不很合适。似乎是《左传》所采辑的史料出于与《国语》同性质的书籍，如《墨子·明鬼》篇所谓周之《春秋》、齐之《春秋》、宋之《春秋》、燕之《春秋》，以及百国《春秋》之类。而《国语》呢，却是这一类书的残剩。于是乎我们的工作是要比较这两部书大体的同异，以及每件重大事情的同异，而求出这两部书的根源如何，这一步工作，似乎近人孙海波先生做过了，但是我们的方法又有不相同处。

司马迁在《史记》的后序里说："左丘失明，厥有《国语》。"却没有提《左传》，这一点非常重要，因此，引起后人以为《国语》是左丘明作的，所以才会有《左传》出于《国语》一说，近人罗倬汉先生的《史记十二诸侯年表考证》说《史记》同《左传》的地方很多,以为《左传》在司马迁作《史记》时已经有了。假定相信《国语》是《史记》所采择过的书。刘歆点窜《国语》成《左传》,把剩下来的称《国语》。是不是《史记》同《左传》的地方,是原本同《国语》呢?与罗氏的说法也没有什么很大冲突吧?不过我们并不一定采取这一说。即使太史公所说的《国语》就是《左传》,或者《左传》的雏形,也不一定就是现在的《国语》。现在的《国语》,同现在的《左传》,就有许多地方不相同。我们举事实来证明,《国语》《左传》《史记》同有的一件大事,就是晋献公娶骊姬,骊姬谮杀太子申生这件事。《国语·晋语》一二两篇接连着说了好多话。而《左传》《史记》所说都很扼要。可是都不完全相同,而且相差的地方都很重要。《左传·僖公四年》:

初,晋献公欲以骊姬为夫人。卜之吉!筮之,不吉!公曰,从筮。卜人曰:筮短龟长,不如从长。且其繇曰:专之渝,攘公之羭;一薰一莸,十年尚有臭,必不可立!勿听!

这番话,在《史记》里没有,并不稀奇!可是《国语》里没有,却又有史苏之占。《国语·晋语一》:

献公卜伐骊戎。史苏占之曰:胜而不吉!公曰:何谓也?遇兆挟以衔骨,齿牙为猾,戎夏交捽。卒捽,是交胜也。臣故云,且惧有口。携民,国移心焉。公曰:何口之有?口在寡人。寡人弗受。谁敢兴之。对曰:苟可以携,其入也必甘,受逞而不知,胡可壅也。公弗听,遂伐骊戎。克之。获骊姬以归。有宠，立以为夫人。

《晋语》在这段以下说了许多关于骊姬的话，但是没有《左传》里的四句繇辞。足见《左传》是别有所本的，并且照理这四句应该归入史苏之占。《晋语》为什么会没有呢？《左传》说："骊姬嬖，欲立其子。赂外嬖梁五，与东关嬖五。使言于公。"而《晋语》却说："公之优曰施，通于骊姬。骊姬问焉？曰：吾欲作大事，而难三公子之徒，如何？对曰：早处之，使知其极。"于是"骊姬赂二五，使言于公"。这里分明《左传》不采用"优施"一说，而提"二五耦"一事。《国语》也知道有"二五"，却不说出名字来。是不是两者各有所本呢？并且《左传》与《史记》也不相同。例如《左传·僖公四年》：

姬谓太子曰：君梦齐姜，必速祭之。太子祭于曲沃，归胙于公。公田。姬置诸宫六日。公至，毒而献之。公祭之地，地坟；与犬，犬毙；与小臣，小臣亦毙。姬泣曰：贼由太子。太子奔新城。公杀其傅杜原款。

假定真是"置诸宫六日"的话，晋献公何至于鲁莽如此。于是《史记·晋世家》说作"居二日"。其实"二日"也够长久了！我们看《晋语》对于这件事如何讲法呢？《晋语二》：

骊姬以君命命申生曰：今夕君梦齐姜，必速祠，而归福。申生许诺，乃祭于曲沃，归福于绛。公田。骊姬受福，乃置鸩于酒，置堇于肉。公至，召申生献。公祭之地，地坟。申生恐而出。骊姬与犬肉，犬毙；饮小臣酒，亦毙。公命杀杜原款。申生奔新城。

这不是与《史记》所说又不相同吗？这件事，在《左传》里从庄公二十八年起陆续说下来的。《史记》叙事很简要，唯独对于这件事总觉得不妥当，替骊姬说了许多话。《晋世家》：

太子于是祭其母齐姜于曲沃，上其荐胙于献公。献公时出猎，置胙于宫中。骊姬使人置毒药胙中。居二日，献公从猎来还。宰人上胙献公。献公欲飨之。骊姬从旁止之曰：胙所从来远，宜试之。祭地，地坟；与犬，犬死；与小臣，小臣死。骊姬泣曰：太子何忍也，其父而欲弑代之，况他人乎？且君老矣！旦暮之人，曾不能待，而欲弑之！谓献公曰：太子所以然者，不过以妾及奚齐之故。妾愿子母辟之他国。若早自杀，毋徒使母子为太子所鱼肉也。始君欲废之，妾犹恨之。至于今，妾殊自失于此。太子闻之，奔新城。献公怒！乃诛其傅杜原款。

这一段唠唠叨叨的，《左传》《国语》都没有的。假定不是太史公卖弄文笔，必定是又有所本的了。所以研究古史，对于这些地方，应该把它搁在最不重要的地位，应该注意的是制度、文物、人名、地名及时间、空间的观念，从大处看人群关系与时代精神。如果认为历史是记叙这些闹不清楚的个人事实，真是把历史的价值看轻了。古代的史事，往往同后世的习惯不相合，其间费掉历史家的心思去涂饰，使近于情理的地方也是不少。所以我们读古书，真是要像太史公所告诫我们的话"好学深思，心知其意"，才能了解古代人的话。

《国语》里面似乎记言比记事多些，但是若同《左传》相比，也不尽然。《左传》里记言的地方真是不少，并且有许多都是《国语》里所没有的。我们唯有在一件事上，找到《国语》与《左传》相同之点。就是《左传》在襄公昭公以下，分量特别多，而其中大部分是说晋国。而《国语·晋语》也是共有九篇之多。其中大部分的事，还是《左传》详细，《国语》比较简略。可是从文章上看来，有很多地方似乎《国语》还是知道这件事的详情的。例如《左传·襄公二十五年》：

郑子产献捷于晋，戎服将事。晋人问陈之罪。对曰：昔虞阏父为周陶正，以服事我先王。赖其利器用也，与神明之后也，庸以元女大姬配胡公，而封诸陈。以备三恪。则周我之自出，至于今是赖。

而《国语·鲁语下》却如此说：

仲尼在陈，有隼集于陈侯之庭而死。楛矢贯之，石砮其长尺有咫。陈惠公使人以隼如仲尼之馆问之。仲尼曰：隼之来也远矣！此肃慎氏之矢也。昔武王克商，通道于九夷百蛮。使各以其方贿来贡，使无忘职业。于是肃慎氏贡楛矢石砮，其长尺有怭。先王欲昭其令德之致远也，以示后人，使永监焉。故铭其栝曰：肃慎氏之贡矢。以分大姬，配虞胡公，而封诸陈。

在这两段里，以大姬配陈胡公一件事，是两书所同的。可是要注意的是这事件中所附带的问题，却两书各不相同，再来看《左传·昭公八年》，也是说陈国的事：

自幕至于瞽瞍无违命，舜重之以明德，置德于遂，遂世守之。及胡公不淫，故周赐之姓，使祀虞帝。臣闻盛德必百世祀。虞之世数未也。

可是在《国语·鲁语下》说：

幕能帅颛顼者也，故有虞氏报焉。

又在《郑语》里说：

虞幕能听协风，以成乐生物者也。

《左传》与《国语》都说到"虞幕"，而所注意的问题各不相同。照我们的意思，是《左传》与《国语》的作者共同看见一套史料，而所用的是各不相同的目标。《国语》注意制度掌故方面的史料，而《左传》却注意政治战争方面的事。我们可以再举另一方面的史实来看。例如《左传·文公十一年》：

鄋瞒侵齐，遂伐我。公卜使叔孙得臣追之，吉！侯叔夏御，庄叔绵房甥为右，富父终甥驷乘。冬十月，甲午，败狄于咸。获长狄侨如。富父终甥摏其喉以戈，杀之，埋其首于子驹之门，以命宣伯。初，宋武公之世，鄋瞒伐宋。司徒皇父帅师御之。耏班御、皇父充石、公子谷甥为右，司寇牛父驷乘，以败狄于长丘。获长狄缘斯。皇父之二子死焉。宋公于是以门赏耏班，使食其征。谓之耏门。晋之灭潞也，获侨如之弟焚如。齐襄公之二年，鄋瞒伐齐。齐王子成父获其弟荣如，埋其首于周首之北门。卫人获其季弟简如。鄋瞒由是遂亡。

这段话，《国语》里没有，《史记·齐世家》里没有，《鲁世家》有此记载，文同《左传》，而稍稍简略，但是《史记》作齐惠公二年，还不是一个来源。这倒是《史记》抄《左传》呢，或是《史记》《左传》同抄《国语》呢？据我的看法，是《左传》《史记》各有所本。《国语》里没有这桩事。可是《鲁语下》也说到长狄的掌故：

客曰：防风何守也？仲尼曰：汪芒氏之君也，守封嵎之山者也。为漆姓。在虞夏商，为汪芒氏，于周为长狄，今为大人。

说出长狄是漆姓，为他处所没有，又是证明《左传》与《国语》的注意点不同。我们再来举一件《左传》《国语》都有的事，可是说法又大不相同。《左传·僖公二十四年》：

夏，狄伐郑，取栎。王德狄人，将以其女为后。富辰谏曰：不可！臣闻之，报者倦矣，施者未厌。狄固贪惏，王又启之；女德无极，妇怨无终，狄必为患。王又弗听。

《国语·周语中》同说这件事，却大不相合：

十七年，王降狄师以伐郑。王德狄人，将以其女为后。富辰谏曰：不可！夫婚姻，祸福之阶也，由之。利内则福，利外则取祸。今王外利矣！其无乃阶祸乎？昔挚畴之国也，由大任；杞、缯，由大姒；齐、许、申、吕，由大姜；陈由大姬。是皆能内利亲亲者也。昔鄢之亡也，由仲任；密须由伯姞，郐由叔妘，聃由郑姬，息由陈妫，邓由楚曼，罗由季姬，卢由荆妫，是皆外利亲者也。

这里，也是《国语》采入许多掌故，而《左传》却只有很简约的几句话。此外凡是同说一件事，《左传》与《国语》相比，总是《左传》文章特好。大有拿《国语》的文字修整过一番的痕迹。要不然是同记一件事，而《国语》的作者笔力太差。如果说《国语》是左丘失明以后的作品，一定不是这一部《国语》了。试举《晋语八》，晋平公梦熊一段话来比一比看：

郑简公使公孙成子来聘。平公有疾。韩宣子赞受客馆。客问君疾？对曰：寡君之疾久矣！上下神祇，无不遍谕，而无除。今梦黄熊入于寝门，不知人杀乎？抑厉鬼耶？子产曰：以君之明，子为大政，其何厉之有？侨闻之：昔者鲧违帝命，殛之于羽山，化为黄熊，以入于羽渊，实为夏郊，三代举之。夫鬼神之所及，非其族类则绍其同位。是故天子祀上帝，公侯祀百辟，自卿以下，不过其族。今周室少卑，晋实继之，其或者未举夏郊邪？宣子以告，祀夏郊。董伯为尸。五日，公见子产。赐之莒鼎。

《左传·昭公七年》同记这一件事便整洁许多：

郑子产聘于晋。晋侯疾。韩宣子逆客私焉。曰：寡君寝疾，于今三月矣！并走群望，有加而无瘳。今梦黄熊入于寝门，其何厉鬼也？对曰：以君之明，子为大政，其何厉之有？昔尧殛鲧于羽山，其神化为黄熊，以入于羽渊，实为夏郊，三代祀之。晋为盟主，其或者未之祀也乎？韩子祀夏郊。晋侯有间。赐子产莒之二方鼎。

这两段文章里唯有"以君之明，子为大政，其何厉之有？"三句两书完全相同。所以有人很疑心《左传》似乎是拿《国语》的原文来修改而成的。

## 四 《国语》与《史记》的比较

《国语》与《史记》应该有许多相同的地方，因为《史记》是分国记事的。《本纪》《世家》照理与《国语》相同的资料很多，拿《史记·周本纪》与《周语》比总有十分之三四出于《周语》。有一条出于《郑语》，其余纪年、纪事，也大半与《国语》相同。我们说《史记》抄《左传》，还不如说《史记》抄《国语》。因为《周本纪》所采用的不见于《左传》，是不奇异的；而《左传》采用《周语》的一条，又不见于《史记》。《左传·庄公三十二年》：

秋，七月，有神降于莘。惠王问诸内史过曰：是何故也？对曰：国之将兴，明神降之，监其德也；将亡，神又降之，观其恶也。故有得神以兴，亦有以亡；虞、夏、商、周，皆有之。王曰：若之何？对曰：以其物享焉。其至之日，亦其物也。王从之。内史过往。闻虢请命。反曰：虢必亡矣！虐而听于神。神居莘六月，虢公使祝应，宗区，史嚚，享焉。神赐之土田。史嚚曰，虢其亡乎？吾闻之，国将兴，听于民；将亡，听于神。神聪明正直而壹者也。依人而行。虢多凉德，其何土之能得？

这一条，就是从《国语·周语上》惠王十五年："有神降于莘，王问于内史过"的一段话中简炼而成的。在《周语》里，这段对话虽文章不简净，可是包含许多宝贵的史料。如"商之兴也，梼杌次于丕山，其亡也，夷羊在牧"。又说："昔昭王娶于房，曰房后。实有爽德。协于丹朱。丹朱凭身以仪之，生穆王焉。"在这里所说夏、商、周兴亡的故事，而《左传》仅用"国之将兴，明神降之，监其德也。将亡，神又降之，观其恶也"几句话了之。我们可以看出来作《左传》的人确是根据《国语》上这番史实简约而成的。《史记·周本纪》为什么不采用？就是因为《国语》上这段话太支离又

长的缘故,再来看《史记》采用《郑语》的这段话,却比原文少了许多。《周本纪》:

> 周太史伯阳父读史记曰:周亡矣!昔夏后氏之衰也,有二神龙止于夏帝庭而言曰:余褒之二君,夏帝卜杀之,与去之,与止之,莫吉!卜请其漦而藏之,乃吉!于是布币而策告之。龙亡而漦在。椟而去之。夏亡,传此器殷;殷亡,又传此器周。比三代,莫敢发之。至厉王之末,发而观之。漦流于庭,不可除。厉王使妇人裸而噪之。漦化为玄鼋,以入王后宫。后宫之童妾既龀而遭之,既笄而孕,无夫而生子。惧而弃之。宣王之时,童女谣曰:檿弧箕服,实亡周国。于是宣王闻之。有夫妇卖是器者,宣王使执而戮之。逃于道,而见乡者后宫童妾所弃妖子出于路者。闻其夜啼,哀而收之。夫妇遂亡奔褒。褒人有罪,请入童妾所弃女子者于王以赎罪。弃女子出于褒,是为褒姒。

这段话本是见于《周史记》,《国语》却把它编入《郑语》。作"先王聘后于异姓",及"弃聘后而立内妾"的例证。我们看了这段文章,便知是引用《周史记》的:

> 且宣王之时,有童谣曰:檿弧箕服,实亡周国。于是宣王闻之。有夫妇鬻是器者,王使执而戮之。府之小妾生女,而非王子也。惧而弃之。此人也,收以奔褒。天之命此久矣!其又何可为乎?《训语》有之曰:夏之衰也,褒人之神化为二龙,

以同于王庭，而言曰：余褒之二君也。夏后卜杀之，与去之，与止之，莫吉！卜请其漦而藏之，吉！乃布币焉，而策告之。龙亡而漦在。椟而藏之。传郊之。及殷周，莫之发也。及厉王之末，发而观之。漦流于庭，不可除也。王使妇人不帏而噪之。化为玄鼋，以入于王府。府之童妾未既龀而遭之，既笄而孕。当宣王时而生，不夫而育，故惧而弃之。为弧服者方戮在路。夫妇哀其夜号也，而取之以逸，逃于褒。褒人褒姁有狱，而以为入于王。王遂置之，而嬖是女也，使至于为后，而生伯服。

大家可以把《国语》《史记》两段文章仔细比较，也可以看出《史记》又是比《国语》简练。这却不是《史记》拿《国语》的文章来修改，乃是《周本纪》与《郑语》同根据一种史料各自成文的。在这里，又可以明白前文所引《左传》比《国语》简炼的文章，也不一定是拿《国语》来改。还是《左传》《国语》，共同根据一种史料所作成的，并且从《国语》里鸟瞰，确乎是杂采而成。若同《左传》《史记》合比，确乎是有一套残剩史料的感觉。《左传》与《史记》所根据的是与《国语》同性质的国别史。《国语》确是这一类史料中的残缺不齐，杂凑而成的一种本子罢了。上文拿《国语·周语》同《史记·周本纪》比，知道《周本纪》与《周语》有十之三四相同。再拿《国语》中最多的部分《晋语》，与《史记·晋世家》相比，照常理也应该相同的很多。事实上并不如此呢！却有许多地方同《左传》一样。好像《史记·周本纪》是抄《国语·周语》，而《晋世家》却是抄《左传》似的。《晋世家》：

> 十六年，晋献公作二军。公将上军，太子申生将下军。赵夙御戎，毕万为右，伐灭霍，灭魏，灭耿。还为太子城曲沃。赐赵夙耿，赐毕万魏，以为大夫。士蒍曰：太子不得立矣！分之都城，而位以卿。先为之极，又安得立？不如逃之，无使罪至。为吴太伯，不亦可乎！犹有令名。

这同《左传·闵公元年》所载的，可以说一样。可是《左传》下文加上这样几句：

> 与其及也。且谚曰：心苟无瑕，何恤乎无家？天若祚大子，其无晋乎。

可是《晋世家》下文又与《左传》相同：

> 卜偃曰：毕万之后必大。万，盈数也；魏，大名也。以是始赏。天开之矣！天子曰兆民，诸侯曰万民。今命之大，以从盈数，其必有众。初，毕万卜仕于晋国。遇屯之比。辛廖占之曰：吉！屯固比入，吉孰大焉？其后必蕃昌。

我们再来看《国语·晋语》如何说法：

> 十六年，公作二军。公将上军，太子申生将下军。以伐霍。师未出，士蒍言于诸大夫曰：夫太子，君之贰也。恭以俟嗣，何官之有？今君分之土，而官之，是左之也。吾将谏以观之！

这与《史记》所载的大为不同了。再看《国语》所记下一件事：

> 十七年，冬，公使太子伐东山。里克谏曰：臣闻皋落氏将战，君其释申生也？

《史记·晋世家》记这一件事又像是从《左传》文句中摄取而来的：

> 十七年，晋侯使太子申生伐东山。里克谏献公曰：太子奉冢祀，社稷之粢盛，以朝夕视君膳者也。故曰：冢子。君行则守，有守则从。从曰抚军，守曰监国，古之制也。

在这几句下面，《史记》作"夫率师，专行谋也；誓军旅，君与国政之所图也；非太子之事也"。《左传》作"夫帅师：专行谋，誓车军旅，君与国政之所图也，非太子之事也"。虽然仅少了一个字，却可以证明《史记》是引用别人的文字，并且误解别人的文字。下文还是《史记》《左传》相同，不过被删节了许多。照常理，可以说《史记》是抄《左传》的，并且《史记》与《左传》文句相同的还有好多处。但是太史公为什么不提《左传》，却说到《国语》呢？而且《国语》与《左传》一是国别史，一是编年史，性质大不相同。就因为《史记》所引与今本《左传》文字相同，是否可以证明《左传》《史记》同据左丘失明后所作的《国语》呢？《晋世家》很长，文中说到浦人之宦者勃鞮，我们再看下文："献公二十二年，使宦者履鞮趣杀重耳。"《左传·僖公五年》："公使寺人披伐浦。重耳曰：君父之命不校。乃徇曰：校者，吾雠也。逾垣而走，披斩其袪。遂出奔翟。"《国语·晋语二》仅说："公令阉楚刺重耳，重耳逃于狄。"这如同《史记·晋世家》"初献公将伐骊戎。卜曰：齿牙为祸"，就是上引《国语》史苏之占"齿牙为猾"的例子一样。足证《史记》也不全同《左传》。又有采用《国语》，也不全同于《国语》的。《左传·僖公二十三年》：

晋公子重耳之及于难也，晋人伐诸蒲城。蒲城人欲战。重耳不可。曰：保君父之命，而享其生禄，于是乎得人；有人而校，罪莫大焉。吾其奔也？遂奔狄。从者狐偃、赵衰、颠颉、魏武子、司空季子。狄人伐廧咎如，获其二女叔隗、季隗。纳诸公子。公子取季隗，生伯鯈、叔刘。以叔隗妻赵衰，生盾。

同是这件事，《史记·晋世家》与《左传》大略相同：

狄，其母国也。是时重耳年四十三。从此五士，其余不名者数十人。至狄，狄伐咎如，得二女。以长女妻重耳，生伯鯈、叔刘；以少女妻赵衰，生盾。

这一事《国语·晋语》没有，可是《史记》与《左传》也有大不同的所在。第一《史记》作"咎如"，《左传》作"廧咎如"。《史记》说以长女妻重耳，以少女妻赵衰。而《左传》却说晋文公自己选取季隗，把那个年纪大的叔隗给赵衰。这是很大的歧异！可见《史记》同《左传》的地方，并不一定是直抄《左传》，确是《左传》《史记》各有所本的，就是同一部《国语》吧，也有前后不同的，例如：《晋语二》"公令阉楚刺重耳"，《晋语四》作"初，献公使寺人勃鞮伐公于蒲城。文公逾垣。勃鞮斩其祛"。《史记》作"履鞮"，《左传》作"披"，都是"勃鞮"对音字。"阉楚"，就是说这个人是寺人，并且是楚人，这些还是小事。《史记》与《国语》还有不同的地方。又如《晋语五》：

> 灵公虐，赵宣子骤谏。公患之，使鉏麑贼之。晨往，则寝门辟矣！盛服，将朝；早而假寐。麑退叹而言曰：赵孟敬哉，夫不忘恭敬，社稷之镇也。贼国之镇，不忠；受命而废之，不信。享一名于此，不如死。触庭之槐而死。灵公将杀赵盾。不克。赵穿攻公于桃园，逆公子黑臀而立之，实为成公。

《史记·晋世家》对于这件事记得很简单。可是对于灵公的如何虐待人，却举出证据来：

> 灵公壮，侈厚敛以雕墙。从台上弹人，观其避丸也。宰夫胹熊蹯不熟。灵公怒，杀宰夫。使妇人持其尸出弃之。过朝。赵盾，随会，前数谏不听。已又见死人手。二人前谏。随会先谏不听。灵公患之。使鉏麑刺赵盾。盾闺门开，居处节。鉏麑退叹曰：杀忠臣，弃君命，罪一也。遂触树而死。

这件事《左传·宣公二年》说得详细。上半段同《史记》，下半段却与《国语》大同：

> 晋灵公不君。厚敛以彫墙。从台上弹人，而观其辟丸也。宰夫胹熊蹯不熟，杀之，置诸畚，使妇人载以过朝。赵盾、士季见其手，问其故，而患之。将谏。士季曰：谏而不入，则莫之继也。会请先。不入，则子继之。三进及溜，而后视之。曰：吾知所过矣！将改之。稽首而对曰：人谁无过。过而能改，善莫大焉！《诗》曰：靡不有初，鲜克有终。夫如是，则能补过者鲜矣！君能有终，则社稷之固也。岂惟群臣赖之。又曰：衮职有阙，惟仲山甫补之。能补过也。君能补过，衮不废矣。犹不改。宣子骤谏。公患之。使鉏麑贼之。晨往，寝门辟矣！盛服将朝。尚早，坐而假寐。麑退，叹而言曰：不忘恭敬，民之主也。贼民之主，不忠；弃君之命，不信；有一于此，不如死也。触槐而死。

虽然说上段同《史记》，也有好几点与《史记》不同。中段为两书所无。下段似乎是用《国语》文句，稍稍修改而成。在这里，却不能说《史记》是抄《左传》了。此外如《郑世家》《越世家》，都多少与《国语·郑语》《越语》相同。例如《越世家》说：

> 越王与范蠡曰：以不听子故，至于此，为之奈何？蠡对曰：持满者与天，定倾者与人，节事者以地。卑辞厚礼以遗之。不许，而身与之市。勾践曰：诺！乃令大夫种行成于吴。

《国语·越语》也有相同的一段：

栖于会稽。王召范蠡而问焉。曰：吾不用子之言，以至于此，为之奈何？范蠡对曰：君王其忘之乎？持盈者与天，定倾者与人，节事者与地。王曰：与人奈何？对曰：卑辞，尊礼；玩好，女乐；尊之以名。如此不已，又身与之市。王曰：诺！乃令大夫种行成于吴。

这很显然的是《史记》抄《越语》。《左传·哀公元年》说得很简单，再来说《郑语》与《郑世家》相同的地方又是如何？《郑语》引史伯曰：

其济洛河颍之间乎？是其子男之国，虢、郐为大。虢叔恃势，郐仲恃险，是皆有骄侈怠慢之心。而加之以贪冒。君若以周难之故，寄帑与贿焉，不敢不许。周乱而弊，是骄而贪，必将背君。君若以成周之众，奉辞伐罪，无不克矣！若二邑。邬、弊、补、舟、依、𣎼、历、莘、君之土也。

《郑世家》却简略许多。大体还是同《国语》的：

太史伯对曰：独洛之东土，河济之南，可居。公曰：何以？对曰：地近虢、郐。虢、郐之君贪而好利，百姓不附。今公为司徒，民皆爱公。公诚请居之。虢、郐之君见公方用事。轻分公地。公诚居之。虢、郐之民皆公之民也。桓公曰：善！于是卒言王东徙其民雒东。而虢、郐果献十邑。

这里所谓十邑，一般都认为是邬、蔽、补、舟、依、䵣、历、莘，加上虢、郐。在《郑语》里也有"虢、郐受之，十邑皆有寄地"两句话，这不能不承认是《史记》与《国语》相同之点。再其次的，是《晋语四》，司空季子说"黄帝之子二十五人，其同姓者二人而已"一段掌故。《史记》把它放在《五帝本纪》，说"黄帝二十五子，其得姓者十四人"。事实上，也是《史记》用《国语》的故实，这是他处所不见的。按着我们比较研究的结果，《史记》用《国语》的成分并不算少，但是并不与《国语》完全相同。这些大同小异，或小同大异的地方，说是《史记》根据《国语》，也未尝不可。如果我们不执定这一见解，再放大来说：《史记》所用的史料，就是《国语》所用的史料，比较来得更容易讲通，因为有许多地方同说一件事，而《史记》《国语》《左传》都不相同，甚至很违异！《左传》的分量最多，因此《史记》与《左传》相近的地方比较与《国语》相近地方还要多，但是我们总不要肯定说《史记》是直抄《左传》。在我们看来，太史公的历史观与左丘明的历史观大不相同。《左传》或许不是左丘明作。我们暂且相信这一说。于是我们进一步，再来作《史记》与《左传》的比较。

## 五　《左传》与《史记》的比较

说到这里，已经达于本问题讨论的顶点，就是《左传》在前呢，还是《史记》在前呢？当然，《史记》里又引用了许多条文字，都是与今本《左传》相同的史料，这些条应该出于《史记》以前是不成问题的。《史记》固然有许多地方是经后人修补过的。如果说《史记》里许多与《左传》相同的所在，都是后人拿《左传》来改《史记》，似乎很难讲通。若是这样说：《史记》是采用了许多条"左丘失明，厥有《国语》"的《国语》；《左传》是拿《国语》来改作编年史，似乎不会不通。《左传》与《史记》的历史观大不相同。《五帝本纪》说：

> 自从穷蝉以至帝舜，皆微为庶人。舜父瞽叟盲，而舜母死。瞽叟更娶妻，而生象。象傲。瞽叟爱后妻子，常欲杀舜。舜避逃。

这是同《孟子·万章》篇的说法一样。《左传》不是这样说，上文已经引过。"自幕至于瞽瞍无违命"一段，《史记》把它放在《陈杞世家》里说：

> 陈，颛顼之族。陈氏得政于齐，乃卒亡。自幕至于瞽瞍无违命。舜重之以明德，世世守之。及胡公，周赐之姓。使祀虞帝。且盛德之后，必百世祀。虞之世未也！其在齐乎？

可见《史记》在《五帝本纪》里用《孟子》的说法。在《陈杞世家》又用左丘明说法。我们再看《夏本纪》里一件事，太史公仅说"中康崩，子帝相立，帝相崩，子帝少康立"，就没有提到"羿"的事。这件事在《左传》里说得很详细。《左传·襄公四年》《昭公二十八年》《哀公元年》，都说到这件事，前后始末自成一体系。所以司马贞《索隐》很责备太史公说：

《左传》魏庄子曰：昔有夏之衰也，后羿自鉏迁于穷石，因夏人以代夏政。恃其射也，不修人事。而信用伯明氏之谗子寒浞。浞杀羿烹之，以食其子。子不忍食，死于穷门。浞因羿室，生浇及豷。使浇灭斟灌氏及斟寻氏。而相为浇所灭。后缗归于有仍，生少康。有夏之臣靡自有鬲收二国之烬，以灭浞，而立少康。少康灭浇于过，后杼灭豷于戈，有穷遂亡。然则帝相自被篡弑，中间经羿浞二氏，盖三数十年。而此纪总不言之。直云帝相崩，子少康立。疏略之甚。

我以为并不是太史公的疏略，却是见解不同。《左传》里所说的这件事，太史公不是不知道。他把这件事放在旁的地方，又把其中史实删削了许多。我们很可以看出古代史家对于羿的事，见解各不相同。看《史记》的态度，似乎很讳言之的样子。《史记·吴世家》：

伍子胥谏曰：昔有过氏，杀斟灌以伐斟寻，灭夏后帝相。帝相之妻后缗方长，逃于有仍，而生少康。少康为有仍牧正。有过又欲杀少康，少康奔有虞。有虞思夏德，于是妻之以二女，而邑之于纶。有田一成，有众一旅。后遂收夏众，抚其官职。使人诱之，遂灭有过氏。复禹之绩，祀夏配天，不失旧物。

《左传·哀公元年》是这样说：

伍员曰：不可！臣闻之，树德莫如滋，去疾莫如尽。昔有

> 过浇，杀斟灌以伐斟鄩，灭夏后相。后缗方娠，逃出自窦，归于有仍，生少康焉。为仍牧正。恁浇能戒之。浇使椒求之。逃奔有虞，为之庖正，以除其害。虞思于是妻之以二姚，而邑诸纶。有田一成，有众一旅。能布其德，而兆其谋；以收夏众，抚其官职。使女艾谍浇，使季杼诱豷，遂灭过戈，复禹之绩，祀夏配天，不失旧物。

这里有一绝大不同，就是《史记》说"有虞思夏德"。《左传》以为"虞思"是人名。《史记》说后缗"逃于有仍"。而《左传》说"归于有仍"，这都是相差很远的。足见《史记》不是直抄《左传》的，并且常有与《左传》相违牾的。《陈杞世家》：

> 三十八年，正月，甲戌，己丑陈桓公鲍卒。桓公弟佗，其母蔡女。故蔡人为佗杀五父，及桓公太子免，而立佗。

这件事在《左传·桓公五年》这样说：

> 春正月，甲戌，己丑，陈侯鲍卒。再赴也。于是陈乱。文公子佗杀太子免而代之。公疾病而乱作。国人分散，故再赴。

又《庄公二十二年》：

> 陈厉公，蔡出也。故蔡人杀五父而立之。生敬仲。

谯周、司马贞对于这件事都有考辨。《索隐》说：

> 谯周云：《世家》与《春秋》违者。按《左传·桓公五年》，文公子佗杀桓公太子免而代立。经六年，蔡人杀陈佗，立桓公子跃为厉公。而《左传》以厉公名跃。佗立未逾年，故无谥。又《庄公二十二年传》云：陈厉公，蔡出也。故蔡人杀五父而立之。则佗与五父俱为蔡人所杀，其事不异，是一人明矣。《史记》既以佗为厉公，遂以跃为利公。寻厉、利声相近，遂误以佗为厉公，五父为别人，是太史公错耳。

按司马贞辨这一件事情，辨得很好！但是既然这件事有两个日子，可能原史料一是记"五父被杀"，一是记"佗被杀"，所以《左传》《史记》都说是再赴。《史记》抄原史料，所以弄错。假定是抄《左传》，而《左传》确乎以五父、佗为一人呢。凡是年表与世家相牴牾的原因，大半是按着原史料的错乱而延误的。像这件事，年表与世家就没有冲突，而《左传》与《史记》却冲突了。我们觉得《左传》对于原史料很有审择的能力。就是这件事，《左传》与《史记》还是有不同的地方。《史记·陈杞世家》：

> 厉公二年，生子敬仲完。周太史过陈。陈厉公使以《周易》筮之。卦得观之否。是为观国之光，利用宾于王。此其代陈有国乎？不在此，其在异国；非此其身，在其子孙。若在异国，必姜姓。

到了宣公十一年后段又说：

> 齐懿仲欲妻陈敬仲，卜之。占曰：是谓凤凰于飞，和鸣锵锵；有妫之后，将育于姜；五世其昌，并于正卿；八世之后，莫之与京！

在《田敬仲世家》也有同样记载，这段话又见于《左传·庄公二十二年》。《左传》是先说懿氏卜妻敬仲，后说周史有以《周易》见陈侯。两段中间，就是"蔡人杀五父"这件事，假定作《史记》的人是看见现在这本《左传》，便不会有"桓公弟佗，其母蔡女"一说，因为《左传》说"陈厉公蔡出也"，并没有说佗是蔡出，与《经》"蔡人杀陈佗"说法相合。难道作《史记》的人连《春秋经》也没有看见过？从这些地方看来，又是上面已经说过的话，《左传》《史记》相同的地方，只能算是共同根据一种未经整理的史料，如《国语》之类。现在我们说《楚世家》，与《左传》相同的地方也很多。《左传·宣公三年》：

> 楚子伐陆浑之戎。遂至于洛，观兵于周疆。定王使王孙满劳楚子。楚子问鼎之大小轻重焉！对曰：在德不在鼎。昔夏之方有德也，远方图物，贡金九牧；铸鼎象物，百物而为之备。使民知神奸。故民入川泽山林，不逢不若；螭魅罔两，莫能逢之。用能协于上下，以承天休。桀有昏德，鼎迁于商，载祀六百。商纣暴虐，鼎迁于周。德之休明，虽小重也；其奸回昏乱，虽大轻也；天祚明德，有所底止。成王定鼎郏、鄏；卜

世三十，卜年七百，天所命也。周德虽衰，天命未改。鼎之轻重，未可问也。

《史记·楚世家》也有这一段。大体是相同的：

八年，伐陆浑戎。遂至洛，观兵于周郊。周定王使王孙满劳楚王。楚王问鼎大小轻重。对曰：在德不在鼎；庄王曰：子无阻九鼎。楚国折钩之喙，足以为九鼎。

除掉楚庄王所说的几句话以外，下文都是与《左传》相同。在这里，又是证明《左传》与《史记》同抄一种史料。《史记》保存楚庄王几句话，《左传》把它删削掉了。又看同是《楚世家》的文章，却比《左传》少了许多。可以看出《史记》删削了原文，而《左传》却保存下来了。《左传·昭公十二年》：

楚子狩于州来。次于颍尾。使荡侯、潘子、司马督、嚣尹午、陵尹喜，帅师围徐，以惧吴。楚子次于乾溪，以为之援。雨雪。王皮冠、秦复陶、翠被、豹舄，执鞭以出。仆析父从。右尹子革夕。王见之。去冠被，舍鞭，与之语曰：昔我先王熊绎，与吕伋、王孙牟、燮父、禽父，并事康王。四国皆有分，我独无有。今吾使人于周，求鼎以为分。王其与我乎？对曰：与君王哉！昔我先王熊绎辟在荆山，筚路蓝缕，以处草莽；跋涉山林，以事天子。唯是桃弧棘矢，以共御王事。齐，王舅也；晋及鲁、卫，王母弟也。楚是以无分，而彼皆有。今周与四国服事君王，将唯命是从，岂其爱鼎？王曰：昔我皇祖伯父昆吾，旧许是宅。今郑人贪赖其田，而不我与。我若求之，其与我乎？对曰：与君王哉！周不爱鼎，郑敢爱田？王曰：昔诸侯远我而畏晋。今我大城陈、蔡、不羹；赋皆千乘，子与有劳焉。诸侯其畏我乎？对曰：畏君王哉！是四国者，专足畏也。又加之以楚，敢不畏君王哉！"

《史记·楚世家》引这一段如此说：

十一年，伐徐以恐吴。灵王次于乾溪以待之。王曰：齐、晋、鲁、卫，其封皆受宝器。我独否。今我使使求鼎以为分，其予我乎？析父对曰：其予君王哉！昔我先王熊绎辟在荆山。筚路蓝缕，以处草莽，跋涉山林，以事天子。唯是桃弧、棘矢，以共王事。齐，王舅也；晋及鲁、卫，王母弟也。楚是以无分，而彼皆有。周今与四国服事君王，将唯命是从，岂敢爱鼎？灵王曰：昔我皇祖昆吾，旧许是宅。今郑人贪其田，不与我。今我求之，其予我乎？对曰：周不爱鼎，郑安敢爱田？灵王曰：昔诸侯远我而畏晋。今吾大城陈、蔡、不羹，赋皆千乘。诸侯畏我乎？对曰：畏哉！灵王喜曰：析父善言故事焉。

像这一段，《史记》确删削了原文，而与《左传》并不冲突。而《国语·楚语上》仅仅有下列几句话：

灵王城陈、蔡、不羹。使仆夫子皙问于范无宇曰：吾不服诸夏，而独事晋，何也？唯晋近我远也。今吾城三国，赋皆千乘，亦当晋矣。又加之以楚，诸侯其来乎？对曰：其在志也。

照这样例子看来，说《国语》是一种残剩下的史料，似很合事实。从《世家》一方面来研究，《史记》与《左传》相同的文章，确实很多。我们再看《郑世家》引子产所说的话，与见于《左传·昭公元年》的记载，真是可以说全部相同了！但是事实上是不同的。为什么呢？《史记》说这番话，是晋平公直接与子产说的。到末了才说："平公及叔向曰：善！博物君子也。厚为之礼于子产！"而《左传》作叔向与子产的对话。末了，叔向说："善哉！肸未之闻也。"足证《史记》所见的还不是今本《左传》。此外又有一件大事，就是《左传·襄公二十九年》，吴季札观乐一段。《史记·吴世家》也是全部采入。似乎是《史记》把《左传》所引的这番话，稍稍省了几个字。于我们所说《左传》《史记》同采一种史料的见解也是没有抵牾的。上文不是说过吗？《夏本纪》不引用羿的故事。可是在《夏本纪》后段，却又引用《左传·昭公二十九年》蔡墨的话，也把它删削了许多：

帝孔甲立，好方鬼神，事淫乱。夏后氏德衰，诸侯畔之；天降龙二，有雌雄。孔甲不能食，未得豢龙氏。陶唐既衰，其后有刘累。学扰龙于豢龙氏，以事孔甲。孔甲赐之姓，曰御龙氏。受豕韦之后。龙一雌死，以食夏后。夏后使求，惧而迁去。

这段话，在《左传》里本是说刘范二族的掌故。《史记》把它归入夏史。有穷后羿的事，照旧说应该入夏史，而太史公把它归于《吴世家》，伍子胥所说的话，难道太史公认为羿与寒浞以及少康的事，反是缙绅先生所不道的。刘累学扰龙以事孔甲，反是其言雅驯的么？从这里，可以明白《史记》对于引用古史料，确是另有一方针，与《左传》大不相同。我们再看《史记·鲁世家》昭公二十五年："春，鸲鹆来巢。师己曰：文成之世，童谣曰：鸲鹆来巢，公在乾侯；鸲鹆入处，公在外野。"照理，韵文总应该保存原样，而《左传·昭公二十五年》所引童谣长许多：

师己曰：异哉！吾闻文成之世童谣有之。曰：鸲之，鹆之，公出辱之！鸲鹆之羽，公在外野，往馈之马。鸲鹆跦跦，公在乾侯，征褰与襦！鸲鹆之巢，远哉遥遥；稠父丧劳，宋父以骄。鸲鹆，鸲鹆，往歌来哭！

这一首童谣，比《史记》所引长了许多。我们能够说太史公是节引《左传》么？似乎不若说《史记》所用的是另一种史料吧？并且《史记》里也有许多出于《左传》《国语》以外的。在《齐世家》《赵世家》里的资料，有许多是稀见的。《齐世家》：

武王即位九年，欲修文王业。东伐以观诸侯集否，师行。师尚父左杖黄钺，右秉白旄。以誓曰：苍兕！苍兕！总尔众庶，与尔舟楫，后至者斩！遂至盟津。

在先秦其他书里，都不见这条的消息。似乎太史公是别有所本。就是"苍兕！苍兕！"两句，究作何解呢？现在的《牧誓》里，没有这两句，或许是《泰誓》逸文吧？《左传》与《史记》对勘起来，可说的话还多得很，并且应该再拿《吕氏春秋》《淮南子》《说苑》诸书所见相同的事件，详细比较。似乎更可以明白其究竟。现在暂且说到这里为止吧！

## 六　结论

在前面已经把《国语》《左传》《史记》三部书相互的关系以及相同相异之点，大略都说了一个纲领。我们的结论：觉得说《史记》抄《左传》一说，似是而非，《史记》抄《国语》，是一件事实；《左传》抄《国语》也有可能，即使《左传》是抄《国语》，也不是现在这本《国语》。无论如何"左丘失明，厥有《国语》"的这部《国语》，不是现在这部《国语》，大概是可信的。还得再补充说明的，就是《国语》是国别史，《左传》是编年史。太史公所用的是《国语》，这一件事是出于他自己的话。现在就要问像崔适《史记探源》的话，《左传》大有抄《史记》的可能了。我以为崔适说《史记》有经后人动乱过的这一见解，可相信一部分。本来汉唐以来的学者早已有此一说。据我们现在看，太史公作《史记》，规模实在很大，疏漏的地方也很多，有些地方文章极好，如《项羽本纪》《刺客列传》《滑稽列传》《货殖列传》，等等。但是有些地方文章很驳杂的，残缺不齐，自相抵捂的地方也真不少，本纪之中以《秦本纪》及《秦始皇本纪》为最好。世家中以《晋世家》《赵世家》为最好，恐怕也是所根据的史料比较好的缘故。秦汉人的传，大都文章好。秦以前的人的列传，就有许多残缺。班固作史是有一定计划的，在组织与文章两方面都很齐整。《史记》就大不相同了。《左传》也是一部很有组织文字又很美的书，像《史记》一样年表、世家自相冲突的例子就很少，所以崔适的话确乎是有一部分理由的。我们现在对于《左传》《国语》《史记》三部书的关系，总是说不清楚的原因，却在于把古代史的情形看得呆板了。在先秦有百国《春秋》，这些书所记各国的史事，大概很实际的。古代的社会，与秦汉以后的不同，各国的风俗又各不相同。秦始皇统一六国的政策，是"书同文，车同轨"。李斯说："古者天下散乱，莫之能一。是以诸侯并作，语皆道古以害今，饰虚言以乱实。"我们再看现在所传的六国古器中的文字，确乎有许多不同。在古陶文、古泉文、古玺文中，其字的形制真是纷然杂陈。再来看《左传》《国语》《史记》三部书，其见解虽各略有不同，但是可以看出来都是经过儒家思想澄清过的。假定我们认为是同出于一学派的不同作者，而所根据的却是古代各国的实在史料，经过一番见解上与文字上的修饰，于是每部书各有大同小异，是不是可以呢？所谓"群言觳乱，折衷于圣"的精神在中国古代史籍里是到处弥漫着的。

  从形式方面说来：中国古代史的编制，是以年代为主的，这是从甲骨文、金文一直下来都是如此。我们看《春秋》及《竹书纪年》，便可以明白古代这一类的书非凡之多。若按内容方面说，古代必定有许多宝贵的史料，而给这班历史家埋没掉。他们的用心是很苦的，他们以为这样可以改革社会。代表这种精神，最充足有力，而为人所注意的是《孟子》的一部书。康有为托古改制一说，至今还是不能动摇的。不过他老先生所提出来的古制，其本身的力量并不算大，而比较大的力量还是当时历史家所作的史籍。孔子说"左丘明耻之，丘亦耻之"，孔子的见解，似乎就是左丘明的见解。据我们看来，所谓"左丘失明，厥有《国语》"的《国语》，原本是按着各国的国别编年史，改作国别记事和记言史，如现在《国语》的体制。至于现在本的《左传》，是把《国语》就《春秋经》改为编年。说它不是解经，我可不相信。因为里面分明有许多解经的文字，不过《左传》的解经文字，比《公羊》《穀梁》开明许多。《左传》作者的头脑比《公羊》《穀梁》作者清楚许多，他能够用文学的力量使我们不期然而然的沉醉于孔子的学说之中。使当时学术界先充实起一番儒学的空气，这是如何苦心孤诣地创造出来的不朽事业呢！我们现在或许怨恨到他们把古史的实情如何掩饰了过去，但是他们的方法对于后来中国的文化确乎是有很大的影响的。中国文化能够如此源远而流长，实在因为从秦汉以下始终抱着这种一贯的思想，这是最大的、最经久的力量。

一九四三年十二月十二日于渝州南岸旅次
（载《说文月刊》第五卷第一、二期）

# 释嬴

古金文有庚嬴鼎、庚嬴卣，吴云释为庚罴（《两罍轩彝器图释》卷六），吴大澂亦释为庚罴（《愙斋集古录》卷十九），海宁王先生释为庚嬴（《观堂别集》卷一）。王先生曰："归安吴氏藏卣，铭曰：王各于庚嬴宫，旧释庚罴，余谓此字从贝，从𦝠，当是嬴字。假为女姓之嬴。上虞罗氏藏一鼎铭云：嬴氏作宝鼎。字亦从贝。惟筍伯大父簋有嬴字，芮君盦有嬴字，则径作嬴。《春秋左氏·宣八年》经：夫人嬴氏薨，葬我小君敬嬴。《公》《穀》并作熊。观于鼎卣二器，可知熊嬴相混之故矣。"节按：《春秋》宣公八年经，《左氏传》作葬我小君敬嬴，《公羊传》《穀梁传》并作葬我小君顷熊。按嬴字一边作𠂇，一边作𠂇，故与能字相近。从贝，故误释为罴。然其字从𦝠，从贝，王先生释为嬴字，至确。定远方濬益亦释为嬴，并言嬴是蜗牛（《缀遗斋彝器考释》卷十二），此外《攈古录》尚有𦝠季尊，及嬴作祖丁爵，并是同部族器。兹又有进者，嬴究是何物？庚嬴之名，又作何解？故作《释嬴》以广之。

《说文》第四篇《肉部》嬴字解云：或曰兽名，象形。今就嬴字之形构观之，实像一海介类动物，故从贝。然而筍伯簋作嬴，其字从女，从㿝，与㿝字之㿝旁相同。芮君盦㿝字从女，从㿝，其上体作㿝形，仍与卣簋二文相似。唯位置不同而已。㿝同簋作㿝，其右旁仍是蠃字。唯许子簠作㿝，乃蠃字之正体。庚蠃卣之㿝字，为蠃字之正体。考之经传，其字或从虫作蠃。《诗经·小雅·小宛》：螟蛉有子，螟蠃负之。此螟蠃虽同一转语，当为草虫类，已见《尔雅·释虫》。《礼记·中庸》篇：夫政者，蒲卢也。郑玄以为蒲卢即螟蠃。恐非。《国语·吴语》，文种曰：其民必移就蒲蠃于东海之滨。韦昭云：蠃，蚌蛤之属。此蒲蠃，当即蒲卢。《淮南子·说山训》：月盛衰于上，则蠃蚔应于下。蠃蚔，实蒲蠃之倒言。《夏小正》：雉入于淮为蜃，雀入于海为蛤。《传》云：蜃者，蒲卢也。足证郑氏之说未确。《仪礼·士昏礼》：葵菹蠃醢。今文蠃为蜗。《仪礼》中数见。并见《周礼·天官·鳖人》《醢人》。《醢人》又有麋醢，蜃蚔醢。今按《说文》：蜗，蜗蠃，蒲卢也。蚔古文作蟁。可知蠃之本字当作蠃，亦名蜃，实即蜗牛。俗名蒲卢，或作蒲蠃，或作仆累。《山海经·中山经》：青要之山，南望埠渚，是多仆累。郭璞云：仆累，蜗牛也（旧说以蒲卢注仆累，同一转语，甚是，后误入正文，郭璞即以《尔雅》说注）。虽异说纷纷，蜃、蚔、蜗、蠃，古有以为介类之总名，以为昆虫则非也。

考之于甲骨文，其字亦有踪迹可寻。诸家于卜辞中大体得三类字，皆释为龙字。第一类：如㿝字，见于《铁云藏龟》六二页，三片，罗振玉以为龙字。此外第二类：如㿝字，见《前编》四卷，五四页，一片，罗氏亦以为龙字。其同形稍变者，如㿝字，见《前编》四卷，五三页，四片；如㿝字，见《铁云藏龟》百五页，三片；如㿝字，见《前编》四卷，五四页，二片；如㿝字，见《后编》

上卷，九页，五片；如〇字，《后编》上卷，三十页，五片；如〇字，见《前编》七卷，二一页，三片；如〇，《藏龟》二百六页，三片；如〇字，见《龟甲兽骨文字》二卷，二三页，十七片；如〇字，见《戬寿堂所藏殷虚文字》五页，十五片。此一类字，大体依一种形构省变而成。其字形中以〇字为主，诸家以为即龙字偏旁，许君所谓童省声者也。作者以为即〇字上体〇形之省变。实即芮君盉嬴字之上体〇形。其第三类：如〇字，见《后编》下卷六页，十四片；罗氏亦以为龙字。其同类者：如〇字，见《铁云藏龟拾遗》一页，五片；如〇字，见《前编》五卷，三八页，三片；如〇字，见《前编》四卷，五四页，三片；再与上引《龟甲兽骨文字》二卷，二三页，十七片一字相比，知亦为同类之省变。其中诸字所共有之〇形，即贝字；所共有之〇形，即芮君盉嬴字之下体〇形。综观诸家认为卜辞中之龙字，除第一类与本文无关外，第二、三类虽形体大异，而各字形构间之关系，自有渊源可寻。其意义大都作地名用，《前编》卷二，页十三，片六：辛未，卜囧〇贞！□今月亡猷！《续编》卷四，页二十六，片三：贞！勿乎寻姸伐〇方。《后编》卷上，页九，片三：丁卯卜，王于阝告，并是地名。《天问》曰："鸱龟曳衔，鲧何听焉？"上举甲骨文第三类，像鸱龟曳衔之形。《尔雅·释鱼》：鳖三趾能。张衡《东京赋》亦曰："能鳖三趾。"上举第二类，像能鳖戴甲之形，实嬴类之别名也。古代传说，大都以鲧死化为黄熊，或作黄龙。《左传·昭公七年》，子产曰："昔尧殛鲧于羽山，其神化为黄熊，以入于羽渊。"《经典释文》熊作能。《离骚》："又重之以修能。"王逸云：一本作熊。考其原始，亦如熊嬴之混。《山海经·海内经》：岁十有二，洪水滔天，鲧窃帝之息壤以堙洪水。不待帝命,帝令祝融杀鲧于羽郊。郭璞注引《开筮》曰:鲧死,三岁不腐,剖之以吴刀,化为黄龙。足见古人久已误蠃为龙。故《天问》又云:焉有虬龙,负熊以游。又云:化为黄熊,巫何活焉?然此一故事,见于《吕氏春秋》者,更可以证成能之为蠃,而鲧实即此一动物之神化。《行论》篇曰:"尧以天下让舜。鲧为诸侯,怒于尧曰:得天之道者为帝,得地之道者为三公。今我得地之道,而不以我为三公,以尧为失论。欲得三公,怒甚猛兽,欲以为乱。比兽之角,能以为城;举其尾,能以为旌。召之不来,仿佯于野,以患帝舜。于是殛之于羽山,副之以吴刀。"据此而言,鲧未死以前,已比兽之角,能以为城;举其尾,能以为旌。若以之与筍伯簋蠃字相比,⊞形者,其角能以为旌者也;⊗形者,其尾能以为城者也。其为蠃之化身,有何可疑。或以为熊,或以为龙,盖古人已不识蠃为何物矣。今知蠃实为蜗牛,故可以戴甲而行。即庄子所谓蓬累行而。蓬累,亦蒲卢之转语也。《庄子·则阳》篇曰:有国于蜗之左角者,曰触氏;有国于蜗之右角者,曰蛮氏。时相与争地而战,伏尸数万,逐北旬有五日而后返。所谓蛮触者,指蜗牛之二角。芮君盒蠃字上体⋂形足以当之。

　　《夏小正传》以蜃为蒲卢,必有所本。以予考之,辰与蠃,乃同实异名之二字。《左传·昭公十七年》:梓慎曰:宋,大辰之墟也。《宣公十一年》:盟于辰陵。其地属陈。《哀公十一年》:五月,克博;壬申,至于蠃,其地属齐。《成公十七年》:公孙婴齐卒于貍脤。其地在鲁郑之间。此名辰、名蠃、名脤之地皆古代以蠃为图腾之部族所居。《文公六年》:贾季曰辰蠃嬖于二君。杜预云:辰蠃,怀嬴。二君,怀公、文公。按秦伯之妻太子圉,又纳五女于文公，盖亦如汉之和亲故事。故赵孟曰：辰嬴贱，班在九人下。可知辰为小部族之名，亦以嬴为姓，《说文》云：官婢女隶谓之娠。《方言》云：燕齐之间养马者谓之娠。字亦作侲。《后汉书·杜笃传》言古有部族名傲侲，即大鼎大簋之辴侲。《左传·昭公七年》：申无宇曰：人有十等，仆臣台，马有圉，牛有牧，正所谓班在九人下。甲骨文辰字作㼒，作㽿，省变则作㽿，作㽿，作㽿。以金文比证，更可知辰字乃蜃蛤之本字。盂鼎作㽿，录伯戎簋作㽿，毕仲孙子簋作㽿，亦有从又持辰者，如伯仲父段作㽿，其上一横，象盖；其下二画，象足；中象蜗牛之体。蜗牛必有房，故《昭公十七年》引逸《胤征》云：辰不集于房。不集于房者，蜗牛出壳之谓也。《三国志·管宁传》注引《魏略》言焦先、杨沛并作蜗牛庐。又云：蜗牛俗呼为黄犊。蜗牛出壳，戴甲而行，此即鸱龟曳衔之说也。大辰之墟，盖古嬴图腾部族所居。此种部族，后世则名之曰蜑民，其字当作蜃，亦作蛋，篆文农字从辰作，娠字亦从辰作。其义甚古，而应用极普遍。《汉书·郊祀志》：有星孛于三能。师古云：能，读曰台。此三台，可作三能之证。台者，亦指有邰氏之台。《禹贡》云：祗台德先，不距朕行。台即仆臣台之台。《方言三》：儓，农夫丑称也。南楚凡骂庸贱谓之田儓。故后世谓之襤襟子，隐寓能鳖戴甲之意，蚳字既可从辰从土作蝰，知古之氐夷氏羌并是种属。此一部族，古代散布至广。故毛公鼎云：康能四国俗，庚熊、康能，并一转语。蜗牛有涎，故亦谓之蜗蜒，而人之始生亦谓之诞。《诗·生民》所谓诞弥厥月，诞实匍匐，应作此解。蜑民，《淮南子》作但。《说山训》称之曰媒但。《说林训》曰：使但吹竽。高诱注：但，古不知吹人，音如燕。燕、嬴实为同类双声，则所谓蜑户、蜑民，古当作但户、但民也，然者辰、嬴，乃并指一物之二名，古说不彰久矣。

嬴为何物，既已说明，请更言庚嬴之义。卣之铭曰：王洛于庚嬴宫，又曰：王蔑庚嬴历。显知庚嬴为人名，王洛于庚嬴之宫，故称庚嬴宫。此庚嬴，以予考之，实一部族之公名词，与楚之先世有关。古金文、《左传》《史记》中所见楚之先公、先王，大都以熊为名。鬻熊、熊绎、熊㤪、熊䵣、熊元、熊狂、熊章、熊悍、熊肯等其字本当作嬴，或写为熊，其后声演为酓，故楚器中大都作酓。例如酓章，即熊章，楚之祖先盖出于熊盈之族。《逸周书·作雒解》：三叔及殷，东；徐、奄；熊、盈；以略。六族之中，殷、东为一组。《作雒解》云：建管叔于东，建蔡叔、霍叔于殷，俾监殷臣，又云：俾康叔宇于殷，俾中旄父宇于东。殷、东并列，均可为证。其次徐、奄为一组。《左传·昭公元年》：赵孟云：虞有三苗，夏有观、扈；商有姺、邳；周有徐、奄，亦以徐、奄为一组。再其次熊、盈为一组。《作雒解》云：凡所征熊、盈族十有七国。足证熊、盈本是同部族之二氏族。《左传·桓公三年》：公会齐侯于嬴。杜预曰：嬴，今泰山嬴县。师古曰：嬴音盈。而伯嬴，《左传·宣公四年》亦作伯盈。楚为熊族，秦为盈族，秦楚故通婚姻。《左传·昭公十九年》，正月，楚夫人嬴氏至自秦。《战国策·秦策四》：景鲤曰：秦与楚为昆弟之国。《左传·襄公二十七年》，向戌弭兵之会，晋楚争为盟长。赵孟曰：晋，楚，齐，秦；匹也。晋之不能于齐，犹楚之不能于秦也。楚君若能使秦君辱于敝邑，寡君敢不固请于齐。春秋之世，齐晋以秦楚为敌国。楚人本姓嬴，故史传中楚王皆以熊为号。更姓改物，则姓嬭。史传又作芈，《左传》中惟罗姓熊，邓姓曼，而《国语·周语》有邓由楚曼、罗由季姬之说。足证江、黄、六、蓼、邓、罗、徐、葛并属熊盈之族。《国语·郑语》又云：姜嬴荆芈，实与姬氏代相干也。以予所考，姜嬴实为荆芈之先，故有与姬氏代相干之说。周初随申伯、召伯、尹吉甫南迁之姬姓部族，至春秋以后，大都臣属于楚。故曰：周之子孙在汉川者，楚实尽之，又曰：江汉诸姬，楚实尽之。《国语·郑语》又云：姜，伯夷之后也；嬴，伯翳之后也。此伯翳，异称至多。《秦本纪》作柏翳，《郑世家》云：秦嬴姓，伯翳之后。《汉书·地理志》：嬴姓，伯益之后。《离骚》曰：帝高阳之苗裔兮，朕皇考曰伯庸；摄提贞于孟陬兮，惟庚寅吾以降。高阳者，皋陶之对音，后人以为颛顼氏。王符《潜夫论·志氏姓》谓皋陶子伯翳。知伯庸实即伯翳。《史记·楚世家》：帝乃以庚寅日诛重黎，而以其弟吴回为重黎后，复居火正，可见灵均、子长，并以庚寅为楚人之生日，今知嬴姓实出于古嬴图腾部族。辰即嬴，庚其第七氏族也。所谓庚寅者即庚嬴，古当作庚辰。《左传·昭公三十一年》，史墨占曰：入郢必以庚辰，日月在辰尾。杜预云：辰尾，龙尾。《国语》《左传》并云：龙尾伏辰。辰星为大火，苍龙之体。古以十二时为十二辰，故曰辰在某某。此义失传甚早，而两汉学者犹多知之。

《周礼·春官·司尊彝》六彝之中有黄彝。郑玄用明堂位周以黄目说注云：以黄金为目。蜗牛古称黄犊，两目，实即二角。所谓黄彝者，盖黄犊彝也。铸鼎象物，古有其事。《易·坤卦》上六爻辞：龙战于野，其血玄黄。《史记·周本纪》亦言龙有螯。龙之观念，既从熊、嬴而出，所谓螯者，实即蜗涎，故曰：其血玄黄。《荀子·礼论》篇：大飨尚玄尊，俎生鱼。玄尊，盖亦黄彝之属。鲧既为嬴之象征，故其字亦从玄从鱼，作鲛。而汉代学者名此物曰玄武，或玄冥，则黄目尊之黄目亦玄武玄冥之对音。孙权建国，以黄武纪元；江东山越，此义犹存。司马相如《大人赋》：前长离，后矞皇。又云：左玄冥，而右黔雷。长离、黔雷，一声之转；知矞皇、玄黄，亦一音之转。张衡《思玄赋》：前长离使拂羽兮，后委衡乎玄冥。因知玄冥又即矞皇。而《礼记·曲礼上》又作前朱鸟而后玄武。长离既可拂羽，乃朱鸟之别名；则玄冥又即玄武。《思玄赋》云：玄武缩于壳中兮，腾蛇蜿而自飞。旧注以为玄武是龟蛇交。蔡邕《月令章句》：北方玄武，介虫之长。多方归纳，朱雀、玄武，实古代鸟图腾、嬴图腾之徽帜。因知《周礼》九旗，龟蛇为旐，本亦玄武之形。刘知幾《史通·杂说》篇引扬雄《蜀王本纪》，荆尸变而为鳖。《左传·庄公四年》：楚武王荆尸。《宣公十二年》，荆尸而举。以金文之例观之，荆尸，并当作荆夷，盖亦姜嬴荆芈之族。扬雄所谓鳖者，亦能鳖三趾之解。以史考之，云梦之泽多嬴姓部族，扬雄之说，有何鄙倍难通？我国远古部族以嬴、匽、已三图腾最多。其后始有鸟图腾部族，班固《幽通赋》深得其旨。其言曰：黎淳耀于高辛兮，芈强大于南汜。嬴取威于伯仪兮，姜本支乎三趾。高辛者，传说以为帝喾氏。帝喾名夋，殷人以为高祖夋。《礼记·郊特牲》：郊之用辛也，周之始郊日以至。《左传·哀公十三年》：鲁将以十月上辛有事于上帝，季辛而毕。周、鲁同族，故郊天同用辛日。《庄公三十二年》：有神降于有莘。王曰：如之何？内史过曰：以其物享焉！其至之日，亦其物也。此类神物，甲骨文㚘字足以当之。其上体即以卒作，即所谓高辛氏也。古之百辟，原属辛族。《方言三》：南楚凡骂庸贱谓之田儓，或谓之䣝，或谓之辟。故辟字亦从辛，或以为熊，或以为龙，其实嬴图腾部族是也。《礼记·祭法》谓殷人禘喾而郊冥。《国语·鲁语》则谓周人禘喾而郊稷。足证高辛氏为殷周两族所共祖。屈原、司马迁以高阳为黎族之始祖，班固则以为高辛。以予所考，高阳代表匽图腾部族，高辛则代表嬴图腾部族，班固之说尤古。楚人改姓之后，始强大于南汜。而伯仪即伯庸，为嬴部族所自出。三趾者，能鳖三趾之谓也。足见班固以姜姓亦源于嬴族，则又为姜嬴荆芈之确解。然则许子簠之称孟姜秦嬴，适足以为姜本支乎三趾之确证。《说文十一篇·水部》：洍，水也；从水，匠声。引三家诗曰：江有洍。今毛诗则作汜。余以为南汜，即南洍。鬲从鼎曰：省事南已。《墨子·节葬》篇舜葬于南已之市，《吕氏春秋·安死》篇作纪市。《晋语》引司空季子曰：黄帝以姬水成。《说文》云：黄帝居姬水，因水以为姓。姬水当作洍水。金文有南姬鬲，《战国策·楚策》有南后郑袖。郑亦姬姓，江汉诸姬，并可称之为南姬。汜既可从匠作洍，因知姬姓乃从姒姓妃姓而来。有台之台亦从㠯作。古有更姓改物而创制天下之说。姜姓之改为姞姓，其一例也。《左传·宣公二年》：姬姞耦，其子孙必蕃。即言姬姜也。姬姓为黄帝之后，姞姓亦黄帝之后。《说文》云：姞，黄帝之后伯鯈姓也。《左传·宣公三年》郑穆公有贱妾曰燕姞，梦天使与己兰。曰：余为伯鯈，余而祖也。燕古文作匽。乃匽图腾之后。嬴既取威于伯仪，而姞亦为伯鯈后，此姜嬴同源之又一证。

　　黄帝之名，始见于陈侯因𪘲鼎。曰高祖黄帝。黄犊彝亦名黄彝，玄武亦称黄武，黄帝一观念，实为嬴图腾部族之转化。故史称黄帝为有熊国之子，曰：有熊氏。《郊祀志》且言黄帝骑龙上天。而姬姞两姓并可溯源于黄帝。盖此一传说，最初，以嬴图腾部族为高辛氏；其后，则有鲧化为黄熊之说；黄帝一名，出现最晚。因作《释嬴》一文以明之。其详见《古代宗族移殖史论》。

一九四七年十一月三十日于石牌中山大学寓居
（载《中山大学文学院研究所集刊》第一册）

# 麦氏四器考

瑞安孙籀庼先生旧藏麦鼎一器，曾著《麦鼎考》，载于《籀庼述林》卷七，然世间未见拓本。前在北平，同学戴幼和兄寄赠影片一份，曾以之摄制副本，分贻诸同好。此器字体奇古，峭劲有力，诚如孙先生所言：与盂鼎似出一原。岁丙子夏，归故里，与夏瞿禅、赵柏庼两兄同访孙孟晋先生于谢池巷寓居；得见麦氏方鼎，形制短小，平白无纹饰，似出土甚久之物。今年为籀庼先生诞生百年之期，因撰《麦氏四器考》以为纪念。

传世麦氏之器有四：麦鼎、麦尊、麦彝、麦盉是也，余三器，旧藏清内府，其后麦盉流落海东，为住友氏所藏。《攈古录》《缀遗斋彝器考释》，并有抚本。麦尊旧称邢侯尊，见于《西清古鉴》。文最长，今三器铭文并著录于郭沫若氏《两周金文辞大系》。郭氏以为康王时器，其为郭氏所已言者，兹不具论。四器同作于一人，且在一年之内。尊在二月，彝在八月乙亥，盉与彝文句略同，似在一时，鼎则作于十一月。所记皆麦与井之史事。王命辟井侯，井侯锡麦赤金，麦以作宝尊彝。麦为井侯作册，故曰：用𠂤井侯出入；又曰：用从井侯征事。王与井侯，及作册麦，盖如春秋之世王、侯、大夫之比。

　　麦为人名，亦部族名。其在当时，为蕞尔一小部族。经传中不见其名，《愙斋集古录》有䖿侯鼎。《殷虚书契前编》卷二，页十七，片五；《后编》卷上，页十五，片四，并见地名曰渼陳。以是考之，部族虽小，而散布则甚广。其为殷代以前之部族，又无可疑。《诗》曰：贻我来牟，帝命率育。《说文》云：周所受瑞麦来麰。《广雅·释草》：大麦，麰也；小麦，𪌭也。若以经传中名来、名牟之地名当此部族，则麦氏，古之莱夷是也。《禹贡》莱夷作牧。《史记·殷本纪》赞有来氏。《齐世家》：太公至齐，莱侯来伐。莱，人夷也。人夷当即卜辞中之人方。古器有作册般甗，铭曰：王圉人方。又曰：作父己尊。来册，则作册般，本属来氏，与人方正有关系。他器来亦作㭥。具见吴其昌氏《金文世族谱》，亦作逨，见亶伯封簋。铭曰：隹王伐逨鱼，此或即东方莱夷之族。散氏盘有地曰逨道。《汉书·地理志》：邑有蛮夷曰道。故《地理志》有氐道、羌道、獂道、予道等地名。则逨道亦逨人所居之邑也。此或即西方莱夷之族。《诗·生民》：即有邰家室。《齐诗》邰作斄。《史记·周本纪》《集解》《索隐》《正义》，并云邰即斄。《括地志》云：故斄城，一名武功城，古邰国。则有台氏，亦莱夷之族矣。再以《春秋左氏传》地名考之，则其族尤多。隐公十一年，公会郑伯于时来。杜预云：时来，郲也。荥阳县东有厘城，郑地也。襄公十四年，齐人以郲寄卫侯。杜预云：郲，齐所灭郲国。此一郲国，又非郑地。宣公七年，公会齐侯伐莱。杜预云：今东莱黄县。自是以后，宣公九年、襄公二年，并见伐莱事。至襄公六年，齐侯灭莱，迁莱于郳，高厚、崔杼定其田。杜预以为东夷小国。直至十四年，齐人始以郲寄卫侯，乃知莱即郲。襄公二十八年，齐庆封田于莱。定公十年，齐人欲使莱人以兵劫鲁侯。孔子称之为裔夷之俘。莱之为夷，前史所载。其见于《左传》者，约略如此。今更言牟，《左传》中称根牟，亦称莒牟。宣公九年经，秋取根牟。杜预云：根牟，东夷国也。今琅邪阳都县东有牟乡。昭公八年《传》：自根牟至于商卫，甲车千乘。根牟，鲁东界。成公八年，莒子自称辟陋在夷。故莒有莒牟夷。昭公五年，莒牟夷以牟娄及防兹来奔。牟夷，实即来夷之族，而牟娄又即牟来之对音。莱称莱人，牟亦称牟人。《桓公十五年》经：邾人、牟人、葛人来朝。杜预云：牟国，今泰山牟县。牟来之族，散布至广。故牟有中牟、东牟；莱亦有蓬莱、东莱、莱芜。以《诗》证之，麦古名牟来，亦倒言来牟。故古部族名亦有牟夷、来夷。再考之于古地名，麦亦与庐相并。《后汉·郡国志》，南郡当阳县，刘昭引《荆州记》曰：县东南有麦城，城东有庐城。沮水西有磨城，伍子胥造此城以攻麦城。此即《三国志·吴主权传》所谓关羽还当阳，西保麦城者是也。《水经·沮水》篇：水又东径驴城西，磨城东，又南径麦城西，即谚所云：东驴西磨，麦城自破者也。（此十四字，戴震以《永乐大典》本补。）驴磨、庐磨，并是来牟之对音。来牟即麦，故有麦城自破之谚。因知卢戎，亦是莱夷之族。《牧誓》有微、卢、彭、濮人；散氏盘亦言：即散用田眉。卢戎之名，始见于《左传·桓公三年》。《文公十四年》有庐戢黎。庐亦来夷之族。故地名有中庐，在南郡。刘昭注曰：古庐戎地。益可证微氏、牟氏、麦氏、卢氏、来氏、黎氏本同属古之苗黎族。微卢、牟来、貊貉、苗黎，或以名人，或以名地，或以名物，于古实同一转语。貉有大貉、小貉，亦如麦氏之有来氏、牟氏也。

据麦尊铭曰：王命辟井侯，出㽙侯于井。若二月，侯见于宗周。既言出㽙侯于井，可知井侯未得封土之前，居于此邑者为㽙侯。㽙当为地名，亦部族名，并见于竞卣及㗸侯驭方鼎。卣之铭曰：隹伯屖父以成自即东，命伐南夷。正月，既生霸辛丑，在㽙。鼎之铭曰：王南征，伐角𩇯。唯还自征，在㽙。足证其为征南夷时必经之地。成鼎亦记㗸侯驭方征南夷东夷事。铭曰：命成允㽙祖考，政于邢邦。则㽙与邢之关系，可于上述四器中证明之。《水经·河水》篇注曰：河水东径成皋大伾山下。又曰：成皋县之故城在伾上。《禹贡》曰：东过洛汭，至于大伾。即彝铭中所见之㽙。春秋以前之邢氏，有建国于此者。前作古邢国考，曾有此说。今得麦氏四器为证，因知竞卣、㗸侯驭方鼎中所见之坏，亦作㽙，诚为成皋之大伾。而麦尊之㽙，乃西方之㽙，伾之部族散布亦甚广也。《左传·昭公元年》：虞有三苗，夏有观扈，商有姺邳，周有徐奄。姺即有侁，亦作有莘。邳即大伾、下伾、伾来之伾。故秦公簋铭曰：在帝之㽙。即以㽙为公名词。古器有𤳎不叔卣，又有不娶簋。《左传·隐公八年·经》：公及莒人盟于浮来。杜预曰：纪邑。东莞县北有邳乡，邳乡西有公来山，号邳来间。足证浮来即邳来。邳之与㽙，来之与麦，此两部族之关系，东西相似，可以互证。以麦尊之文考之，其地与宗周相近，则所谓㽙侯，恐非成皋之大伾矣。㽙既在西，则麦亦必在西。《水经·河水》篇：河水东过安定北界麦田山。注曰：河水又东北径麦田城西，又北与麦田泉水合，水出城西北，西南流注于河。河水又东北径麦田山西谷，山在安定西北六百四十里。所谓麦田城，即《晋书·乞伏国仁载记》惧而迁于麦田者是也。不娶簋铭曰：不娶驭方厰允，广伐西俞。此不氏，恐亦在西方。更以散氏盘铭考之，历述封于巢道，封于原道，封于周道，封于眉道，封于𫝈遫道。又云：以西至于堆莫眉井邑田。此所谓𫝈遫道，其字从谷，从古文旅，当释作诸遫道。古遫人所居之田，本属井邑。则麦井之关系，又并见于此矣。铭文又云：降以南，封于同道，陟州刂。则铭文中所见之部族有巢、有原、有周、有眉、有遫、有州。所谓道者，本蛮夷之邑也。周公彝铭曰：王锡井侯臣三品：州人、𪓌人、𩫏人。克鼎铭曰：锡女井人奔于巢。则所谓𪓌人，实即巢，亦作巢。而州人又即州刂之州。而遫之部族尤多。《左传》有时来、州来、浮来，故散盘有诸遫之名也（诸来，例同诸夏、诸姬，言其部族之众）。

麦鼎释文，诸家皆从孙先生之说，惟铭末云：用飨多诸友。郭沫若氏释为多寮友。今知孙先生所释至确。坐即者字。《说文》白部：者，别事词也。从白，米声；米古文旅字。按甲骨金文中凡国族名有从日、从日作者，台、各、周、唐、鲁、晋、鄫、曾诸字可证。今《说文》分列五部。按从土与从日同意。诸侯，金文皆作者侯。孙先生引《六月》饮御诸友，张仲簠诸友饮食具饱为例，且有散盘铭楮字从木从坐作𣏾为证。坐即者。按散盘又有𫝈字，从谷，从古文旅。从谷与从土同义。周道，《水经·渭水》注作周道谷可证。谛审古文坐字象灶𥁕之形。古者师旅所至，先为井、灶；师遁，则塞井夷灶。故统一天下曰灶有下国。语见秦公簋。若考其原始，者即古文旅字之本字，古文字往往一字数体，坐之与旅，其一例也。师旅所至，即成都邑，故后又有从邑从者之形声字。诸侯实即旅侯。《龏簠》曰：诸侯大亚。《牧誓》曰：亚旅师氏。《立政》曰：司空亚旅。而卜辞中有亚侯。亚侯、旅侯，一也。遹彝曰：王饮多亚。多亚，义同诸侯。《周礼·夏官·大司马》曰：师都载旃，都即旅。孙先生曰：以命数差之：军将六斿，师帅旅帅四斿，卒长三斿，两司马二斿，伍长一斿。大司马所列七等载旗叙次，并与司常九旗之说相合。因知《诗》所谓都人士，实即旅人士也。既为都邑、都鄙之称；再引申，则闲美亦曰都。郭氏释为寮友。而金文百僚庶尹字大都作㊙，亦省𠂉作㊙，从火而不从土。宗周钟都字作㊙。从邑、从㊙，其作㊙形者，乃古文㊙之省变，非㒸之省也。因为孙先生引述其义如是，望世之好古者有以正之。

一九四七年十二月二十日

（载《浙江学报》第一卷第一期）

# 古代成语分析举例

我们先要说明的是本文所谓成语一名的性质。成语多半可以说是謰语，很少是独立的一个字，但是謰语不一定是成语。所谓成语，又名习惯语。其所以成为一定意义，有它自己的历程。其语意通常超出于平常字义之上；换而言之，这种语义的起源，已非一般人所能知了。但是这一成语的用法，却是有相当知识的人所共知的。不论謰语或成语，都是一种语言中的语词。凡是内容丰富的语言，必定有许多语词；也可以这样说：词语越多的这种语言的内容越丰富，越有长久的历史。謰语没有仅仅一个字的，中国学者又名之为连绵字，又称双声叠韵字。例如：纲纪、拮据、邂逅是双声字，又如崔嵬、逍遥、扶苏是叠韵字。其中也有非双声，又非叠韵的。例如：芙蓉、葛藟、翡翠、珊瑚、凤凰、麒麟，也有既双声，又叠韵的同音字。例如：雍容、芍药、蟏蛸、优游、颛顼、丰茏。其中有些非双声，又非叠韵而时常连二字以上并用的，却不能称为成语，只可称为专名。如凤凰、麒麟之类。王静安师《与友人论成语书》中所举的陟降、无斁、要囚、劼毖，王了一先生在《中国语文概论》中所举的信宿、信处、信信，以及黾勉、蹉跎等双声叠韵字,都算是成语。其他如真实、信使之例,都不能算是成语。这一类很多;有名词、形容词、副词、介词、发语词种种区别。例如:《诗经》中屡言"周道""鲁道";又如《节南山》所谓"姻亚",《宾之初筵》所谓"康爵",都只能说是语词。在文言中这一类语词多到比中国字的数目还要多得许多。试检《佩文韵府》《联绵字典》《辞海》《辞源》一类书里面自然可以分出种种词性来。我们现在先说为什么譧语不都是成语,这是作者给它的范围。

王了一先生把词语意义的参差分为三类:其一,同音辞,字音虽同,字形字义各异。例如:余、馀、舆、欤。其二,同形而字义不同。例如:师字有二义,徒字有四义,巾字有三义。其三,是字义相同,字形字音不同。例如:《尔雅》开头一句,初、哉、始、基、肇、祖、元、胎、俶、落、权舆,始也。这种意义上的参差,便产生一般语词与成语的分别,比如信宿是成语,再宿只是一种语词。又如"始基"可以连用为语词,而"权舆"却不能不说是典型的成语了。这样说来,一定会有人说:是不是越失掉了字面的通用性,而有特殊意义的语辞,才算是成语呢?对的,确乎是这样的意思。不过还要补充几句。凡是典型的成语,不能很容易在字形或字音上看出或听出意义来。比如权舆,就是好例子。换而言之,一种成语必定在语言文字中历史很久,其所以含有特殊意义的缘故,大半在历史上有深厚的累积性,要费我们很多力量去分析。从这一部族的成语里,可以看出这一部族的文化特质。本章所要说的,是这种成语。因为从这种成语里,可以溯源到这种语言的原始状态,并且可以从这些成语里分析出许多社会学上的事实。

**不廷方** 《诗经·大雅·韩奕》篇说:"榦不庭方。"毛公鼎上说:"䎽褱不廷方。"这不廷方,或不庭方,是一成语,也可以作"不宁方"。《易经·比卦》卦辞:"比吉:原筮,元永贞!无咎。不宁方来。后夫凶!"王弼说:"既亲且安,安则不安者托焉。故不宁方所以来。"这种解释,未能把原本的词意说出来。《毛传》说:"庭,直也。"郑玄说:"榦不庭方,当为不直违失法度之方作桢干而正之。"更加是望文生义,失其正诂了。现在我们知道不宁方就是不庭方,方字当作方国的方字解。那么为什么称作不廷方呢?《大雅·常武》篇:"徐方来庭。"《毛传》说:"来王庭也。"这就说对了!庭、廷一字。古器物铭中说入觐者,都说立中庭。所以来庭,就是说立王廷的意思。那末不庭方就是不来王庭的方国了。所以《左传·隐公十年》说:"郑庄公以王命讨不庭,不贪其土,以劳王爵,正之体也。"讨不庭,就是说讨不来王庭的方国,是对的,但是为什么又作不宁方呢?《庄子·山木》篇:"庄周反入,三月不庭。"又说:"夫子何为顷间甚不庭乎?"又说:"吾所以不庭也。"此三不庭,并当释作不宁。定、泥二纽本是同类双声。《周礼·考工记·梓人职》说:"祭侯之礼,以酒脯醢。其辞曰:惟若宁侯,毋或若汝不宁侯。不属于王所,故抗而射汝。强饮,强食,诒女曾孙诸侯百福!"这里的不宁侯,正与《易经》的不宁方义近。古代的诸侯朝天子亦名归宁。《仪礼·觐礼》,天子辞于侯氏曰:"伯父无事,归宁乃邦。"这同《诗·葛覃》的"归宁父母",辞同义稍异。因为古代天子与诸侯有同一宗族者,不宁既然就是不归宁,自然同不庭声义俱通。所以不庭方,也作不宁方。那末"归"宁者,是报告这一方的安宁。不来王庭,自然就是这方国的不安宁。王弼以意为说,也相当正确。在这一句话里,可以看出古代的社会制度习惯。

**对扬** 这一个古代成语的意义也很复杂,难于考求。据作者研究,这一个成语同"对越"是一义的引申。同时与"播扬",或"播越",也有关系。此外尚有"逋播"与"逋逃";其次则是"般辟"与"般旋";乃至"便辟"与"便佞"。在这一成语群中,共有十几个成语,都是互相有关系的。我们可以分为字形与字义、字音几方面说来。《诗经·大雅·江汉》篇称"对扬王休"。古器物铭中屡见"对扬"二字。如静簋上说:"静拜稽首,敢对扬王休。"颂鼎上说:"颂敢对扬天子丕显鲁休。"也可以省称"对",例如:遣作姞尊上说:"遣对王休。"亳鼎上说:"敢对公中休。"又可省称"扬",例如小臣宅彝上说:"扬公白休。"就"对扬"这两个字的字形看来,都是像农民手里拿着土铲奉献的形状。最可注意的就是同簋上的对字:从辛,从又,又在伯晨鼎上,以粪字代对字。召伯虎簋作从廾,从丰。颂鼎上的对字仍旧是从粪省,从丰,从又,都像奉献农产物的形状。从又与从廾同意。所以扬字可以单作廾。例如楷妃簋"女扬伯遟父休"的扬字,就是如此写法。而扬鼎上的扬字,作从廾,从玉,像两手捧玉形。令鼎作从廾,从日。这是从𦥑字之省。所以小臣宅彝就作从廾从𦥑了。师酉簋作从廾,从女,从日,从玉。而君夫鼎的对字,也从女,从丰。我们知道这种制度,最初是女巫所作的拜舞。周代人所谓"对扬",本就是六朝隋唐人所谓"拜舞",或舞蹈。其原始出于农人贡方物,与神巫跳舞之事。克鼎上的扬字偏旁作廾。颂鼎上的扬字偏旁从反廾,更像一人捧物的形状。金文里的对扬，在经传上也作"奉扬"。《左传·僖公二十八年》："重耳敢再拜稽首，奉扬天子之丕显休命。"《尚书·顾命》篇："皇后凭玉几，道扬末命"；又说："用答扬文武之光训。"这"答扬"，与"道扬"，远不如奉扬之与古义接近。用奉扬解释对扬，于音形义三方面都相合的，但再引申就是"对越"。《诗经·周颂·清庙》："对越在天，骏奔走在庙。"扬、越，双声。就这两处的文义上来说，对扬是说对人的事，对越是说对神的事，与下文所论陟降引申为登假之理同。据作者看，不止对越与对扬有直接关系，还有好多句成语都应该属于这一群的。再说的就是"播越"与"播扬"了。《左传·昭公二十六年》："兹不穀震荡播越，窜在荆蛮。"这播越二字，分明是播迁的意思。可是《昭公三十年》又说："我盖姑亿吾鬼神，而宁吾族姓，以待其归，将焉用自播扬焉。"杜预说："播扬，犹劳动也。"两处比较，也可以知道播扬就是播越。并且不止此而已，《左传·襄公二十五年》又有几句说："夏氏之乱，成公播荡，又我之自入。"以繁扬可以作繁汤之例看来，"播荡"实即播扬，也就是震荡播越。播扬可以作播越，对扬也可以作对越。扬与越是相同了，对与播是否有声源上的关系呢？据作者看来，一定有关系，对字既可以作羑，或从羑省，或从丰，其古音必与奉字相近，故又可以作奉扬。而奉扬正是与播扬双声。对扬可以省称"对"，亦可省称"扬"，上面已经举出证据。而对越与"对曰"，亦一义之引申。在《尚书》里普通越字、粤字，都作曰字用；而对有曰义，曰也有对义；这就是对扬被人用作道扬与答扬的缘故。所以对字古代必含有奉答二字一类的重音（这就是章炳麟所谓一字重音），现在又更近一层的意义出来了。播荡既然就是播迁，于是同另外几个成语又发生关系。《尚书·康诰上》说："四方民大和会；侯、甸、男、邦、采、卫、百工，播民。"《大诰》篇又作"殷逋播臣"。播民自然同逋播臣相近。师旅鼎上也说："今毋播。"字作敉。于省吾释作"今毋迁播"，甚是！播迁重言逋播，播臣实即播民，因知"播"即播越、播扬、播荡之谓；与对扬之省称扬、称对者，同理。逋播就是播荡，还有其他证据。《左传·昭公七年》："昔武王数纣之罪，以告诸侯曰：纣为天下逋逃主，萃渊薮。"《尚书·牧誓》篇又说："多罪逋逃。"《费誓》篇也说："臣妾逋逃。"有了逋播一语，就把"播荡"同"逋逃"两语证明是出于同一语根的同类双声字。对扬既可作拜舞解，又写作奉扬，与逋播一语也是同类双声的关系。逋逃其实就是"奔走"。《诗经·周颂·清庙》："骏奔走在庙。"《尚书·君奭》篇："小臣屏侯甸，矧咸奔走。"这奔走二字，周公簋作"奔趩"。字从彳，㚔声。奔㚔二字皆从夭。走字古音在端系，乃端精之变。奔走古音如奔逃。《诗经·小雅·大东》篇："维南有箕，不可以簸扬。"拜舞之引申为播荡、播扬，可以用"簸扬"一义作引渡了。于是我们进而说"般辟"了。《说文》："般，辟也。"以声为训。《汉书·何武传》："所举者召见。槃辟雅拜，有司以为诡众虚伪。"师古曰："盘辟，犹言盘旋也。"又《儒林传》："而鲁徐生善为颂。"苏林注云："徐氏后有张氏。不知经，但能盘辟为礼容。"段玉裁以为般辟盖汉人成语。《仪礼·大射礼》："宾辟。"郑玄注云："辟，逡遁不敢当盛。"《小戴记·投壶》篇："宾再拜受。主人般还，曰辟。主人阼阶上拜送。宾般还，曰辟。"足证"辟"就是答拜的意思。在士相见之礼中所谓"般辟"，辟，般还，都是说雅拜，或拜舞。与觐礼中的对扬意义相近，同为一语之引申。所以《易经·屯卦》初九爻辞："盘桓！利居贞，利建侯。""盘桓"一语，又是般旋的同类双声之转。今人说播迁曰擺，这是于古有征的。所以《尔雅·释言》说："般，还也。"般还即般旋，就此可知般辟之称辟，般还之称辟；与对扬之单称扬、称对者，以及逋播之单称播者，都是一样的道理。我们若以逋逃作这一成语的通行方式，那末逋播或般辟是逋字、辟字（按避即逃）的重言。逃遁或"遂遁"以及"遂巡"是逃字或遁字的重言。逃之与遂或遁之与巡，都是端、知、照，或端、知、精的转变。盘辟再引申则为"便辟"，与"便佞"（见《论语·季氏》篇）。其实便辟即便佞，其音变之理，如逋播之与播扬。周代人所谓"对扬"，汉人谓之"般辟"，六朝人则谓之拜舞，或"舞蹈"。《北史·许善心传》："化及令释之，善心不舞蹈而出。"《隋书·房陵王勇传》："既而，舞蹈而去，左右莫不悯默！"因被释而舞蹈以去，其音义皆与逋逃相近。从字音方面说来，般辟一语比之对扬还要古。扬字、旋字、桓字，都是同类双声。拜字、舞字、般字、播字、辟字，也是同类双声。现在就要问对扬之转为奉扬，除上述字形方面的证据外，还有其他的证据否呢？《方言》卷三："儓，㒄，农人之丑称。南楚凡骂庸贱谓之田儓，或谓之㒄，或谓之辟。辟，商人丑称也。"这里所谓商人，也可以说作殷人，而盂鼎上正是说："殷正百辟，率肄于酒。"与《方言》之说相合。《左传·昭公七年》："仆臣台。"又云："是无'陪台'也。"按仆台、陪台，即㒄儓，并是羑对之双声字。古代辟字含有㒄儓二音，与对字含有奉答二字之音，是同样的关系。田儓就是田畯，其声变之理，犹"奔逃"之与"奔走"。《方言》既然说田儁是农夫,而《诗传》《尔雅》并说田畯是农夫。据此说来,儁就是有台氏之台。田畯即古之俊民。而夋字从允。允字,台字,并从㠯,皆源于古代之已羌。故畯字甲文金文并作䀠。《左传·昭公九年》:"允姓之奸居瓜州。"《诗·周颂·时迈》篇所谓"允王维后""允王保之"的"允王",《酌》篇所谓"实维尔公允师"的"允师",以及《公刘》篇"豳居允荒"的"允荒",并指已羌而言。已羌即允羌,其所居之地谓之沇州,不䎟篦廠夋字从允,从女。允之与夋,如同羌之与姜。殷高祖夋,实古代已羌之公名词。上举对字,古有写作从辛,从又,与辟字从辛也有相合之处。甲文辟字皆从辛,或从䇂。如《前编》卷四,页二十八,片五:"贞命啍䀠。"《后编》卷下,页十,片五:"命作辟。"又如《前编》卷四,页七,片五:"壬申贞辟。"其字从冂、从辛。而从冂、从口、从人的意义相同。辟是农夫之称,所以百辟实即百姓。《尚书·立政篇》:"王左右常伯,常任,准人。"汉石经(《隶释》所引)准人作"辟人"。《立政》篇又云"任人,准人"。因知常任即任人。《左传·昭公二十二年》正有地名"任人",杜预说在洛阳附近。常任既然可作任人,常伯自然可作"伯人"。《汉志》赵国有柏人。《左传·僖公五年》有"柏国",杜预说在汝南西平县,都是古代伯人所居之地。伯人、辟人,实一声之转。《庄子·天下篇》:"以此白心。"《经典释文》引一本作任心。伯之变为任,乃唇音三等字之颚化为喻母者。高本汉谓任字中古读喻母,可信。所以伯人、任人、辟人,一语之转,并是一族之支裔。古文般服二字形近易讹(详王念孙《广雅疏证》)。服字甲文从舟、从冂、从又,像一人用手奉舟以献。舟就是贡方物用的筐。与前说对扬二字之义相近。金文服字大部与甲文同。而《说文》古文作从人、从舟，省去又旁。宋人所得古器中，又有省去人旁，从又、从舟。这与殷字形制更相似了。所谓服，就是侯服，也就是百辟。古代侯服只有三等，即矢彝中所见的侯、甸、男三服。孟鼎上也说道"殷边侯甸"，其字都作田。惟克钟上作佃，足见甸即佃户。《诗经·韩奕篇》："奕奕梁山，惟禹甸之"，也是作田字用。《仪礼》中屡见侯氏与"甸人"。在《既夕礼》中甸人小臣并列，就是《君奭篇》所谓"小臣屏侯甸"。《方言》卷二："自关而西，秦晋之间，物力同者谓之台敌。"如此说来，台敌即"匹敌"之义。匹敌与上引仆台、罷僷，并是同类双声。足见台敌乃台字之重言，与逃遁是逃字的重言同理。辟人、甸人，都是农夫之称，其语出于一源。又准人之准，与俊民之俊，精照两类相近。《汉志》太原郡有地名"葰人"（音瓒，亦作山寡反，转入庄系）。其源亦出于俊民与田畯。所以照上文说来，其语根仍是貊貉二字。对扬既可以称对越，故《尔雅·释言》说："越，扬也。"而《方言》认扬越为一名。《战国策·秦策三》：蔡泽曰："南攻扬越；北并陈蔡。"《史记·南越王尉佗传》："秦时已并天下，略定扬越。"徐言之为扬越；疾言之为扬，或为越。古代语言之词类莫不出于名词，而再三引申之，此其一例而已。

**陟降** 照上文说来，古代词类以名词为其缘起，而名词中以部族名为最重要。陟降二字，也可以溯源于此。王静安师已经把这两个字提出来。我们把它再扩充进行研究。陟降二字，古音如"步夅"。原先可以分开用，其本义在甲骨文里可以看出来。《前编》卷五，页三十，片六："癸丑口宾贞台覃鱼比陟降。"这里的陟字，像两脚从梯而上，降字像两脚从梯而下，大半是分用。散氏盘铭里也是陟降分用。《诗·大雅·公刘》篇："陟则在巘，复降在原。"都是陟降分用。又甲文中常用涉字代步字，《尚书·召诰》篇："王朝步自周则至于丰。"涉陟并从步得声，也可以用步字代涉字。所以说，原本陟降只作步夅，其音也自貊貉一语而出。其字又作"陟恪"。《左传·昭公七年》："叔父陟恪，在我先王之左右。"连用的例在《诗经》里最多。《周颂·闵予小子》篇："陟降庭止"，而《文王》篇称"文王陟降"，与登降的意义相近。于字义尚未觉相差太远。又如《敬之》篇的"陟降厥士"，《访落》篇的"陟降厥家"，已经含有进退的意义在里面了。然而在《周颂·噫嘻》篇说："既昭假尔。"《鲁颂·泮水》篇的"昭假烈祖"，《大雅·云汉篇》的"昭假无赢"，虽然"昭假"与陟降字面大不相同，而意义上已含有陟降的语义。因为这一个词原本是升降，于是引申为神之上天，或下地。例如《礼记·曲礼》篇："天王登假"，义同"文王陟降"，与《左传》的"叔父陟恪"也相近。可见"登假"就是陟降。在《尚书·文侯之命》又作"昭升于上"，《史记·晋世家》作"昭登于上"，而《诗·大雅·烝民》又作"昭假于下"，由这"昭登"与"昭假"，分上下之别，足证并出于陟降，而"昭升"就是昭登又可以知道。昭登与昭假是把登假一辞分开来用，而登假与陟降同义也可以说明白了，此外登假也作"登遐"。《墨子·节葬下》篇："燻上谓之登遐。"桓谭《新论》作"烟上燻天之谓升霞"。登遐既可以作"升遐"，后人说皇帝崩逝也谓之"升遐"，其意义与"昭登于天"相同。这种风俗甚古。照《荀子·大略》篇、《吕氏春秋·义赏》篇，都是说"氐羌之虏，不忧其系累，而忧其不焚也"。正与《墨子》所说的"仪渠之国，其亲戚死，聚柴薪而焚之"的风俗相同。可见陟降这一句话，从说生人的升降，转到神人的升降，其间已经相当久远了。但是在《庄子》里，把登假一句话的意义又变了。《德充符》篇："彼且择日而登假，人则从是也。"《大宗师》篇："若然者，登高不栗，入水不濡，入火不热，是知之能登假于道者也。"这两处的登假，又是从升霞的意义上引申出来的。那末陟降一句成语原本就是升降，然后引申为神之上天或下地，最抽象的作得道解，所以说"登假于道"。我们再详为分析：登假是陟降的异化，昭登、昭假，是登假的分化，升霞是音转。但是这一句话起源很早，与貊貉同一语根。本来照甲文陟字所从的脚止都是向上的，降字的脚止都是向下的。可是到了金文里，如宗周钟的降字，作两止一向上一向下。再从其他方面去研究，还可以多明白这一成语的根源。我们在上文不是已经提出《左传·昭公七年》的"叔父陟恪"，就是叔父陟降吗？可是《尚书·多方》篇又有"格降于夏"一句，这"格降"二字，仍就是陟降一语所出。《尧典》篇又有"格于上下"一句，也是用"格"字作陟降的意思。假定没有王静安师说陟恪就是陟降，就不会有人相信格降一语也是从陟降而出。并且陟恪有上升之意，格降有下降之意。但是《尧典》篇说："格于上下"，又是用"格"字代陟降。在《汤誓》篇又说："格尔众庶"，又说："格汝众"，都把格字作到字用。这在金文里更加显著。例如趞尊："王在周，各大室"，颂鼎："王各大室。"貉子卣："王各于吕。" 虢季子白盘："王各周庙。"克鼎："王各穆庙。"这都是以各字作格字用。足见"格降"或"陟恪"，原先只作各字，便可。在甲骨文里，已经有这种用法。《前编》卷五，页二十四，片四："己未☐各若。"《后编》卷下，页十九，片五："甲子，乙丑，各祖☐。"其字大都不从口而从凵。细察上述"各"字的用法，等于说"来格"。《尚书·皋陶谟》篇："祖考来格"，厚趠鼎："来各于成周"，可见《尚书》中的成语是有所依据的。王静安师说殷高祖夋即《山海经》的帝俊，其实就是俊民（《洪范》"俊民用章"，《立政》"三有俊心"）或田畯之畯。从夊之各字，乃取于夋字之下体夊，夋字就读貊貉二音，所以麦字从来、从倒止。从夊，与从止义同。各字原先是部族名，所以从凵。《高宗肜日》篇："祖己曰：惟先格王正厥事"；《西伯戡黎》篇："格人元龟，罔敢知吉"；《列子·汤问》篇："北国之人，鞨巾而裘"；张湛注引《方言》云："佫人帕头。"这佫人就是大貊、小貊是貊人，古器有貊子卣，又有格伯簋，又有㝬作諎伯鼎，以及洛水、洛阳，与潞国，都是佫人之支裔。甲文或从彳作徍，或从止从佫作𨒪（依小篆偏旁说，可以作从之、从各）。按佫人即格人、格王，而洛水、潞水也就是这种人所住的地方。格之称王，如矢王、吕王、匽王、燹王之例。伯人即貊人，佫人即貊人。各字之作来到一义，原是说这种佫人来了。佫人来到，就有人保护。"叔父陟恪，在我先王之左右"，就是有保佑的意思，所以《召诰》篇说："天迪格保。"而《洛诰》篇作"明保予冲子"。矢彝也说："周公子明保。"又《多方》篇也说："大不克明保享于民。""格保"之作"明保"，如"格降"之作"陟降"。格保，是倒读。来格、格降，是重言。明保，是重言。又作"临保"，是倒读，因此知道步夅，原是貊貊的对音。陟降、陟恪、格降、来格，与格保、明保、临保，已经分为二途。若溯其源，互有关系。至于升霞、升遐、登假、昭假,真是引而愈远了。

**无斁** 这两个字也是一成语群的代表。在这一群中有"无斁"与"无眚"两个成语。无斁在《诗》《书》中也作"无射"。无眚在《易经》中又作"无咎"。甲文又有"亡灾",或作"亡戈"。甲文灾作㶧,戈作㞢。金文斁作㪍,故与射字相近。《诗经·周颂·清庙》:"无射于人斯。"《振鹭》:"在彼无恶,在此无斁。"《鲁颂·泮水》:"徒御无斁。"《葛覃》:"服之无斁。"师𡘇簋:"肆皇天无斁,临保我有周。"毛公鼎:"肆皇天亡斁,临保我有周。"《大雅·思齐》篇:"不显亦临,无射亦保。"又说:"古之人无斁。"其反面又可作"有斁"。例如《商颂·那》篇:"庸鼓有斁。"参其语义,"无斁"有"无逸"的意思,也有说"无眚"的。例如《易经·震卦》六二爻辞:"震行无眚。"又如《小过》上六爻辞:"是为眚灾",《尚书·尧典》篇也说:"眚灾肆赦",《康诰》篇:"乃惟眚灾",这都是反面的意思,于是"无眚"也可以说作"有眚"。例如《复卦》上六爻辞:"有灾眚",《无妄》卦辞:"其匪正有眚",又上九爻辞:"行有眚。"据上述的资料来考究一下,应该从最早的甲文说起。《前编》卷五,页九,片三,有"弗戈罒"一词。罒字从横目,从交;交象正坐人形。似乎可以知道"亡戈"或是"弗戈罒"之省称。又《前编》卷四,页十八,片一,有"不𠯣戈"一词。𠯣是㘔字,从口与从人同。所以也就是英字,也可写作苋。总之亡戈、亡灾,并是不𠯣戈或弗戈罒的省文。无斁、亡戈,并当出于不戈罒或不𠯣戈。但是有眚也作眚灾,或作有灾眚。这样看来,在甲骨文之前有灾、有戈与亡灾、亡戈,自成一义。弗戈罒与不㘔戈,乃是混合亡戈与弗罒、不㘔二义而成的。现在就要研究弗罒、不㘔、无咎、无斁、无斁是什么意义了。据作者研究，无斁就是无斁，有斁就是有斁，同时也就是有咎、无咎。而且弗罢，就是不罢。我们先说这几个字的一般意义。《说文》："斁，目病生翳。""睪，目视。"音如睹。甲文斁字，就是睪字，亦从戈作斁。《说文》："斁，劳目无精。"这三个字义全都同目字有关系。再就字形方面去研究，也都是与目字有关系。甲文睪字从横目、从交。这交字，照一般的说法，是从矢。例如毛公鼎上的睪字，就是从矢，从目。可是楷妃彝上的睪字，刘心源以为是见字，就变作从大了。这同侯字一样，原先都是从交，或从大，都有象正坐人形，后来才变为从矢。古文字正在发展的程途中，所以字形不一致，这类例子很多，当另文讨论。我们现在所应知道的是睪字，睪字下的交字与夆字，都是人形。甲文见字也是从横目，下从人。静簋上的"静学无斁"，字从横目、从廾。象夙夜警惕的意思。惟有小子射鼎，作从目、从弓、从廾。吴大澂也以为是斁字。从弓与从矢之义相同，这就是"无斁"每作"无射"的原因。但这个字本当作从交。交字像正坐的人形。我们可以再向古玺、古匋里去寻证据，用来作比较。古玺中有从纵目、从羊的睪字；古匋有从纵目、从辛的睪字。这是根据丁佛言的说法。我以为都很可信。就这两个字的形构上看来，从羊、从辛，与从夆同义。从羊就是从羌。从辛就是从有莘的辛。所以辟字也从辛。夆字呢？就是围卒、牧围的夆字。所以《说文》一曰："俗语以盗止为夆。"从纵目，与见字本从横目，后亦改从纵目相同。围人、牧人，就是周之祖先。高围、亚围，并见《左传》《国语》《史记》。其实高围就是高辛。这种围人，古代很多。在东方的谓之东围。《后汉书·郡国志》：洛阳县东南有围乡，即《左传·昭公二十二年》的东圉。圉之有东圉，如扈之有东扈，莱之有东莱，牟之有东牟，《诗经·大雅·召旻》的"圉卒荒"，就是《桑柔》的"瘵卒荒"。又说："孔棘我圉"，如同说"猃狁孔棘"之比，都是说这种幸人或辛人为灾。而这种幸人，或辛人都是羌人。睪之作敎，如同虍之作䖒。无敎这一个词最初的意义，原是说没有这种野人骚扰，甲文既说弗戈䍩，例如今人说没有䍩人为灾。所以《诗经·鲁颂·泮水》："徒御无敎"，是用其本义，以后才引申为不荒惰的意思。以矢射目，自然是象征不敢荒惰。《尚书·洛诰》篇就是说"我为无敎"。再用无眚一辞来比较一下，更可以明白"眚灾肆赦"，也可以作眚烖过赦（《史记·五帝本纪》引），郑玄正是说："眚烖，为人作患害者也。"眚字与省字、生字通用。再由字形上看来，省眚同字。公违鼎、公违簋都说："省自东土，在新邑。"孟鼎上说："通省先王，受民，受疆土。"其字都是横目上从中。舀鼎、作册大鼎、并有"既生霸"一语，而生字作横目上从屮。则眚与生，又即一字。而散盘的"右省小门人"，宗周钟的"王肇遹省文武"，禹攸从鼎"王命省事南已，即虢旅"，这几个省字，都是从横目，从屮。可见从中与从屮相同。又从"哉生霸""既生霸"二语看来，实含有初见、既见的意思。那末以眚字训目病生翳，乃是反训，例同乱之训治。所以睪字亦训目视，其音当如睹，羊益切乃颚化以后失去舌尖音。古语先、生同义。老先，即老生。先生亦省称生，如黄生、伏生、董生之类。因知有眚，即有侁。臣辰盍末署𠦪字，即先族之徽帜。甲文中有先侯；《前编》卷二，页二十八，片二："田于先侯"，先侯实即侁侯。（古器中姓字亦作住，百姓亦作百生。因上说证之，百生亦即百侁了。）《孟子·万章篇上》："伊尹耕于有莘之野。"《吕氏春秋·本味》篇有莘作有侁。《晋语四》韦昭注,引《皇皇者华》"骁骁征夫"句,作"莘莘征夫"。然则侁人、辛人,并是一族了。《诗经·大雅·大明》篇:"大邦有子,俔天之妹。"但是这首诗中又说到:"于周于京,缵女维莘。"足证俔天之妹,就是指有莘氏之女了。这样一来,有侁也就是有俔,与从纵目从人的见字发生了关系,俔也可以从女作姡。古器有南姬作叔姡鬲,今本《竹书纪年》外壬元年:"邳人、侁人、叛";而《左传·昭公元年》正说:"商有姺邳。"不是侁也可以作姺吗?这纵目的俔人,也就是眚人,或侁人。宋玉《招魂》正是说:"豺狼纵目,往来侁侁。"这从纵目从辛的辠字就是往来侁侁的有莘族。甲文曲字,诸家皆以为眉字,其字亦从口作曹。据作者看,就是㫃字;从戈则为蔑,从女则为嫇。而《前编》卷六,页七,片五,有"辛酉卜,王㝱于辥"之文。其字从㫃、从辛。按从辛与从戈同。既用㝱祭,必是古代大部族之族祖,与殷高祖夋有同等资格。而甲文夋字也可以从戈。《说文》以蔑字为劳目无精,敦煌本隶古定《尚书·说命》篇:"惟干戈眚厥躬。"因为干戈而眚厥躬,与蔑字从戈,而训劳目无精,岂不是同一道理吗?由此而知,曹亦部族名,又有从水的漕字。所以弗罢、无致、无眚、不曹并是指部族名。亡咎之咎,金文作从人、从攵向下、从口;就是俗字。所以咎字也就是佫字,佫人之说上文已提到。金文有狢字,蔑之与嫇,佫之与狢,例同上举俔之与姡,侁之与姺。所以无羍、无眚、不曹、亡咎,都是一部族之异称。嫇、狢,固然就是貊、貉的对音。蔑、羃,也是出于貊、貉一语。来定两纽古代方音每有变化。例如有台之邰,也作斄,也可以读天来反(《史记·周本纪》三家注)。由无眚一语再引申，其相对意义为"弥生"，或作"弥性"，也是从实事抽象而出的意义，如陟降之与登假。《诗·大雅·卷阿》篇："俾尔弥尔性，似先公酋矣！"又龙姑簋："永命弥厥生。"齐子仲姜镈："用求考命弥生。"以事理言之，无眚、亡咎，自然就是弥尔性、弥尔生了。

**蔑历** 这两个字与上述几个成语一样都是出于貊貉一名。我们现在先从字形方面研究起始。甲文蔑字，从见，从戈；亦作从苜，从戈；从苜与从见同是一字。又有作从䒑、从戈的；足证这字原是从见、从戈；或从婗、从戈；而其字也可作从䒑、从女如嬄，其实就是婗字。照字形看来，嬄应该写作嬄，蔑应作僾，也是古代的族姓。《前编》卷一，页五十二，片三："己亥卜殻贞屮旁于寅尹，亦屮于嬄。"《后编》卷上，页九，片五："贞之于嬄。"又《前编》卷六，页二十八，片六："戊申帚嬄屮，勿己酉。"按蔑字原是从见作，纵目与横目同义。现在就要探求见字的用法，见字在甲文里，也是作部族部名用。《续编》卷五，页十九，片十五："辛巳卜帚不于见。"这见字从横目，上有眉，下从人，似为人名。古器中有南姬作叔娩鬲，字从女，见声。倪族即俀族，上文已经说过。俀人即有莘。《史记·周本纪》正义引《括地志》云："古有嫠国。"古器有辛伯作亲姬辯人壶。足见辛氏是古代的族姓，然后转为国族名或人名。所以叔向父簋有婞姓，父爵有悷字，可知倖人或婞姓，即婞人或姺姓，倪人或婗姓，而僾人与嬄姓也同时肯定其关系了。甲文爻字也可从戈作戔，这是大家都承认了的。于是金文的婗字，就是甲文的嬄字，也可以推知了。姺姓与婗姓，据上文说来是同部族。而现在又可以知道婗姓、嬄姓也是同部族。文王娶有莘氏女，而周之祖先原本也是辛族。按高圉即高辛，所以有骍旄之盟。《诗·小雅·鱼藻》："鱼在在藻。有莘其尾；王在在镐，饮酒乐岂。"镐即周之镐京，莘即骍旄之盟。《左传·宣公三年》："石癸曰：吾闻姬姞耦，其生必蕃。"又《襄公十年》："瑕禽曰：昔平王东迁，吾七姓从王，牲用备具；王赖之，而赐之骍旄之盟"，杜预云："盟赤牛也。"而《鲁颂·閟宫》也说："享以骍牺，是飨是宜。"这都可以证成周是出于辛族。又《左传·哀公十三年》："鲁将以十月上辛，有事于上帝。季辛而毕。"《礼记·郊特牲》："于郊，故谓之郊，牲用骍。"又云："郊之用辛也，周之始郊日以至。"《左传·庄公三十二年》："有神降于有莘。王曰：如之何？内史过曰：以其物享焉！其至之日，亦其物也。"可以说明有莘的氏族神是牸牛；而周、鲁同用此物者，必其祖先原出于辛族之故。叔向父簋有辛姒，与《诗·大明》之说正同。姺、邳并称，已见前引《竹书纪年》及《左传》。而邳即《禹贡》篇"东过洛汭，至于大伾"之伾。其字亦作妚、作姼，见《说文》，原本当作丕。古器有覃不叔卣，其中有寬子，可见丕氏与见氏的关系，就是寬氏与伾氏的关系，也就是伾氏与侁氏的关系。这寬字就是寡字，毛公鼎、父辛卣的寡字，并作寬，从见与从覓同。古代中国有两部族同组的国家，如韩、魏、曹、晋皆是。周人为姬、姜两族共组之国族。牸牛实姜姓之图腾。而古代实有辛人与见人所共组之国族，所以合则为亲，分则为寬。史懋壶，亲字从宀作窺。古器有寡子卣。《淮南子·齐俗训》："辟有倪之见风，无须臾之间定矣。"高诱注："倪候风者，世所谓五两。"许慎说，倪作绫，也说是候风者。楚人谓之五两。《诗经·齐风·南山》篇正是说："葛屦五两，冠緌双止。"足见"五两"之说甚古。俀氏原是"劳人艸艸"的候风者，不是与"往来侁侁"的侁氏同其生活吗？我们在上文已经证成俀氏就是"以干戈省厥躬"的蔑氏。可知娍姓部族甚多，自古以来与戍卒同其劳苦，故戍字亦从人、从戈；而傻字则从苋、从戈。在金文里这个字写法不同，大半加一禾字在里面。例如庚赢卣、尢盘，而叉卣省戈旁，从茻，从林；受尊省戈从苋、从木；其他各器，大都与甲文相近。可是已经没有从女作的娍字了。从从木、从禾、从林一点上来看，恐怕蔑字之中，已含有秝字的音（古书中一字重音之证，自章炳麟以来证据已多）。金文中的曆字照小篆的形构，应该从厂、从秝、从曰。而在器物铭里又有从林作的。而从日，也有改从口、从田的。例如师遽尊、竞卣、历鼎、历盘中所见。其他诸器，也大都从秝作。大概甲文中的娍字、蔑字，每字中各有蔑曆二字之音。金文从禾、从木、从林之体合与从二声的例子。可见蔑曆二字起来比较晚。二字可以连用。例如受尊说："受傻历"，趞尊说："趞蔑曆"，但是这一成语，又可分用，如庚赢卣说："王蔑庚赢曆"，尢卣说："王蔑尢曆"，又如师望鼎作："多蔑曆锡休"，白懋父簋又作："小臣謎蔑曆"。据作者研究，古器物铭中的蔑曆，如《尚书》中的"扬曆"，《盘庚下》篇今文："优贤扬历。"左思《魏都赋》用其事曰："优贤著于扬历。"扬氏即成鼎扬六师，殷八师之扬。毛公鼎："隹是丧我国历。"案蔑曆、扬历，同为国历之一。引申作动词用，就是说免去劳苦的历程，可以安享荣乐。所以古器说蔑某人曆之后，都有所赏赐。证以俀至见风，与往来侁侁两事，足见蔑曆一语含有二义。其反面实即今语退休之意。于是"蔑视"与"蔑如"二语也由此引申而出。

**权舆** 这一个成语为什么作始字解呢？《诗经·秦风·权舆》："于我乎！夏屋渠渠；今也每食无余，于嗟乎！不承权舆！"又说"于我乎！每食四簋！今也每食不饱，于嗟乎！不承权舆！"这两个"权舆"，《毛传》都用《尔雅》义，说始也。此外解者不一。钱大昕用孙星衍说，以为《尔雅·释艸》"其萌，虇蕍"，就是《说文·草部》："虋，灌渝。"《说文》解云："虋读若萌。"足证许慎是取释草的说法，以为灌渝即虇蕍。草木的萌芽，就是灌渝，或省艹作灌渝。正是权舆的对音字。所以《大戴礼记·诰志》篇说："孟春百草权舆"，扬雄《羽猎赋》也说"万物权舆于内，徂落于外"。我们承认虇蕍、权舆同义。但是以虇蕍为萌芽，引申之以萌芽为始，这也很对！现在的问题就在于原始人为什么称萌芽作权舆？是否有其他一语词的分化关系呢？我们要更进一步去讨论其究竟。郭璞虽然把虇蕍两个字分读，可是他又注着："然者萑苇之类，其初生者皆名虇。"分明以虇蕍作萑苇。这一点非常重要！照甲文看来，蘿字萑字同用。《尔雅·释草》里又说道"虇，苀蕳；蓫，茫藩；蕍葀"。而于释蓫字，又说是海藻。可见动植物名中有许多种以虇或蓫为名的。这一点，就可以说明虇蕍二字必定别有根源。《经典释文》："蓫音徒南反。"蓫之转为渝，是定纽颚化后转为喻纽的缘故。其他物名中还有以萑寻二字做语源的，《尔雅·释鸟》："鹳鹑，䳺鹑，如鹊；短尾，射之，衔矢射人。"鹑音团，而蓫音徒南反，足证鹳鹑、虇蓫，同一语根。《说文》："蔓或从寻作䕬"，《楚辞·离骚》："求矩䕬之所同"，今本䕬作矱。䕬字从蔓，与蓫字从爻同例。而爻、蔓二字，同类双声。因为䕬字中含有蔓、寻二音。蓫字中也含有爻鹑、寻二音。寻之徒南反，如蟫字有徐心切，音如寻。由此再去搜索，因而想到《左传·哀公元年》："昔有过、浇杀斟灌，以伐斟鄩"；《史记·吴世家》作"杀斟灌，以伐斟寻"；应劭《汉书·地理志》注作抖灌、抖寻。作者认为就是《史记·夏本纪》赞的斟戈氏、斟寻氏。灌《说文》作鄤，与鄩字都是后起字。在古代只作蘿。御尊有地名蘿亭。可见蘿、寻，原本是部族名，亦作灌、寻。照后来的字例，当作鄤、鄩。并且《左传·定公四年》殷民六族中有长勺氏、尾勺氏。勺之与斟，实是一物之异名，所以应劭又作抖。斟、勺、抖，不是一物之异化吗？有大小之异而已。此一族，实即古之召族。其字甲文、金文，大体都像两手以勺向甕中取酒的形状。古器物中有最著名的召卣。召字实象勺形。灌、鄩，就是戈、寻。与爻、寻也是对音（见匣类近）。而蘿藕的藕，本函有爻、寻二音。所以又称长勺、尾勺者，乃是形容其柄之长。据郭璞说"蘿，芄兰，蔓生。藕，一名海萝，如乱发，生海中"，与长勺、尾勺的意义也相合。再看《左传·昭公二十五年》："鸜鹆来巢"，《经》作"鸜鹆"，而《公羊传》作"鸛鹆"。又《昭公二十一年》："卫公子朝救宋。丙戌，与华氏战于赭丘。郑翩愿为鹳，其御愿为鹅。"杜预注："鹳、鹅，皆阵名。"这里的鹳鹅，与上举的鸜、鹆，并与蘿、藕同一语根。我们已经知道上述许多对音字，都与观、扈同族，或出于此一语根。《左传·昭公元年》："夏有观扈"；《墨子·非乐篇上》作"武观"；《国语·楚语》作"启有五观"；而《五子之歌》，原当作《扈子之歌》。所以《诗经·商颂·长发》作"韦顾既伐；昆吾夏桀"。殊不知观扈、昆吾，并出于工敔，也作攻敔。这工敔族，是最早出现于古代中国的文化舞台的。貊貉族虽古，那时文化极低。在殷代初年人，直至殷周之际，还只知工敔族为最早的部族。因而引申为一切物事的原始之称。所以《方言》说:"奋,始也;奋,化也。"

上举几个成语,不过是其中很少的例子。原文有四十几个成语群,预备在《古代语文史论》中发表。而《古代语文史论》,乃是站在语文学的观点上,再为《中国古代宗族移殖史论》作补充的资料。这一篇文章,应该发表在《古代转语考》之后。不过《古代转语考》有许多表,且字数较多,稍待才能整理出来,随后就可以发表的。《古代转语考》分三个主要成分,即《貊貉转语考》《工斀转语考》《颛臾转语考》三部分。这三个转语,出于古代三个主要部族,在地理上有三个文化中心。这三个文化中心,在《中国古代宗族移殖史论》中都已经说过。本文中如权舆一语,出于工斀转语;陟降、蔑历,直接出于貊貉转语;对扬、无斁,间接出于貊貉转语;不廷方一语,也与貊貉转语有关。作者这几年正在有计划的探讨中国语的原始形态,希望海内外同好有所指示。

本文中有几点很值得注意的:第一,古代许多语词都远源于名词,而名词中以部族名为最重要。这在《貊貉转语考》中已经得到充分证据。第二,古代部族名之转为其他名词者,以古代地名之间接引渡者为最多。即在本文中,也可以约略得知一二,其详见于拙著《古代地名学》。第三,古代转语之异化、同化作用,大体以重言、倒读二种为归依。而音理之转变,以双声为干,叠韵为枝。中国古代语词中双声、叠韵居多,大抵皆自名法所演绎而出。早期之甲骨文,次早之金文中,皆少见。殷代及周初文字,尚不能尽量表达中国古代语之内容,至《诗经》时代,始大量在文学中出现。所以古代语词之本身,就是一部古代史,而且是最可靠的古代史。其详见拙著《言语古物学》。第四，本文的方法由搜集成语群开始，这是王静安师开其端的。于这一成语群与另一成语群比较研究中，才能把许多不连贯的事实集合拢来。按照这四个论点，在本文中仔细考察。敬质正于读者，希望能得到更多的启示！

一九四九年十一月一日作于广州中山大学之平山堂

（载《岭南学报》第十卷第一期）